KB164811

한국사상선 3

김시습
서경덕

조선사상의 새 지평

한국사상선 3

김시습
서경덕

박희병 편저

창비
Changbi Publishers

조선사상의
새 지평

창비 한국사상선 간행의 말

　나날이 발전하는 세상을 약속하던 자본주의가 반문명적 본색을 여지없이 드러내며 다수의 삶을 고통으로 몰아간 지 오래다. 이제는 인간 문명의 기본 터전인 지구 생태를 거세게 위협하는 시대에 이르렀다. 결국 세상의 종말이 닥친다 해도 놀랄 수 없는 시대의 위태로움이 전에 없던 문명적 대전환을 요구한다는 각성에서 창비 한국사상선의 기획은 시작되었다. '전환'이라는 강력하게 실천적인 과제는 우리 모두에게 다른 삶의 전망과 지침이 필요하며 전망과 지침으로 살아 작동할 사상이 절실함을 뜻한다. 그런 사상을 향한 다급하고 간절한 요청에 공명하려는 기획으로서, 창비 한국사상선은 한국사상이라는 분야를 요령 있게 소개하거나 새롭게 정비하는 평시적 작업을 넘어 어떤 비상한 대책이기를 열망하며 구상되었다.

　사상을 향한 요청이 반드시 '한국사상'으로 향할 이유가 되는지 반문하는 이들도 있을지 모른다. 사상이라고 하면 플라톤 같은 유구한 이름으로 시작하여 무수히 재해석된 쟁쟁한 인물과 계보로 가득한 서구사상을 으레 떠올리기 때문이다. 우리가 겪는 위기가 행성 전체에 걸친 것이라면 늘 그래왔듯 서구의 누군가가 자기네 사상전통에 기대 무언가 이야기하지 않았을까, 그런 것들을 찾아보는 편이 더 효율적이지 않을까 하는 생각은 사실 오래된 습관이다. 더욱이 '한국사상'이라는 표현 자체가 많은 독자들에게 꽤 낯설게 느껴질 법하다. 한국의 유교사상이라거나 한국의 불교사상 같은 분류는 이따금 듣게 되지만 그 경우는 유교사상이나 불교사상의 지역적 분화라는 인상이 강하다. 한국사상이 변모하고 확장하면서 갖게 된 유교적인 또는 불교적인 양상으로 이해하는 방식은 익숙지 않을 것이기에 '한국사상'에 대한 우리의 공통감각은 여전히 흐릿하다고 말할 수 있다.

하지만 이런 사정이야말로 창비 한국사상선 발간의 또 다른 동력이다. 서구사상은 오랜 시간 구축한 단단한 상호참조체계를 바탕으로 세계 지성계에서 압도적 발언권을 유지하는 한편 오늘날의 위기에 관해서도 이런저런 인식의 '전회turn'라는 형식으로 대응하고 있다. 그럼에도 그 위상의 이면에 강고한 배타성과 편견이 작동하고 있음을 지적하는 목소리가 높다. 무엇보다 지금 이곳 — 그리고 지구의 또 다른 여러 곳 — 의 경험이 그들의 셈법에 들어 있지 않고 따라서 그 경험이 빚어낸 사상적 성과 역시 반영되지 않는다는 느낌은 갈수록 커져왔다. 서구사상에서 점점 빈번해지는 여러 전회들이 결국 그들 나름의 뚜렷한 한계 안에서 이루어지는 뒤집기 또는 공중제비에 불과하다는 인상도 지우기 어렵다. 정치, 경제, 문화 등 여러 부문에서 그렇듯이 이제 사상에서도 서구가 가진 위상은 돌이킬 수 없이 상대화되고 보편의 자리는 진실로 대안에 값하는 사상을 향한 열린 분투에 맡겨졌다.

그런가 하면 '한국적인 것' 일반은 K라는 수식어구를 동반하며 부쩍 세계적 이목을 끌고 있다. K의 부상은 유행에 민감한 대중문화에서 시작되어서인지 하나의 파도처럼 몰려와 해변을 적셨다가 곧이어 다른 파도에 밀려가리라 생각되기도 한다. '한류'라는 지칭에 집약된 이 비유는 숱한 파도가 오고 가도 해변은 변치 않는다는 암묵적 전제에 갇혀 있지만, 음악이든 드라마든 이만큼의 세계적 반향을 일으킨다면 해당 분야의 역사를 다시 쓰면서 더 항구적인 영향을 남길 수 있다고 평가받아야 한다. 중요한 것은 이제 한국적인 것이 무시 못 할 세계적 발언권을 획득하면서 단순히 어떻게 들리게 할까가 아니라 무엇을 말할까에 집중할 수 있게 된 점이다. 대중문화에 이어 한국문학이 느리지만 묵직하게 존재감을 발하는 이 시점이 한국사상이 전지구적 과제를 향해 독자적 목소리를 보태기에 더없이 적절한지 모른다.

그러기 위해 한국사상은 스스로를 호명하고 가다듬는 작업을 함께 진행해야 한다. 이름 자체의 낯섦에서 알 수 있듯 한국사상은 그저 우리 역사에 존재했던 여러 사상가들의 사유들을 총합하는 무엇이 아니라 상당 정도로 새로이 구성해야 하는 무엇에 가깝다. 창비 한국사상선은 문명전환을 이룰 대안사상의 모색이라는 과제를 중심으로 이 작업에 임하고자 했는데, 이는 거꾸로 바로 그런 모색이 실제로 한국사상의 면면한 바탕임을 발견하는 과정이기도 했다. 여기 실린 사상가들의 사유에는 역사와 현실을 탐문하며 새로운 삶의 보편적 비전을 구현하려 한 강도 높은 실천성, 그리고 주어진 사회의 시스템을 변혁하는 일과 개개인의 마음을 닦는 일이 진리에 속하는 과업으로서 단일한 도정이라는 깨달음이 깊이 새겨져 있다. 이 점은 오늘날 한국사상의 구성과 전승이 어떤 방식으로 지속되어야 할지 일러준다. 아직은 우리 자신에게조차 '가난한 노래의 씨'로 놓인 이 사유들을 참조하고 재해석하면서 위태로운 세계의 '광야'를 건널 지구적 자원이자 자기 삶의 실질적 영감으로 부단히 활용하는 실천을 통해 비로소 한국사상의 역량은 온전히 발휘될 것이다.

창비 한국사상선이 사상가들의 핵심저작을 직접 제공하는 데 주력한 이유도 여기에 있다. 학구적 관심이 아니라도 누구든 삶과 세계에 대해 사유하고 발언할 때 펼쳐 인용하고 되새기는 장면을 그려본 구성이다. 이제껏 칸트와 헤겔을 따오고 맑스와 니체, 푸꼬와 데리다를 언급했던 만큼이나 가까이 두고 자주 들춰보는 공통 교양서가 되기를 기대한다. 그러기 위해 원문의 의도를 훼손하지 않는 범위에서 되도록 오늘날의 언어에 가깝게 풀어 싣고자 노력했다. 핵심저작 앞에 실린 편자의 서문은 해당 사상가의 사유를 개관하며 입문의 장벽을 낮추는 역할에 더하여, 덜 주목받은 면을 조명하고 새로운 관점을 보탬으로써 독자들의 시야를 넓혀 각자 또 다른 해석자가 되도록 고무한다. 부록과 연보는 사상가를 둘러싼 당대적·세계적 문맥을 더 면밀히 읽는 데 도움이 되고자 한다.

사상선 각권이 개별 사상가의 전체 저작에서 중요한 일부를 추릴 수밖에 없었듯 전체적으로도 총 30권으로 기획되었기에 어쩔 수 없이 선별적이다. 시기도 조선시대부터로 제한했다. 그러다 보니 신라의 원효나 최치원같이 여전히 사상가로서 생명을 지녔을뿐더러 어떤 의미로 한국적 사상의 원류에 해당하는 분들과 고려시대의 중요 사상가들이 제외되었다. 또 조선시대의 특성상 유교사상이 지나치게 큰 비중을 차지한 느낌도 없지 않을 것이다. 하지만 조선의 유학 자체가 송학 내지 신유학의 단순한 이식이 아니라 중국에서 실현된 바 없는 독특한 유교국가를 만들려는 세계사적 실험이었거니와, 이 시대의 사상가들이 각기 자기 나름으로 유·불·선 회통이라는 한반도 특유의 사상적 기획에 기여하고자 했음이 이 선집을 통해 드러나리라 믿는다.

조선시대 이전이 제외된 대신 사상선집에서 곧잘 소홀히 되는 20세기 후반까지 포함하며 이제껏 사상가로 이야기되지 않던 문인, 정치인, 종교인을 다수 망라한 점도 본서의 자랑이다. 한번에 열권씩 발행하되 전부를 시대순으로 간행하기보다 1~5권과 16~20권을 1차로 배본하는 등 발간 방식에서도 20세기가 너무 뒤로 밀리지 않게 배려했다. 1권 정도전에서 시작하여 30권 김대중으로 마무리되는 구성에 1인 단독집만이 아니라 2, 3, 4인 합집을 배치하여 선별의 아쉬움도 최대한 보충하고자 했으나, 사상가들의 목록은 당연히 완결된 것이 아니고 추후 보완작업을 기대해야 한다. 그럼에도 이 사상선을 하나의 '정전'으로 세우고자 했음을 굳이 숨기고 싶지 않다. 다만 모든 정전의 운명이 그렇듯 깨어지고 수정되고 다시 세워지는 굴곡이야말로 한국사상의 생애주기에 꼭 필요한 일이다. 아니, 창비 한국사상선 자체가 정전 파괴와 쇄신의 정신까지 담고 있음에 주목해주시기를 바란다. 특히 수운 최제우와 소태산 박중빈 같은 한반도가 낳은 개벽사상가를 중요하게 배치한 점은 사상선의 고유한 취지를 한층 부각해주리라 기대한다.

창비 한국사상선은 1966년 창간 이래 60년 가까이 한국학에 남다른 관심을 기울여온 계간 『창작과비평』, 그리고 '독자와 함께 더 나은 세상을' 꿈꾸어온 도서출판 창비의 의지와 노력이 맺은 결실이다. 문명적 대전환에 기여할 사상, 그런 의미에서 단순히 개혁적이기보다 개벽적이라 불러야 할 사상에 의미 있는 보탬이 되고 대항담론에 그치지 않는 대안담론으로서 한국사상이 갖는 잠재성을 세계의 다른 구성원들과 공유하는 계기가 된다면 더없는 보람일 것이다. 오직 함께하는 일로서만 가능한 이 사상적 실천에 독자 여러분의 많은 관심과 참여를 부탁드린다.

2024년 7월
창비 한국사상선 간행위원회 일동

차례

6장   철리시

천기 │ 역을 보다가 읊다 │ 부기: 『하서전집』에 실린 「하서연보」의 '삼십오년
병진 선생 사십칠세' 조 │ 동지를 읊다 │ 역을 보다가 우연히 수미음을 지어
역을 배우는 제현에게 보이다 │ 또 절구 한 수를 읊다 │ 웃으며 장난삼아 짓다 │
소요부의 「수미음」을 본받아 읊어 천고의 옛사람을 벗하고자 하는 생각을 드러내다 │
창을 열다 │ 물 │ 우연히 읊다 │ 『참동계』를 읽고 장난삼아 보진암 조경양에게 주다 │
무제 │ 이끼를 노래하다 │ 어떤 사람을 애도하다

일러두기

1. 국립국어원 표기 규정을 따르되, 일부 표기에는 가독성과 당대의 맥락을 고려했다.
2. 각주는 모두 편저자의 것이고, 원주는【 】안에 표기했다.
3. 『매월당집』『화담집』에 수록된 글은 한국문집총간(韓國文集叢刊)본을 번역의 저본으로 삼았다.

경계와 바깥의 사상

들어가는 말

김시습은 세종 17년인 1435년에 태어나 성종 24년인 1493년에 사망했다. 어릴 때부터 뛰어나 신동으로 이름이 났으나 수양대군이 왕위를 찬탈하자 거짓 미친 행세를 하며 세상을 떠돌다 세상을 마쳤다. 지식인으로서 그의 본질을 드러내는 한 단어를 꼽으라면 '불화'를 꼽고 싶다. 그는 평생 현실과의 불화 속에서 사유하고 글을 썼으며, 죽는 순간조차 불화를 내려놓지 않았다. 한국사상사 내지 지성사에서 김시습의 독보적 위치는 바로 이에 있다.

일반적으로 김시습은 『금오신화』의 작자로 기억된다. 『금오신화』는 한국소설사에서 기념비적인 작품임이 분명하다. 그러니 김시습이 한국의 주요한 문학가로 거론되는 것은 당연한 일이다. 그는 소설가나 산문가로서만이 아니라 시인으로서도 대단히 탁월하다. 평생의 방랑과 불화가 그의 시적 무구함, 깊이, 고고함을 담보한다. 그렇긴 하나 김시습은 한갓 문학가이지만은 않다. 그는 동시에 대단히 걸출하고 문제적인 사상가이기도 하다. 하지만 사상가로서의 김시습은 아직 그 본모습이 제대로 알려져 있지 않으며, 제대로 부각되지 않았다. 이 책은 사상가 김시습의 본래면목을 드러내는 데 초점을 맞춘다.

서경덕은 성종 20년인 1489년 태어나 명종 원년인 1546년 사망했다. 김시습 사망 시 서경덕은 다섯 살이었다. 사상사적으로 볼 때 서경덕은 김시습의 계주자繼走者라 할 만하다. 그는 기氣를 중시한 김시습의 철학적 입장을 이어받아 한국사상사의 새로운 지평을 열었다.

사상가로서 서경덕의 남다른 면모를 보여주는 한 단어를 꼽으라면 '자득自得'을 꼽고 싶다. 자득이란 스스로의 사유를 통해 진리를 깨닫는 것을 말한다. 지금도 마찬가지이지만 한국사상사에는 자득이 부족하다. 한국사상사의 이런 풍토를 고려한다면 자득을 중시한 서경덕의 학문방법론은 이채로운 것이라 할 만하다.

김시습이 떠돌아다닌 것과 달리 서경덕은 평생 개성의 화담에 칩거했다. 이 공간적 관련은 두 사람의 사상 특성과도 무관하지 않다. 김시습이 불교와 유교를 넘나드는 비정주적非定住的 면모를 보여준다면, 서경덕은 기철학에 매진하는 정주적定住的 면모를 보여주기 때문이다.

하지만 두 사람 간에는 비슷한 점이 많다. 둘은 모두 한미한 무인 집안 출신이었다. 이런 출신 배경은 두 사람이 자유로운 정신으로 사상 행위를 전개해나가는 데 도움이 됐을 수 있다. 또한 두 사람은 평생 벼슬을 하지 않고 가난했으며 물욕이 없었다. 게다가 김시습은 59세에 죽고 서경덕은 58세에 죽었으니 죽은 나이도 비슷하다.

그렇긴 하지만 김시습은 글을 많이 남겼고, 서경덕은 글을 별로 남기지 않았다. 서경덕은 자신이 깨달은 철학적 이치를 글로 쓰는 것보다 삶에 체현하는 데 더 큰 의미를 두었던 게 아닌가 한다. 서경덕이 존재와 우주의 원리에 대한 자신의 생각을 약간의 산문으로 남긴 것은 병이 들어 자신의 삶이 얼마 남지 않았음을 직감한 죽기 2년 전의 일이다. 이 책에 실린 김시습의 글과 서경덕의 글이 분량상 불균형을 보이는 것은 이런 사정에 연유한다.

서경덕은 이따금 자신의 깨달음의 경지와 흥취를 시로 읊었다. 김시습 역시 자신의 사상을 시로 노래했다. 이런 시들은 '철리시哲理詩'라 일컫는다. 오늘날의 독자들에게는 낯설지 모르지만 전근대에는 '시 쓰기'가 사상 행위의 한 중요한 방식이었다. 이런 점을 고려해 본서에서는 두 분의 철리시도 일부 수록했다.

김시습의 생애와 사상

생애에 대한 일별

김시습은 본관이 강릉이고, 자는 열경悅卿이며, 호는 청한자淸寒子, 동봉東峯, 벽산청은碧山淸隱, 췌세옹贅世翁, 매월당梅月堂이다. 법명은 설잠雪岑이다. 서울 종로구에 있는 성균관 북쪽의 집에서 태어났다.

외조부에게 『천자문』을 배워 여덟달 만에 한자를 알았다고 하며, 다섯 살 무렵 신동으로 소문이 나 조정의 고관들이 집으로 찾아와 사실인지 확인해보고 가기도 했다. 이 때문에 김시습은 훗날 '오세五歲'라는 별칭으로 불리기도 했다. 급기야 구중궁궐 속 세종이 소문을 듣고 김시습을 궁궐로 불렀다. 이를 흔히 김시습 5세 때의 일이라고들 하나 이는 와전이며 9세 무렵의 일로 보인다. 세종은 김시습을 대면하지는 않았으며 승정원 승지를 시켜 소문이 사실인지를 확인하게 했다. 그리하여 김시습은 승지 앞에서 즉흥적으로 시구를 짓고, 글씨도 써 보였다. 이를 흐뭇하게 여긴 세종은 김시습에게 비단 도포를 하사하게 하면서 '훗날 이 아이를 크게 쓰겠노라'고 말했다고 한다. 김시습은 유년시절에 세종으로부터 받은 이 지우知遇

를 평생 잊을 수 없었다. 그의 평생 고초와 불행은 이때 배태되었다. 세종에 대한 의리를 저버려서는 안 된다는 생각이 늘 그를 사로잡았기 때문이다. 이 점에서 당시의 경험은 김시습에게 하나의 중요한 '원체험' 같은 것에 해당한다고 말할 수 있다. 이 원체험은 김시습의 인간과 사상을 이해하는 데 극히 중요한 하나의 준거점이 된다.

김시습의 삶에서 또 하나의 중요한 계기는 수양대군의 왕위 찬탈이다. 21세 때인 1455년의 일이다. 잘 알려져 있는 사실이지만, 수양대군은 조카인 단종을 왕위에서 물러나게 하고 자신이 왕이 되었다. 삼각산 중흥사에서 친구들과 과거 공부를 하고 있던 김시습은 이 사실을 전해 듣고 3일간 방에서 나오지 않다가 홀연 통곡하더니 책을 다 불태워버리고 미친 사람 시늉을 하며 절을 떠났다. 이후 김시습의 8년 가까운 방랑이 시작된다.

세종의 큰아들이 문종이고, 문종의 아들이 단종이다. 김시습은 벼슬을 하지 않았으니 단종을 위해 꼭 절의를 지킬 필요는 없었지만 세종으로부터 받은 은혜를 생각하면 이야기가 좀 달라진다. 김시습이 수양대군의 왕위 찬탈에 극렬한 반응을 보이면서 자신의 생을 내던져버린 것은 이 때문이다. 이후 김시습은 정치사상에 대한 글을 많이 썼는데, 그 원점에 수양대군의 왕위 찬탈이 자리하고 있다는 사실에 유의할 필요가 있다.

이 방랑기에 김시습은 승복을 입은 채 관서, 관동, 호남 등지를 떠돌았다. 김시습은 왜 이리 긴 시간을 방랑했을까? 도무지 번뇌를 풀 수 없고 마음을 다잡을 수 없었기 때문일 것이다. 그만큼 왕위 찬탈은 그에게 크나큰 실존의 문제였으며, 도덕적·사상적·정치적 연관을 갖는 문제였다고 할 수 있다. 이 무렵 김시습은 민民의 현실과 처지를 절절히 목도할 수 있었다. 그가 평생 사상적으로 견결한 애민적 입장을 취한 것은 이 방랑기의 체험과 무관하지 않다. 또한 이 시기에 불교 공부를, 그리고 도교 공부를 함으로써 그의 사상적 스케일을 확장해나갈 수 있었다.

김시습이 8년의 방랑을 끝내고 경주 금오산에 정착한 것은 29세 때인

1463년이다. 세조가 즉위한 지 9년째인 해다. 김시습은 이후 1471년 봄까지 약 8년 가까이 금오산에 우거했는데 이 시기에 『금오신화』가 저술되었다.

이 시절 김시습은 불교를 신봉한 효령대군의 청으로 서울에 와 내불당에서 『법화경』 언해 사업을 돕기도 하고, 원각사 낙성회에 참여하기도 했다. 효령대군만이 불교를 신봉한 것은 아니었다. 세조는 즉위한 이래 대단히 많은 불사佛事를 일으켰다. 많은 불경을 번역하고, 사찰을 짓고, 사리를 봉안하는 일을 벌였다. 김시습이 이 무렵 쓴 몇 편의 시 중에는 세조가 벌인 이런 대규모 불사를 기리며 세조를 찬미한 것처럼 보이는 것이 있다. 하지만 이는 김시습의 진심은 아니라고 여겨진다. 이 책에 실린 글들, 가령 「남염부주지」, 『청한잡저 2』나 『임천가화』 제8화의 글들에서 보듯 김시습은 세조의 불교 숭배 방식에 대단히 비판적이었다.

김시습은 37세 때인 1471년 봄 금오산 생활을 청산하고 상경한다. 세조가 죽은 지 3년 뒤인, 성종 2년 때다. 누군가가 청해 상경했다고 알려져 있다. 김시습은 새 임금 아래에서 벼슬을 할 뜻이 있었던 것이다(「유양양에게 진심을 토로해 올린 편지」 참조). 이후 김시습은 서울 인근인 수락산에 1480년까지 우거한다. 이 무렵 『십현담요해』 『대화엄일승법계도주』 『화엄석제』 『임천가화』 등의 불교 관련 저술을 했으며, 유교와 관련된 글 역시 썼으리라 여겨진다. 김시습은 어떤 시기에는 불교 관련 글만 쓰고 어떤 시기에는 유교 관련 글만 쓴 것이 아니라, 동일한 시기에 두 종류의 글을 모두 쓴 것으로 보인다.

김시습은 47세 때인 1481년(성종 12) 승복을 벗고 환속했으며 안씨의 딸과 재혼했다(김시습은 18세 때 남효례의 딸과 혼인했으나 일찍 사별한 듯하다). 안씨와도 혼인한 지 얼마 되지 않아 사별한 것으로 보인다. 김시습은 이듬해 8월 성종의 계비인 윤씨(연산군의 어머니)가 부덕하다는 이유로 폐비된 지 3년 만에 사사되자 이에 큰 충격을 받아 다시 미치광이처럼 행세했다. 그리고 1483년 3월, 다시 승복을 입고 서울을 떠나 관동으로 향한다. 이후 57세 때인 1491년까지 강원도에서 농사를 지으며 은자로 살았다. 이 시기를 관동 시절로 이름할 수 있다. 이 무렵 쓴 글이 「동봉의 여섯 노래」「답답한 마음을 서술하다」「유양양에게 진심을 토로해 올린 편지」 등이다.

김시습은 1492년 가을, 서해의 명산을 유람하다가 옛 벗인 화엄 승려 지희가 있는 홍산현의 무량사에 머물렀으며, 이곳에서 이듬해 2월 세상을 떴다. 「자화상에 붙인 찬」「능엄경 발문」「법화경 발문」 등은 죽기 직전 쓴 글들이다.

김시습의 유교 사상

자연철학

김시습의 자연철학은 「태극을 논함」「생사를 논함」「귀신을 논함」이라는 세 편의 산문과 「무극음無極吟」「자연음自然吟」이라는 두 편의 시에서 잘 드러난다.

태극은 만물의 근원을 말한다. 김시습은 태극이 음양이며 음양이 태극이라고 했다. 태극과 음양을 일체一體로 본 것이다. 이는 주자학의 이해 방식과는 다르다. 주자는 태극이 '이理'이며 여기서 음양, 즉 '기氣'가 나온다고 보았다. 김시습은 후대의 성리학자들처럼 '이'와 '기'의 관계를 자세히 따지지 않았지만, 태극과 음양을 일체로 봤으므로 '이'와 '기'도 일체로 봤을 수 있다. 태극과 음양, '이'와 '기'를 일원적으로 이해할 경우 실질상 '기'가 자연철학의 중심에 있게 된다. 김시습의 자연철학이 기철학적 면모를 강하게 보임은 이 때문이다. 김시습은 비록 화담花潭 서경덕徐敬德처럼 '이는 기에 앞서지 않는다' '이는 기의 주재자主宰者=조리이다'라는 말을 하지는 않았지만, 만물의 근원을 일기一氣로 보아 그 운동으로 세계를 설명하는 입장은 기본적으로 서경덕과 동일하다. 이 점에서, 서경덕이 꼭 김시습을 배우거나 그 영향을 받은 것은 아니라 할지라도, 그 사상적 지향에 있어 김시습의 자연철학을 계승하고 있는 면이 없지 않다.

김시습의 자연철학과 유사한 면모는 서경덕만이 아니라 일제一齊 이항 李恒(1499~1576)에게서도 발견된다. 이항은 태극과 음양, '이'와 '기'를 하나로 보았다. 정통 성리학에 속하는 학자들인 김인후金麟厚(1510~1560)와 기대승奇大升(1527~1572)은 태극과 음양을 일물一物로 보는 이항의 견해에 반대했다. 이렇게 본다면 김시습의 자연철학은 조선의 주류 철학이 아니라 비주류 철학이라고 할 만하다. 그 기본 입론이 정통 주자성리학과 일치하지 않기 때문이다.

하지만 역설적으로 이 점에서 김시습 자연철학의 독창성이 인정된다. 김시습이 이처럼 주자와 다른 자기만의 자연철학을 선구적으로 펼칠 수 있었던 것은 『주역』에 대한 그의 깊은 조예에서 비롯되지 않나 한다. 김시습의 글을 전체적으로 통관通觀해보면 그가 『주역』, 특히 「계사전繫辭傳」에 깊은 이해를 갖고 있음을 알 수 있는데, 「계사전」의 자연철학은 '음양=기' 위에 기초되어 있음으로써다.

정치사상

김시습은 정치사상에 관한 글을 많이 남겼다. 특히 주목되는 것은 군주와 국가와 인민에 대한 정치사상이다. 「군주는 어떠해야 하는가」 「정치의 근본은 애민이다」 「나라의 근본」 같은 글이 대표적인데, 이런 글에는 김시습의 '민본적民本的' 사고가 적극적으로 개진되어 있다.

「정치의 근본은 애민이다」에는 다음과 같은 말이 보인다.

곡물 창고와 재물 창고는 백성의 몸이고, 의복과 관冠과 신발은 백성의 가죽이고, 술과 밥과 음식은 백성의 기름이고, 궁실과 거마車馬는 백성의 힘이고, 공물貢物과 세금과 기용器用은 백성의 피다.

군주가 사용하는 모든 것, 국가의 모든 것은 인민에게서 나온다는 생각이 피력되어 있다. 그러니 인민을 학대하거나 괴롭혀서는 안 되며 사랑하지 않으면 안 된다는 것이다. 동아시아에서 민본적 사고의 연원을 거슬러 올라가면 『맹자』에 가닿는다. 하지만 무엇은 인민의 몸이고, 무엇은 인민의 살갗이며, 무엇은 인민의 기름이고, 무엇은 인민의 힘에서 나온 것이며, 무엇은 인민의 피에 해당한다는 말은 『맹자』에는 나오지 않는다. 뿐만 아니라, 필자의 과문인지는 모르나 김시습 외에 이런 식의 말을 한 중국이나 한국의 사상가를 본 적이 없다.

김시습은 인민의 '육체성'에 근거해 사고하고 있다는 점이 주목된다. 군주와 국가의 모든 재용財用이 인민의 몸의 일부라는 것이다. 인민이 자신의 몸을 수고롭게 해 생산한 것들이기에 그렇게 말했다. 이 때문에 인민의 몸과 노동의 산물은 동일시된다. 이를 통해 김시습이 얼마나 인민적 관점에 투철했는지 알 수 있다. 이런 민본적 철저성은 세조의 왕위 찬탈 이래의 김시습의 실존에서 기인한다. 김시습은 세조의 왕위 찬탈 이후 체제 안으로 들어가지도 못하고 체제 밖으로 나가지도 못한 채, 체제의 안과 밖 사이의 '경계'에서 체제를 비판적으로 조망했다. 그 결과 인민과 군주와 국가에 대한 이런 통찰이 나올 수 있었다.

「나라의 근본」에는 국가의 근본이 군주가 아니라 인민이라는 생각이 제시되어 있다. 다음은 이 글의 한 부분이다.

조금이라도 원망이 있게 되면
임금 당신의 잘못이니
하늘이 죄를 내리시어
당신의 나라를 빼앗아
훌륭하고 어진 이에게 주리니

당신이 필부로 떨어져
하루아침에 권력을 잃는다면
뉘우친들 소용없네.
그래서 인민을 나라의 근본이라 하니
근본이 굳건해야 당신이 편안하지.
당신이 먹는 건
인민의 곡식이고
당신이 입는 건
인민의 비단이며
당신의 궁실과 거마車馬는
인민의 노동이네.

여기서는 혁명에 대한 적극적 긍정이 보인다는 점이 주목된다. '국가의 근본은 군주가 아니라 인민이다. 그러니 만일 군주가 인민을 편안하게 해주지 못하면 천명天命이 그를 떠나 다른 어진 이에게로 가게 된다. 그러면 그는 일개 필부가 되고 만다.' 이런 사고가 전개되고 있다. 천명이 인민에게서 나옴을 생각하면 나쁜 군주를 교체하는 것은 결국 인민이라고 할 수 있다. 김시습은 이 점을 명시적으로 말하고 있지는 않지만 그의 내심에 이런 생각이 자리하고 있다고 여겨진다.

김시습에게는 인민이 나라의 실질적 주인이며 군주는 인민을 위해 존재할 뿐이라는 인식이 확고하다. 이 때문에 그의 사유 속에서는 '역성혁명易姓革命'이 긍정된다. 역성혁명이라는 개념은 『맹자』에서 유래한다. 전근대 동아시아의 지식인 중에는 이 개념을 자신의 사유 속으로 끌어들인 지식인이 있는가 하면 그렇지 못한 지식인도 있다. 가령 일본 에도시대에는 맹자의 역성혁명 사상이 금기시되었으므로 이런 사유를 전개한 인물을 발견할 수 없다. 그런데 15세기 후반에 김시습은 맹자의 역성혁명 사상을 대단히 적극적으로 사유해내고 있다.

군주, 폭력, 국가, 인민에 대한 김시습의 정치적 사유는 그가 젊은 시절 쓴 소설인 「남염부주지」에도 나타난다.

나라를 소유한 자는 폭력으로 인민을 겁박해서는 안 되오. 인민이 비록 두려워하며 따르는 듯 보이지만 속으로는 반역할 마음을 품어 시간이 흐르면 큰 재앙이 일어날 것이오.

군주는 인민을 폭력으로 위협해서는 안 된다고 했다. 이어지는 다음 대목에서는 '국가는 인민의 것이다'라는 생각이 뚜렷이 표명되어 있다.

덕 있는 자는 힘으로 군주의 자리에 나아가서는 안 되오. 하늘이 비록 자상히 말을 해 사람을 깨우치지는 않지만 처음부터 끝까지 일로써 보여주거늘, 상제上帝의 명命은 지엄하다오. 대개 나라란 인민의 나라요, 명命이란 하늘의 명이라오. 천명이 이미 떠나고 민심이 이미 떠나면, 비록 몸을 보전하고자 한들 어찌 하겠소?

김시습의 이런 철저한 민본주의 사상은 수양대군의 왕위 찬탈이 없었다면 양성釀成되지 않았을지도 모른다. 김시습은 이 사건을 계기로 정치철학적 사유를 심화시켜갔기 때문이다. 그리하여 권력의 폭력에 대한 사유, 국가의 근거에 대한 사유, 군주의 통치권에 대한 사유, 인민의 사회정치적 위상에 대한 사유, 혁명에 대한 사유로 자신의 사유를 발전시켜갔다. 김시습의 정치사상은 15세기 후반 한·중·일 동아시아에서 최고 수준의 것으로 평가할 수 있다. 당시 중국이나 일본의 지식인 가운데 김시습과 같은 사유수준을 보여준 인물은 아무도 없다. 조선의 후대 사상가 가운데 김시습의 애민적·민본적 입장을 가장 잘 잇고 있는 사람은 다산 정약용(1762~1836)

이 아닐까 한다.

김시습의 도교·불교에 대한 관점

도교에 대한 관점

김시습의 도교에 대한 관점은 『청한잡저 1』에 잘 나타나 있다. 김시습은 '잡저'라는 저술을 둘 남겼는데, 하나는 도교에 대해 말한 것이고 다른 하나는 불교에 대해 말한 것이다. 이 두 저술은 모두 10개의 조목(제목이 부여됨)으로 구성되어 있으며, 객과 청한자의 문답 형식을 취한다. 이 점으로 보아 같은 시기에 연달아 지은 것으로 여겨진다. 다만 도교에 대해 말한 것은 불교에 대해 말한 것에 비해 형식적으로 짜임새가 좀 부족하다. 이는 도교에 대한 저술이 먼저 지어지고 불교에 대한 저술이 나중에 지어졌음을 말해준다. 이 책에서는 편의상 도교를 다룬 잡저를 『청한잡저 1』이라 부르고, 불교를 다룬 잡저를 『청한잡저 2』라 부르기로 한다. 이 두 저술이 수락산 시절에 지어졌다고 보는 견해도 있지만, 필자는 금오산 시절에 지어졌다고 본다. 이에 대해서는 조금 뒤에 다시 말하기로 한다.

일각에서는 『청한잡저 1』이 도교에 대한 김시습의 애호를 보여준다고 보기도 하지만 그리 보기는 어렵다. 글을 통관해보면 금방 알 수 있지만 이 책은 성리학의 입장에서 도교의 이모저모를 비판하고 있다. 비록 도교의 내관법內觀法, 복기법服氣法, 그리고 '용호龍虎'라 일컬어지는 연단煉丹의 방법 등이 자세히 언급되어 있기는 하나 이는 도교를 긍정해서가 아니라 그 실체를 정확히 드러내고자 해서다. 즉 "적의 꾀를 알아야 그 계책에 떨어지지 않을 수 있다"(「5. 수진」)고 보아서다.

김시습은 도교의 '천天'에 대한 관념과 '북신北辰'에 대한 관념을 비판할 뿐만 아니라, 노자가 말한 '도덕'의 관념이 잘못된 것임을 『도덕경』의 「체도體道」 장과 「논덕論德」 장을 인용해가며 비판했다.

김시습은 노장老莊의 도를 다음과 같이 규정하고 있다.

저 노장老莊이 말하는 도란 희이希夷하고 황홀恍惚하여 보아도 보이지 않고, 들어도 들리지 않으며, 손으로 칠 수도 없고, 맞이해도 그 머리를 볼 수 없으며, 쫓아가도 그 꼬리를 볼 수 없습니다. 몸은 진실로 마른 나무와 같게 할 수 있고, 마음은 진실로 식은 재와 같게 할 수 있어, 바로 담벽이나 목석처럼 될 수 있는데, 이것을 일러 도라고 하니, 세상을 경륜하는 기강紀綱이나 도를 닦는 가르침은 전연 들을 수 없소이다. (「3. 성리」)

이에서 보듯 김시습이 노장을 비판하는 이유는 그들이 말하는 도에서 세상을 경륜하는 기강을 찾을 수 없다는 데 있다. 즉 경세론이 결여되어 있다는 것이다. 이는 도교의 신선 비판에도 그대로 이어진다. 김시습은 비록 신선의 존재를 부정하지는 않지만 "신선은 자기 몸만 보전할 뿐 세도世道에 아무 보탬이 없다"(「5. 수진」)는 점에서 긍정되지 않는다. 그러므로 용호의 수련을 통해 장생불사를 도모하는 일은 '생의 밖에서 다시 다른 생을 훔치는 일'로 비판될 뿐이다. 이처럼 김시습에게서 도교는 '이단'(「5. 수진」)에 불과하다.

다음에서 보듯 도교의 폐단은 잘못된 불교 숭배의 폐단과 함께 거론되기도 한다.

불로장생하는 것이 구해서 될 일이라면, 진시황이 백년의 목숨으로 만년의 일을 계획하고, 육국六國의 보물을 모아서 창고를 넉넉하게 했으며, 만리장성을 쌓아 국경을 견고히 하고, 죽지 않기를 바라서 산악에 제사를 지냈으며, 봉래산과 영주산에서 약을 구했으니, 불로장생을 얻었어야 마땅하건만 끝내 사구沙丘의 액을 면치 못했습니다. 복을 내리는 것을 구해서 될 일이라면, 양 무제梁武帝가 이승에서 저승의 삶을 바라서 무수한 절을 지어 선의 싹을 심고, 무수한 승려를 출가시켜 복전福田을 심으며, 복과 지혜가 더해지기를 바라 절에서 재계하고, 동태사同泰寺에 사신捨身하며, 현묘한 이치를 궁구하고 공空을 담론했으니, 하늘에서 분분히 선악仙蕚(꽃)이 내리고 땅은 찬란한 황금으로 변해 복을 받아야 마땅하건만 마침내 궁성宮城에 유폐되어 굶어 죽는 것을 피하지 못했으니, 이것이 그 귀감입니다. (「1. 천형」)

이에서 보듯 김시습의 도교 비판은 잘못된 불교 숭배에 대한 비판과 똑같이 정치적·경세적 관점에 의거하고 있음에 유의할 필요가 있다. 이 때문에 도교 비판이든 불교 비판이든 그 비판의 근저에는 인민의 삶이 자리한다. 지배층의 도교 숭상이나 불교에 대한 잘못된 숭상이 나라와 인민에 어떤 영향을 미치게 되는가, 더 나아가 도교나 불교의 허황한 미신적 요소가 인민에게 어떤 폐해를 끼칠 수 있는가를 김시습은 주시하고 있다.

김시습은 훗날 수락산 시절 남효온南孝溫(1454~1492)에게 도교의 경전인 『황정경』을 빌려 읽기도 했다. 이에서 보듯 김시습은 개인적으로는 건강을 위해 도교의 양생술에 관심을 가졌으며, 도교 책을 적잖이 보았던 것으로 여겨지지만, 이는 사적 차원일 뿐이다. 사상가로서 김시습은 도교에 대단히 비판적이었다고 여겨진다.

그러므로 김시습이 3교 회통을 지향했다거나 유불도를 넘나들었다고 말하곤 하지만 이는 꼭 적실한 말은 아니다. 왜냐하면 김시습은 유교와 불교는 적극적으로 회통시키고 있지만 도교에 대해서는 퍽 부정적이기 때문이다. 비록 김시습의 사상 내부에 노장 사상이 일부 들어와 있다 하더라도 그것은 아주 제한적이라고 봄이 옳을 것이다.

불교에 대한 관점

김시습의 불교에 대한 관점을 보여주는 저술로는 『청한잡저 2』 『임천가화』 「이단변」 『잡설』 등이 있다.

앞에서 말했듯 『청한잡저 2』는 금오산 시절에 지어진 것으로 보인다. 금오산 시절 김시습은 고승 대접을 받아 서울에 불려 가 불경 언해 사업을 돕기도 하고 원각사 낙성회에 참여하기도 했다. 세조는 김시습이 서울을 못 떠나게 만류했으나 김시습은 세조의 명에 따르지 않았다. 이런 사실들은 이 무렵 김시습이 고승으로 자처했음을 알게 해준다. 『청한잡저 2』에는 고승이란 어떤 존재인가, 고승은 어떻게 나라와 백성에 보탬이 되는가에 대한 언급이 자세하다. 그리하여 고승을 '일대의 스승'이자 '만세의 법'으로 높이고 있다. 또한 『청한잡저 2』에서 김시습은 주나라 무왕이 "뻔뻔스럽게 시해弑害한 일이 있었"음을 언급하는가 하면, 양 무제를 다음과 같이 비판하기도 한다.

거짓된 마음으로 선善을 한다는 이름을 낚으려, 나라의 근본이 의거할 바를 잃는 것을 헤아리지 못하고, 종묘 사직이 기울어 위태롭게 됨을 생각지 못한 채, 구구하게 이승二乘의 한 방편문方便門으로 여래如來의 크고 둥근 바다(大圓海)로 들어가려 했으니, 얼토당토않음이 마치 똥을 새겨 향香을 구하고 모래를 쪄서 밥을 짓는 것과 같거늘, 가당키나 하겠습니까. (「6. 양 무제」)

무왕의 권력 찬탈에 대한 비판이나 양 무제의 일신을 위한 불교 숭배에 대한 비판은 세조에 대한 비판에 다름 아니다. 양 무제의 불교 숭배는 제대로 된 불교 숭배가 아니며 "이름을 탐내고 일을 벌이기를 좋아하여 오로지 부박하고 화려한 것만 숭상했으니" 온갖 일로 백성을 번거롭게 했을 뿐이라는 것이다(「6. 양 무제」). 이는 쓸데없이 많은 불사佛事를 벌인 세조에 대한 비판으로, 「남염부주지」의 전제군주 비판과 통한다. 방금 든 이런 몇 가지 사실은 『청한잡저 2』가 「남염부주지」와 마찬가지로 세조 당시 저술되었음을 말해준다.

『청한잡저 2』는 석가에 대한 찬미와 불교에 대한 적극적 긍정으로 일관한다. 김시습이 보기에 부처의 도는 한마디로 '자비'와 '인애仁愛'이니, 세상을 부지하고 백성을 돕는 데 큰 도움이 된다. 비록 인과응보나 윤회 같은 것은 황당한 말이라 취할 게 못 되지만, 임금을 복되게 도와주고 백성을 길이 편안하게 하는 데는 큰 공이 있다고 보았다. 그리하여 불교의 자비나 살생하지 말라는 가르침은 유교의 인의仁義나 호생지덕好生之德과 통한다고 여겼다. 다음에서 그 점이 잘 확인된다.

석씨의 근본 뜻은 자애慈愛를 우선으로 삼으니, 임금 된 자로 하여금 백성을 사랑할 바를 알게 하고, 아비 된 자로 하여금 자식을 사랑할 바를 알게 하며, 남편 된 자로 하여금 아내를 사랑할 바를 알게 해, 위로는 그릇되고 어긋난 정치가 없게 하고, 아래로는 시해하고 반역하는 생각을 끊게 함으로써, 천하의 사람들로 하여금 모두 평온하게 살면서 농사와 누에치기에 힘쓰고, 처자를 기르며 어른을 공경하고 어린이를 보살피게 하는 것이외다. 그러므로 비록 인仁이니 의義니 하는 말은 없으나 죽이지 말고 도둑질하지 말라는 깨우침이 이미 인의仁義의 자취를 드러내고 있다 할 것이니, 임금을 복되게 도와주고 백성을 길이 편안하게 하는 공功이 또한 더할 나위 없다 할 것입니다. (「4. 송계」)

그렇긴 하지만 『청한잡저 2』에서 김시습은 고승高僧은 국정에 참여해서는 안 되며, "세상에 나와 승복僧服을 벗는 자는 지인至人이 아니"(「10. 인애」)라고 말하고 있다. 승려는 임금과 백성을 위하되 정치에 직접 참여해서는 안 된다는 입장을 취한 것이다.

『청한잡저 2』는 종전에 그리 주목받지 못했지만 『금오신화』와 함께 30대 초반 금오산 시절 김시습의 정신세계를 보여주는 명편이라 할 만하다. 『청한잡저 2』처럼 투철한 인민적 관점에서 불교의 사회정치적 효용을 논한 저술은 한국사상사에서 달리 유례를 찾기 어렵다.

『임천가화』는 그간 이름만 전하던 책인데 최근 세상에 나왔다. 김시습은 수락산 시절 전기前期에 이 책을 쓴 것으로 보인다. 총 72개의 조목으로 되어 있는데, 중국 책의 기록을 그대로 옮겨놓은 곳도 더러 없지 않지만 대다수는 김시습 자신의 생각을 적은 것이다.

김시습은 『청한잡저 2』에서와 마찬가지로 '고승'의 입장에서 논의를 펼치고 있다. 그리하여 명리名利를 벗어나 도를 닦은 중국의 옛 선사禪師들이 적극적으로 옹호된다. 반면 명리나 권세를 좇는 당시 조선의 승려들에 대한 비판은 신랄하다. 이른바 '염불에는 맘이 없고 잿밥에만 맘이 있는' 승려들에 대한 비판은 이 책의 뒤로 갈수록 심해진다. 김시습은 고승이 국정에 관여해서는 안 되며, 임하林下에 있으면서 국왕이 혹 불러 불법에 대해 물어보면 답하는 것이 맞다고 보고 있다. 제14화의 다음 말에서 그 점이 확인된다.

(임금이) 나라를 다스리는 겨를에 방외方外에 관심을 둘 경우 마땅히 고승을 불러 물어볼 일이지만 고승은 임하林下에 처하게 해야지 양 무제와 진 선제陳宣帝(남조南朝 진陳나라의 제4대 황제)가 한 것처럼 방외의 법이 선왕先王의 도와 뒤섞이게 해서는 안 된다.

당시 승려들에 대한 김시습의 비판은 불문佛門에서 가장 중요한 것은 '수행'이라는 믿음에서 비롯된다. 수행이 없고서는 마음을 밝히는 깨달음도 있을 리 없고 보살행도 불가능하기 때문이다. 『임천가화』의 후반에서 계율의 중요성이 강조되는 것도 이와 관련된다. 계율은 그 자체가 목적은 아니나, 승려의 올바른 수행을 위해 꼭 필요하기 때문이다. 이 점에서 김시습이 계율과 수행을 강조한 것은 『화엄경』에서 말한 '자리이타自利利他' 정신의 표출일 수 있다.

이와 함께 『임천가화』에서 두드러진 점은 불교에 대한 미신적 사고를 철저히 배격하고 있다는 사실이다. 김시습은 불경의 내용이든 불교와 관련된 민간의 믿음이든 비합리적인 것을 무턱대고 받아들이지 않으며, 가능한 한 이치에 맞는 쪽으로 재해석하고 있음이 주목된다. 『임천가화』에 중국 옛 선승들의 고사가 여럿 나옴에도 불구하고 영험담은 단 하나도 실려 있지 않은 것도 이와 관련된다.

김시습은 『임천가화』에서 불교를 '우리 도〔吾道〕'라고 말하고 있다(제 39화). 또한 "부처의 도가 항구하고 장구한 것은 그것이 이치에 맞기 때문이다"(제38화)라고 말하고 있다. 불교의 진리성에 대한 확고한 옹호다. 이 점에서 『임천가화』는 『청한잡저 2』와 똑같이 유자儒者가 아니라 불교 승려의 입장에서 쓰였다고 할 것이다.

그렇기는 하나 간과해서는 안 될 점은 제68화에 이런 말이 보인다는 사실이다.

만약 마음을 밝히지 못한다면 부모를 하직해 사랑을 끊는 것은 천륜을 무너뜨리고 어지럽히는 일이니 끝내 무슨 이로움이 있겠는가. 나는 이 사실을 일찍 깨닫지 못해 공자와 석가의 죄인이 된 것을 한탄한다.

'마음을 밝힌다〔明心〕'는 것은 자신의 마음이 곧 부처임을 깨달아 해탈함을 이른다. 이 글에서 김시습은 승려로서의 자신을 성찰하면서 자신이 공자와 석가의 죄인이라고 말하고 있다. 주목되는 점은 여기에 천륜, 즉 '유교적 인륜성'에 대한 김시습의 깊은 고민이 엿보인다는 사실이다. 『청한잡저 2』에서는 인륜성에 대한 이런 고민이 보이지 않는다. 그러므로 우리는 이 인용문을 통해 당시 김시습의 내면에 갈등이 싹트고 있었음을 알수 있다.

김시습은 마침내 「이단변」을 써서 불교는 '이적夷狄의 한 법'으로 멀리해야 한다고 말하기에 이른다. 이 무렵(정확히 47세 때) 김시습은 환속하여 머리를 길렀으며, 제문을 지어 조부의 제사를 지냈다. 그리고 안씨의 딸과 재혼했다. 김시습은 조부의 제문에서 자신이 이단인 불교에 미혹되었던 일을 반성했다.

이처럼 김시습이 40대 후반 무렵 기존의 자기 입장을 뒤집고 불교 밖으로 나온 것은 인륜성에 대한 그의 깊은 고민과 관련이 있다고 여겨진다. 이 경우 인륜성의 중심에는 부조父祖를 비롯한 조상의 '제사'가 자리하고 있다. 그 연장선상에 있는 것이 혼인과 자식을 낳는 일이다. 혼인해서 자식을 낳아야 제사가 지속될 수 있음으로써다. 한편 인륜성의 중심이자 출발을 이루는 '효'는 임금에 대한 '충'과 연결된다. 이렇게 본다면 김시습이 관념한 인륜성이란 '충효'에 다름 아닌바, 이는 유교의 최핵심 덕목에 해당한다.

김시습이 불교에서 유교로 돌아온 것은 성종조의 이념적 상황과도 무관하지 않다. 김시습은 세조의 왕위 찬탈과 잘못된 불교 숭배를 비판했지만 그럼에도 세조 치세에는 불교가 숭상되었으므로 김시습은 고승으로서의 자의식을 갖고 불교를 적극 긍정할 수 있었다. 하지만 성종 대에 와 불교는 배척되고 유교적 이념이 강화되었다. 상황이 크게 달라진 것이다. 게다가 김시습은 성종 즉위 후 벼슬을 할 뜻이 있어 서울로 올라온바, 계속 불문佛門에 있는 건 곤란한 일이었다. 이런 상황에서 인륜성에 대한 고민이 깊어져갔으며 결국 환속하게 된 것으로 여겨진다.

하지만 이것이 끝이 아니다. 또 한번의 반전이 있다. 김시습은 48세 때인 1482년 8월, 성종이 계비였던 윤씨를 사사하자 큰 충격을 받는다. 남효온은 『사우명행록師友名行錄』에 김시습이 이때 "인간의 일을 행하지 않고 여염 간에 버린 사람이 되었다"라고 적고 있다. 김시습이 세속으로 돌아온 지 1년 만의 일이다.

아마 김시습은 성종에게 적지 않은 기대를 했는데 윤씨를 사사하는 걸 보고 대단히 실망했던 것 같다. 윤씨는 동궁(뒤의 연산군)의 어머니였다. 그러니 김시습에게 윤씨의 사사는 불인不仁일 뿐만 아니라 비인륜非人倫으로 받아들여졌을 수 있다. 김시습은 세조의 일로 일종의 트라우마가 있었던 만큼 성종의 이런 처사에 극히 예민한 반응을 보였던 게 아닌가 한다.

이런 상황에서 아내 안씨마저 여읜 김시습은 이듬해(1483년) 3월 다시 승복을 입고 강원도로 떠난다. 이후 죽을 때까지 김시습은 승복을 입었지만 사상적으로는 유儒를 표방했다. 그럼에도 불교를 배척하지는 않았으며 불교에 담지된 진리성을 긍정했다. 그리고 이전에 써온 설잠이라는 법명을 더 이상 쓰지 않고 새로 췌세옹이라는 호를 사용했다. 췌세옹은 '세상에 쓸모없는 늙은이'라는 뜻이다. 이 호에는 김시습의 깊은 심리적 고뇌가 담겨 있다고 여겨진다.

불전 해석

김시습은 불경을 해석하거나 불서佛書의 요지를 밝힌 일련의 글을 남겼다.『연경별찬』『십현담요해』『대화엄일승법계도주』『화엄석제』가 그것이다. 일각에서는 이외에 이른바『조동오위요해曹洞五位要解』를 김시습의 저술이라 주장하고 있으나, 필자가 보기에는 김시습의 저술이 아니다. 글쓰기 방식이나 글의 체재, 문체가 김시습의 것과는 판연히 다를 뿐더러, 유교(태극도설)와 불교(조동오위)를 기계적으로 대응시키는 식의 사고는 김시습에게는 아주 낯선 것이다.

『연경별찬』은『법화경』에 찬讚과 게송偈頌를 붙인 책이다. 김시습은 당시 강설하던 이들이『법화경』의 문구나 따지고 있는 것을 보고『법화경』의 선적禪的 체득을 위해 이 책을 썼다. 김시습은 찬에서『법화경』각 품의 대의를 간단히 정리한 다음, 게송을 통해 자신의 선취禪趣를 드러내고 있다.『법화경』에 대한 이러한 이해 방식은 김시습만의 독특한 것이다. 이에서 김시습의 교선회통적教禪會通的 면모가 잘 드러난다.

『십현담요해』는「십현담」의 요점을 풀이한 책이다. 흔히 주석서라고들 하나 주석서가 아니다. '십현담'은 중국 당나라 조동종曹洞宗의 선승 동안 상찰同安常察이 선의 종지宗旨와 원리를 칠언율시 형식으로 읊은 10수의 게송을 말한다. 송 초의 승려 청량 문익淸凉文益이 여기에 주석을 달았으 니, 『동안 찰 십현담 청량화상주同安察十玄談淸凉和尙注』가 그것이다. 이는 김시습의 책과 달리 주석서에 해당한다.

현재 『십현담요해』는 몇 가지 본本이 전하는데, 문명대본文明大本에는 "정덕正德 4년 을사 구월일 전라도 순천부 무후산毋後山 대광사大光寺 개판 開板"이라는 간기가 보인다. '정덕 4년'이면 중종 4년인 1509년이다. 이에 서 알 수 있듯 『십현담요해』는 김시습 사후 간행되었다. 그런데 현재 전하 는 본들은 모두 청량 문익의 주와 김시습의 요해를 같이 실어놓고 있으며, 청량의 주는 '註'라 표시하고 김시습의 요해는 '卿註'(열경의 주라는 뜻)라 표 시해놓았다. 그래서 다들 김시습이 이렇게 편집해놓은 줄 알고 있는데, 잘 못 알고 있는 것이다. 이는 김시습 사후 누군가가 『동안 찰 십현담 청량화 상주』와 김시습의 『십현담요해』를 합해 한 책으로 엮은 것이다. 그러니 책 명을 '십현담요해'라고 해놓았지만 원래의 『십현담요해』가 아니다. 원래 의 『십현담요해』에는 청량의 '주'는 없고 김시습의 '요해'만 있었다.

『십현담요해』의 원 모습은 성철 스님이 소장하고 있던 『십현담요해』 언 해본을 통해 알 수 있다. 흔히 이 언해본이 본래의 『십현담요해』에서 청량 의 주를 떼어버리고 김시습의 주만을 실은 것이라고들 말하는데, 전도된 이해다. 언해본에는 주註라는 말이 일절 보이지 않으며, 시 두 구절마다 그 전체적 의미를 밝히는 요해를 붙여놓고 있다. 본서에서는 이 언해본에 의 거해 『십현담요해』의 본래 모습을 살려냈다.

만해 한용운은 1925년 여름 설악산 오세암五歲庵에서 『십현담요해』를 우연히 읽고 『십현담주해註解』라는 책을 썼다. 한용운이 읽은 책은 청량의 주가 붙어 있는 책이었다. 한용운은 이 책을 쓴 마음의 힘으로 설악산 백담 사에서 시집 『님의 침묵』을 써서 1926년 출간했다.

『대화엄일승법계도주』는 신라 승려 의상義相이 저술한 〈화엄일승법계도〉를 주해註解한 책이고 『화엄석제』는 『화엄경』의 대요大要를 풀이한 책인데, 본서에서는 이 중 『대화엄일승법계도주』만 발췌해 실었다.

이번에 처음 번역하는 「능엄경 발문」과 「법화경 발문」은 김시습이 무량사에 있을 때인 1493년 2월에 쓴 글들이다. 김시습은 바로 이달 숨을 거두었다. 그러므로 김시습이 죽기 바로 직전에 쓴 최후의 글이라고 말할 수 있다. 이 글들은 불경에 대한 김시습의 깊은 조예를 보여준다. 김시습은 「능엄경 발문」에서 교教와 선禪은 둘이 아니지만 그렇다고 둘을 함부로 뒤섞어서는 안 된다고 말하고 있으며, 「법화경 발문」에서는 비록 불경들에 차이가 있기는 하나 근본적으로는 다 일승一乘으로 귀결된다는 점을 강조하고 있다. 죽기 직전에 쓴 글들임에도 논리정연함과 치밀한 사고, 뛰어난 문장 작법을 보여줌에 깜짝 놀라게 된다.

서경덕의 생애와 사상

생애에 대한 일별

서경덕은 본관이 당성唐城이고, 자는 가구可久이며, 호는 복재復齋·화담花潭이다. 개성에서 태어났다. 서경덕의 생애는 알려진 사실이 그리 많지 않다. 이는 그가 한미한 집안 출신이어서이기도 하지만 글을 별로 남기지 않은 데서 기인한다.

서경덕은 15세 때 송도의 서당에서 『서경書經』을 배웠다. 그런데 서당의 선생은 「요전堯典」 '기삼백朞三百' 대목은 가르쳐주지 않았다. 비단 자신이 그 글을 배우지 못해서일 뿐만 아니라 온 세상 사람들 중 그 글을 깨달아 아는 이가 드물다는 이유에서였다. '기삼백'은 「요전」의 다음 대목, 즉 "기

朞는 366일이니, 윤달을 사용해야 사시四時를 정하여 해를 이룬다(朞三百有六旬有六日, 以閏月, 定四時成歲)"를 가리킨다. 당시 조선의 선비들은 이 대목을 『서경집전書經集傳』의 주註를 통해 이해했는데, 이 주 역시 이해하기가 쉽지 않았다. 천문역법天文曆法과 관련된 것이기 때문이다. 서경덕은 집에 돌아와 15일을 골똘히 생각한 끝에 마침내 그 뜻을 알아냈다. 이후 서경덕은 글을 생각으로 깨쳐야 함을 깨닫게 되었다. 이를 통해 서경덕이 소싯적부터 수학에 뛰어난 능력을 보였으며, 공부에서 자득이 중요하다는 사실을 터득했음을 알 수 있다.

서경덕은 18세 때 『대학』을 읽었다. 김시습은 5세 때 『대학』을 읽었다고 하는데, 비록 김시습은 좀 예외적인 경우라 치더라도 조선시대의 일반적 관례로 볼 때 서경덕은 퍽 늦은 나이에 『대학』을 읽었다고 할 것이다. 이를 통해 서경덕이 보통의 학인들처럼 단계를 밟아 유교 경전을 차근차근 공부하지 못했음을 알 수 있다. 집도 가난하고 스승도 없었기 때문일 것이다. 그런데 여기서 주목할 것은 서경덕의 공부법이다. 서경덕은 『대학』 본문 중의 "앎을 이루는 것은 격물에 있다(致知在格物)"라는 구절에 이르러 이렇게 탄식했다. "학문을 하면서 먼저 격물을 하지 않는다면 글을 읽어 어디다 쓰겠는가(爲學而不先格物, 讀書安用)." 그리하여 '격물', 즉 사물을 궁구하는 공부에 몰두했다. 제자인 박민헌朴民獻이 쓴 서경덕의 비문碑文에 이 일이 자세히 언급되어 있다.

천지만물의 이름을 죄다 써서 벽 위에 붙이고 날마다 궁구하는 것을 일삼았다. 하나의 사물을 궁구하여 깨달은 후에 또 하나의 사물을 궁구했다. 궁구하지 못할 경우 밥을 먹더라도 그 맛을 알지 못했고 길을 가더라도 가는 곳을 알지 못했으며 측간에 가더라도 소변을 보지 않고 나왔다. 혹 여러 날 잠을 이루지 못했으며 때로 눈을 감으면 꿈속에서 궁구하지 못한 이치를 깨달았다. 그러니 비록 옛사람들이 공부하느라 3년 동안 방 밖을 나가지 않고 겨울에는 화롯불을 쬐지 않고 여름에는 부채도 없이 공부했다고 하나 이보다 더하지는 않았을 것이다.

당시 선생은 나이가 스물 남짓이었는데 밤낮을 가리지 않고 추위와 더위를 묻지 않은 채 한 방에 꼿꼿이 앉아 있은 지 3년이었다. 선생의 타고난 기운이 비록 굳세기는 하나 사색을 함이 지나쳐 병이 나서 문 밖을 나서지 못할 지경에 이르렀다. 하지만 사색을 하지 않으려도 해도 그리되지 않았다. 이렇게 한 것이 또 3년인데 병이 차츰 나았다.

전후 6년 동안 궁구하지 않은 사물이 없었지만 오직 이치의 본원本原만큼은 아직 한 꺼풀이 가로막혀 있었는데 이때에 이르러 모두 깨달았으니, 당시 선생의 나이 고작 24, 25세였다.

이 글에서 보듯 서경덕은 독서보다는 사색에 의한 깨달음을 통해 이치를 터득해나갔다. 동시대의 퇴계 이황이 주자의 책을 열심히 읽는 방식으로 공부한 것과 사뭇 대조적이다. 서경덕은 선가禪家의 용맹정진勇猛精進 비슷한 방식으로 공부했으니, 먼저 스스로의 사유 행위를 통해 이치를 깨달은 다음 이를 독서를 통해 검증하는 방식을 택했다. 그러니 서경덕 학문 행위의 고유성이 '자득'에 있다 함은 아무리 강조해도 지나치지 않다.

서경덕은 중종 14년(1519) 31세 때 조광조趙光祖가 정치 개혁을 위해 새로 설치한 현량과賢良科에 추천되었으나 사양하고 나아가지 않았다. 이해 11월, 기묘사화己卯士禍가 일어나 조광조가 사사되고 명현名賢들이 피해를 입었다. 서경덕은 출사하지 않고 은거해 학문하는 길을 택함으로써 사화를 피해 갈 수 있었다. 이를 통해 서경덕의 학문 행위가 크게 보아 16세기 사림파의 학문적 온축 과정으로서의 의미를 갖는다는 것을 알 수 있다. 안동의 이황, 산청의 남명南冥 조식曺植의 학문 행위 역시 마찬가지다.

서경덕은 중종 26년(1531) 43세 때 모친의 분부에 따라 소과에 응시해 생원이 되었으나 평생 벼슬길에 나서지 않았다. 52세 때(1540) 대제학 김안국金安國에 의해 유일지사遺逸之士로 조정에 천거된 적이 있고 56세 때 (1546) 후릉厚陵 참봉에 제수된 적이 있으나, 일절 응하지 않았다. 본서에 실린 「중종대왕에게 올리려던 사직소」는 후릉 참봉을 고사하기 위해 쓴 글이다. 서경덕이 출사하지 않은 것은 결코 은둔을 위해서가 아니었다. 『화담집』의 시문을 보면 서경덕에게는 나라를 위해 경륜을 펴고자 하는 뜻이 없지 않았음을 알 수 있다. 서경덕은 아마 지금의 세상이 자신이 벼슬할 세상이 아니라고 판단해 오로지 학문에 힘쓰며 제자를 양성하는 데 일생을 바쳤던 게 아닌가 한다.

서경덕은 54세(1544) 겨울부터 건강이 안 좋아져 병상에 있었는데, 병이 회복될 기미가 보이지 않자 이리 말했다. "성현의 말은 이미 선유先儒들이 주석을 붙였으니 다시 말할 필요가 없고 아직 설파하지 않은 것에 대해 저서를 하고자 했는데, 지금 병이 이리 심하니 후세에 전하지 않을 수 없다."(박민헌, 「신도비명 병서」) 그리하여 베개에 기대어 「이기의 본원을 밝힘〔原理氣〕」 「이기를 논함〔理氣說〕」 「태허를 논함〔太虛說〕」 「귀신과 사생을 논함〔鬼神死生論〕」 네 편의 글을 썼다.

1545년 봄, 병에 조금 차도가 있자 「인종대왕에게 올리려던, 대행대왕大行大王의 상제喪制가 옛날의 예禮에 부합하지 않음을 논한 소疏」를 기초하였다. 인종에게 올리려던 이 장문의 소는 이해 7월 인종이 승하하는 바람에 올리지 못했다. 이 소는 단지 예禮에 대한 서경덕의 입장을 보여주는 데 그치지 않고 그의 경세적 면모를 보여준다는 점에서 주목할 만하다.

서경덕은 이듬해 7월 7일 이른 새벽에 화담의 서재에서 세상을 하직했다. 향년 58세였다. 임종 때 한 제자가 "선생님, 지금 심경이 어떻습니까"라고 묻자 "삶과 죽음의 이치를 안 지 내 이미 오래니 마음이 편안하다"(박민헌, 「신도비명 병서」)라고 답했다고 한다. 서경덕은 「귀신과 사생을 논함」이라는 글에서, '모든 존재는 소멸하면 사라지는 것이 아니라 그 기氣가 다시 태허太虛로 돌아간다'고 했다. 태허는 곧 일기一氣이니, '존재의 고향'을 말한다. 이에서 보듯 서경덕은 살아 있을 때는 물론 죽을 때에도 이론과 실천의 완전한 통일을 보여준 사상가였다.

다음은 『선조실록』에 나오는, 율곡 이이가 선조에게 한 말인데, 가난 속에서도 즐겁게 학문 행위를 하며 달관의 삶을 산 철학자 서경덕의 풍모를 전해준다.

> 문하생인 강문우姜文佑가 쌀을 갖고 경덕을 찾아뵈었는데, 경덕은 화담의 초가에 앉아 있었다고 합니다. 날이 이미 점심 때를 넘겼으나 경덕은 학문적 논의로 사람들을 감동시키며 조금도 피곤한 기색을 보이지 않았다고 합니다. 문우가 부엌에 들어가 그 집 사람에게 물어보니, "그저께부터 양식이 떨어져 밥을 짓지 못했다"고 말하더랍니다.

자연철학

서경덕은 천지만물의 시원始原을 '태허'라고 불렀다. 이 개념은 중국 북송北宋의 기철학자인 장재張載(1020~1077)가 고안한 것이다. 서경덕의 기철학은 장재의 기철학에 맞닿아 있다.

서경덕에 의하면 태허는 맑고 형체가 없으며, 공간적으로 끝이 없고, 시간적으로 시초가 없다. 태허는 기氣의 본체로, '일기一氣'라고도 불린다. 태허는 만물의 궁극적 근거이며, 만물의 고향이다. 그로부터 천지만물이 유래하기 때문이다.

'일一'인 태허에는 '이二'인 음양이 내포되어 있다. 음양으로부터 천지만물이 형성된다. 서경덕은 태허를 '선천先天'이라 부르고, 음양으로부터 형성된 천지만물의 세계를 '후천後天'이라 부른다. 선천이 본체의 세계라면, 후천은 현상 내지 작용의 세계다. 선천과 후천이라는 개념은 북송의 상수학자象數學者 소옹邵雍의 창안이다. '상수학'은 『주역』의 괘상卦象에 대한 연구 및 괘에 대한 수리적數理的 연구를 통해 우주만물의 원리를 탐구하는 학문을 이른다. 조금 뒤에 말하겠지만 서경덕은 상수학에도 조예가 있었다. 요컨대 서경덕은 장재와 소옹의 철학에 큰 영향을 받았다.

서경덕에 의하면 음양의 원리는 '생극生克'이다. 생극은 상생상극相生相克을 뜻한다. 음양은 이 생극의 원리에 의해 천지만물을 형성한다. 생극의 근거는 태극太極이다. 김시습은 태극을 음양으로 보았지만, 서경덕은 태극을 음양의 근거로 보았다. 성리학에서는 태극을 '이일理一', 즉 궁극적 '이理'로 보며, 우주와 세계의 본원으로 간주한다. 하지만 서경덕의 철학 체계에서 태극은 태허의 바깥에 존재하는 실체가 아니다. 서경덕은 "'기' 바깥에 '이'가 없다(氣外無理)"라고 했다. '이'가 '기'에 우선한다고 보지 않았고, '이'가 '기'보다 우월한 실체라고 보지 않은 것이다. 서경덕은 '이'와 '기'의 관계에 대한 더 자세한 논의는 하고 있지 않다. 그렇긴 하지만 서경덕이 만물의 본원을 일기, 즉 태허로 보았으며 태극으로 보지 않은 것은 분명하다. 여기서 서경덕의 철학은 이황·이이를 비롯한 조선의 주류 성리학자들과 뚜렷한 차이를 보인다. 서경덕의 철학을 '기철학氣哲學', 혹은 '기일원론氣一元論'이라고 부르는 이유가 이에 있다.

서경덕에 의하면 이 세계는 음양 이기二氣가 생생화화生生化化하는 과정이자 결과다. '생생화화'는 끊임없는 생성과 변화를 말한다. 서경덕은 태극지묘太極之妙(태극의 묘함)가 바로 이 생생화화에 있으니, 생생화화를 떠나 태극지묘가 있는 것은 아니라고 보았다. 태극은 스스로 운동하는 기의 역동성 속에 내재해 있을 뿐이며, 별유물別有物 즉 별도의 독자적인 실체가 아니라는 것이다.

서경덕은 생생화화를 『주역』의 핵심이자 요체로 보았다. 『주역』은 '음양지변陰陽之變' 즉 생생화화의 이치를 밝힌 책이며, 생생화화 밖에서 도의 오묘함을 말한다면 『주역』을 아는 자라 말할 수 없다고 했다. 생생화화가 곧 도라는 서경덕의 주장은 『주역』에 대한 그의 깊은 이해에 기초하고 있다. 세계의 본질을 생생화화로 파악하는 서경덕의 기철학은 근원적으로 『주역』의 존재론에 근거한다.

그러므로 생극과 생생화화를 그 존재론의 핵심 개념으로 삼고 있는 서경덕의 자연철학은 생생生生(만물을 끊임없이 낳음)을 강조하는 『주역』의 자연철학 위에 구축되었다고 말할 수 있다.

서경덕에 의하면 천지만물은 기가 모여 생긴 것이다. 기의 본체인 태허는 '담일청허湛一淸虛'하다. 담일청허는 '담'하고 '일'하고 '청'하고 '허'하다는 뜻으로, 글자 하나하나가 태허의 속성을 나타낸다. '담'은 깊고 고요함을, '일'은 전일함과 하나됨을, '청'은 맑음을, '허'는 텅 비어 있음을 뜻한다. '담일'이라는 말은 장재도 쓴 바 있지만 '담일청허'는 서경덕이 만든 말이다. 담일청허한 기는 무한한 공간에 가득 차 있는데, 그것이 모여 천지만물을 이룬다. 천지만물의 차이는 기가 응결되는 양상의 차이에 기인한다. 즉 하늘과 땅은 기가 크게 모인 것이고, 만물은 작게 모인 것이다.

그런데 기가 모이면 사물이 형성되지만, 기가 흩어지면 사물이 소멸한다. 하지만 기가 흩어져 사물이 소멸하는 것이 곧 기의 소멸은 아니다. 사물은 소멸해도 기는 소멸하지 않는다. 바로 이 지점에서 서경덕의 자연철학은 이황이나 이이의 자연철학과 결정적으로 분기分岐한다.

그렇다면 사물이 소멸한 후 기는 어디로 가는가? 기는 태허, 즉 일기인 담일청허의 기로 복귀한다. 그것은 곧 고향으로의 귀환이다. 서경덕은 「귀신과 사생을 논함」이라는 글에서 이리 말하고 있다.

사람이 흩어지는 것은 형체와 혼백이 흩어지는 것일 뿐이고, 모여 있는 담일청허의 기는 종내 또한 흩어지지 않으며, 태허의 담일한 기 가운데로 흩어지니, 동일한 기氣임으로써다.

사물을 형성했던 응결된 기는 사물의 소멸과 함께 흩어져 자신의 근원인 태허로 돌아간다는 주장이다. 그것은 차별의 세계에서 동일성의 세계로의 복귀이며, 다자多者에서 일자一者로의 환원이다. 이처럼 기는 취산聚散, 즉 모임과 흩어짐이라는 일종의 원환적 순환을 보여준다. 모든 존재의 생과 사는 기가 순환하는 연속적 과정이다.

이와 같이 서경덕은 생사를 기의 취산으로 보았기 때문에 생만 의미 있는 것이 아니라 죽음 역시 깊은 의미를 갖게 된다. 서경덕에게 죽음은 두렵거나 회피하고 싶은 어떤 것이 아니라 담담하고 자연스럽게 받아들여야 할 사태이다. 죽음은 '끝'이 아니라 '처음'으로의 복귀이며, 오래 집을 떠나 있던 자가 다시 자기 집으로 돌아감에 해당한다. 이 점에서 죽음은 생보다 근원적이다. 생은 죽음으로 돌아가는 과정이며, 죽음은 생의 고향이다. 죽음은, 차별적인 것처럼 표상되는 생이 그 근원에 있어 동일하다는 것, 그리하여 모든 존재가 '일체一體'라는 사실에 대한 궁극적 근거다. 그러므로 서경덕이 임종 시에 제자에게 했다는 다음의 말, 즉 "삶과 죽음의 이치를 안 지 내 이미 오래니 마음이 편안하다"라는 말은 자신의 자연철학에 대한 확신이자 그 실천적 완성이라 할 것이다.

상수학

서경덕이 북송의 철학자 소옹의 상수학에 큰 영향을 받았음은 앞에서 언급한 바 있다. 소옹의 상수학은 그의 저서 『황극경세서皇極經世書』에 자세하다. 이 책은 『성리대전性理大全』에 실려 있다. 조선 초 이래 조선의 유자들은 『성리대전』을 많이 봤으므로 서경덕은 『성리대전』을 통해 이 책을 읽었으리라 여겨진다.

『황극경세서』는 『주역』의 괘에 대한 수리적 풀이와 음양 사상을 결합시켜 천지만물과 우주의 생성·변화 및 시간(역사)의 전개를 설명하고 있다. 『황극경세서』는 천지인天地人의 이치를 모두 숫자로써 탐구하고 있는바,

우주와 사물의 원리를 '수數'로써 규명하고자 한 점에서 북송 때 나온 성리학서性理學書 가운데 아주 독특한 위상을 점한다. 서경덕은 우리나라 사상가 가운데 『황극경세서』와 처음 씨름한 인물이다. 서경덕은 『황극경세서』를 단지 수용하기만 한 것이 아니라 『황극경세서』의 말과 다른 말을 하기도 하고 『황극경세서』를 보완하는 사유를 전개하기도 했다.

서경덕의 상수학 관련 글들은 몹시 난해하다. 그렇기는 하지만 상수학을 빼고 서경덕의 사상을 논할 수는 없으므로 대강이라도 엿볼 필요가 있다. 서경덕은 수학에 대해 이리 말했다.

사람들은 혹 내가 수학을 전공한다 하지만, 나는 수학을 통해 깨달은 것이 아니다. 그러나 수학을 몰라서는 안 되니, 이치가 숫자에 종횡으로 착종되어 있기 때문이다. (『화담집花潭集』 「유사遺事」)

「성음을 풀이하다〔聲音解〕」라는 글은 『황극경세서』 권8에 실려 있는 〈경세사상체용지수도經世四象體用之數圖〉에 보이는 소옹의 성음론聲音論을 풀이한 것이다. 소옹의 성음론은 상수학의 한 영역을 이루는바, 음운학과 수학으로 구성되어 있어 이해하기가 쉽지 않다. 서경덕은 이를 소화해 글을 쓴 것인데, 단순한 풀이에 그치지 않고 자기대로의 생각을 보태고 있다. 그뿐만이 아니라 다음에서 보듯 한글에 대해서도 언급한다.

언서諺書의 16자모子母는 간략하되 극진하다. 하늘과 땅의 수數는 16에서 다하고, 일월성신日月星辰의 성聲과 수화토석水火土石의 음音을 서로 곱하면 16이 된다.

한글이 "간략하되 극진하다" 함은, 비록 한글이 그 자모子母가 몇 개밖에 안 되지만 표음문자로서 무한한 소리를 표현할 수 있음을 가리켜 한 말이다.

이외에 「황극경세서의 수를 풀이하다(皇極經世數解)」와 「64괘 방원도를 풀이하다(六十四卦方圓之圖解)」도 상수학에 대한 서경덕의 공부를 보여준다. 〈64괘 방원도〉는 『황극경세서』 권7에 실려 있는 도표이다.

『황극경세서』는 '원元, 회會, 운運, 세世'라는 독특한 시간 개념을 도입하고 있는데, 1원이 12회이고, 1회는 30운이며, 1운은 12세이다. 1세가 30년이니 1운은 360년이고, 1회는 1만 800년이며, 1원은 12만 9600년이다. 서경덕은 『황극경세서』와 달리 원을 넘어 원의 원의 원의 원까지 사유하고 있다. 서경덕의 계산에 의하면 원의 원의 원의 원은 2만 8211조 990만 7456억년이다. 계산기도 없던 시대에 이를 계산해냄도 보통 일은 아니라 하겠지만, 이런 천문학적 숫자의 시간을 사유함은 놀라운 일이라 할 것이다. 앞서 서경덕의 자연철학에서 '태허'라는 개념에 대해 살핀 바 있지만, 태허는 시공간적으로 한정이 없다. 그러므로 서경덕이 보여주는 이런 무한대無限大의 시간에 대한 사유는 그의 자연철학과 무관하지 않다고 여겨진다.

17세기 초의 사상가 신흠申欽은 서경덕의 역학易學과 상수학을 대단히 높이 평가했으며 이를 계승해 『선천규관先天窺管』을 저술했다. 한편, 서경덕의 상수학적 음운학은 후대에 최석정崔錫鼎, 신경준申景濬, 황윤석黃胤錫의 음운학으로 이어졌다. 그렇기는 하나 수리數理를 중심에 둔 서경덕의 상수학은 그의 기철학과 마찬가지로 당대와 후대의 정통 성리학자들로부터 배척을 받았다.

학문론·수양론 및 경세론

서경덕은 이황이나 이이와 달리 학문론, 심성론, 수양론에 대한 논의는 별로 남기지 않았다. 이는 서경덕의 주된 관심이 존재론, 즉 자연철학 쪽에 있었기 때문이다. 그러나 서경덕이 그러한 논의를 본격적으로 펼치지는 않았다 할지라도 그의 자연철학 속에는 이미 학문론과 수양론이 내장內藏되어 있으며, 그의 학문론 내에는 경세론이 깃들어 있다고 여겨진다.

서경덕은 제자 박민헌에게 준 글인 「박이정 자설字說」에서 이리 말하고 있다.

> 하늘과 땅의 올바름을 온전히 받은 것이 사람이다. 올바름이란 무엇을 말하는가? 의義와 인仁이다. 인의의 근원은 지극히 선하고 지극히 참되어 물결이 일지 않는 물과 같고 먼지 묻지 않은 거울과 같다.

인간은 천지의 올바른 기를 온전하게 타고나기에 도덕적 존재일 수 있다고 보았다. 이어지는 구절에서 서경덕은, 인간은 도덕적 본성을 타고나기는 하지만 정욕이나 물욕 때문에 그 타고난 올바름을 잃어버릴 수 있으므로 도덕적 수양을 통해 사악함을 물리치고 원래의 본성을 되찾아야 한다고 했다.

한편, 서경덕은 또 다른 제자 김한걸金漢傑에게 준 글인 「김사신 자설」에서는, 공부를 해서 이윤伊尹과 부열傅說, 주공周公과 소공召公처럼 나라에 큰 공업功業을 세울 것을 기약해야 한다고 말하고 있다. 이는 학문에서 '사공事功'을 중시한 발언으로 주목을 요한다. 일반적으로 성리학자들은 수기치인修己治人은 강조하되 사공은 배척했다. 이 때문에 성리학은 결국 관념적 학문으로 떨어지고, 실제적·무실역행적務實力行的 면모에서 멀어져갔다. 하지만 이 글에서 확인되듯 서경덕은 학문의 사공적 실천을 강조하고 있다. 서경덕의 이런 지향은 그가 기철학자인 데서 유래한다. 스승의 이런 가르침에 부응해 김한걸은 강원도 고성 군수로 부임한 후 「진군폐소陳郡弊疏」라는 상소문을 올려 고을의 폐단과 민이 겪는 고통을 임금에게 낱낱이 직언한다.

서경덕에게 선善이란 무엇일까? 생생화화하는 음양의 이치를 따르는 것, 그것이 곧 선이다(「'복復에서 천지의 마음을 볼 수 있다'고 한 데 대해 논함」). 이에서 서경덕의 자연철학은 윤리학과 연결된다. 서경덕은 인간이 유행순환流行循環하는 음양의 이치를 스스로의 몸에 돌이켜봄으로써 '인지지성仁智之性'(어질고 지혜로운 본성)과 '충서지도忠恕之道'(성誠과 인仁의 도)를 깨달을 수 있다고 보았다(「'복에서 천지의 마음을 볼 수 있다'고 한 데 대해 논함」). 자연의 도와 인간의 도가 상통한다고 본 것이다.

서경덕은 이 세계가 끊임없이 생생화화하지만 그 속의 천지만물은 저마다 자기 자리를 지키고 있다고 보았다. 자기 자리를 지키는 것을 서경덕은 '그침〔止〕'이라고 말하고 있다. 다음은 「심 교수에게 주는 송서送序」의 한 대목이다.

천하의 만물과 모든 일에는 각각 그침이 없지 않습니다. 우리는 하늘이 위에 그친다는 것을 알고, 땅이 아래에 그친다는 것을 알고 있습니다. 우뚝 서 있는 산과 흐르는 물이며, 날아다니는 새와 엎드려 있는 짐승들도 각각 하나같이 그치기 때문에 문란하지 않다는 것을 우리는 알고 있습니다. 우리 사람에게 있어서는 더욱이 그침이 없을 수가 없는데, 그침은 한가지만이 아니니, 마땅히 각각 그쳐야 할 곳에서 그쳐야 할 것입니다. 이를테면 부자父子는 은혜에서 그쳐야 하고, 군신君臣은 의리에서 그쳐야 하니, 이는 모두 타고난 본성이며 사물의 법칙입니다.

심지어 먹거나 마시거나 옷을 입는 일상의 생활과 보고 듣고 말하고 움직이는 데에도 어찌 그쳐야 할 곳이 없겠습니까. (…) 군자가 배움을 귀히 여기는 것은 그것을 통해 그침을 알 수 있기 때문입니다. 배우고도 그칠 줄 모른다면 배우지 않은 것과 뭐가 다르겠습니까.

서경덕에 의하면 '그침'은 자연의 이치이며, 만물이 그 본연의 자리를 지키는 것을 의미한다. 본연의 자리를 지킨다는 것은 사물이 저마다 자신의 위치에서 자신의 마땅한 도리를 다함을 말한다.

이렇게 본다면 서경덕이 강조하고 있는 '그침' 역시 자연철학과 윤리학, 존재론과 수양론(도덕론)의 결합을 보여준다고 할 것이다. 서경덕은 자연철학에서 윤리학의 근거를 끌어내고 있다. 여기에는 인간이 자연의 일부이며, 그래서 자연으로부터 인간 삶의 근거와 기율紀律을 발견하지 않으면 안 된다는 생각이 전제되어 있다.

화담은 자연철학에 관심을 쏟았으니 사회나 현실의 문제에는 별로 관심을 가지지 않았을 것으로 생각하기 쉽다. 하지만 이는 오해다. 「인종대왕에게 올리려던, 대행대왕의 상제가 옛날의 예에 부합하지 않음을 논한 소」에서 그 점을 알 수 있다. 당시 인종은 서거한 부왕 중종을 위해 대대적으로 산릉山陵을 조성 중이었다. 이 때문에 백성들이 겪는 고통이 이루 말할 수 없었다. 서경덕은 이 글에서 준엄하고 강직한 목소리로 백성들을 대변하면서 그 잘못을 지적하고 있다.

주목할 것은 이 글에 나타난 서경덕의 민중적 입장이 자연물에 대한 생태적 관심과 맞닿아 있다는 점이다. 왕실의 산릉 조성은 단지 백성들의 온전한 삶을 파괴하는 데 그치지 않는다. 무절제하게 이루어지는 석재石材 채취는 돌이킬 수 없는 자연의 파괴를 낳는다. 민에 대한 서경덕의 측은지심은 자연에 대한 그의 측은지심과 어우러져 있다. 서경덕이 제기한 '그침'의 철학에서 본다면, 왕실과 사대부들에 의해 자행되는 분묘의 과도한 장식은 '그침'을 알지 못해서다. 그 결과 백성들은 자기 삶의 자리를 잃고 말았으며, 산도 자기 자리를 잃어가고 있다. 그쳐야 할 곳에 그치지 않음으로써 존재들 상호 간의 조화, 생의 온전함이 깨어져버리는 사태가 초래된 것이다.

이를 통해 우리는 서경덕의 자연철학이 경세론과 연결되는 접점을 발견할 수 있다. 그의 자연철학은 흔히 오해되듯 현실이나 실제 세계와 절연된 자리에 있는 것이 아니라 현실 및 실제 세계와 통하고 있다 할 것이다.

철리시

서경덕은 자신의 철학적 깨달음을 이따금 시로 읊었다. 시에 특기가 있거나 시 자체에 특별한 흥미를 느껴 지은 것은 아니다. 그는 다만 철학적 탐구의 과정 중 때때로 시라는 형식을 빌려 자신의 생각이나 깨달음을 노래했다. 뿐만 아니라 그는 산수자연 속에 노니는 즐거움을 노래하기도 하고, 자연과 합치되는 삶에서 맛보게 되는 도의 체현體現을 즉흥적으로 노래하고 있기도 하다. 이런 시들은 흥취를 담고 있다.

서경덕의 시들은 기교나 공교함과는 거리가 멀며, 퍽 소박하고 꾸밈이 없다. 그러나 서경덕의 시가 보여주는 소박하고 꾸밈이 없는 이 경지는 졸렬함과는 그 유類를 달리하며, '무위無爲'에 도달한 사람이라야 보여줄 수 있는 경지이다. 이황은 서경덕의 시에 좋지 못한 것이 많다고 했지만(「답남시보答南時甫」), 그건 이학자理學者이자 시를 짓는 데 공을 들인 이황 자신의 기준에서 한 말일 뿐이다. 시의 공교함을 초월해 기학자氣學者로서의 깨달음과 흥취를 노래한 서경덕의 시가 이황의 눈에 좋게 보였을 리 없다.

다음은 「우연히 읊다(偶吟)」라는 시이다.

새벽달이 서쪽으로 진 뒤
거문고 타기를 막 그치네.
밝고 시끄러움이 어둡고 고요함과 교대하니
그 속의 묘한 이치가 어떠한가?
殘月西沈後, 古琴彈歇初.
明喧交暗寂, 這裏妙何如?

이 시는 밤이 낮으로 바뀌는 시점, 다시 말해 어둠이 밝음으로, 고요함이 수선거림으로 바뀌는 시점을 노래하고 있다. 어둠과 고요함이 '음陰'과 '정靜'이라면, 밝고 수선거림은 '양陽'과 '동動'이다. 또한 어둠과 고요함이 '죽음'이라면, 밝음과 수선거림은 '삶'이다. 정에서 동이 나오듯, 밝음은 어두움에서 나오고 소리는 고요함에서 나온다. 이 시의 제3구에 보이는 '교대하니'라는 말은 특별한 주목을 요한다. 시인은 죽음과 삶, 음과 양, 정과 동이 교차하는 '즈음'을 이 단어로써 드러내 보이고 있다. 바로 이 '즈음'이야말로 생극生克하는 음양의 작용, 다시 말해 우주의 미묘한 도가 여실히 드러나는 지점이다. 제4구 "그 속의 묘한 이치가 어떠한가"라는 말에는 이처럼 대대적對待的이고 순환적인 자연의 도를 직관한 시인의 감회가 서려 있다. 이 시에서 확인되듯 서경덕에게 있어 시와 철학은 둘이면서 하나이고 하나이면서 둘인 관계를 이룬다.

시를 한 수 더 보기로 한다. 다음은 「역을 보다가 읊다[觀易吟]」라는 시이다.

감괘坎卦와 이괘離卦에는 용用이 감춰져 있어 만물의 형상에 앞서는데
그 작용이 두루 나타난 뒤에야 도道가 비로소 전해졌네.
복희伏羲가 그은 팔괘八卦는 참된 상象을 대략 본떴고
문왕文王이 지은 경문經文은 그림자 속의 하늘을 보였네.
사물을 연구하면 능히 조화造化를 알 수 있고
근원으로부터 찾아야 오묘한 도를 깨칠 수 있네.
글은 언외言外의 뜻을 다하지 못하니
중니仲尼만 홀로 위편韋編이 끊어진 건 아니라네.

坎離藏用有形先, 到得流行道始傳.

羲畫略摹眞氐象, 周經且說影中天.

硏從物上能知化, 搜自源頭可破玄.

書不盡言言外意, 仲尼非獨計韋編.

제8구의 '중니'는 공자를 말한다. '위편'은 죽간竹簡을 연결하는 가죽끈을 말한다. 종이가 발명되기 전에는 죽간에 글을 썼으니, 공자는 죽간으로 된 『주역』을 보았다. 공자가 만년에 『주역』을 열심히 공부해 죽간의 가죽끈이 세번이나 끊어졌다〔韋編三絶〕는 고사가 있다. '글은 언외의 뜻을 다하지 못하니'에서 '글'은 공자가 지었다고 전하는 「단전象傳」「상전象傳」「문언전文言傳」「계사전繫辭傳」 등 열 편의 글을 말한다. 필자가 번역의 저본으로 삼은 문집총간본 『화담집』(제5간본, 1786년 개성 화곡서원 간행)에는 이 시의 제7·8구가 "총명한 성인이 세상에 나오지 않으셨다면/역易에서 진리 찾기 어려웠을 테지〔不是聰明間世出, 難憑竹易討蹄筌〕"라고 되어 있으며, 그 말미에 "어떤 데에는 '글은 언외의 뜻을 다하지 못하니/중니만 홀로 위편이 끊어진 건 아니라네〔書不盡言言外意, 仲尼非獨計韋編〕'라고 되어 있음"이라는 소주小註가 달려 있다. '총명한 성인'은 공자를 가리킨다.

그런데 서경덕과 동시대인인 하서河西 김인후金麟厚(1510~1560)가 이 시에 차운해 지은 시가 서경덕의 원시原詩와 함께 그의 문집 『하서집河西集』에 실려 있는데, 거기에는 제7·8구가 "글은 언외의 뜻을 다하지 못하니/중니만 홀로 위편이 끊어진 건 아니라네"로 되어 있다. 그러므로 서경덕이 원래 지은 시구는 "글은 언외의 뜻을 다하지 못하니/중니만 홀로 위편이 끊어진 건 아니라네"이고, "총명한 성인이 세상에 나오지 않으셨다면/역에서 진리 찾기 어려웠을 테지"는 뒤에 문집을 새로 내면서 후인後人이 변조한 것이라 할 것이다. 왜 변조했을까? 원시原詩의 표현이 좀 불경不敬스럽다고 여겨서일 것이다. 그래서, '공자의 글이라고 해서 역易의 모든 뜻을 다 드러내고 있지는 않으니 나도 공자만큼 열심히 역을 읽어 그 뜻을 드러내고자 했다'는 취지의 원래 시구를 '불세출의 성인 공자 덕에 우리가 역의 진리를 알게 되었다'는 취지의 시구로 고쳐놓았다고 여겨진다. 조선 학인들은 공자를 절대시했기에 서경덕의 주체적·자존적 태도를 용납하기 어려웠던 것이다. 하지만 이렇게 바꿔놓으면, '학문'이란 앞의 성현이 구축해놓은 것을 충실히 따라가면 족한 것이며, 그것에 새로운 것을 보태면서 —— 혹은 그것을 수정하면서 —— 미처 발명發明되지 못한 것을 부단히 새로 발명해가는 것이 될 수는 없게 된다. 이 점에서 서경덕의 원래 시구와 후인이 수정한 시구 간에는 학문론 내지 학문 방법의 차이가 존재한다고 판단된다. 김인후가 서경덕의 이 시에 차운次韻한 시를 지은 것도 서경덕의 이 시에 내재된 학문적 '태도'에 불만을 품어 이를 공박하기 위함이었다. 이처럼 이 시에 대한 텍스트 비평을 통해 한국사상사의 두 대립적 지향이 짚어질 수 있음이 흥미롭다.

맺음말

김시습과 서경덕은 한국사상사에서 독특한 지위를 점한다. 조선시대 사상가 가운데 김시습만큼 도저하게 '위민적爲民的'(인민을 위하는) 입장을 견지한 인물은 없을 것이며, 조선시대 사상가 가운데 서경덕만큼 조선 철학자로서의 드높은 자존감을 보여준 인물은 없을 것이다. 서경덕은 죽기 얼마 전 「이기의 본원을 밝힘」 등 네 편의 글을 쓴 뒤 "비록 문장은 졸렬하지만 일천명의 성인(千聖)이 다 전하지 못한 경지에 대한 이해를 담고 있으니, 중간에 잃어버리지 말고 후학에게 전하여 중화와 오랑캐(일본 등을 가리킴), 먼 곳과 가까운 곳에서 두루 읽혀지게 해 동방에 학자가 나왔음을 알게 했으면 한다"라고 말했다.

두 사람의 자연철학에서는 모두 기氣가 중심이 되고 있다. 서경덕은 김시습보다 더 철저한 입장에서 기철학을 구축했다. 이는 한국사상사 초유의 일이다.

두 사람은 사상 행위의 자세, 학문의 방법에서도 비슷한 면이 있으니, 중국 사상을 참조하거나 학습하면서도 주체적 태도를 견지했다. 즉 특정한 중국의 사상가를 절대시하거나 우상화하지 않고 활달한 태도로 자기대로의 사유 행위를 추구해나간 점이 돋보인다. 특히 서경덕은 표나게 '자득'을 중시했다는 점에서 한국사상사에서 자득의 아이콘으로 자리매김할 만하다.

김시습은 유학만을 진리로 승인한 것이 아니라 불교 역시 진리로 승인했으며, 둘을 회통會通시켰다. 진리의 복수성에 대한 긍정이다. 이 점에서 김시습은 조선시대에 존재한 이런 사상적 흐름의 중요한 출발점을 이루는 인물로 주목해야 마땅하다. 서경덕은 도가의 '허무', 불교의 '적멸寂滅'과 씨름하는 과정에서 기철학을 구축했다. 그렇기는 하지만 그의 기철학은 이단에 대한 배척의 정도가 그리 심하지 않으며, 특히 양명학에 대해서는 친화적인 면이 있다고 생각된다. 서경덕의 제자들 가운데 사상적으로 교조적이지 않고 융통성을 보여주는 인물들이 적지 않고 양명학으로 넘어간 인물도 있음은 이와 관련될 것이다.

조선시대 성리학은 이理를 중시하는 입장이 주류를 이루었다. 그러므로 기를 중시한 김시습이나 서경덕의 철학은 '비주류의 사상'이라 이를 만하다. 하지만 오늘날의 관점에서 본다면 오히려 비주류의 사상 중에 흥미롭거나 그 창의성이 주목되는 것이 적지 않다. 가령 기를 중시한 김시습·서경덕의 철학을 이어받고 있다고 판단되는 조선 후기의 홍대용洪大容(1731~1783)과 최한기崔漢綺(1803~1877)의 사상에는 독창적 내용이 아주 풍부하다.

이 선집을 통해 한국사상사의 이런 면모가 좀더 투철히 인식되기를 기대한다.

핵심저작

김시습

김시습(1435~1493) 초상(불교중앙박물관 소장)

1장
나는 누구인가

유양양柳襄陽[1]에게 진심을 토로해 올린 편지

자주 두터운 은혜와 곡진한 대접을 받아 몹시 감사합니다. 제가 은혜를 입어 상국相國(유자한을 가리킴)의 글을 보게 된 것은 천박한 재주와 허명 때문인 듯합니다. 저의 실상을 숨김 없이 아뢰고자 하니 이는 스스로를 뽐내거나 스스로를 낮추어 남의 칭송을 받고자 해서가 아닙니다. 제가 스스로를 뽐내지 않더라도 온 나라가 저의 허명을 알 것이요, 제가 스스로를 낮추지 않더라도 온 나라가 모두 저의 어리석음과 졸렬함을 알 터인데 어찌 오늘 상국 앞에 스스로를 뽐내거나 스스로를 낮춘 후에 그것이 드러나겠습니까.

제 본관은 강릉으로, 삼한三韓 때 신라의 왕 김알지金閼智의 후예인 원성왕元聖王의 아우 김주원金周元의 후손입니다. 이는 『삼국사기三國史記』 신라

---

[1] 양양 부사(襄陽府使) 유자한(柳自漢)을 말한다. 성종 17년(1486)부터 성종 20년(1489)까지 재임했다. 김시습은 53세 때인 1487년 양양에 거주할 무렵 유자한으로부터 물심양면의 지원을 받았다.

본기新羅本紀에 자세히 실려 있습니다. 어머니의 본관은 울진蔚珍으로, 선사仙槎 장씨張氏입니다. 한漢나라 때 박망후博望侯를 지낸 장건張騫[2]의 후예라고 전하지만 확실하진 않습니다.

먼 조상인 김연金淵과 김태현金台鉉은 대대로 고려高麗의 시중侍中(재상, 종1품 벼슬)을 지냈으니, 『고려사高麗史』에 자세히 실려 있습니다. 저의 증조부에 이르러 봉익대부奉翊大夫(종2품 벼슬)에 그쳤는데, 부친은 조상의 음덕을 받아 말단 벼슬에 임용되었지만 병으로 인해 출사出仕하지 못했습니다.

저는 을묘년(1435)에 서울의 성균관成均館 북쪽에서 태어났는데, 태어난 지 여덟달 만에 글자를 알았다고 합니다. 이웃에 사시던 족조族祖 최치운崔致雲[3]이 이름을 '시습時習'이라 짓고 이름의 뜻을 풀이한 글을 지어 제 외조부께 주셨습니다.

외조부께서는 제게 우리말을 먼저 가르치지 않고 다만 천자문만을 가르치셨으니, 저는 말은 잘 못해도 뜻은 모두 통했습니다. 그러므로 자라서도 말을 더듬어 잘하지 못했지만, 붓을 주면 생각을 모두 써낼 수 있었습니다. 그래서 세살에 글을 지을 수 있었는데, 다섯살에 글을 지었다[4]고 하는 것은 크게 문리文理를 통달한 때를 말하는 것입니다.

병진년(1436) 봄에 외조부께서 제게 초구抄句(유명한 시구를 뽑은 것)를 가르치셨는데, 그때까지도 저는 말을 잘 못했습니다. 외조부께서

꽃이 난간 앞에서 웃지만 소리는 들리지 않네.　　　　　　花笑檻前聲未聽

라고 가르치시면 저는 병풍에 그린 꽃을 가리키며 "어어"라는 소리를 냈고, 또

2　　중국 전한(前漢)의 외교가로, 그 공을 인정받아 박망후에 봉해졌다.
3　　'최치운'(1390~1440)은 세종 때의 문신으로, 문과에 급제해 이조참판까지 올랐다.
4　　김시습은 5세 때 글을 지었다고 해서 '5세 신동(神童)'으로 불렸다.

새가 숲에서 울지만 눈물을 보기 어렵네.　　　　　鳥啼林下淚難看

　라고 가르치시면 병풍에 그린 새를 가리키며 "어어"라는 소리를 내자, 외조부께서는 제가 뜻을 이해한다는 걸 아셨습니다. 그래서 이해에 초구 백여개와 당唐나라와 송宋나라 현인들의 시초詩抄(시구를 뽑은 것)를 다 읽었습니다. 정사년(1437) 봄에 이르러서야 말을 하게 되어 외조부께 여쭈었습니다.

　"어떻게 시를 짓습니까?"

　외조부께서 말씀하셨습니다.

　"일곱 글자를 한 줄로 삼아 평측平仄을 맞추고 두 구절씩 짝을 짓고 운자韻字를 다는 것을 시라고 한다."[5]

　"그렇다면 일곱 글자 한 줄을 지을 수 있겠습니다. 할아버지께서 첫 글자를 불러보셔요."

　할아버지가 '춘春'이라고 하자 저는 즉각 이렇게 읊었습니다.

봄비가 초가에 내리니 봄 기운이 열리네.　　　　　春雨新幕氣運開

　살던 집이 초가집이었는데, 뜰을 바라보니 가랑비 속에 살구꽃이 처음 핀 까닭에 이리 읊은 거였습니다.

　이런 구절도 읊었습니다.

5　칠언절구나 칠언율시를 말한다. 칠언절구는 7언 4구이고, 칠언율시는 7언 8구다. 매 구마다 정해진 '평측'이 있으며, 일정한 곳에 운을 달게 되어 있다. '평'은 낮은 소리이고, '측'은 높은 소리다. 칠언율시의 경우 제3구와 제4구, 제5구와 제6구는 반드시 서로 짝이 되게 지어야 한다.

복사꽃은 분홍이요 버들은 푸르니 봄이 저무네.   桃紅柳綠三春暮

또 이런 구절도 읊었습니다.

구슬을 푸른 바늘에 꿴 듯하네 솔잎의 이슬은.   珠貫靑針松葉露

이렇게 지은 구절이 적지 않았으나 종이를 다 잃어버려 지금은 다 잊어
버렸습니다.

이후 『정속正俗』『유학자설幼學字說』[6] 등 아동들의 책을 모두 읽었으며,
『소학小學』의 대의大意를 통하게 됨에 글을 지을 수 있게 되어 지은 글이 수
천여 언言에 이르렀습니다.

기미년(1439, 세종 21년)에 이웃에 사시던 수찬修撰 이계전李季甸[7]의 문하
에서 『중용』과 『대학』을 읽었는데, 이파李坡와 이봉李封의 형인 우坦[8]와 함
께 배웠으니, 당시 다섯살이었습니다. 이웃에 살던 사예司藝 조수趙須[9]는
저의 자字를 지은 뒤[10] 그 뜻을 풀이한 글을 지어주셨습니다. 처음 서울에
제 이름이 알려진 것은 이들 두어 분 거공鉅公(문장, 학문 등에서 높은 성취를 이
룬 사람)이 이웃에 살면서 맨 먼저 저를 칭찬했기 때문입니다.

허명이 자자하자 정승 허조許稠[11]가 집으로 저를 찾아와 대뜸,

---

6   『정속』은 『정속편(正俗篇)』을 말한다. 원(元)나라 일암왕(逸庵王)이 풍속을 바로잡기 위해
     저술한 책으로 효도, 우애 등 18조목으로 구성되어 있다. 『동몽수지(童蒙須知)』와 함께 아동
     들이 많이 읽은 책이다. 1518년 김안국(金安國)이 국문으로 번역해 간행하기도 했다. 『유학
     자설』은 아동들로 하여금 한자의 모양과 뜻을 익히게 하기 위하여 만든 책이다.
7   '이계전'(1404~1459)은 목은(牧隱) 이색(李穡)의 손자이며, 권근(權近)의 외손자다. 세종
     때 문과에 급제해 집현전 학사를 지냈고, 수양대군이 왕위를 찬탈할 때 수양대군 측에 서서
     정인지(鄭麟趾) 등과 함께 1등 공신에 녹훈되었으며, 이조판서를 지냈다.
8   이우, 이파, 이봉은 이계전의 아들로 다 높은 벼슬을 지냈다.
9   세종 때 성균관 사예에 제수되어 집현전 학사를 지도한 인물.
10   김시습의 자는 '열경(悅卿)'이다.
11   태종과 세종을 도와 예악 제도를 정비하는 데 큰 공헌을 한 인물.

"내 늙었으니 '노老' 자로 시구를 지어보거라."

라고 하셨습니다. 저는 즉시 이렇게 읊었습니다.

노목에 꽃이 피니 마음은 늙지 않았네.　　　　　　老木開花心不老

허 정승은 무릎을 치며 탄복하더니 이렇게 말씀하셨습니다.

"이 아이는 이른바 신동이로다."

이에 비로소 높은 벼슬아치들이 제 이름을 알고 자주 찾아왔습니다. 세종世宗께서도 소문을 들으시고 저를 승정원承政院으로 불러 승지 박이창朴以昌으로 하여금 사실 여부를 확인하게 하셨습니다.[12] 승지는 저를 안아 무릎 위에 앉히고 제 이름자를 부르며,

"이걸로 시구를 지을 수 있겠느냐?"

라고 하시어 저는 즉시 이렇게 읊었습니다.

올 때의 갓난아이는 김시습이라네.　　　　　　來時襁褓金時習

또 벽에 그린 산수화를 가리키며,

"네가 또 시구를 지을 수 있겠느냐?"

하시길래 저는 즉시 이렇게 읊었습니다.

작은 정자 모양의 배에 누가 있는지?　　　　　　小亭舟宅何人在

이렇게 시문詩文을 지은 것이 적지 않았습니다. 즉시 임금께 아뢰자 임금께서 분부하시기를,

12　박이창이 세종 때 승지를 한 것은 세종 25년(1443) 4월 12일부터 세종 28년(1446) 4월 27일까지다. 만일 세종 25년의 일이라 한다면 김시습이 아홉살 때가 된다.

"친히 인견引見하고 싶지만 남들이 듣고 해괴하게 여길까 걱정된다. 부모에게 돌려보내 아이의 재주를 밖으로 드러내지 말고 가르치기를 몹시 부지런히 하게 하라. 장성하여 학업이 성취되기를 기다려 장차 이 아이를 크게 쓰겠노라."

라고 하셨습니다. 그리고는 물품을 하사하시고 집으로 돌아가게 하셨습니다.[13] 남이 꾸민「삼각산三角山」시라든가 근거 없는 여러 낭설은 모두 허랑한 자들 사이에 전하는 망령된 말입니다.[14]

이해로부터 13세가 될 때까지는 가까이 사시던 대사성大司成 김반金泮[15]의 문하에 나아가『논어』『맹자』『시경』『서경』『춘추』를 배웠습니다. 또 이웃의 겸사성兼司成 윤상尹祥[16]에게 나아가『주역』과『예기』와 사서史書를 배웠습니다. 제자백가는 혼자 읽었습니다.

15세 때 어머니께서 돌아가시어 외조모[17]께서 길러주셨습니다. 외조모께서는 하나뿐인 외손자라고 자식처럼 사랑하여 기르셨습니다. 모친상 때 저를 농장으로 데리고 가서 서울로 보내지 않아 3년 동안 산소를 지켰는데 삼년상을 미처 마치기 전에 외조모마저 이어서 세상을 버리셨습니다.

홀아비가 된 부친은 병으로 집안일을 할 수 없었기에 계모를 얻으셨는데 세상일이 어긋나고 야박하여[18] 저는 홀로 서울 집에서 상국(유자한)의 사위인 중선仲善의 부친 안신安信이라든가 지달하池達河, 정유의鄭有義, 장강張綱, 정사주鄭師周와 함께 공부하며 서로 사귀어 형제처럼 지냈습니

---

13 당시 세종은 김시습에게 금포(錦袍, 비단 도포)를 하사했다. 김시습의 시「고민을 풀다(敍悶)」제2수에서 그 점이 확인된다. 세종이 비단 50필 혹은 100필을 하사했다는 등의 말은 전부 꾸며낸 말이다.

14 김시습이 세종이 낸 운에 맞추어「삼각산」이라는 시를 지었다는 설이 있다. 김시습은 이 시가 남이 꾸며낸 것임을 밝히고 있다.

15 권근(權近)의 문인으로 경학(經學)에 밝았던 인물.

16 정몽주의 학통을 이은 인물로 경학에 밝았다.

17 외숙모라고 번역된 경우도 있으나 외조모가 맞다.

18 이 말로 미루어볼 때 계모와의 불화가 있었던 게 아닌가 한다.

다.[19]

저는 어려서부터 영달을 기뻐하지 않았고, 또 친척이나 이웃의 지나친 칭찬을 부끄럽게 여겼습니다. 이윽고 제 마음과 세상일이 서로 어긋나 낭패를 봤을 때[20] 세종과 문종文宗이 잇달아 승하昇遐하셨고, 세조世祖 즉위 초에 벗들과 세신世臣들이 모두 귀신 명부에 올랐으며,[21] 다시 이교異敎(불교)가 크게 흥해 사문斯文(유교의 도)이 쇠락해 제 뜻도 황량해졌습니다. 마침내 승려들과 벗하여 산수에 노니니 친구들이 제가 불교를 좋아한다고 여겼지만 이도異道(불교)로 세상에 이름을 드러내려고 하지 않았기에 세조께서 분부하여 누차 불렀음에도 모두 나가지 않았습니다. 처신이 더욱 규범에 얽매이지 않고 제멋대로여서 남들과 어울리지 못했기에 어떤 이는 저를 천치라 여기고 어떤 이는 저를 미쳤다고 여겼는데, 사람들이 하는 대로 내버려두었습니다.

지금 성상(聖上, 성종)께서 등극하시어 어진 이를 등용하고 간언諫言을 따르시므로 벼슬을 해볼까 해서 10여 년 전부터 다시 육경六經(유교 경전)을 익혀 공부가 좀 늘었습니다. 게다가 우리 집안의 제사를 받드는 데에도 제가 중한 까닭에 장차 벼슬해 선조를 제사 지내고자 했습니다. 하지만 자주 몸과 세상이 어긋남이 마치 둥근 구멍에 모난 자루를 박는 것과 같음을 보게 되고, 옛 친구들은 이미 다 죽고 새로 알게 된 이들은 익숙하지 못하니 누가 제 본래의 뜻을 알겠습니까? 그래서 몸을 산수 사이에 두어 방랑하게 되었으니, 이 모두가 사실임을 오직 공公만은 묵묵히 알고 계실 것입니다.

나를 알지 못하는 사람은 말하기를,

19　'안신'은 직장(直長) 벼슬을 했으며, 아들 '안중선'은 성종 때 상의원 직장에 제수되어 잠시 근무하다 그만두었다. 학행이 돈독하고 부모에게 효성을 다했으며 여러 번 천거되어 관직이 제수되었지만 사양하였다. '지달하'는 세조 때 문과에 급제해 이조정랑과 판교를 지냈는데, 한어(漢語)와 이문(吏文)에 능했다. 나머지 인물들은 미상이다.

20　과거 시험에 낙방한 일을 가리키는 듯하다.

21　세조 2년(병자년, 1456) 병자옥(丙子獄)으로 사육신 등이 처형된 일을 가리킨다.

"집이 가난해 낙척落拓하여 스스로를 펼 수 없는 까닭에 떠돌아다니며 이 지경에 이르렀다."

라고 하고, 심지어는,

"노비를 다 팔아먹고 궁하여 여기저기를 전전한다."

라고 하니, 크게 웃을 만합니다. 이는 모두 제가 「삼각산」 시를 지었다느니, 제 글이 도사의 글이라느니[22] 하는 말처럼 허랑한 말입니다. 허명은 조물주도 꺼리는 바인데, 어쩌다 이런 극단에까지 이르게 되었는지 모르겠습니다.

상국께서는 저를 비루하게 여기지 않으시고 몹시 잘 대접해주시니, 마치 옛 친구들인 괴애乖崖(김수온), 사가四佳(서거정), 금헌琴軒(김뉴)이 저를 대하는 것과 같습니다. 제가 일부러 예법에 얽매이지 않게 행동하며 뵙기를 소홀히 할수록 더욱 공손하게 저를 대해주시며, 심지어 성대한 조정(성종의 조정을 말함)에 벼슬하기를 권하기까지 하시니, 염려가 지극히 깊고 은혜가 지극히 두텁다 할 것입니다. 저 또한 상국의 자제들과 조용한 곳을 가려 글을 읽고자 하지만 다만 올해 이 골짝에 곡식을 심은 것이 보리에서 조에 이르기까지 한 말에서 한 섬까지 되며, 또 땅이 본래 기름져 이삭이 드리운 조를 가을에 수확하면 수십 섬이 될 줄 여겼습니다. 이것을 가지고 읍치邑治 가까운 곳으로 가 상국의 보살핌을 받는다면 내년에 넉넉히 지내리라 여겼는데, 지금 골짝에 돌아와보니 며칠 사이에 산쥐가 모조리 먹어치워 남은 이삭이 없어 우두커니 서서 탄식하고 있습니다. 만일 양식이 없는 채로 남에게 기식하거나 관가에서 호구糊口한다면 어깨를 굽혀 '예예' 하면서 음식을 구해야 할 터이니 선비의 뜻이 땅에 떨어지고 말 것입니다. 곁의 사람들은 다시 말하기를,

"궁하다 보니 남이 불쌍히 여겨 주는 밥을 먹고 산다."

---

22   김시습이 도교에 관심을 가졌다고 보아 이런 말이 유포된 것으로 보인다.

라고 할 것입니다. 옛사람은 이르기를,

"늙을수록 더욱 건장해야 하고, 궁할수록 또한 더욱 뜻이 굳어야 한다."

라고 했는데, 저에게 해당하는 말입니다.

제 처지가 지극히 어렵지만 바깥 세상에 나가 살 수 없는 데에는 다섯가지 이유가 있습니다. 세상 사람들은 남의 옷차림만 보지 그 심지心志를 보지 않는데, 저는 옷을 빨아 입거나 해진 옷을 기워 입지 않으니 이것이 첫째 이유입니다. 처첩을 얻으면 집을 마련해야 하고 생계에 얽매이게 되므로 빈부로부터 자유로워지지 않으니 이것이 둘째 이유입니다. 도연명陶淵明의 아내 적씨翟氏나 양홍梁鴻의 아내 맹광孟光과 같은 어진 아내를 얻기 어려우니 이것이 셋째 이유입니다.[23] 옛 친구에게 가련하게 보여서 벼슬하나를 천거받는다 하더라도 품계가 낮고 녹봉이 박하면 뜻을 펼 수가 없고, 게다가 저는 성품이 어리석고 강직해 소인배에게 용납될 수 없으니 이것이 넷째 이유입니다. 제가 깊은 골짝에 사는 것은 단지 산수의 아름다움을 사랑해서이며 밭 갈고 김 매는 일은 마음에 둔 바가 아닌데, 금년 농사를 망쳤다고 해서 골짝 밖으로 나가 살 길을 도모한다면 사람들이 곧 이르기를,

"여전히 궁박해서 행동거지가 저와 같다."

라고 할 것이니, 이것이 다섯째 이유입니다. 또 선비란 몸과 세상이 모순되면 물러가 살면서 스스로 즐거워하는 것이 그 본분이거늘, 어찌 남의 비웃음과 비방을 받아가며 억지로 바깥 세상에 머물겠습니까.

또 전날 상국께서 여종을 보내주셨는데 아마 돈을 보고 잠자리를 같이하려는 사람 같았습니다. 저에게 올 사람이 아님을 알 수 있었고 저 또한 그와 즐겁게 상대하고 싶은 마음이 없어 짐짓 흥을 내어 달 아래에서 경치를 구경하는 척하면서 그 하는 짓을 살폈더니 과연 가버렸습니다. 이튿날

---

23   '양홍'은 중국 후한(後漢)의 은자이다.

상국께서 크게 타일러 깨우치게 하셨다 하니 감사하기 그지없고 황공하여 몸 둘 바를 모르겠습니다.

제가 오늘날 상국의 사랑을 받는 것은 이른바 천리마가 백락伯樂을 만나 갈기를 떨치며 길게 울고, 백아伯牙가 종자기鍾子期를 만나 손을 들어 마음껏 거문고를 탄 일과 같으니,[24] 실로 저는 천리마나 백아처럼 해야 마땅할 것입니다. 무릇 글 짓는 일을 물으신 데 대해서는 마음을 다해 간담肝膽을 열어 보일 수 있습니다만 골짝을 나와 벼슬길에 나서라는 말씀은 세번 생각해도 결정하지 못하겠습니다.[25] 아! 어진 분께서 저를 가련히 여기시어 돌보아주는 무거운 은혜를 내리셨건만 하늘은 어째서 저를 돕지 않아 농사를 망하게 했는지 모르겠습니다. 장차 긴 꼬챙이를 만들어 복령과 창출을 캐면서[26] 일만一萬 나무에 서리가 엉긴 곳에서 자로子路의 해진 솜옷을 깁고, 일천一千 산의 눈 쌓인 곳에서 왕공王恭의 학창의鶴氅衣를 손질하고자 합니다.[27] 낙척한 채 세상을 살기보다는 자유롭게 지내다가 천년 뒤 저의 본래 뜻을 알아줄 사람이 나타나기를 바라는 게 낫지 않겠습니까. 은덕에 감동하여 눈물을 뿌리며, 종이를 마주해 슬퍼합니다.

이만 절하고 아뢰오니 헤아려보시기 바랍니다.

8월 26일 욕기辱記 김열경[28]이 절하고 사룁니다.

---

24 '백락'은 천리마를 알아보는 안목이 있었던 사람이고, '백아'는 거문고의 명인이다. 백아의 음악을 제대로 이해하는 사람은 종자기밖에 없었다.

25 상대방에 대한 예의로 온건하게 말했을 뿐, 상국의 말에 따를 수 없다는 뜻을 밝힌 것이다.

26 '복령'과 '창출'은 한약의 재료다. 복령은 죽은 소나무의 땅 밑 뿌리에 생기는 버섯인데, 긴 쇠꼬챙이로 땅을 찔러 찾아낸다.

27 '자로'는 공자의 제자이고, '왕공'은 동진(東晉) 때 사람이다. 김시습이 여기서 이들을 거론한 것은 산속에서 뜻을 굳게 지키며 살겠음을 천명한 것이다.

28 '욕기'는 편지에서 쓰는 말로, 서로 기억하는 사이에 자기를 낮추는 말이고, '열경'은 김시습의 자다.

「이소離騷」[29]를 본떠 짓다

외할아버지의 아름다운 덕을 이어받았으며
천지의 청명淸明한 기운을 부여받았네.
타고난 품성은 순수하고
빼어난 기품氣稟을 갖추었지.
선고先考께서 나의 훌륭함을 보시고
좋은 이름 지어 격려하셨네.
마름 잎과 연잎으로 지은 고운 옷을 입고[30]
채란茝蘭[31]의 향기를 품었네.
진실로 내 마음 선해
비록 아홉번 죽는다 해도 버리기 어렵네.
허리에 벽려薜荔[32]를 차고
또 난초 떨기를 찼네.
아! 위의威儀[33]가 아름답지만
사람들 마음이 나와 같지 않음을 탄식하네.
내게 향기가 난다고 칭찬들 하네
아주 짙은 향기가 난다고.
또한 내가 진귀한 걸 지녔다고 꾸짖네
환한 빙감氷鑑[34]을 지녔다고.

---

29 중국 전국시대 초(楚)나라 굴원(屈原)이 지은 시로, 간신들의 참언으로 조정에서 쫓겨난 굴원의 비분강개한 마음을 노래했다.

30 「이소」에 "마름 잎과 연잎으로 옷을 지어 입노라"라는 말이 나온다.

31 향기로운 풀 이름.

32 향기로운 풀 이름.

33 위엄 있는 몸가짐.

34 사리를 밝게 판단하는 능력.

어찌해 내 마음에 자부하는 바를

뭇사람들은 꾸짖으며 말이 많은지.

옷섶 풀고[35] 꿇어앉아 말씀드렸네

요임금 순임금 만나 아뢴 것이지.[36]

하늘은 높아 손으로 잡고 올라갈 수 없고

땅은 두터워 발로 찰 수 없네.

밤낮이 다하도록 길이 생각하며

내 삶의 남루함을 슬퍼하네.

그윽하고 맑은 마음 펴지를 못해

홀로 곧고 진실된 마음 지키고 있네.

애초 이윤伊尹과 부열傅說을 자부했건만[37]

몸이 잘리어 도랑에 던져지는 게 낫겠네.

고상한 지조는 용방龍逄과 비간比干[38]에 견줄 만했건만

그윽한 곳에 버려져 있는 게 나을 뻔했네.

의복이 그리도 아름답건만

뭇사람들 어리석어 모두 나를 원수로 여기네.

저 요임금과 순임금은 공경스럽고 밝아

올바른 길을 따라 교화를 폈네.

걸桀과 주紂는 음란하고 암매暗昧하여

거친 구석에서 급하게 걸었네.[39]

---

35 솔직하게 가슴을 터놓고 말하는 것을 이른다.

36 세종대왕의 부름을 받아 궁궐로 간 일을 말함.

37 '이윤'은 은나라 탕임금 때의 훌륭한 재상이고, '부열'은 은나라 고종(高宗) 때의 훌륭한 재상이다.

38 '용방'은 하(夏)나라 걸왕(桀王)의 신하로 걸왕의 무도함을 간(諫)하다가 살해되었고, '비간'은 은(殷)나라 주왕(紂王)의 신하로 주왕의 무도함을 간하다가 살해되었다.

39 나쁜 길을 갔다는 말.

물러나서는 몸을 돌아보며 스스로를 슬퍼하고

나아가서는 허물에 들지 않으려 하네.

슬프다 나는 지조가 굳어

도리어 세상과 어긋나 시름이 깊네.

멀리 노닐어 멈추지 않고

먼 산하를 다 보고자 하네.

동쪽으로는 부상扶桑[40]의 끝까지

서쪽으로는 낭풍閬風[41]의 높은 데까지

남쪽으로는 불길이 활활 타오르는 염부주炎浮洲[42]까지

북쪽으로는 얼음이 꽁꽁 얼어 추워서 울부짖는 곳까지

위로는 텅 빈 구중천九重天[43]까지

아래로는 서로 버티고 선 팔주八柱[44]까지.

길은 멀어 아득한데

아! 갈 곳을 모르겠네.

멀리 창오蒼梧에서 노니

아득히 보이는 구의산九疑山이 삐죽삐죽하네.[45]

용문龍門에서 우禹임금의 치적治績을 바라보고

높다란 세 계단의 폭포를 멀리서 보노라.[46]

다시 영도郢都[47]를 돌아보니

---

40 전설상의 나무로 해가 뜨는 곳에 있다고 함.
41 신선이 산다는 산 이름.
42 수미산(須彌山) 남쪽에 있다는 대륙.
43 하늘의 가장 높은 곳.
44 지하에 있다는 여덟 개의 기둥.
45 '창오'는 순임금이 죽었다고 하는 들판이고, '구의산'은 순임금의 무덤이 있다고 하는 산.
46 '용문'은 황하의 상류에 있는 산 이름. 우임금이 치수 사업을 할 때 용문산을 뚫어 황하의 물을 통하게 했다고 한다. 용문에는 세 계단의 높은 폭포가 있다.
47 초(楚)나라의 수도.

아득하게 티끌이 불어오네.

내가 머물 곳이 아님을 슬퍼하도다

차라리 죽음으로 끝내는 게 낫겠네.

팽암彭咸[48]을 좇아 그 무리가 되어

차라리 강가에 나아가

물고기 배에 장사 지내 물결 따라 오르내릴지언정

어찌 이전의 지조를 고치리.

마무리하는 노래를 부르노라.

"천지는 무한하고 인생은 유한한데

엎치락뒤치락하는 인심 헤아리기 어려워라.

고운 옥 품었지만 배척당하니

난초 옷 입고 채란을 찬 게 애석하도다.

천명天命은 알 수 없고 인정人情은 말하기 어렵지만

맑고 깨끗하여 올곧게 죽는 걸 대인大人은 귀히 여기네.

나는 도오堵敖에게 나라가 오래가지 못할 거라 고했거늘[49]

갑자기 죽을지언정 숨기진 않네.[50]

비록 노래가 끝나 말이 끊어졌지만

진실로 내 심정을 다 말하긴 어렵네."

---

48 은나라의 충신으로 임금에게 직간(直諫)했지만 듣지 않자 스스로 물에 빠져 죽었다.

49 원문은 "吾告堵敖以不長"인데 굴원의 「천문(天問)」 끝부분에 나오는 말이다. 이 구절은 해석이 분분하다. 왕일(王逸)은 『초사 장구(楚辭章句)』에서 "도오는 초의 현인이다. 굴원이 쫓겨났을 때 도오에게 고해 말하기를, '초나라는 장차 쇠하여 오래가지 못할 것이다'라고 했다"라고 풀이했다. 여기서는 왕일의 풀이를 따랐다.

50 거리끼지 않고 할 말을 다 하겠다는 뜻.

동봉東峯의 여섯 노래[51]

1

객客이여 객이여, 그 호는 동봉東峯

흰머리 헝클어지고 초라한 모습.

스무살 되기 전에 문무文武를 익혀

썩은 선비 모습 하기 부끄러워했지.

하루아침에 가업家業[52]이 뜬구름 되어

물결치는 대로 떠도니 누구와 상종하리.

오호라 첫째 노래여! 그 노래 정말 슬프구나

저 하늘도 모르는 것이 많네.

2

질륫나무여 질륫나무여,[53] 가지에 가시랭이 많아도

그 지팡이로 산 넘고 물 건너 사방에 노닐었네.

북으론 말갈靺鞨, 남으로는 부상扶桑까지 갔건만[54]

내 수심 묻어 없앨 곳 그 어드멘가.

해 지고 길 멀어 갈 길이 아득한데

어찌하면 회오리바람 타고 구만 리를 날까.

오호라 둘째 노래여! 노랫가락 오르락내리락하는데

북풍이 날 위해 처량하게 불어오네.

---

51 성종 16년(1485), 17년경에 쓴 시로 보인다. 이 무렵 김시습은 강원도 강릉, 양양 등에 머물렀다.

52 집안 대대로 내려오는 학업.

53 지팡이를 만드는 데 쓰는 나무.

54 '부상'은 동해 바다 속에 있다는 상상의 나무. 김시습은 관서, 관동, 호남을 떠돌아다닌 적이 있다.

3

외조부여 외조부여, 갓난 나를 사랑하시어
첫돌이 되어 내가 웅얼거리는 소리 기뻐하셨네.
걸음마 배우자 글 가르쳐서
일곱자 시구 지은 게 몹시 고왔지.
세종께서 들으시고 궁궐로 부르셔서
큰 붓 한번 휘두르니 용이 나는 듯.[55]
오호라, 셋째 노래여! 그 노래 몹시 느리구나
뜻 이루지 못하고 신세가 어긋났네.

4

어머니여 어머니여, 맹모[56] 같은 어머니여
애달퍼라! 나를 교육하느라 세번 동네 옮기셨지.
일찍부터 공자孔子의 학문 배우게 하신 건
경술經術로 요순堯舜 시절 회복하길 바라서였지.
어찌 알았으리 유자儒子의 이름 도리어 그르쳐
십년 동안 남북을 떠돌아다닐 줄.
오호라, 넷째 노래여! 그 노래 서글퍼라
효성스런 까마귀 제 어미 먹이며 산골에서 우네.

5

푸른 하늘 구름 없어 비로 쓴 듯한데

---

55 김시습은 아홉살 무렵 궁궐로 불려 들어가 7언 시구를 짓고, 붓을 들어 글씨를 쓴 적이 있다.
56 맹자(孟子)의 어머니로, 자식 교육에 큰 힘을 쏟아 '맹모삼천지교(孟母三遷之敎)' 즉 '맹자
    의 어머니가 자식 교육을 위해 세번 이사를 했다'라는 고사가 전한다.

거센 바람 휘익휘익 마른 풀에 부네.

우두커니 서서 궁한 근심에 하늘을 바라보니

유구한 하늘 아래 나는 싸라기 같네.[57]

나는 어찌해 외롭게 홀로 살며

남들과 좋은 것[58] 함께하지 못하는가.

오호라, 다섯째 노래여! 노래가 애를 끊누나

혼이여 돌아가자,[59] 내 있을 곳 사방 어디에도 없으니.

6

활을 당겨 천랑天狼을 쏘려고 하니

태일太一이 하늘 중앙에 있네.[60]

긴 칼로 큰 여우 베려고 하니

백호白虎가 산모퉁이를 등지고 앉아 있네.[61]

강개한 이 마음 펼 수가 없어

방약무인하게 휘익 휘파람 부네.

오호라 여섯째 노래여! 노래하며 탄식하누나

큰 뜻이 꺾여 공연히 수염만 꼬네.

---

57 보잘것없이 아주 작은 존재라는 말.

58 세속적으로 좋다고 여기는 것들, 이를테면 벼슬, 부귀, 좋은 거마(車馬), 좋은 집, 좋은 음식,
     좋은 옷 등을 말한다.

59 죽는 게 낫겠다는 말.

60 '천랑'은 별이름인데 탐욕스럽고 잔학함을 비유하는 말이다. 여기서는 탐욕스런 벼슬아치
     를 뜻한다. '태일' 역시 별이름인데, 여기서는 임금을 뜻한다.

61 '여우'는 교활하고 불의한 벼슬아치를, '백호'는 임금을 뜻한다.

답답한 마음을 서술하다[62]

1

내 마음과 세상사가 서로 반대라
시 말고는 즐길 길이 없네.
술 마신 즐거움도 잠시뿐이고
단잠도 순간에 지나지 않네.
작은 이익 다투는 장사치[63]에 이를 갈고
말 기르는 변방의 오랑캐 걱정하누나.
밝은 계책 임금에게 바칠 도리 없어
눈물 닦으며 길이 탄식하네.

2

어릴 적 궁궐에 불려 갔더니
세종께서 비단 도포 하사하셨네.
승지는 나를 무릎에 앉혀 글자를 부르고[64]
환관은 글씨를 써보라 했지.
너도나도 신동이라 말들 하면서
다투어 그 재능 시험하려 했네.
어찌 알았으리 집안이 쇠락해
영락하여 쑥대밭에 늦게 될 줄을.

---

62   관동 시절에 쓴 시다.
63   소인배를 뜻한다.
64   한 글자를 불러 그 글자로 시구를 짓게 한 것을 말한다.

3

태어난 지 여덟달 만에 남의 말 알아듣고
세살 때에 글을 지었네.
비와 꽃을 읊은 시구를 짓고
소리와 눈물이 뭔지 분명히 알았네.[65]
정승이 집으로 찾아왔고
여러 종인宗人이 책을 선물하셨네.
기대들 했지 내가 훗날 벼슬하면은
경술經術로 밝은 임금 보좌할 거라고.

4

열세살에 어머니 돌아가시자[66]
외할머니가 나를 데려다 키우셨네.
곧이어 외할머니도 돌아가시어
생활이 갈수록 어려워졌네.
벼슬에 나아갈 마음이 적고
세상 밖에 노닐 생각이 많았네.
생각하는 건 오직 세상사 잊고
내 맘대로 산에 들어가 사는 거였네.

5

장성하자 불문佛門에 들어갔지만

---

65   김시습이 세살 때 외할아버지가 "꽃이 난간 앞에서 웃지만 소리는 들리지 않네(花笑檻前聲
      未聽)"라는 시구와 "새가 숲에서 울지만 눈물을 보기 어렵네(鳥啼林下淚難看)"라는 시구를
      읊자 그것을 알아들은 것을 가리킨다. 「유양양에게 진심을 토로해 올린 편지」 참조.
66   「유양양에게 진심을 토로해 올린 편지」에서는 15세에 어머니가 돌아가셨다고 했다.

일체개공一切皆空을 구해서가 아니네.
부귀영화 입에 담은 적 없거늘
잃고 얻는 건 내 일이 아니네.
나의 지기知己는 밝은 달뿐이라
푸른 못을 두고 굳게 맹세하였지.
나를 기리는 이들에게 부끄러워라
뭘 보내줘도 내 가난을 기를 뿐이니.

6

한스러운 건 조상 제사가 끊어진 거고
마음에 걸리는 건 평소의 기대 저버린 거네.
성군聖君이 나타나길 바란 지 오래나
학조鶴詔(임금의 조칙)가 내려오는 건 더디기만 하네.[67]
나와 세상은 어긋남이 심하고
세월은 빨리도 흘러가누나.
하늘이 나를 불쌍히 여기신다면
막힌 게 뚫릴 날 꼭 있으리.

나의 삶[68]

나는 사람으로 태어났건만
왜 사람 도리 다하지 못했나.

---

67   이 말을 통해 김시습이 성종의 부름을 기대했던 것을 알 수 있다.
68   만년에 강원도에 있을 때 쓴 시다.

젊어서는 명리名利를 쫓았고[69]
나이 들어선 낭패를 보았지.
가만히 생각하면 크게 부끄러우나
일찍 깨닫지 못했네.
후회해도 소용이 없네
새벽에 일어나 가슴을 쳐도.
게다가 충효를 다하지 못했으니
이 밖에 또 무얼 구하리.
태어나 하나의 죄인이 되었고
죽어서는 궁한 귀신이 되리.
다시 또 허명이 일어나
돌아보면 근심과 번뇌 더하네.
나 죽은 뒤 나의 무덤 앞에다
'몽사夢死한 늙은이'[70]라 쓴다면
그럭저럭 내 뜻에 맞아
천년 뒤 나의 마음 알리.

도서명圖書銘[71]

나의 책들은
나의 벗.

---

69 과거시험 공부한 것을 가리킨다.
70 '몽사'는 취생몽사를 말한다. 한평생 이룬 것도 없이 의미없는 삶을 살다 죽은 늙은이라는
    뜻이다. '췌세옹'이라는 자호와 뜻이 통한다.
71 '명(銘)'은 기물에 써서 경계하는 글이다.

여러 질帙의 책을

좌우座右에 놓아두고

소리 내 읽고 생각하면서

흠모하며 가르침을 상고詳考하네.

가르침의 말씀에 대해 묻기는 어렵다 해도

황홀히 직접 가르침을 받는 듯하여

스승이 친히 가르쳐주는 것 같을 뿐 아니라

바로 그 입에서 나온 말 같네.

천세千世의 아득히 먼 일이라 해도

마치 바로 옆 담장을 가리키는 것 같고

만 리 밖 먼 곳의 일이라 해도

손바닥 위에 있는 듯하네.

옛것을 익혀 새것을 알고

정밀하게 연구해 굳게 지켜서

도리에 어긋난 글은

헤아려 그 유혹에 빠지지 말아야 하리.

성리性理에 관한 책들은

궁구하고 분석해야 할 것이니

이것이 군자가

책을 사랑하는 참된 뜻이네.

남명南銘[72]

너의 덕에 힘쓰고

너의 노력을 부지런히 해

밤부터 새벽까지

새벽에서 밤까지

옛것을 익히며 널리 배워

일에 임해 정확하게 하라.

부귀에 급급 말고

빈천을 걱정 말고

이윤伊尹의 뜻을 뜻으로 삼고

안연顏淵[73]의 학문을 학문으로 삼으라.

비록 게딱지 같은 집에서 살지라도

묘당廟堂(조정)에 서서 나라를 걱정하는 것을 놓지 말고

비록 해진 옷을 입었어도

면복冕服[74] 입고 임금께 간언諫言하는 것을 잊지 말라.

궁함과 영달, 현달함과 은둔함이

비록 하늘이 내린 것이라 해도

충신忠信과 덕의德義는[75] 사람 노력에 달렸으니

자만하지 말고

날마다 내 몸을 세가지로 반성해[76]

일락逸樂에 나아가지 말고

---

72 집의 남쪽 벽에 써 붙여 스스로를 경계한 글이다. 뒤의 '북명(北銘)'은 북쪽 벽에 써 붙인 글
    이다. 북송의 철학자 장재(張載)가 서재의 동쪽 창에 「동명(東銘)」을, 서쪽 창에 「서명(西
    銘)」을 써 붙인 일을 원용(援用)해 지은 글로 여겨진다.

73 공자의 수제자로서 가난 속에서 안빈낙도(安貧樂道)하다 요절했다.

74 고대에 공경이나 대부가 예복(禮服)으로 쓰던 관(冠)과 옷.

75 '충신'은 참됨과 신실함을, '덕의'는 도덕과 의리를 말한다.

76 『논어』「학이(學而)」에, 증자(曾子)는 매일 세가지로 자기 몸을 반성한다고 했다. 세가지란
    다음과 같다. "남을 위하여 일을 꾀함에 충실했던가, 벗과 사귐에 신실(信實)했던가, 전수
    (傳受)받은 것을 익혔던가."

「홍범洪範」의 오복五福을 받을지니라.[77]

이 명銘을 돌아보라고

남쪽 벽에다 써 붙이노라.

북명北銘

물 한 표주박, 밥 한 그릇이라도

공것을 먹지 말라.

밥 한 끼 먹으면 그만큼 일을 하는 것이

의義에 맞음을 알아야 하리.

하루 아침의 사소한 근심은 하지 말고

평생토록 해야 할 큰 근심을 하라.

병은 아니나 몸이 여위었지만

변치 않는 즐거움[78]을 즐거워하라.

선비의 기풍을 높이 숭상하고

염치를 지녀 재물에 담담하라.

세태는 사특하니

칭찬을 기뻐하지 말 것이며

헐뜯고 욕해도 노하지 말라.

즐겁게 옳은 이치 따르면

편안히 얻음이 있으리라.

---

77 『서경』 주서(周書) 「홍범」에 수명, 부(富), 강녕(康寧), 고종명(考終命), 덕을 좋아함, 이 다섯을 오복으로 꼽았다.

78 『논어』 「옹야(雍也)」에, 안회(顏回)가 몹시 가난하게 살면서도 그 즐거움을 변치 않는 데 대해 공자가 칭찬한 말이 나온다. '변치 않는 즐거움'이란 여기서 유래하는 말이다.

산의 바위굴에서 나오는 구름[79] 그림자에 마음 두지 말고

허공의 달빛에 아첨하지 말라.

동정動靜과 어묵語默의 사이에[80] 형해形骸를 잊으니

상세上世 희황羲皇[81] 때의 순박함이요

몸가짐과 법도에 모범으로 삼을 건

당우唐虞와 삼대三代의 전칙典則이니라.[82]

그대는 돌이켜보고 반성하여서

북쪽 벽의 이 명銘에 느끼길 바라노라.

곤궁한 삶에 대한 잠箴[83]

슬프다, 그대의 몰골이여!

나의 말을 들어보게나.

그대의 천성은 거리낌이 없이 자유롭고

그대가 지조를 지킴은 편벽되고 완고하네.

성시城市를 벗어났으니

세상일에 구애되지 않음이 마땅하다.

베를 사 옷을 해 입고

힘써 농사지어 밥 먹으며

분수 밖의 것은 구하지 말고

---

79 옛날에 산의 바위굴에서 구름이 나온다고 보았기에 이리 말했다.

80 '움직이거나 조용히 있거나 말하거나 침묵하는 사이에'라는 뜻.

81 복희씨(伏羲氏)를 말한다.

82 '당우'는 요임금, 순임금 때를 말하고, '삼대'는 하·은·주를 말하며, '전칙'은 법령, 제도 규범을 말한다.

83 '잠'은 깨우치고 경계하는 글이다.

욕심을 줄여 만족함을 알라.

분수에 넘는 일 하지 말고

길이 간소함에 처하라.

팔을 베고 눕고 나물 먹고 물 마셔도

모든 일이 즐거우니

의롭지 않은 부귀는

뜬구름처럼 보라.[84]

안연顏淵을 사모하고 증참曾參[85]을 우러러보아

유학의 도를 떨어뜨리지 말라.

국가의 근심은

비록 곤궁해도 함께 근심해야 하나

산수에 노니는 건

비록 혼자라도 할 일이다.

아름다운 봄날을 즐기고

기수沂水에서 목욕하고 무우舞雩에서 바람 쐼은

성현의 높은 풍치거늘[86]

잠시라도 잊지 말라.

더구나 여기 반곡盤谷은

네가 느긋이 있을 곳이다.

샘물은 달고 땅은 기름져

고요히 있을 때나 움직일 때나 늘 편안하리.

평화로운 마음으로 고요함을 지켜

84　『논어』「술이(述而)」에, "나물 먹고 물 마시고 팔을 베고 누웠어도 즐거움이 그 안에 있으니 의롭지 않게 부귀한 것은 내게는 뜬구름과 같다"라는 말이 나온다.

85　공자의 제자들이다.

86　『논어』「선진(先進)」에, 증점(曾點)이 공자에게 "기수에서 목욕하고 무우에서 바람 쐰 뒤 노래하면서 돌아오겠습니다"라고 한 말이 나온다.

즐겁게 소요하라.

조물주도 시기하지 않아

정신이 절로 온전하리.

음식을 절제해 수壽와 건강을 누리고

뜻을 단정히 할 일이다.

백년의 인생

순식간에 보낸 뒤

죽어서 원래의 곳으로 돌아가리니

영결해 관 뚜껑을 덮게 되겠지.

자화상에 붙인 찬贊[87]

이하李賀를 내려봤고[88]

해동에서 뛰어났네.

높은 명성과 부질없는 칭찬

네게 어이 해당하리.

네 몸은 지극히 작고

네 말은 크게 어리석다.

너를(너의 시신을) 내버려야 할 곳은

구렁이라네.[89]

---

87 김시습은 충청도 부여 홍산(鴻山)의 무량사(無量寺)에 거처할 때인 1493년 봄에 자화상을 그리고 거기에 이 글을 붙였다. 이해 3월 김시습은 세상을 떠난다.

88 '이하'는 중국 당(唐)나라의 시인으로 7세에 시를 지은 것으로 유명하다. 김시습은 그보다 두살 어린 5세에 시를 지었으니 이하를 내려본다고 한 것이다.

89 '구렁'의 원문은 '구학(溝壑)'인데, '구학(丘壑)'으로 되어 있는 데도 있으나 '구학(溝壑)'이 맞다. '구학(丘壑)'은 산수(山水)를 뜻하므로 '구학(溝壑)'과는 뜻이 완전히 다르다. '구학

(溝壑)'은『맹자』의 "지사는 구렁에 있는 것을 잊지 않는다(志士不忘在溝壑)"에서 유래하는 말이다. 지사는 설령 죽어서 자신의 시신이 구렁에 나뒹굴지라도 본래의 뜻을 바꾸지 않는 다는 뜻이다.

2장
자연철학

태극을 논함[1]

　태극太極이란 무극無極이다. 태극은 본래 극極(끝 혹은 가)이 없다. 태극은 음양陰陽이며, 음양은 태극이다.[2] 그것을 일러 태극이라 한다. 따로 극이 있다면 극이 아니다. '극'이란 지극하다는 뜻이니, 이치가 지극해서 더할 게 없다는 말이다. '태'란 포용한다는 뜻이니, 도가 지극히 커서 짝할 게 없다는 말이다. 음양 바깥에 따로 태극이 있다면 음양일 수 없고, 태극 안에 따로 음양이 있다면 태극이라 할 수 없다. 음이 양이 되고, 양이 음이 되며, 동動이 정靜이 되고, 정이 동이 되어, 그 이치가 끝이 없는 것이 태극이다. 그 기氣로 말하면 동하고 정하고 열리고 닫히니, 음양이다. 그 성性으로 말하면 원元하고 형亨하며, 이利하고 정貞하다.[3] 그 정情으로 말하면 음은 움

1　원제는 '태극설(太極說)'이다. 금오산 시절에 쓴 글로 보인다.
2　이를 통해 김시습의 철학이 기(氣)에 근거하고 있음을 볼 수 있다.
3　원·형·이·정을 말한다. 『주역』에서 유래하는 말로, 천도(天道)의 네가지 속성을 가리킨다. '원'은 만물의 시초로 봄과 인(仁)을, '형'은 만물의 성장으로 여름과 예(禮)를, '이'는 만물의 완성으로 가을과 의(義)를, '정'은 만물의 돌아감으로 겨울과 지(智)를 뜻한다.

츠러들고, 양은 펴진다. 그 용用으로 말하면 천지가 그 때문에 둥글고 모나며,[4] 원기元氣가 그 때문에 자라나고, 만물이 그 때문에 본성을 실현한다. 그 성性이 바른 것은 태극이 음양이기 때문이다. 그러므로 『주역』에서 말하기를,

쉬지 않고 왕래하니 벗이 네 생각을 따른다.[5]

라고 했으니, 공자는 말씀하시기를,

천하가 무엇을 생각하고 무엇을 헤아리겠는가? 귀결점은 같은데 가는 길이 다를 뿐이며, 이치는 하나지만 생각이 백가지일 뿐이니, 천하가 무엇을 생각하고 무엇을 헤아리겠는가?[6]

라고 하셨다. 생각하고 헤아리지 않는 까닭은 성誠(진실됨)하기 때문이요, 생각하고 헤아림이 있는 것은 망령되기 때문이다. 망령됨이 없고 진실한 것이 성誠이다. 성이라는 것은 쉬지 않으니, 쉬지 않기 때문에 둘이 아니요, 둘이 아니므로 헤아릴 수 없다.[7] 해가 가면 달이 오고, 해와 달이 번갈아 밝아서 밤과 낮이 이루어진다. 추위가 가면 더위가 오고, 추위와 더위가 서로 교대해 사시四時가 이루어진다. 그래서

하늘이 무슨 말을 하던가? 그럼에도 사계절이 순환하고 갖가지 사물이

4　옛날에 하늘은 둥글고 땅은 모나다고 생각했다.

5　『주역』「함괘(咸卦)」'구사(九四)'의 말. 『역전(易傳)』에서는 이 구절을 사심(私心)을 쓰면 모든 사람을 감동시킬 수 없고 자신을 따르는 벗만을 감동시킬 뿐이라고 해석했으나 취하지 않는다.

6　『주역』「계사전(繫辭傳)」에 나오는 말.

7　여기서 말한 '성'은 하늘의 도를 말한다.

생겨나지 않는가.[8]

라고 하셨으니, 이는 오로지 하나의 태극 때문이다. 또,

솔개는 하늘에 날고, 물고기는 연못에 뛴다.[9]

라고 했고,

군자의 도는 부부에서 비롯된다.[10]

라고 했으니, 사람의 도리가 보이지도 않고 들리지도 않으나 어느 사물에나 있지 않음이 없고 어느 때나 구현되지 않음이 없는 것은 일이관지一以貫之하는 도가 있음으로써다. 그러므로 태극의 도는 음양일 따름이요, 일이관지하는 도는 충서忠恕일 따름이다.[11] 이외에 더 보탤 말이 없으니, 더 보탤 말이 있다면 그것은 모두 공적空寂[12]에 빠져 이른바 '극極'을 잃은 것이 분명하다.

---

8   『논어』「양화(陽貨)」에 나오는 공자의 말.
9   『중용』에 나오는 말.
10   『중용』에 나오는 말.
11   공자가 제자 증자(曾子)에게 "나의 도는 일이관지니라"라고 한 말이 『논어』「이인(里仁)」에 보인다. 증자는 공자가 말한 일이관지의 도를 '충서'로 해석했다. '충'은 자신의 참된 마음을 다하는 것을 말하고, '서'는 자신을 헤아려 다른 사람을 대하는 것을 말한다.
12   헛되고 실체가 없다는 뜻. 유교 쪽에서는 흔히 불교의 폐단을 지적할 때 이 말을 쓴다. 불교에서는 이 말을 만물이 모두 실체가 없고 상주(常住)가 없음을 이를 때 쓴다. 여기에서 객관유심론인 유교와 주관유심론인 불교의 차이가 드러난다.

생사를 논함

천지 사이에 생기고 생겨 다함이 없는 것은 도道이고, 모였다 흩어졌다 왔다 갔다 하는 것은 이理의 기氣이다. 모이는 것이 있으므로 '흩어진다'는 이름이 있고, 오는 것이 있음으로 '간다'는 이름이 있으며, 태어남이 있으므로 '죽는다'는 이름이 있으니, 이름이라는 것은 기氣의 드러난 일[實事] 이다. 기가 모여 태어나 사람이 되니, 사람에게는 이理가 갖추어져 있고 뚜렷하다. 그러므로 마음이 있다. 마음이란 신명神明의 집이어서 임금을 향한 충성스런 뜻이 있고, 어버이를 향한 효성스런 뜻이 있다. 기氣가 흩어져 죽어 귀신이 되니, 귀신이란 이理가 돌아가서 없어지는 것이다. 그러므로 기는 아득하여 아무 조짐이 없는 데[冥漠無眹]로 되돌아가 천지로 복귀한다. 음양의 시작과 끝을 언어와 자취[形迹]로 말할 수는 없지만 천지가 만물을 낳고 기르는 도는 망령됨이 없는 데 지나지 않으니 오직 '실리實理'일 따름이다. 밝음이 많아져서 일월성신日月星辰을 운행시켜 만물을 무궁히 비추고, 한 주먹의 흙이 많아져서 강과 바다를 거두고, 만물을 넓고 두텁게 싣는 데 이른다. 사람은 그 사이에서 살아가므로 '사람'13이라고 하는데, 사람[人]이란 '인仁'이요 인仁이란 사람이다.14 사람과 인仁은 일체一體이니, 측은지심惻隱之心을 확충한 것이 인仁이 되고, 예禮가 되고, 의義가 되고, 지智가 된다.15 이를 더 확충해 군신君臣이 공경하고, 부자父子가 친애하며, 장

---

13   김시습은 우리말 '사람'이 '살다[生]'에서 왔다고 보아 이리 말했다.

14   김시습은 '人'과 '仁'을 동일시함으로써 인간이 본질적으로 '어진 존재'이며 인을 실천해야 하는 존재로 규정하고 있다. 『맹자』「진심(盡心)」하(下)에 "인(仁)이라는 것은 인(人)이다 (仁也者, 人也)"라는 말이 보이고, 『중용』에 "인(仁)이라는 것은 인(人)이니, 어버이를 친히 함이 크다"라는 말이 보이나, "사람이 인(仁)이다"라는 말은 김시습이 새로 한 말 같다.

15   맹자는 사단(四端)을 논해, 측은지심은 인(仁)의 단서이고, 수오지심(羞惡之心)은 의(義)의 단서이며, 사양지심(辭讓之心)은 예(禮)의 단서이고, 시비지심(是非之心)은 지(智)의 단서라 했다. 김시습은 측은지심을 강조해 이것으로 인의예지를 설명하고 있는 점이 특이하다.

유長幼에 차서次序가 있는 데에 이르게 되니,[16] 한결같이 천지의 지극한 성誠으로 하고, 법도로 삼아 사람의 삶으로 한다. (이하 결락)

귀신을 논함[17]

천지 사이에 오직 하나의 기氣가 풀무질하고 있을 뿐이니, 그 이치는 구부림이 있는가 하면 폄이 있고, 참〔盈〕이 있는가 하면 빔〔虛〕이 있다. 구부리고 펴는 것은 묘용妙用이고, 차고 비는 것은 도이다. 펴면 차게 되고 구부리면 비게 되는데, 차면 나오게 되고 비면 돌아가게 된다. 나오는 것을 신神이라 하고 돌아가는 것을 귀鬼라고 하는데, 그 실리實理는 하나지만 나뉨이 다르다.

그 순환·왕복과 영화榮華·고락枯落(꽃이 피는 것과 잎이 말라 떨어지는 것)은 조화造化의 자취이니 이기二氣(음양)의 소장消長하는 작용이 아닌 게 없다. 그 본체는 진실되어 망령됨이 없으며, 그 덕은 사물에 체현體現되어 없어지지 않고, 그 용用은 성대하여 위에 있는 것 같기도 하고 좌우에 있는 것 같기도 하여 사람으로 하여금 신의 강림을 느끼게 하며, 그 기氣는 천지의 정기正氣인 까닭에 신이 예禮가 아니면 흠향하지 않고, 그 지성至誠은 천지의 도인 까닭에 제사 지내야 할 귀신이 아닌데 제사 지내면 아첨이 된다. 제사에 의례儀禮가 많다 할지라도 의례가 물物에 미치지 못하면 안 되니,[18] 그 때문에 변두籩豆, 보궤簠簋, 조궤俎几, 준작尊爵[19]을 마련하고, 승강升降,

---

16　『맹자』에 나오는 오륜 중 셋에 해당한다. 다만 『맹자』에서는 '군신유의(君臣有義)'를 말했는데 김시습은 '군신유경(君臣有敬)'을 말하고 있음이 다르다.

17　원제는 '신귀설(神鬼說)'이다. 금오산 시절에 쓴 글로 보인다.

18　『서경(書經)』 주서 「낙고(洛誥)」에 나오는 말.

19　모두 제사 지낼 때 쓰는 그릇들이다.

배읍拜揖, 주선周旋, 진퇴進退[20] 등의 행위를 하며, 금슬琴瑟, 생황笙簧, 종고鍾鼓, 축어柷敔[21] 등을 준비한다. 그릇은 천지의 명분이니 자연의 그릇이요, 의식儀式은 천지의 존비尊卑니 자연의 의식이요, 소리는 천지의 중화中和니 자연의 소리이다.

의식儀式이 있으면 귀신이 있으니, 의식의 지극함은 성誠이 가득함이다. 귀신이란 성誠의 묘용이요, 귀신을 섬김은 성을 다함을 드러내는 일이다.[22] 그러므로 성誠을 다하지 않으면 물物이 존재하지 않게 된다. 그래서 군자는 성을 귀하게 여긴다.[23] 이는 귀신의 지극한 공이요 정기가 밝게 드러난 것이거니와, 성인聖人이 일에 능한 것은 애초 일에 뜻을 두어서가 아니다.[24]

더위와 추위가 오가고, 해와 달이 교대로 밝고, 밤과 낮이 바뀌는 도리는 이치의 자연스런 것이며 기氣가 기氣인 까닭으로서 변화를 이루어 귀신을 행하는 것이다. 진晉나라의 돌이 말을 한 것이라든가, 신莘 땅에 신이 강림한 것이라든가,[25] 대들보에서 휘파람을 분다든가, 방 안을 내려다보며 재앙과 복을 준다든가, 덤불숲에 의지해 있다든가 하는 유의 사특한 기氣는 혹은 사람 마음에 미혹되어 초래된 것이거나 혹은 제 명에 죽지 못해 기氣가 아직 다하지 않아서 형체가 없는 데 머물러 있는 것이니, 이를테면 거울에 입김을 불면 김이 서리고 추위가 심하면 성에가 되는 것과 같다. 이런 기는 오래되면 자연히 흩어져 사라지니, 돌아가야 하는데 돌아가지 않는 것은 없다. 그러므로 『주역』에 이르기를,

정기精氣는 물物을 이루고, 유혼遊魂(떠돌아다니는 기)은 변화한다. 그래서

---

20 올라가고 내려가고, 절하고 읍하고, 나아가고 물러나고 하는 등, 제사 지낼 때 하는 행위다.

21 제사 지낼 때 연주하는 악기들이다.

22 『중용』에서 '성誠'은 천도(天道)이고 성을 다하는 것은 인도(人道)라고 했다.

23 『중용』에 나오는 말.

24 성인은 본래 천도에 부합해 억지로 힘쓰지 않고도 잘한다는 말.

25 모두 『좌전』에 나오는 말.

귀신의 정상情狀을 알 수 있다.[26]

라고 했다. 지극히 잘 다스려지는 세상과 지인至人(학문이나 수양이 최고의 경지에 이른 사람)에게는 이런 일이 없다.

무극음無極吟

음양陰陽과 동정動靜[27]의 근원을 캐지 마소
원元에서 시작해 형·정亨貞이 되고 다시 원元으로 돌아가네.[28]
일기一氣가 순환하며 거느리나니
천차千差의 만물에 왕복해 그 뿌리가 되네.[29]
생사와 존망存亡의 이치 다 궁구하고
흥망과 성쇠盛衰의 변화 자세히 살피네.
고금古今에 그치지 않아 그 묘함 형용키 어렵나니
무극이라 이름하나 또한 말로 하기 어렵네.

자연음自然吟[30]

자연自然[31]이 예전을 이루고 또 오늘을 이루나니

---

26   『주역』「계사전」의 말.
27   정(靜)은 음에서 유래하고, 동(動)은 양에서 유래한다.
28   원·형·이·정은 하늘의 덕(德)인데, 원은 봄, 형은 여름, 이는 가을, 정은 겨울에 해당한다.
29   일기가 만물의 근원임과 동시에 만물의 차이를 낳기에 이리 말했다.
30   「무극음」과 「자연음」은 모두 관동 시절에 쓴 시로 보인다.
31   '스스로 그러함'을 뜻하며 기(氣)의 속성이다. 오늘날 말하는 '자연'과는 의미가 다르다.

밤낮으로 재촉하니 괴로움을 금할 수 없네.

앞의 것 가면 뒤의 것이 따라오며

번성함이 지나면 다시 사라지누나.

거짓과 망령됨은 차라리 용납할망정

어찌 저 마음³²에 조금인들 사사로움 끼게 하리.

이를 건곤乾坤의 참 주재主宰라 이르니

바람이 소나무 꼭대기 지나며 희음希音³³을 내네.

---

32   자연의 마음, 즉 자연의 작용을 말한다. 자연에 마음이 있겠냐마는 그리 표현한 것이다.

33   소리 없는 소리, 즉 자연의 도를 말한다. 『노자(老子)』에, "들어도 들리지 않는 것을 '희(希)'라고 한다"라는 말이 나온다.

3장
정치사상

군주는 어떠해야 하는가[1]

『서경』「홍범洪範」에 이르기를,

　　다섯째, 황극皇極은 임금이 극極을 세우는 것이다.

라고 했는데, '극'이란 지극하다는 뜻이고, 표준標準의 이름이다. 극은 공공公共의 것이다. 임금이 이 극으로 위에 중中을 세우면 신하들은 이 극으로 앞에서 보좌하고 만민은 이 극으로 아래에서 칭찬한다. 극이 바르지 못하면 임금은 위에 중을 세울 수 없고, 신하는 보좌하기 어려우며, 백성은 극을 칭찬할 수 없다. 그러므로 임금의 몸은 천지와 같아 크게 포용하여 바깥이 없으며, 해와 달과 같아 밝아서 두루 비치고, 산악과 같아 무거워 옮기기 어렵고, 하해河海와 같아 부드럽게 적시는 것이 깊고 넓어 다함이 없

1　　원제는 '인군의(人君義)'이다.

다. 뭇 백성의 우러러보는 바요, 천신天神과 지신地神의 의지하는 바이며, 심지어 곤충과 초목 또한 각자 깊은 인애仁愛와 두터운 은택 속에서 화육化育된다. 그러므로 옛 성왕聖王이 그 궁실宮室을 낮게 지었던 것은 백성을 살기 편하게 하기 위해서였고, 좋지 않은 옷을 입었던 것은 백성을 따뜻하게 하기 위해서였으며, 고급 음식을 먹지 않은 것은 백성을 배부르게 하기 위해서였고, 여유롭고 느긋하게 지내지 않은 것은 백성을 편안하게 하기 위해서였으며, 조심하고 삼간 것은 백성을 근신하게 하고자 해서였다. 심지어 말하거나 침묵하는 것, 움직이거나 가만히 있는 것까지도 모두 극 가운데 있고, 극 안에서 이루어졌다. 그러므로『주역』에 이르기를,

하늘의 운행이 강건하니 군자가 이를 본받아 스스로 힘써 쉬지 않는다.

라고 했다. 쉬지 않는 까닭은 성誠에 있으니, 성誠하기 때문에 쉼이 없으며 쉼이 없는 것은 망령됨이 없어서다. 만일 그 사이에 사사로운 망령됨이 개재한다면 하늘이 강건하게 운행하지 못해 만물을 살리지 못하고, 땅은 승순承順(하늘을 받들어 따름)하지 못해 만물이 비롯하지 못하며, 군자는 천지를 본받아 화육化育을 도와 천지의 마땅함을 적절히 완성하고 천지의 도를 보조하여 백성을 좌우할 수 없게 되니[2] 임금이 되기 어렵다.

아! 삼대三代(하나라, 은나라, 주나라를 이름) 이후로 임금된 자가 극을 세워 아래에 보여주고 몸소 행하여 그 백성을 이끌어가지 못하는 까닭에 임금으로서 황극을 세운 이가 적으며 백성으로서 황극의 보호를 받은 이 또한 드물었다. 임금은 궁실과 지대池臺(연못가의 누대)에서 사치스럽고 교만하게 지냄으로써 위에서 흉포하게 굴고, 백성은 가렴주구와 가혹한 부역 때문에 아래에서 원망한다. 게다가 환관과 신첩臣妾이 앞에서 알랑거리며 그

---

2   『주역』태괘(泰卦)의 상사(象辭)에 나오는 말이다.

마음을 미혹하게 하고, 간웅姦雄과 간사한 소인이 밖에서 설쳐 그 총명을 막고 가리워, 임금의 선善을 날마다 줄어들게 하고 악을 날마다 늘어나게 해 좋은 소문이 길이 전하지 않는다. 이것이 후세의 임금 된 이가 옛날의 현명한 임금에 미치지 못하는 이유다. 그러므로 『맹자』에 이르기를,

천하에 설사 잘 자라는 초목이 있다 할지라도 하루 햇빛을 쪼이고 열흘 춥게 한다면 잘 자라는 것을 보지 못할 것이다.[3]

라고 했으니, 임금 된 이는 조심하지 않을 수 있겠는가.

신하의 도리[4]

『서경』에 이르기를,

팔다리가 있어야 사람이며, 어진 신하가 있어야 군주가 성스러워진다.[5]

라고 했으니, 나무가 길고 곧아도 반드시 먹줄을 기다린 뒤에야 재목이 되고, 옥이 따뜻하고 윤택해도 반드시 쪼고 갈아야 그릇을 이룬다. 요임금 이 요임금이 될 수 있었던 것은 희羲와 화和라는 신하가 도왔기 때문이고, 순임금이 순임금이 될 수 있었던 것은 악목岳牧[6]의 도움이 있었기 때문이 다. 탕湯임금은 이윤伊尹 때문에 용맹함과 지혜로움의 덕을 이루었고, 문왕

---

3 『맹자』「고자(告子)」상(上)에 나오는 말.

4 원제는 '인신의(人臣義)'이다.

5 『서경』상서(商書)「열명(說命)」하(下)에 나오는 말.

6 4악(岳)과 12목(牧)을 말한다. '4악'은 사방의 제후들을 관장하던 네 신하를, '12목'은 열두 주(州)의 장관을 말한다.

文王과 무왕武王은 주공周公과 소공召公으로 인해 정성스럽고 공손한 바탕을 이루었다. 그러므로 임금에게 신하가 있는 것은 용에게 구름이 있는 것과 같고 물고기에게 물이 있는 것과 같아서, 임금과 신하가 서로 도운 뒤에야 국가를 보전할 수 있다. 그렇기는 하나 요임금, 순임금과 같은 임금이 있은 뒤에야 희와 화와 악목이 부릴 만한 신하라는 사실을 알 수 있고, 희와 화와 악목 같은 신하가 있은 뒤에야 요임금과 순임금이 섬길 만한 임금이라는 사실을 알 수 있다. 둥근 구멍에는 모난 자루가 들어갈 수 없고, 성대한 음악과 음란한 음악은 서로 조화되지 않는다. 서로 잘 맞는 까닭에,

신하가 이웃이다. (…) 내가 잘못하는 일이 있으면 너희가 도와달라.[7]

라고 했고, 서로 조화되기 때문에,

큰 국을 끓이거든 네가 소금과 매실이 되어달라.[8]

라고 한 것이다. 그러므로 머리와 팔다리는 똑같이 한 몸이니 임금 노릇 하는 것과 신하 노릇 하는 것은 함께 하나의 직분을 이룬다. 그래서,

신하 노릇 하기가 쉽지 않다.[9]

라고 하는 것이다. 후세에 와서 아둔한 군주와 폭군은 신하를 부리기를 하찮은 초개草芥처럼 하고 개나 말처럼 하니, 신하가 임금 섬기기를 도적

---

7   『서경』 우서(虞書) 「익직(益稷)」에 나오는 순임금의 말.
8   『서경』 상서 「열명」 하(下)에, "만약 간을 맞춘 국을 끓이거든 네가 소금과 매실이 되어달라"라는 말이 나온다. 은나라 고종(高宗)이 부열(傅說)에게 당부한 말이다. 옛날에 소금과 매실로 국의 간을 맞추었기에 한 말이다.
9   『논어』 「자로(子路)」에 나오는 말.

이나 원수처럼 하거나 빌붙는 것처럼 했다. 임금에게 허물이 있으면 비위를 맞춰 영합하고, 총애해주면 아첨하여, 임금의 뜻에 앞서서 임금의 허물을 만든다. 그러니 좌우와 전후에서 충성스런 말을 올리고 허물을 보완해주어 선을 따르고 악을 바로잡게 도울 수 없으니, 복록이 영구히 보전되겠는가. 천명이 참으로 가석하다.

아! 규장圭璋(손에 쥐는 홀笏)과 불면黻冕(예복과 모자)은 비록 임금이 하사한 것이라고 하나 곧 하늘의 명命이니 너는 법이 되어 임금을 보필해야 하며, 작위와 봉록과 전토田土도 비록 임금이 하사한 것이라고는 하나 곧 하늘의 명이니 너는 명을 받들어 백성을 구제해야 한다. 그리고 살리고 죽이고, 주고 빼앗고, 상을 주고 벌을 주고, 화禍를 내리고 복福을 내리는 것을 임금이 제 마음대로 하는 것처럼 보이지만 하늘의 명임이 분명하다. 그러므로 『시경』에 이르기를,

> 하늘의 위엄을 두려워해
> 이에 보전하노라.[10]

라고 했으니, 다만 만대萬代의 임금이 체득하고 성찰해야 할 바일 뿐만 아니라, 또한 신하가 거울 삼아 경계해야 할 바이기도 하다. 어째서인가? 아까 머리와 팔다리는 한 몸이라고 말하지 않았던가. 두루 보건대 역대의 신하로서 임금에게 간사하게 아첨하여 나라를 망하게 한 자들 가운데 자신이 먼저 형륙刑戮을 받지 않은 자가 없었다. 그러니 경계하고 조심하지 않을 수 있겠는가.

---

[10] 『시경』 주송 「아장(我將)」에 나오는 말이다.

정치의 근본은 애민이다[11]

『서경書經』에 이르기를,

　백성은 나라의 근본이니, 근본이 견고해야 나라가 평안하다.[12]

라고 했다. 대저 백성은 임금을 추대해 그로써 살아가니 비록 임금에게 의지하기는 하나, 임금이 왕위에 올라 부릴 수 있는 것은 오직 백성뿐이다. 민심이 따르면 만세토록 군주가 될 수 있지만 민심이 떠나서 흩어지면 하루도 못 되어 필부匹夫가 되고 만다. 군주와 필부는 터럭 하나의 거리밖에 없으니 삼가지 않을 수 있겠는가. 그러므로 곡물 창고와 재물 창고는 백성의 몸이고, 의복과 관冠과 신발은 백성의 가죽이고, 술과 밥과 음식은 백성의 기름이고, 궁실과 거마車馬는 백성의 힘이고, 공물貢物과 세금과 기용器用은 백성의 피다. 백성이 십분의 일을 내어 위에 바치는 것은 임금으로 하여금 그 총명을 써서 나를 다스리게 하고자 해서다. 그러므로 임금이 음식을 받게 되면 백성이 음식을 먹는 것이 나와 같은가를 생각하고, 옷을 입게 되면 백성이 옷을 입는 것이 나와 같은가를 생각하고, 궁실에 있을 때는 만백성이 편안히 거처하는가를 생각하고, 수레를 탈 때에는 만백성이 평화롭고 행복한가를 생각해야 한다. 그래서

　네 옷과 네 밥은 백성의 살이요 기름이다.[13]

11　원제는 '애민의(愛民義)'이다. 금오산 시절에 쓴 글로 보인다.
12　『서경』 하서(夏書) 「오자지가(五子之歌)」에 나오는 말이다.
13　송나라 장당영(張唐英)이 편찬한 『촉도올(蜀檮杌)』에 "네가 받는 녹봉은 백성의 살이요 기름이다"라는 말이 나온다. 송나라 때 관서의 돌에 새겨놓은 글귀다.

라고 한 것이다. 평상시에 바치는 것만 해도 불쌍하고 가련한데 어찌 망령되게 무익한 일을 일으켜서 부역賦役을 시켜 백성들이 농사지을 시기를 뺏음으로써 원망을 불러일으키고, 화기和氣를 상하게 해서 하늘의 재앙을 불러 기근이 들게 해 자애로운 어버이와 효성스런 자식이 서로 보전할 수 없어 뿔뿔이 흩어지고 도망해 구렁텅이에 엎어져 죽게 해서야 되겠는가.

아! 상고시대의 훌륭한 때에는 임금과 백성이 한 몸이라 백성이 임금의 힘을 알지 못했다. 그래서 노래하기를,

우리 백성에게 밥을 먹게 함은
그대의 지극한 덕 아님이 없네.
부지불식간에
임금의 법을 따르네.[14]

또 노래하기를,

해가 나오면 일하고
해가 지면 쉬네.
임금의 힘이 내게 무슨 상관이 있으리.[15]

라고 하였다. 시대가 내려와 폭군이 교만하고 포악하게 구니 백성이 원망하여 이 때문에 노래하기를,

썩은 새끼줄로 여섯 말을 모는 것과 같네

---

14   이른바 「강구요(康衢謠)」다. 요임금 때의 민요로 전한다. 앞의 두 구절은 『시경』주송(周頌) 「사문(思文)」에 나오는 말이다.
15   이른바 「격양가(擊壤歌)」다. 요임금 때의 노래로 전한다.

원망이 어찌 밝은 데 있으랴.

나타나지 않았을 때 도모해야 하리.[16]

라고 했으며, 또 말하기를,

이 해는 언제 없어지려나

내 너와 함께 망하리라.[17]

라고 하였다. 마침내 주지육림酒池肉林에 이르러, 밤낮 방탕하게 지내며 산 사람의 정강이를 쪼개고 임신한 여인의 배를 가르면서도 이르기를 "포악해도 괜찮다"라고 했다.[18] 전국시대戰國時代에 와서는 강한 나라가 약한 나라를 병탄倂呑하는 전란을 자주 일으켜 무고한 백성에게 군역軍役을 지워 사지死地로 내몰았으니, 또한 너무 심한 일이지만 어찌할 도리가 없었다. 진한秦漢 이후로는 방사方士와 노자老子와 불교의 담론이 날마다 새롭고 달마다 성하여 궁실과 제사에 드는 무익한 비용으로 인해 백성이 괴롭힘을 당하니, 백성의 생업이 날로 결딴나 가난한 동네에서는 삶을 도모할 수가 없어 다투어 도망쳐 모습과 옷을 바꿔 숨어 사는 것[19]을 편안하게 여기게 되었으니, 임금이 누구와 더불어 나라를 경영하겠는가?

그러므로 임금이 나라를 다스림에는 오로지 백성을 사랑함을 근본으로 삼아야 하거늘, 애민의 방법은 인정仁政(어진 정치)일 뿐이다. 인정은 어떻게 하는 것인가? 품속에 포근히 안아주는 것도 아니요, 어루만지고 쓰다듬

---

16 『서경』 하서 「오자지가」에 나오는 말이다. 군주는 두려워하는 마음을 가져 백성의 원망이 나타나기 전에 도모해야 한다는 뜻.

17 『서경』 상서 「탕서(湯誓)」에 나오는 말로, 하(夏)나라의 백성들이 폭군 걸(桀)을 원망해 한 말이다.

18 은나라 주왕(紂王)의 무도함을 이른 말이다.

19 노·불(老佛)의 무리가 되는 것을 말한다.

는 것도 아니다. 농사를 권장하여 본업에 힘쓰게 하는 것일 뿐이다. 농사를 권장하는 방법은 무엇인가? 번다한 명령을 내려 아침에 깨우쳐주고 저녁에 장려하는 것이 아니다. 조세를 적게 내게 하고 요역徭役을 가볍게 해 농사짓는 시기를 빼앗지 않는 것일 뿐이다. 그러므로 성인聖人(공자를 이름)께서는『춘추』에 궁궐과 누각을 짓거나 성곽을 쌓은 일시日時를 반드시 적어 후세의 임금으로 하여금 백성을 수고롭게 하는 일이 중대한 일임을 깨우쳐주고자 한 것이다.

나라의 근본[20]

하늘이 인민을 낳고
임금을 세우신 건
오직 인민을 숭상해
사랑하여 어루만져 기르라는 뜻.
홀아비, 과부, 고아, 늙고 자식 없는 이들
늙어 병든 이와 장애인
누구든 가리지 말고
모두 받들어 사랑하고 살리라는 뜻.
내게 은혜 베풀면 그가 곧 탕湯이고
나를 못살게 하면 그가 곧 걸桀이네.[21]
하나가 여럿을 잘 다스리라는 것이지
여럿이 하나를 떠받들라는 게 아니네.

---

20 원제는 '방본잠(邦本箴)'이다. 금오산 시절에 쓴 글로 보인다.

21 '탕'은 백성을 학대한 하나라의 폭군 '걸'을 죽이고 은나라를 세운 임금으로, 성군으로 일컬어진다.

조금이라도 원망이 있게 되면

임금 당신의 잘못이니

하늘이 벌을 내리시어

당신의 나라를 빼앗아

훌륭하고 어진 이에게 주리니

당신이 필부로 떨어져

하루아침에 권력을 잃는다면

뉘우친들 소용없네.

그래서 인민을 나라의 근본이라 하니

근본이 굳건해야 당신이 편안하지.

당신이 먹는 건

인민의 곡식이고

당신이 입는 건

인민의 비단이며

궁실과 거마車馬는

인민의 노동이네.

십분의 일 세금 바쳐

수령으로 삼았거든

인仁으로 날 이끌어야지

열심히 이끌지 않고

어찌하여 하늘을 업신여기며

방탕한 짓 일삼는가.

인민을 공경하고 하늘을 공경하며

인민을 두려워하고 천명을 두려워해야 하네.

임금 된 이가

늘 공경하고 두려워한다면

천명이 떠나지 않아

길이 당신의 다스림 보존하리.

만물을 사랑하는 도리[22]

어떤 사람이 내게 물었다.

"만물을 사랑하는 도리는 어떠합니까?"

나는 이렇게 대답했다.

"사물 각각의 본성을 실현시켜주는 것이지요. 『주역』에 이르기를,

천지의 큰 덕을 생生이라 한다.[23]

라고 했으니, 대개 만물을 끊임없이 낳는 것은 천지의 큰 덕이요, 살고자 하는 것은 만물의 본성이랍니다. 그러므로 만물의 살고자 하는 본성을 말미암고 천시의 끊임없이 낳는 큰 덕을 본받아 만물로 하여금 각각 그 본성을 실현하게 해 깊은 인仁과 두터운 은택 속에 화육化育하는 것일 뿐입니다."

좀더 자세히 말해달라고 해 나는 이렇게 말했다.

"사람과 만물은 천지의 큰 화육 속에서 공생하고 있으니, 백성은 나의 동포요 만물은 나의 이웃이라 할 것입니다.[24] 그러므로 사람이 으뜸이고 만물은 그 다음이지요. 군자는 사람[25]에 대해 애愛를 하고 인仁을 하지 않

---

22   원제는 '애물의(愛物義)'이다. 금오산 시절에 쓴 글로 보인다.

23   『주역』「계사전」하(下)에 나오는 말.

24   '백성은 나의 동포요 만물은 나의 이웃'이라는 말은 북송의 기(氣)철학자 장재(張載)가 처
      음 한 말이다. 김시습은 장재의 영향을 많이 받았다.

25   여기서 말한 '사람'은 백성을 가리킨다.

으며, 만물에 대해 인을 하고 애를 하지 않습니다.[26] '인仁을 한다'는 게 무 언지 말해볼까요? 촘촘한 그물을 웅덩이나 연못에 넣지 않는 것, 산에 가 나무하는 걸 철따라 제한하는 것, 작은 물고기는 시장에서 팔지 못하게 하 는 것, 어린 짐승과 새알은 취하지 않는 것, 새를 잡을 때 포위망의 3면은 열어놓는 것, 낚시질은 하되 그물질은 하지 않는 것, 자고 있는 새를 쏘지 않는 것이 그것입니다. 그러므로 『시경』에 이르기를,

저 무성한 갈대에
한번 화살을 쏘아 다섯 멧돼지를 잡노니
아아! 어진 제후로다.[27]

라고 한 것입니다. 이번엔 '애愛를 하지 않는다'는 게 무언지 말해볼까 요? 순임금이 익益(순임금의 신하로 산림을 관장했음)을 시켜 산택山澤에 불을 질러 호랑이, 표범, 물소, 코끼리를 멀리 쫓아버린 것, 춘하추동 네 계절에 사냥을 한 것, 닭·돼지·개 등의 가축을 때에 맞춰 길러 70세가 된 사람도 고기를 먹게 한 것이 그것이지요.[28] 그러므로 『주역』에 이르기를,

그물을 만들어 짐승을 잡고 물고기를 잡는다.[29]

---

26 『맹자』「진심」상(上)에, "군자는 만물에 대해 애는 하되 인은 하지 않으며, 민에 대해서는 인은 하되 친(親)하지는 않나니, 친척을 친히 하고서 백성을 인(仁)하게 하고, 백성을 인하 게 하고서 만물을 애하는 것이다(君子於物也, 愛之而弗仁, 於民也, 仁之而弗親, 親親而仁民, 仁民而愛物)"라는 말이 보인다. 김시습은 『맹자』의 이 말을 그대로 따르지 않고 자기대로 사 유하고 있다. 김시습에 의하면 '애'(사랑)는 '인'(어짊)보다 더 상위에 있는 가치다.
27 『시경』소남(召南)「추우(騶虞)」에 나오는 말. 주희(朱熹)는 이 시를 어진 제후를 노래한 것 으로 봤다. 김시습은 주희의 설을 따르고 있다고 보인다.
28 『맹자』「양혜왕(梁惠王)」상(上)에, "닭, 돼지, 개를 때에 맞춰 기르면 칠십 된 사람이 고기를 먹을 수 있다"라는 말이 보인다.
29 『주역』「계사전」하(下)에 나오는 말.

라고 한 것도 같은 취지의 말입니다. 이런 까닭에 군자가 가금류와 짐승을 기르는 것은 늙고 병든 백성을 위해서요, 물고기를 잡고 사냥을 하는 것은 잔치와 제사에 쓰기 위해서입니다. 다만 그 일에 맞는가를 요량해서 해야 하니, 인仁을 한다고 해서 꼭 죽이지 말아야 하는 것은 아니고, 죽인다고 해서 모조리 다 잡는 것을 좋게 여길 것도 아닙니다. 그러므로 사냥 나가 백일 동안 돌아오지 않자 백성들은 태강太康이 지나치게 사냥을 즐김을 원망했고,[30] '불을 질러 활을 쏘며 일제히 일어난다'[31]라고 노래한 것은 공숙단共叔段의 지나친 사냥을 풍자한 것입니다. 어찌 꼭 잔인하게 마구 죽여야 하겠습니까. 백성을 위하여 해를 제거하고 백성을 돌볼 따름입니다. 그러므로 그 다음을 말한다면[32] '백성에 대해 인仁을 하고, 만물에 대해 애愛를 한다'가 될 것입니다. 그리고 무엇이 중요한가를 말한다면, 공자가 '사람이 다쳤느냐'라고만 묻고 말(馬)이 어떤지는 묻지 않은 일[33]을 들 수 있겠지요. 이것이 군자가 만물을 사랑하는 취지입니다."

"불경佛經에는 살생하지 말라는 계율이 있으니 대단히 훌륭하지 않습니까?"

"새와 짐승을 죽이는 것은 단지 백성을 위하여 해를 제거하고 백성을 돌보기 위한 것인데, 백성으로 하여금 서로의 인육을 먹게 하면서[34] '살생하

---

30 하(夏)나라 임금 '태강'은 사냥을 지나치게 즐겨 낙수(洛水)에 사냥 나가 백일 동안 돌아오지 않아 백성들의 원망을 사 폐위되었다. 『서경』「오자지가」에 이 사실이 보인다. 『매월당집』원문에는 '三旬不返'으로 되어 있는데 '十旬不返'의 착오다.

31 『시경』 정풍(鄭風)「태숙우전(太叔于田)」에 나오는 말. '태숙'은 정(鄭)나라 장공(莊公)의 동생 공숙단(共叔段)을 가리킨다.

32 이 글의 앞에서 '군자는 사람에 대해 애(愛)를 하고 인(仁)을 하지 않으며, 만물에 대해 인을 하고 애를 하지 않는다'고 말했기에 '그 다음'이라고 한 것이다. 이에서 비록 인간본위적 관점을 취하고 있기는 하나 만물에 대한 김시습의 깊은 배려와 고심이 드러난다.

33 『논어』「향당(鄕黨)」에 나오는 공자의 일화로, 마굿간에 불이 나자 사람이 다쳤는지 여부만 묻고 말에 대해서는 묻지 않았다고 한다.

34 백성들이 궁핍해 먹을 것이 없어 서로의 인육을 먹는 것을 말한다.

지 말라'라고 한다면 무슨 좋은 일이 있겠습니까."

은거하는 것과 벼슬하는 것[35]

군자의 처신은 어렵다. 이롭다고 해서 조급하게 나가 벼슬해서도 안 되고, 위태롭다고 해서 용감하게 벼슬에서 물러나서도 안 된다. 공자가 밥을 지으려고 쌀을 씻으시다가 건져서 급하게 제齊나라를 떠난 게 벼슬하려고 억지로 서두르신 것이 아니요, 벼슬하던 노魯나라를 떠나실 때 "더디도다, 내 걸음이여!"라고 하신 게 억지로 느리게 하시려던 것이 아니다.[36] 성현聖賢은 벼슬에 나아가는 일과 벼슬에서 물러나는 일을 의리에 합당한가와 시의에 맞는가의 여부에 따라 결정했을 뿐이다. 이윤伊尹은 신莘나라의 들에서 농사짓던 일개 늙은이였다.[37] 그는 밭도랑 사이에 처해 있을 때 요순堯舜의 도를 즐거워하며 스스로 만족스런 삶을 살았지만, 탕임금이 세번 초빙하자 벼슬할 만하다 여겨 나가 재상이 되었다. 부열傅說은 부암傅巖이라는 들판의 일개 노예였다. 그는 담 쌓는 일을 낙으로 여겨 그것으로 평생을 보내려 했는데 무정武丁[38]이 꿈에 그를 보고 널리 수소문하자 때를 타고 나가 재상이 되었다. 태공太公은 위수渭水 가의 한 낚시질하는 늙은이였다. 맑은 위수에 낚싯대를 던지고 풀을 깔고 앉아 물고기 잡는 일로 일생을 마칠 것 같더니 사냥을 나온 문왕文王을 만나고는 생각과 뜻이 같으므로 상보尚父[39]가 되었다. 이 세 사람은 은자들이지만 어찌 자기 한 몸만을 깨끗이하고 세상은 어떻게 되도 좋다고 생각한 이들이겠는가. 이 세 사람이 벼

---

35   원제는 '고금군자은현론(古今君子隱顯論)'이다.
36   공자의 이런 행위는 『논어』 「만장(萬章)」 하(下)에 언급되어 있다.
37   '이윤'은 신나라에서 농사를 짓다가 은나라 탕왕의 재상이 되었다.
38   은나라를 중흥(重興)한 고종(高宗)을 말한다.
39   아버지처럼 존경한다는 뜻. 문왕은 강태공을 스승으로 받들었다.

슬한 것이 어찌 이름을 팔아 이익을 사려고 한 일이겠는가. 다만 자신의
능력을 발휘할 때를 기다리고 있었는데 그런 때를 딱 만났기 때문이었다.
『주역』에 이르기를,

나타난 용이 밭에 있다.[40]

라고 한 것은 무얼 말하는가? 공자께서 말씀하시기를,

물은 습한 데로 흐르고 불은 마른 데 붙으며 구름은 용을 따르고 바람은
범을 따른다. 성인聖人이 나타나면 만물이 모두 우러러본다.[41]

라고 한 것은 때를 만난 것을 이야기한 것이요, 상산商山 사호四皓[42]가 진
秦나라를 피한 것이나 도연명이 남조南朝의 송宋나라에 신하 노릇 하지 않
은 것은 세상과 내가 서로 맞지 않아서다. 주周나라를 떠난 백이伯夷를 가
리켜 성인聖人 가운데 맑은 이라 하고, 노魯나라에 벼슬한 유하혜柳下惠를
가리켜 성인 가운데 화和한 이라 하고,[43] 은殷나라에 간 이윤을 가리켜 성
인 가운데 천하 일을 자임自任한 이라 했지만, 그들이 성인이라는 점은 똑
같다. 이사李斯가 진秦나라에서 벼슬하고 양웅揚雄이 신新나라에서 벼슬한
것은 비록 나아가고 물러남이 좀 다르기는 하나[44] 이익을 구하고 의리를

---

40 『주역』 건괘(乾卦) 구이(九二)의 효사(爻辭)가, "나타난 용이 밭에 있으니, 대인(大人)을 만
나봄이 이롭다"이다.
41 『주역』 건괘에 나오는, 구오(九五)의 효사에 대한 공자의 해석이다.
42 진나라의 학정을 피해 상산에 은거한 네명의 나이 많은 현자.
43 '유하혜'는 어떤 군주를 섬긴들 자신의 고결함이 더럽혀지지 않는다고 보아 군주의 청탁(淸
濁)을 가리지 않고 벼슬했다.
44 '이사'는 진시황을 도와 천하를 통일했으나 환관 조고(趙高)의 참소로 처형되었고, '양웅'은
한(漢)나라의 유학자로 왕망(王莽)이 세운 신(新)나라에서 중산대부(中散大夫)가 되었으나
뒤에 벼슬을 버리고 귀향해 저술에 힘썼다.

저버린 점에서는 똑같다.

　그러므로 선비의 거취, 은거함과 벼슬함은 반드시 먼저 그것이 의리에 맞는가 맞지 않는가, 도를 행함 직한가 행함 직하지 않은가를 헤아려서 결정해야 하며, 꼭 자리를 박차고 떠났다고 하여 어질고, 벼슬길에 나아갔다고 해서 아첨이 되며, 은거했다고 하여 고상하고, 벼슬했다고 해서 구차한 것은 아니다. 마땅히 떠나야 했기에 떠난 것이므로 미자微子가 주紂임금을 떠난 것[45]을 두고 상商나라를 배반했다고 할 수 없고, 나아갈 만하기에 나아간 것이므로 이윤과 부열이 은나라에 벼슬한 것을 두고 뜻을 잃었다고 말할 수 없다. 은거할 만하기에 은거한 것이므로 백이와 숙제가 서산西山(수양산)에 숨은 것을 고상하다고 할 수 없고, 마땅히 벼슬에 나아가야 했기에 나아간 것이므로 강태공이 무왕武王을 도와 위세를 떨친 것을 구차하다고 할 수 없다. 『주역』 고괘蠱卦 상구上九에 이르기를,

　　왕후王侯를 섬기지 않는다.

　라고 했고, 건괘乾卦 구이九二에 이르기를,

　　대인大人을 만나봄이 이롭다.

　라고 했으니, 각각 그 처한 상황에 따를 뿐이다. 간교한 신하가 이익을 탐하여 작록爵祿을 사양함으로써 임금의 마음을 얻는 것이라든가, 위선적인 선비가 이름을 얻으려고 은둔하는 척 땅을 피해 다니는 것이라든가, 심지어 재주도 없고 덕도 부족해 세상에 버림받아 스스로 궁벽한 고을에 살며 아무런 힘도 없는 주제에 남을 꾸짖고 힐난하면서 거들먹거리며 사람

45　'미자'는 은나라 주왕(紂王)의 이복형으로, 주왕이 자신의 간언(諫言)을 받아들이지 않자 은나라를 떠났다.

들에게 "나 또한 은자의 무리다"라고 말하는 것은, 추녀醜女가 미녀 서시西施의 웃는 모습을 흉내 내는 격이니, 거론할 것도 없다.

고금의 충신과 의사義士[46]

삼대(하나라, 은나라, 주나라)의 성대한 시절에는 충신은 없고 다만 양신良臣(훌륭한 신하)만 있었을 뿐이다. 쇠잔한 세상에 이르자 직신直臣(곧은 말 하는 신하)과 충신이 있게 되었다. 양신은 밝고 성대한 세상에 군신君臣이 서로 화합하는 조정에서 군신이 도리로써 서로 도우므로 처신하기가 매우 편안하고 도를 행하기가 매우 쉬웠으니, 고요皐陶, 기夔, 후직后稷, 설契[47]이 바로 그런 이들이다. 『주역』에,

때와 더불어 함께 행한다.[48]

라고 한 것이 이를 말한다.

그 다음, 직신이라는 것은 장차 흥하려는 세상에 처해 큰일을 하려는 임금을 만나 그 임금이 혹 잘못이 있으면 직언하여 숨기지 않고 도로써 부지扶持하여 임금으로 하여금 훌륭한 정치를 하게 한다. 그러므로 처신하기가 비록 어렵기는 하나 도를 행하는 데는 막힐 게 없으니 『시경』에 이르기를,

임금에게 잘못이 있으면

---

46 원제는 '고금충신의사총론(古今忠臣義士總論)'이다.
47 요순 때의 어진 신하들.
48 『주역』건괘(乾卦)에 나오는 말.

중산보仲山甫가 보좌하도다.[49]

라고 한 것이 이를 말한다.

충신은 처신하고 도를 행하기가 지극히 어려우니, 위태한 세상을 만나 자빠지고 엎어지는 때에 처하여 살신성인하고 의義를 보고 실천함을 자신의 책무로 삼을 따름이다. 『시경』에 이르기를,

저 사람이여
생사의 즈음에 변치 않도다.[50]

라고 한 것이 이를 말한다. 그러므로 이르기를,

추운 겨울이 되어야 굳센 풀을 알게 되고, 세상이 어지러워져야 충신을 알게 된다.[51]

라고 했으니, 어찌 위태롭다고 하지 않을 수 있겠는가. 옛 군자들이 반드시 기미를 보고 떠나고자 했고 어려움을 알아 물러나고자 한 것은 모두 이 때문이다. 그러나 이미 몸을 의탁해 신하가 되었으므로 물러가는 것이 의리에 맞지 않는지라 앞을 미리 내다보는 지혜가 있은 뒤라야 신하 노릇을 하지 않을 수 있고, 기미를 알아보는 도량이 있은 뒤라야 조용히 물러갈 수 있을 것이니, 명철보신하는 자가 아니면 이렇게 할 수 없을 것이다.

하지만 또 신하가 임금과 성姓이 같은가 다른가에 따라 달라지니, 성이

---

49 『시경』 대아(大雅) 「증민(烝民)」에 나오는 말이다. '중산보'는 주나라 선왕(宣王)을 도와 중흥(中興)의 공을 이루고 번(樊)을 채읍(采邑)으로 받았으며 후(侯)에 봉해졌다.

50 『시경』 정풍(鄭風) 「고구(羔裘)」에 나오는 말이다.

51 당나라 태종(太宗)의 「사소우(賜蕭瑀)」 시에 "바람이 거셀 때 굳센 풀을 알게 되고, 세상이 어지러울 때 충신을 알게 된다(疾風知勁草, 板蕩識忠臣)"라는 말이 나온다.

다른 신하는 위태로운 세상에 처해 임금에게 간하기를 반복해도 임금이 듣지 않으면 이치상 혹 떠날 수 있지만, 성이 같은 신하는 임금과 호적이 서로 이어져 있으므로 나라가 망하면 함께 망하여 사직과 더불어 운명을 함께해야 하며 죽음으로 자처하여 스스로 목숨을 다해야 하므로 떠날 수가 없다. 자주 간해도 듣지 않으면 혹 관직을 그만두는 것은 괜찮지만 (이하 몇 자 빠짐)

선비가 세상에 있으면서 독서하여 벼슬에 나아가 직신이 되는 것도 진실로 어렵지만, 충신이 되는 것은 지극히 어렵다. 옛 사람이 '충忠' 자를 해석하기를, "자기를 다하는 것이다"[52]라고 했으니, '자기를 다한다'는 것은 죽음과 삶, 위태함과 어려움에도 반드시 신하의 도리를 다해 힘을 다하고 자기를 다한다는 것이니, 반드시 용감하게 참아 죽음에 나아간다든가 구차하게 어려움을 피하는 것이 아니요, 다만 그 형세를 보아서 할 따름이다. 하지만 일의 성공과 실패, 뜻을 이룸과 이루지 못함은 명命에 달렸다 할지라도, 할 수 있는 일이라면 마땅히 그 힘을 다하고, 실천할 수 있는 뜻이라면 마땅히 그 정성을 다해야 하리니, '충'이라는 것은 꼭 신하가 되어 자기가 할 수 없는 일을 괴롭게 하는 것이 아니라 단지 자기가 할 수 있는 일로써 그 직분을 다하는 것일 뿐이다.

용방龍逢과 비간比干[53]이 걸과 주에게 죽은 것은 그 직분이요, 제갈량과 악비岳飛와 문천상文天祥[54]이 촉蜀과 송宋에 충절忠節을 다한 것 또한 직분이니 이상할 게 뭐 있겠는가.

어떤 이가 말하기를, "신하가 임금에게 힘을 다해 충성을 바치는 것은 직분인데, 고금의 사관史官들이 따로 열전을 지어 표창하는 것은 어째서지

---

52   주희의 『맹자집주(孟子集註)』 「이루 장구(離婁章句)」 하(下)에 나오는 말.
53   '용방'은 하나라 걸의 충신이고, '비간'은 은나라 주의 충신이다. 둘 모두 주군에게 간하기를
      그치지 않다가 목숨을 잃었다.
54   '제갈량'은 촉한(蜀漢) 유비(劉備)의 충신이고, '악비'와 '문천상'은 남송(南宋)의 충신이다.

요"라고 하길래 나는 이렇게 답했다.

"삼대 이후로 세상의 도가 희미해져 신하가 임금에게 곧은 마음으로 올곧게 행하다가 위태함을 당해도 피하지 않는 자는 열에 한둘도 없습니다. 교묘한 말로 임금의 뜻에 영합하며 손익을 저울질하는 자들이 득시글댑니다. 그러므로 반드시 그 절의를 표창해 기록하여 포상한 뒤라야 비분강개하는 선비가 다투어 의로움에로 나아가 즐거이 목숨을 내어놓으며, 머뭇거리지 않고 씩씩하게 팔뚝을 걷어붙이는 용기 있는 자가 간혹 나오게 되지요. 그러니 반드시 표창해 만대萬代에 깨우치지 않을 수 없습니다. 하지만 달인이 그것을 본다면 '나의 직분을 어찌 꼭 옛사람을 본받은 뒤에야 다하겠는가'라고 할 텐데, 아! 그런 사람을 자주 볼 수 없으니 어찌 탄식하지 않을 수 있겠습니까. 그러므로 충신·의사義士의 열전을 지은 뒤 슬퍼하며 그 찬贊[55]을 지었습니다."[56]

정치는 반드시 삼대를 본받아야 한다는 주장에 대하여[57]

나무를 일컫는 이가 반드시 송백松柏을 이르는 것은 그것이 서리와 눈을 견디고, 나뭇결이 곧고, 재목이 훌륭하기 때문이다. 그중에는 혹이 생긴 것, 굽은 것, 어려서 죽은 것이 끼어 있지만 그 근본이 확고하므로 반드시 송백을 일컫는다.

---

55   찬미하는 글.
56   김시습은 충신·의사의 열전을 쓴 뒤 그 찬을 쓴 듯하다. 『매월당집』에 전하는 충신·의사의 찬으로는 「용방찬(龍逄贊)」 「비간찬(比干贊)」 「기자찬(箕子贊)」 「소무찬(蘇武贊)」 「백이숙제찬(伯夷叔齊贊)」 「굴원찬(屈原贊)」 「무후찬(武侯贊)」 「악비찬(岳飛贊)」 「문천상찬(文天祥贊)」 등이 있다. 이들 중 『매월당집』에 그 전(傳)이 전하는 사람은 무후(제갈량), 악비, 문천상 셋밖에 없다. 나머지 사람들의 전은 일실(逸失)된 듯하다.
57   원제는 '위치필법삼대론(爲治必法三代論)'이다.

새를 일컫는 이가 반드시 봉황을 이르는 것은 그것이 세상에 상서로울 뿐만 아니라 우는 소리가 화평하고 깃털이 선명하기 때문이다. 그중에는 나타날 때가 아닌데 나타나는 것,[58] 우는 소리가 화평하지 않은 것, 깃털이 선명하지 않은 것이 끼어 있지만 그 본래의 덕과 형상 때문에 반드시 봉황으로 일컬어진다.

정치를 일컫는 이가 반드시 삼대를 이르는 것은 그 예악禮樂과 교화教化와 헌장憲章(법령과 제도)에 법도가 있기 때문이다. 그중에는 보통의 능력밖에 안 되는 임금, 용렬하고 어리석은 임금, 포학한 임금도 끼어 있지만 우왕, 탕왕, 문왕, 무왕이 처음 왕조의 대업大業을 개창開創한 것이 하늘처럼 높아 오를 수 없고, 산처럼 높아 없앨 수 없으며, 원기가 만물을 주재하는 것처럼 다함이 없으므로 반드시 삼대라고 일컫는다.

그러므로 만물을 보는 사람은 그 볼만한 것을 가려서 보는 법이니, 봉황과 송백을 보았다고 해서 볼 걸 다 봤다고 여기지는 않으며, 옛날의 정치를 본받는 사람은 그 본받을 만한 것을 가려 본받아야 하며, 꼭 삼대의 것을 다 훌륭하다고 여겨 본받을 것은 아니다. 그러므로 보통의 능력밖에 안 되는 임금, 용렬하고 어리석은 임금, 포학한 임금을 본받아서는 안 되며, 단지 우임금, 탕임금, 문왕, 무왕을 본받아야 한다. 비록 우임금, 탕임금, 문왕, 무왕이라 할지라도 또한 가려야 할 것이 있으며 본받아서는 안 되는 것이 있다. "자식이 엉엉 울어도 사랑해주지 못했다"[59]라는 말은 8년 동안 홍수를 다스리는 일을 할 때에는 해도 좋지만, 잔인하게 자신의 이익을 도모하기 위해 한다면 좋지 않다. 임금을 내치고 시해하는 일은 "이해는 언제 없어지려나"[60]라며 백성들이 임금을 원망할 때에는 정당하지만, 권력

---

58 봉황은 세상이 태평할 때 나타나기에 한 말.

59 『서경』 우서 「익직」에 나오는 말로, 우임금이 8년 홍수를 다스리느라 집 밖에 나가 있어 아들 계(啓)가 울어도 사랑해주지 못했다는 뜻.

60 『서경』 상서 「탕서(湯誓)」에 나오는 말로, 하(夏)나라의 백성들이 폭군 걸(桀)을 원망해 한 말이다.

을 농단하며 자신의 이익을 도모하기 위해 한다면 정당하지 않다. 후세에 임금과 아버지를 죽이거나 아우와 자식을 죽임으로써 천하를 차지한 이가 있으니, 진시황과 그의 신하들이 태자 부소扶蘇를 죽인 것과 사마염司馬炎과 양광楊廣이 임금과 아버지를 죽인 것이 그에 해당한다.[61] 그 밖에 협박하고 제압하여 스스로 임금이 되고서는 삼대를 본받았다고 하는 이들이 있으니, 이들은 꼭 삼대의 죄인이기만 한 것이 아니라 또한 『춘추』의 죄인으로서 모든 사람이 함께 성토해야 할 것이다.[62] 내가 그 때문에 송백과 봉황을 비유로 들었거늘, 송백과 봉황의 아름다움이 극진하다고 해서 무조건 우러르기만 해서는 옳지 않다. 그래서 공자는 말씀하시기를,

소악韶樂은 아름다움이 극진하고 또 선이 극진하다.

라고 했고, 무악武樂을 일러,

아름다움이 극진하나 선이 극진하지는 못하다.

라고 했다.[63]

---

61 진시황이 죽자 그의 차남 호해(胡亥)와 신하 이사(李斯), 조고(趙高)는 거짓으로 시황제의 조서를 작성해 변방에서 흉노 방어에 힘쓰고 있던 시황제의 장자 부소(扶蘇)를 자살하게 만들었다. 삼국시대 위(魏)나라의 신하 사마염은 임금을 죽이고 진(晉)나라 황제가 되었고, 양광(수나라 양제)은 아버지 문제(文帝)를 독살하고 황제가 되었다.

62 김시습은 수양대군의 왕위 찬탈을 비판하기 위해 이런 말을 하고 있다고 여겨진다.

63 『논어』「팔일(八佾)」에 나오는 말. '소악'은 순임금의 음악이고, '무악'은 무왕의 음악이다. 순임금은 요임금에게 왕위를 물려받았으나 무왕은 은나라를 쳐 그 임금 주(紂)를 시해했기에 이리 말했다.

군자와 소인[64]

군자의 도는 자기 몸에 근본하여 서민에게서 확인되나니, 삼왕三王[65]을 상고해도 틀림이 없고, 천지에 세워도 어긋남이 없으며, 귀신에게 물어도 명명백백하고, 백세百世 뒤의 성인을 기다려 질정하더라도 분명하다. 그가 병으로 여기는 것은 자기의 무능함일 뿐, 남이 자기를 알아주지 않음을 병으로 여기지 않는다. 그가 걱정하는 것은 남을 알지 못할까 하는 것일 뿐, 남이 자기를 알아주지 않음을 걱정하지 않는다. 그의 학문은 덕의德義(덕과 도의)를 깨우쳐 아는 것을 추구하고, 그의 행실은 자기를 성찰하는 데서 비롯된다. 그가 두려워하는 것은 천명과 대인大人이며, 성인聖人의 말씀이다. 그는 의리에 밝아 가난에도 자신을 굳게 지키고, 마음이 평탄하고 관대하다. 그러므로 자긍심이 있되 다투지 않고, 뭇사람들과 어울리되 당파를 만들지는 않으며, 사람들과 두루 잘 지내되 패거리를 짓지 않고, 남과 화목하게 지내되 부화뇌동하지는 않으며, 태연하되 교만하지 않다. 그 도는 잘 드러나지 않되 날마다 빛나고, 그 재주는 작은 일을 맡길 수는 없으나 중임을 맡길 수 있다. 군자는 그 가운데 인仁하지 못한 이도 있기에[66] 어진 사람이 될 것을 요구받는다.

소인은 혼자 있을 때에는 온갖 나쁜 짓을 하다가 군자를 본 뒤에는 슬그머니 그의 좋지 못한 점을 가리고 좋은 점만을 드러내니[67] 이것이 그의 병이다. 그러므로 그의 허물은 반드시 드러난다. 소인은 남의 것을 무한정 뺏지 못하는 것만 걱정하고, 오로지 이익과 손실만 근심한다. 그의 학문은 재리財利를 추구하고, 그의 행실은 자기를 성찰하는 데서 비롯되지 않으며,

---

64 원제는 '군자소인변(君子小人辨)'이다.
65 삼대의 성왕(聖王)으로 일컬어지는 하의 우왕, 은의 탕왕, 주의 문왕·무왕을 가리킨다.
66 『논어』 「헌문(憲問)」에 나오는 말. 이 글은 『논어』의 말을 여기저기에서 많이 가져와 쓰고 있다.
67 『대학』에 나오는 말.

천명을 알지 못해 두려워하지 않고, 대인을 함부로 대하며 성인의 말을 업신여긴다. 이익을 밝히기 때문에 궁하면 예의염치를 모르고, 걱정과 두려움이 많아 오랫동안 가난한 걸 견디지 못하고 오랫동안 즐거운 데 처해 있지 못한다. 당파를 만들되 뭇사람과 어울리지는 못하고, 부화뇌동하되 남과 화목하게 지내지 못하며, 교만하되 태연하지 않다. 그 도는 겉으로 잘 드러나되 날마다 없어지고, 그 재주는 중임을 맡길 수는 없으나 작은 일을 맡길 수는 있다. 소인으로서 인仁한 자는 없다. 그러므로 가장 어리석은 사람의 성품은 고칠 수 없다. 이상은 선성先聖의 격언을 모은 것이다.[68]

이것은 그 대략을 말한 것으로, 의리와 이익, 공公과 사私의 테두리를 벗어나지 않는다. 이 때문에 군주가 사람을 쓸 때 자세히 살피지 않으면 작게는 자신의 몸이 위태하고 크게는 나라가 망하며, 필부가 벗을 사귈 때 자세히 가리지 않으면 작게는 자기 몸을 상하게 되고 크게는 어버이를 욕되게 한다. 그러므로 그 만남을 반드시 삼가야 하고, 그 대우함을 반드시 정성스럽게 해야 한다. 한 사람의 군자를 얻는다면 띠풀을 뽑을 때 뿌리가 쭉 딸려 나오듯이 선한 사람들이 떼지어 나올 것이요, 한 사람의 소인을 가까이 하면 악한 자들이 동류를 끌어당기고 자기 무리를 끌어들이거늘, 은택을 미치어 함께 지내다가 미워하기를 심하게 하면 난리를 일으키니 얼른 제거할 수 없다. 그렇지만 그 악이 이와 같은 자는 처음에는 충성스러운 듯하나 끝에는 아첨하고, 겉보기에는 바른 듯하나 속은 사악하니, 상홍양桑弘羊이 검소한 척 베옷을 입고 지낸 일과 왕망王莽이 겸손하고 공손한 척한 데서 그 점을 알 수 있다.[69] 그러므로 찬탈하여 임금을 죽이는 재앙의 단서는

---

68 『논어』『대학』등에 실려 있는 공자의 말을 가져와 군자와 소인의 상(像)을 구성했기에 한 말이다.

69 '상홍양'은 전한(前漢) 무제(武帝) 때의 경제관료로, 소금·철(鐵)·술의 국가 전매를 실시하게 해 백성과 이익을 다투었다는 평을 듣는 인물이다. 뒤에 난을 도모하다가 처형되었다. '왕망'은 전한(前漢) 평제(平帝) 때의 재상으로, 평제를 시해한 뒤 제위(帝位)를 찬탈해 국호를 '신(新)'으로 바꾸었다.

큰소리로 직간直諫하는 신하의 입에 있는 것이 아니라 종기를 빨고 치질을 핥는[70] 데 그 조짐이 있으며, 임금을 혼미시켜 어지럽히는 기미는 임금의 잘못을 지적해 바로잡으려는 때에 있는 것이 아니라 아첨하고 비위를 맞출 때에 있다. 소리 높여 직언을 하는 것과 잘못을 지적해 바로잡는 것은 입에 쓴 듯하지만 실은 달고, 종기를 빨고 치질을 핥듯 아첨하고 비위를 맞추는 것은 편안한 듯하지만 끝에 가서는 위태롭다. 군자를 가까이하는 것은 사탕수수를 먹는 것과 같아 갈수록 즐거움이 있지만, 소인과 관계하는 것은 생쥐에게 물리는 것과 같아 물린 줄도 모르고 있다가 죽음에 이르게 된다.[71] 그러므로 사람을 잘 보는 이는 그 시초를 보고, 사람을 잘 살피는 이는 평시에 살핀다. 생각을 정성스럽게 하는 이가 최상등이요, 몸을 잘 지키는 이가 그 다음이요, 일을 거울로 삼아 거기서 교훈을 얻는 이가 그 다음이다. 일에서 교훈을 얻지 못한다면 함께 악으로 귀결된다. 그러므로 잘 다스리는 임금과 큰일을 하려는 선비는 군자를 대접하기를 지초芝草와 난초처럼 하고 소인을 피하기를 범과 뱀처럼 한다. 택하여 맡기는 데 신중하고 사귀는 데 조심해야 국가를 보전할 수 있고 몸을 보전할 수 있다. 하지만 학문을 좋아하고 뜻이 독실하며 힘써 실천하는 사람이 아니라면 이런 말을 할 수 없다.

인재가 없다고?[72]

인재란 국가의 기둥이요 주춧돌이다. 그러므로 나라를 다스리는 데는

---

70 지나친 아첨을 뜻한다.

71 사탕수수 줄기는 위에서부터 먹기 시작하는데 뿌리 쪽으로 내려갈수록 맛이 더 달다. 여기서 '점입가경(漸入佳境)'이라는 말이 나왔다. 생쥐는 아주 작아 물려도 아픈 것을 느끼지 못하지만 물린 사람이나 동물은 피부의 상처로 죽게 된다.

72 원제는 '인재설(人才說)'이다.

인재를 얻는 것으로써 근본을 삼고, 백성을 교화하는 데는 인재를 육성하는 것으로써 우선을 삼는다.

> 많고 많은 선비여!
> 문왕이 이들 때문에 편안하시네.[73]

라고 함은 문왕이 인재를 얻은 것을 찬미한 것이고,

> 굳세고 굳센 무부武夫여!
> 공후公侯의 간성干城이로다.[74]

라고 함은 문왕의 교화를 찬미한 것이며,

> 솔개는 하늘에 날고
> 물고기는 연못에서 뛰노네.
> 화락한 군자여!
> 어찌 사람을 진작시키지 않으리.[75]

라고 함은 문왕이 사람들을 진작시킨 것을 찬미한 것이다. 지금 문왕의 시대로부터 2천여 년이나 떨어져 있지만 그때의 시를 읊고 그 당시를 생각하면 주나라 때 교화教化가 성대하고 훌륭한 선비들이 많은 것이 그와 같았음을 방불하게 알 수 있으니, 어찌 아름답지 아니한가. 아! 임금이 인재를 얻기란 대단히 어려운 일이지만, 인재가 성대한 성세盛世를 만나는 것

---

73 『시경』 대아 「문왕(文王)」에 나오는 말.
74 『시경』 주남(周南) 「토저(兎罝)」에 나오는 말.
75 『시경』 대아 「한록(旱麓)」에 나오는 말.

또한 쉽지 않다. 높은 하늘을 나는 봉황새는 탱자나무나 가시나무에 깃들지 않고, 깊은 못에 사는 용은 얕은 물에서 놀지 않는 법이다. 탱자나무나 가시나무에 깃들면 매미나 비둘기가 맞먹으려 들어 그 때문에 웃음거리가 될 것이요, 얕은 물에 놀면 거머리와 지렁이가 달려들어 그 때문에 조롱을 받게 될 것이다. 반드시 적석산積石山에 있는 낭간琅玕의 숲에서 날고,[76] 용문龍門의 넘실거리는 물결 속에서 헤엄쳐야[77] 그 신령함과 상서로움을 드러낼 수 있어 보는 사람이 진기하고 경사스럽게 여길 것이다.

인재 또한 그러하다. 잘 다스려지는 세상에 태어나 임금과 신하가 공경하는 조정에 있게 된 후에야 자신의 계책을 다할 수 있어 사람들이 빼어난 선비라고 할 것이며 본래 자부했던 뜻을 펼 수 있을 것이다. 만일 혹 그러지 못해 주저하며 앞으로 나아가지 못하고 은거하여 날개를 접고 때를 기다린다면 반드시 참소를 일삼는 간악한 무리의 비방과 헐뜯음을 받을 것이다. 또한 하늘은 어느 시대나 인재가 나게 하니 세상에 인재가 없는 것은 아니지만, 때가 아니면 급작스럽게 나아갈 수 없는 일이고, 또 비록 때를 만났다 할지라도 자기를 팔기는 어렵다.

이런 까닭에 고종高宗이 만일 꿈을 꾸지 않았다면 재상을 얻을 수 없었을 것이요, 문왕이 위수渭水에서 사냥하지 않았다면 스승을 얻지 못했을 것이다.[78] 구름은 반드시 용을 따르고, 바람은 반드시 범을 따른다. 비록 각각 그 유류類를 따르지만,『주역』건괘乾卦에서, "나타난 용이 밭에 있다〔見龍在田〕" "나는 용이 하늘에 있다〔飛龍在天〕"라고 한 뒤 이어 말하기를, "대인을 봄이 이롭다〔利見大人〕"라고 했으니, 벼슬에 나아갈 수 있는 때와 세상

76　'적석산'은 중국의 서쪽인 감숙성에 있는 산이고, '낭간'은 구슬 같은 열매가 열린다는 전설상의 나무다. 봉황은 이 나무에 서식하고 그 열매를 먹는다고 한다.

77　'용문'은 섬서성과 산서성에 있는 강. 우임금이 용문산을 뚫어 황하의 물을 끌어들여 물길을 냈다.

78　은나라 고종은 꿈에서 본 부열을 재상으로 삼았으며, 문왕은 위수에서 사냥하다 만난 강태공을 스승으로 삼았다.

에 나타날 수 있는 때를 만나고자 한 것이다. 때를 만나지 못한다면 성현도 즐겁지 못하거늘 그 밖의 사람임에랴.

이는 옛 역사를 보면 자세히 알 수 있다. 주나라가 쇠하자 공자와 맹자는 성스러운 지혜를 지니고도 사방을 떠돌다가 추방당하기도 하고 살해될 뻔하기도 하는 등 가는 곳마다 뜻과 맞지 않아 마침내 길에서 늙었고, 서한西漢의 동중서董仲舒는 대의大義가 있었으나 그 뜻을 펴지 못했으며, 가의賈誼는 제도 개혁을 하고자 했으나 마침내 조정에서 쫓겨났고, 동한東漢의 어진 선비들은 모두 금고형禁錮刑에 처해졌으며, 동진東晉의 고사高士들은 다투어 노장 사상에 빠졌고, 당나라 한유韓愈는 스스로를 맹자에 견주었지만 오히려 남쪽 변방에 좌천되었으며,[79] 북송의 군자들은 성현의 심법을 얻어 전하지 않던 도통道統을 전했지만 도를 행할 수 없었을 뿐만 아니라, 혹은 '거짓 학문(僞學)'이라 지목되기도 하고 혹은 '사악한 무리(邪黨)'로 배척받기도 했다. 다만 꾸짖고 배척하는 데 그친 게 아니라 비석에 이름을 새겨 희롱해 우스갯거리로 삼기까지 했다.[80] 이는 모두 인재가 때를 만나기 어려워서이지 인재가 세상에 드물어서가 아니다. 아! 목공이 나무의 단점을 버리고 장점을 취할 줄 안다면, 나무 가운데 큰 것은 들보가 되고, 작은 것은 서까래, 문지도리, 문설주 같은 것이 되며,[81] 작은 나뭇가지나 나뭇조

---

79 '동중서'는 전한(前漢) 무제 때의 유학자·정치가이고, '가의'는 전한 문제(文帝) 때의 문신이다. '동한의 어진 선비들'은 후한 환제(桓帝)와 영제(靈帝) 때의 이응(李膺), 진번(陳蕃), 진식(陳寔), 범방(范滂) 등의 청류당인(淸流黨人)을 가리킨다. 이들은 태학(太學)의 생도들과 함께 당시 권세를 휘두르던 환관들을 공박하다가 도리어 붕당을 결성해 조정을 비방했다는 명목으로 금고(禁錮)되었다. '동진의 고사들'은 위말(魏末) 진초(晉初)에 정치권력에 등을 돌리고 노장 사상에 탐닉해 청담(淸談)을 일삼았던 죽림칠현(竹林七賢)과 같은 선비들을 말한다. '한유'는 헌종 때 불교를 비판하는 글 「논불골표(論佛骨表)」를 올렸다가 변방인 조주(潮州)로 좌천되었다.

80 남송(南宋) 영종(寧宗) 때 권신인 한탁주(韓侂胄)는 주희와 그 학파를 위학(僞學)과 사당(邪黨)으로 몰아 추방했다. 북송의 휘종(徽宗) 때 권력을 잡은 신법당(新法黨)의 채경(蔡京)이 구법당(舊法黨)을 간악한 무리로 규정해 그들의 이름을 새긴 비석을 도성에 세운 일이 있다. 도학자 정이(程頤)는 구법당에 속했다.

각 등 쓸 만한 것은 모두 좋은 재목이 될 것이다. 의사가 약재藥材에서 거스르는 것은 버리고 적당한 것을 쓸 줄 안다면, 약 가운데 정련精鍊한 것은 단약丹藥과 환약丸藥이 되고, 조제한 것은 탕약湯藥과 산약散藥이 되며,[82] 적전赤箭, 청지靑芝, 쇠오줌, 말똥, 앙천피仰天皮, 야건野乾 무더기[83] 등 쓸 수 있는 것은 모두 좋은 약이 될 것이다. 군주가 장차 좋은 정치를 펴고자 하여 사람을 제대로 봐 유능한 사람을 임명할 줄 안다면, 위로는 장군과 재상이 되고, 아래로는 뭇 관원이 되며, 비록 농사짓는 사람, 그릇 굽는 사람, 고기 잡이 하는 사람, 그물로 토끼 잡는 사람, 소 먹이는 사람, 백정, 죄수의 무리라 할지라도 모두 훌륭한 선비가 될 것이니,[84] 어찌 자기 시대에 인재가 없다고 걱정하겠는가. 그렇지 않다면 비록 현인과 군자라 할지라도 낮은 지위에 처하고 말단 벼슬에 있게 되어 스스로의 능력을 떨칠 수가 없어, 왼손에는 피리를 잡고 오른손에는 꿩깃을 쥔 악공樂工이 임금이 내린 술잔을 받드는 것을 불쌍히 여기고[85] 창과 몽치를 멘 저 후인候人의 신세를 탄식할 터이니,[86] 어찌 조정에 올라 풍운風雲을 변화시키며 평소 품은 재기才氣를

---

81 당나라 한유(韓愈)의 「진학해(進學解)」에서 가져온 말이다.

82 '단약'은 도가에서 말하는 장생불사의 영약이고, '환약'은 약재를 가루로 만들어 반죽하여 작고 둥글게 빚은 약이며, '탕약'은 한약재를 물에 넣고 달여 짜낸 약액(藥液)이고, '산약'은 가루약이다.

83 '적전'은 천마를 말한다. 어지러움, 두통, 중풍에 좋은 약재다. '청지'는 푸른 색을 띤 영지(靈芝)이고, '앙천피'는 이끼의 한가지이고, '야건'은 인분(人糞)을 말한다. 한유의 「진학해」에, "옥찰(玉札), 단사(丹砂), 적전, 청지, 쇠오줌, 말똥, 찢어진 북의 가죽을 모두 모으고 저장해 쓸 때를 기다려 버리지 아니함은 의사의 현명함이다"라는 말이 나온다.

84 김시습은 민과 사(士)의 경계를 허물고 있는바, 이 점 주목을 요한다.

85 『시경』 패풍(邶風) 「간혜(簡兮)」에 "왼손에는 피리를 잡고/오른손에는 꿩깃을 잡았노라/얼굴빛이 불그레하거늘/공께서 술잔을 하사하시도다"라는 말이 나온다. 「간혜」는 악공(樂工)을 노래했는데, 현자가 악공 노릇이나 하면서 제대로 쓰이지 못하는 것을 풍자한 시로 알려져 있다.

86 『시경』 조풍(曹風) 「후인(候人)」에 "저 후인은/창과 몽치를 메고 있네"라는 말이 나온다. '후인'은 도로에서 손님을 맞이하고 전송하는 관원이다. 이 시는 현자가 후인과 같은 천역(賤役)에 있는 데 반해 소인은 높은 자리에 있음을 풍자한 것으로 알려져 있다.

떨칠 수 있겠는가.

나라의 재물을 늘리는 도리[87]

천하 고금에 해서는 안 되는 일을 억지로 하는 것은 일시의 사사로운 이익 때문이니, 하면 실패하기 쉽다. 하는 것이 자연스런 일이며 만세萬世의 공의公義인데도 하지 않는 것 또한 사욕이 막아서다. 하지만 그것은 하기만 하면 성취하기 쉽다. 실패하기 쉬운 일은 실패를 막기 어렵지만, 성취하기 쉬운 일은 성취를 못 하게 하기 어렵다. 실패하기 쉬운 일은 처음에는 비록 마음에 유쾌할지라도 나중에는 반드시 그 뜻에 차지 않고, 성취하기 쉬운 일은 처음에는 비록 사정에 어둡다 할지라도 나중에는 반드시 그 뜻을 이룰 수 있다. 어째서인가?

다그쳐 세금을 징수해 재물을 얻는 것은 타인에게 있는 것을 강제로 빼앗는 것이므로 원망을 사게 되어 그 실패를 막기 어렵고, 인정仁政을 펴서 재물을 늘리는 것은 내 마음에 있는 것을 확충하여 실현한 것이므로 은혜가 넓어 그 성취를 막기 어렵다. 성취와 실패의 뿌리는 의義와 이利, 공公과 사私의 사이에서 싹트며, 그 선악의 기미가 발현하는 실마리는 머리카락만큼 작은 차이지만 다만 한 생각의 차이로 천 리나 되는 큰 어긋남이 초래되니 어찌 삼가지 않을 수 있겠는가. 삼가는 요체는 나의 마음을 미루어 살피는 데 있을 따름이다.[88] 사람이 누군들 재물을 증식하고 싶지 않겠는가. 나의 이런 마음을 미루어 백성에게 미친다면 백성 역시 자신의 마음을 미루어 윗사람을 받들 것이다. 사람이 누군들 이익을 구하고 싶지 않겠는

---

87 원제는 '생재설(生財說)'이다.

88 '나의 마음을 미루어 살핀다' 함은 인(仁)을 말한다. 인은 나의 마음을 미루어 확충하는 것이다. 그래서 남이 자기에게 하기를 원하지 않는 행위를 남에게 하지 않는다.

가. 나의 이런 마음을 미루어 백성에게 미친다면 백성 역시 자신의 마음을 미루어 윗사람을 이롭게 할 것이다.[89] 내가 덕으로써 한다면 저들은 정성으로 할 것이요, 내가 포학으로써 한다면 저들은 원망으로써 할 것이니, 덕에 보답하기를 정성으로 하고, 포학에 보답하기를 원망으로써 하는 것은 이치상 당연한 것이니 조금도 속일 수 없는 일이다. 임금 된 자가 진실로 이 점을 잘 살핀다면 재물을 얻는 도리가 갖추어질 것이다.

다시 자세히 논해보자. 『대학』에 이르기를,

재물을 늘리는 데는 큰 도가 있으니, 생산하는 자가 많고 먹는 자는 적으며 생산하는 것은 빨리 하고 소비하는 것은 느리게 한다면 재물은 항상 넉넉할 것이다.

라고 했는데, 여기서 말한 네가지의 요점은 하나이니 곧 인仁이다. 인으로써 아랫사람을 어루만지면 백성들이 스스로 안도하여 각각 그 생업으로 달려갈 터이니 놀고먹는 사람은 적어지고 생산하는 자는 많아질 것이며, 인으로써 아랫 사람을 부리면 신하들이 스스로 힘을 다하게 되어 간악한 이와 거짓된 이가 부끄러워 물러갈 터이니 직위를 훔쳐 공밥을 먹는 사람이 적어지게 되므로 자연히 먹는 자가 적어지게 된다. 인으로써 백성들을 다스리면 망령되이 일을 일으키지 않아[90] 부역賦役이 줄어드니 백성들이 농사짓는 시기를 빼앗기지 않게 되어 생산하는 것을 빨리 하게 된다. 인으로써 만물을 보면 돈과 곡식, 각종 기물器物에 대해 그것을 생산하는 공력

---

89 김시습은 여기서 인과 이(利, 이익)를 연결시키고 있고, 모든 사람에게 이(利)에 대한 욕구가 있음을 긍정하고 있으며, 이로써 치자(治者)와 인민의 '동등한 상호성'을 사유해내고 있는바, 이 점 주목할 만하다. 한국사상사에서 이(利)에 대한 적극적 긍정은 19세기에 와서 심대윤(沈大允)에 의해 이루어지는데, 그보다 400년쯤 전 김시습이 애민적 맥락에서 이런 사유를 전개하고 있음은 특기할 만한 점이다.

90 궁궐을 짓거나 성을 쌓는 등 토목 공사를 일으키는 것을 말한다.

을 헤아려 수입에 맞춰 지출을 하게 되므로 소비하기를 느리게 하게 된다.

대개 천지가 낳는 재화와 만물에는 각각 한계가 있으니 망령되이 소비해서는 안 된다. 만일 아껴 쓰지 않기를 마치 숲에 불을 질러서 새를 잡고 호수의 물을 말려 물고기를 잡듯이 한다면, 곧 궁하고 고달프게 되어 구제할 수 없게 될 것이다. 하물며 일부러 백성을 괴롭히고 재물을 손상시키면서 널리 무익한 일을 해서야 되겠는가.

임금이 진실로 인으로써 재물을 늘리고 의義로써 소비를 절제한다면 백성이 저축한 재물이 곧 내가 저축한 재물이요 나의 곡식 창고가 곧 백성의 곡식 창고라, 위아래가 서로 의지하고 뿌리와 가지가 상호 부지扶持해 재물이 모자랄 걱정이 없고 원망할 일이 없게 될 것이니, 이른바 "묵은 곡식이 쌓여 붉게 썩은 것을 다 먹지 못한다"[91]라는 말처럼 나라의 재물이 넉넉해질 것이다.

저 상홍양과 유안劉晏과 왕안석王安石은 나라의 재물을 늘리고자 돈을 거두고 국가 전매專賣 사업까지 벌여 백성들과 이익을 다투었다.[92] 그 때문에 빼앗지 않으면 만족하지 못하는 폐단을 낳아 백성들의 원한을 산 것을 말로 다 할 수 있겠는가. 이것이 바로 실패하기 쉽고, 실패를 막기 어려운 재앙에 해당한다. 그러니 임금 된 자는 백성들의 원망이 아직 나타나기 전에 도모하여 일찍 분변分辨하지 않을 수 있겠는가.

---

91 원(元)나라 유근(劉瑾)이 찬(撰)한 『시경통석(詩經通釋)』 중 『시경』의 소아 「보전(甫田)」에 대한 주석에 보이는 말.

92 '유안'은 당나라 대종(代宗) 때의 재정관료로 소금 전매 제도를 고쳐 안록산의 난 후 국가 재정의 회복에 기여했다. '왕안석'은 송나라 신종(神宗)의 인정을 받아 '신법(新法)'을 시행해 여러 가지 개혁 정책을 시도했으나 반대파의 거센 저항을 받았다. 국가를 중시하는 입장에 선다면 이들의 정책에 대해 긍정적 평가도 가능하나, 김시습은 이들의 재정 정책이 백성을 쥐어짜는 것이며 그 점에서 '인정(仁政)'이 못 된다고 본 것 같다.

명분이란 무엇인가[93]

명분은 사람에게 중대한 것이다. 『주역』에 이르기를,

> 하늘은 높고 땅은 낮으니 건곤乾坤이 정해지고, 고하高下가 벌여 있으니 귀천貴賤이 자리 잡혔다.[94]

라고 한 것은 제멋대로 명분을 벗어나서는 안 됨을 말한 것이다. 무엇을 '명名'이라 하는가? 천자, 제후, 공경, 대부, 사士, 서인庶人이 그것이다.[95] 무엇을 '분分'이라고 하는가? 상하, 존비尊卑, 귀천이 그것이다. 이미 명분이 있다 해도 다시 예禮로써 제어하지 않는다면 기강과 법도를 스스로 지킬 수 없어, 명분의 실제적 내용은 한갓 빈 그릇이 되어 어거馭車하지 못하게 된다. 이런 까닭에 천자는 제후를 제어하고, 제후는 경卿과 대부를 제어하고, 경과 대부는 사士와 서인庶人을 다스린다. 귀한 이는 천한 이를 어거하고, 천한 이는 귀한 이를 받든다. 웃사람이 아랫사람을 부리는 것은 머리와 눈이 손과 발을 움직이는 것과 같고, 아랫사람이 웃사람을 섬기는 것은 가지와 잎이 줄기와 뿌리를 호위함과 같으니, 이런 뒤에야 상하上下가 서로 돕고 본말本末이 상호 부지하는 것이다. 이렇게 나라를 다스리면 나라가 절로 다스려지고, 이렇게 집안을 다스리면 집안이 절로 다스려진다. 이로 말미암아 임금은 임금답고 신하는 신하답고 아버지는 아버지답고 자식은 자식답고 남편은 남편답고 아내는 아내답고 어른은 어른답고 아이는 아이다워서 온갖 명령이 이치에 맞게 된다. 위衛나라 임금이 공자를 기다려 정치를 하려고 하자, 공자는 정치에서 가장 먼저 해야 할 일이 '정명正名'(명

---

93 원제는 '명분설(名分說)'이다.

94 『주역』「계사전」상(上)에 나오는 말.

95 '명'이란 신분임을 말한 것이다.

분을 바로잡음)이라면서 말씀하시기를,

　　명분이 바르지 않으면 말이 이치에 맞지 않고, 말이 이치에 맞지 않으면
일이 이루어지지 않으며, 일이 이루어지지 않으면 백성들이 손발을 둘 곳이
없게 된다.[96]

라고 하셨다. 또 『주역』에 이르기를,

　　상육上六은 대군大君이 명을 내림이니, 제후를 봉하고 경卿과 대부를 삼을
때 소인은 쓰지 말아야 한다.[97]

라고 했으니, 이는 '명名'을 제멋대로 해서는 안 됨을 말한 것이요, 또
『주역』에 이르기를,

　　위는 하늘이고 아래는 못〔澤〕인 것이 이괘履卦이니, 군자가 보고서 상하
를 분변하여 백성의 뜻을 정한다.[98]

라고 했으니, 이는 '분分'을 업신여겨서는 안 됨을 말한 것이다. 천지는
명분을 정하고, 성인聖人은 명분을 바로잡는다. (하략)

96　『논어』「자로」에 나오는 말인데 말이 좀 생략되었다. 원래는 다음과 같다. "명분이 바르지 않
　　으면 말이 이치에 맞지 않고, 말이 이치에 맞지 않으면 일이 이루어지지 않으며, 일이 이루
　　어지지 않으면 예악(禮樂)이 일어나지 못하고, 예악이 일어나지 못하면 형벌이 알맞지 못하
　　며, 형벌이 알맞지 못하면 백성들이 손발을 둘 곳이 없게 된다."
97　『주역』 사괘(師卦) 상육(上六)의 효사(爻辭)다.
98　『주역』 이괘(履卦) 상전(象傳)의 말.

덕행에 대하여[99]

『시경』에 이르기를,

　덕행德行을 깨달으면
　사방의 나라가 따른다네.[100]

라고 하였다. 마음에 얻은 것을 '덕'이라 하고, 이를 몸에 행하고 일에 실천한 것을 '행'이라고 한다. 덕이란 행의 실체요, 행이란 덕의 드러남이다. 덕에 넉넉함이 있으면 행에 스스로 드러나고, 행에 허물이 없으면 덕이 저절로 가득 찬다. 그래서 『주역』에 이르기를,

　쓰임을 이롭게 하여 몸을 편안히 함은 덕을 높이기 위해서다.[101]

라고 한 것이다. 그러므로 덕과 행은 서로 표리가 되니, 행에 넉넉함이 있는데 덕이 부족하거나, 덕에 넉넉함이 있는데 행이 미치지 못하는 경우란 없다. 이런 까닭에 군자는 덕을 삼가니, 이치를 궁구해 그 근원을 미루어 알고, 사물의 이치를 탐구해 그 궁극에까지 이르며, 뜻을 성실히 하여 거짓됨을 제거하고, 마음을 바르게 하여 그 사특함을 살펴서, 마음에 스스로 깨달아 확충하여 넉넉함이 있으면 평소의 행을 삼가서 억지로 천착하지 않으므로[102] 자연히 밖에 드러나게 된다. 그리하여 몸에 베풀면 몸이 저절로 수양되고, 집에 베풀면 집이 저절로 다스려지며, 나라에 베풀면 나라

99　원제는 '덕행의(德行義)'이다.
100　『시경』 대아 「억(抑)」에 나오는 말.
101　『주역』 「계사전」 하(下)에 나오는 말.
102　'천착'은 부정적인 뉘앙스를 갖는 말로, 견강부회하거나 무리하게 파고드는 것을 뜻한다.

가 저절로 다스려진다. 안에 가득 찬 것이 빛이 나 자연히 밖에 발현하니 이른바 산에 옥이 있으면 늘 윤이 나고 물에 구슬이 있으면 물이 마르지 않는 격이어서, 부富가 집을 윤택하게 하고 덕이 몸을 윤택하게 해 마음이 넓어지고 몸이 편안한 것[心廣體胖]이[103] 대저 이와 같으므로, 무릇 나를 따르는 이들이 우러러보고 감화되어 더욱 붙좇게 된다. 그러므로 『대학』에 이르기를,

그래서 군자는 먼저 덕을 삼간다. 덕이 있으면 백성이 있게 되고, 백성이 있으면 영토가 있게 되며, 영토가 있으면 재물이 있게 되고, 재물이 있으면 쓸이 있다.

라고 했으니, 다만 재용財用만 있는 것이 아니다. 무릇 내가 하고자 하는 바인 인仁·의義·예禮·지智 등 사단四端[104]이 확충된 덕이 수양하고 함양涵養하는 가운데 가득 생겨 뭇 선善이 모여들게 될 것이다. 붙좇는 사람, 사모하는 사람, 멀리 있는 사람, 가까이 있는 사람, 홀아비, 과부, 고아, 늙고 자식 없는 사람 등 나의 돌봄을 받으려는 사방의 사람들이 나의 품과 화육化育 속으로 떼지어 오리니, 모든 사람이 우러러보게 될 것이다. 이른바 이와 같은 것은 강제로 해를 가하고 협박하여 복종시켜서 하는 것이 아니라 스스로 오는 것이다. 그러므로 『맹자』에 이르기를,

덕으로써 인仁을 행하는 자가 왕이다.[105]

---

103 『대학』에 "부(富)는 집을 윤택하게 하고 덕은 몸을 윤택하게 하니, 마음이 넓어지고 몸이 편안해진다"라는 말이 보인다.
104 인·의·예·지의 단서가 되는 네가지 마음인 측은지심(惻隱之心), 수오지심(羞惡之心), 사양지심(辭讓之心), 시비지심(是非之心)을 말한다.
105 『맹자』「공손추(公孫丑)」하(下)에 나오는 말.

라고 했다. 그렇기는 하나 『서경』에 이르기를,

덕이 날마다 새로워지면 만방萬邦이 그리워한다.[106]

라고 했으며, 또 이르기를,

밝은 임금이 덕을 삼가면 사방의 오랑캐도 와서 임금으로 받든다.[107]

라고 했으니, 나의 훌륭한 행실이 이미 드러났다고 해서 허투루 해서는 안 된다. 단지 임금만 그런 것이 아니다. 공경, 대부, 사士, 서인庶人까지도 덕을 삼가고 행실을 조심함을, 작록爵祿을 누리고 부귀를 지키고 종족을 보전하고 집을 화목하게 하는 근본으로 삼지 않으면 안 된다.

백이·숙제를 찬미하다

하늘이 무왕武王에게 명하여 저 은殷나라를 없애버리게 했으니, 비록 죄인을 벌주어 죽인 것이라 하나 실로 상서롭지 못한 일이라 천년 뒤에 핑곗거리가 될 것을 슬퍼할 만하므로, 저 백이伯夷·숙제叔齊가 칼날을 무릅쓰고 앞으로 나아가 무왕의 말고삐를 붙들고 간하니, 그 말이 지당했지만 이미 정해진 일이라 중지할 수 없었으므로 좌우의 사람들이 죽이려 하자 강태공이 의사義士라면서 부축해 보냈다. 천하가 주나라를 종주宗主로 삼으니 백이·숙제는 이를 부끄럽게 여겨 수양산에 은거해 고사리를 캐어 먹다

---

106 『서경』 상서 「중훼지고(仲虺之誥)」에 나오는 말.
107 『서경』 주서 「여오(旅獒)」에 나오는 말인데, 약간 착오가 있다. 「여오」에는 "밝은 임금이 덕을 삼가면 사방의 오랑캐가 모두 손님이 된다"라고 되어 있다.

굶어 죽었다. 그들이 지은 「고사리 캐는 노래〔采薇歌〕」는 다음과 같다.

저 서산西山에 올라 고사리를 캐노라.
폭력으로 폭력을 바꾸니 그 잘못을 알지 못하도다.

나는 이렇게 생각한다.

백이·숙제가 이와 같이 말한 까닭은, 주나라 무왕이 비록 죄 있는 자를 방벌放伐(폭군을 살해함)하여 백성을 위로한 것이기는 하나 당시 무왕은 부친상을 당하여 그 시신이 빈소에 있어 아직 장례도 치르지 않았는데 상중喪中에 신하로서 임금을 쳤으니 무왕의 폭력이 은나라 주왕紂王의 폭력보다 심하다고 보았기 때문이다. 게다가 주왕의 폭력은 몸이 쇠하여 늙어 죽을 때가 되면 혹 개전할 수도 있었을 터이고, 죽은 뒤 후세 사람들이 악을 징계하는 데 도움이 됐지만, 무왕의 폭력은 당시 그보다 더 심할 수가 없었으니 만세萬世에 오명을 전함이 아주 컸다. 어째서 그리 말하는가? 장례도 치르지 않은 채 군사를 일으킨 것은 후세에 불효하는 자의 시원이 되었고, 신하로서 임금을 시해한 것은 후세에 왕위를 찬탈하는 자의 근본이 되었기 때문이다. 하지만 당시 민심이 이미 무왕에게 있는지라 갑자기 중지시킬 수 없었기 때문에 백이·숙제의 말이 이와 같음에 이르렀다.[108] 맹자孟子도 이미 무왕이 잘못했음을 헤아렸기에 말하기를,

신하로서 임금을 방벌하는 것은 탕왕이나 무왕이라면 괜찮지만 탕왕이나 무왕이 아니면 그건 찬역簒逆이다.[109]

---

108 『사기』「백이열전(伯夷列傳)」에 의하면 백이·숙제는 무왕이 탄 말을 손으로 막으며 이렇게 말했다. "부친이 돌아가시어 아직 장례도 치르지 않았는데 전쟁을 벌이니 효(孝)라고 할 수 있겠습니까? 신하로서 임금을 시해하려고 하니 인(仁)이라고 할 수 있겠습니까?"

109 이는 맹자의 말이 아니라 소옹(邵雍)의 『황극경세서(皇極經世書)』 관물편(觀物篇)에 나오는 말이다.

라고 했으니, 경계하지 않을 수 있겠는가. 아! 한漢나라, 위魏나라의 말末에 조조曹操와 사마염司馬炎이 자신의 임금을 멸시해 멋대로 날뛰다가 찬탈해 황제가 되었다.[110] 『주역』에 이르기를,

범이 눈을 부릅뜨고 먹이를 노려보듯, 야욕을 채우기 위해 바쁘다.[111]

라고 했으니, 이것을 말한 것이다. 무왕의 이 일이 발단이자 어지러움을 낳은 시초라는 사실을 어찌 이루 다 말할 수 있겠는가. 그러니 백이·숙제의 말에 어찌 부끄럽지 않겠는가.[112]

묻는다.

"강태공이 백이·숙제를 의사義士라 말하며 부축해 보냈고, 한고조漢高祖는 정공丁公을 목 베었다.[113] 옛 사람이 새로 나라를 세워 성공을 도모하는 시초에 거스르는 자를 살리고 따르는 자를 죽였으니, 일이 어찌 그리 어긋나는가?"

답한다.

"그 뜻은 모두 동일하다. 강태공이 백이·숙제를 부축해 보낸 것은 후세에 찬역篡逆하고 시해弑害하는 마음을 그치게 하고 의사義士의 절개를 표

---

110 후한의 '조조'는 말년에 스스로를 위왕(魏王)으로 봉해 황제와 마찬가지의 권력을 행사했으며 그의 아들 조비(曹丕)는 헌제(獻帝)에게 선양(禪讓)을 받아 위나라 황제가 되었다. '사마염'은 위나라의 신하였는데 제위를 찬탈해 서진(西晉)을 세웠다.

111 『주역』이괘(頤卦) 육사(六四)의 효사이다.

112 김시습이 여기서 무왕의 방벌을 부정적으로 말한 것은 수양대군의 왕위 찬탈에 대한 심중한 비판의 뜻이 담겨 있다. 수양대군의 일이 계기가 되어 역사와 유교 경전을 재해석하게 된 것이다.

113 '정공'은 항우 휘하의 장수로 팽성(彭城)의 서쪽에서 유방이 대패하여 위급할 때 유방을 살려준 적이 있다. 정공이 천자가 된 유방을 알현하자 유방은 정공 때문에 항우가 천하를 잃었다면서 불충을 물어 그를 참수했다.

창하고자 함이요, 한고조가 정공을 목 벤 것은 후세에 전쟁터에서 용맹도 없으면서 남의 신하가 되어 두 마음을 품는 자를 징계하는 거울로 삼고자 함이니, 그 의미와 일은 비록 다르다 할지라도 후세에 남의 신하 된 자로 하여금 임금 섬기기를 충성된 마음으로 하게 하려 한 것이라는 데에서는 다르지 않다. 이를 수레를 움직이는 일에 비유한다면, 한 사람은 뒤에서 밀고 한 사람은 앞에서 끄는 것과 마찬가지이니, 팔을 쓰는 것은 비록 다르다 할지라도 그 뜻은 모두 수레를 가게 하는 데 있을 따름이다.

생각건대 당시 은나라 왕이 포학하여 백성들의 마음이 이탈했으므로 목야牧野의 전투[114]에서 앞에 있던 군사가 창을 돌려 뒤의 군사를 공격하는 바람에 싸워보지도 못하고 무너졌지만, 만일 칼날을 맞대고 서로 맞서 싸웠다면 이반한 사졸 가운데 어찌 정공과 같은 자가 없었겠는가. 강태공은 반드시 그를 목 베었을 터이다. 진秦나라 말末에 초楚나라와 한漢나라가 제위帝位를 놓고 싸워 이긴 자가 천자가 될 참이었는데, 저 수수睢水의 싸움[115]은 승패를 결판낼 싸움이라 만일 정공이 목숨을 걸고 싸웠더라면 항우가 황제가 되었을지도 모를 일인데 정공은 군주를 업신여기고 적을 구원했으니 그가 두 마음을 품은 것이 어떻다 하겠는가. 그래서 한고조는 정공을 목베어 후세 사람을 깨우친 것이다. 또 삼로三老 동공董公이 한漢나라에 권하여 흰옷을 입게 한 것은[116] 백이·숙제의 마음과 비슷하기는 하나 극진한 것은 아니다."

백이·숙제를 찬미한 글을 쓰고도 뜻이 아직 미진해 다시 그를 위해 시를

---

114 '목야'는 하남성 기현(淇縣) 남쪽의 땅 이름. 은나라의 수도 조가(朝歌)의 남쪽 70리에 있었다. 주 무왕이 은의 주왕을 크게 패배시킨 곳이다.

115 팽성 서쪽에서의 싸움을 말한다. '수수'는 그 일대의 강 이름.

116 '삼로'는 한 고을의 장로로서 교화를 맡은 사람을 말한다. 항우가 초나라 의제(義帝)를 세워 짐짓 섬기다가 뒤에 살해하자, 동공이 유방에게 권해 항우의 죄를 성토하게 하고 군사들에게 흰색의 상복을 입게 해 의제를 추도하는 뜻을 보이게 한 일이 있다.

지었다. 시는 시고詩稿에 실려 있다.[117]

백이·숙제

탕왕과 무왕에 대한 평가 후세에 분분커늘
생각건대 백이·숙제는 일찍이 어찌 생각했던가?
비록 백성을 도탄에서 구했다고 하나
그 공과功過 자세히 논하면 서로 어긋남이 많네.

은나라 주왕은 신민臣民의 마음이 제각각이라
이러니 선비 하나 찾기 어려웠네.
무왕의 거듭된 과오 돌이키고자 해
말 붙들고 곧은 말 했으나 뜻을 막지 못했네.

기양岐陽에서 우는 봉황 아침 해에 빛나는데
조가朝歌를 돌아보니 일이 이미 글렀네.[118]
그 곡식 먹는다면 절의에 부끄럽거늘
수양산 고사리 먹다 굶어 죽은 게 무방하구나.

---

117 『매월당시집』 권2 영사(詠史)에 실려 있는 「백이·숙제(夷齊)」 3수를 가리킨다. 원래 글에는
   시가 제시되어 있지 않지만 『매월당시집』에서 찾아 여기에 제시한다.

118 주나라 문왕 때 주나라 수도인 기양에서 봉황이 울었다고 한다. 봉황이 나타남은 상서로움
   을 뜻한다. '조가'는 은나라의 수도다.

천지편天地篇

1

천지의 도는 항상恒常되기에 고요하고, 천지의 마음은 화和하기에 부드러우며, 천지의 기氣는 굳세기에 넓다. 항상된 까닭에 변하고, 고요한 까닭에 움직이고, 화한 까닭에 순順하고, 부드러운 까닭에 회복되고, 굳센 까닭에 쉬지 않고, 넓은 까닭에 포용함이 있어 천지의 도량度量을 볼 수 있다.

성인은 그래서 천지를 대신해 만물을 기른다. 만물은 고요함에서 나고, 화和에서 길러지며, 굳셈에서 함양된다. 기氣가 모이고 기가 흩어져, 조화造化가 주었다 빼앗았다 한다.[119] 그러므로 천지는 말 없이 행하고, 성인은 명령을 내리지 않아도 신뢰를 얻는다.

2

오행五行이나 사시四時[120]는 도가 형상에 붙어 있는 것이다. 운행運行, 쇠왕衰旺, 대사代謝, 소장消長[121]은 태극이 기氣에 체현體現한 것이다. 극極하면 다하고, 다하면 변하고, 변하면 통하고, 통하면 신묘해지니, 진실하여 망령됨이 없는 것을 성誠이라고 한다.[122] 성은 쉼이 없는 것이니, 움직여 망령됨이 없음이 성이 되며, 움직여 사사로움은 위僞(거짓됨)가 된다. 위는 통하지 못해 치우친 데 머물므로 천지와 더불어 함께 흘러갈 수 없다.

---

119 기의 모임과 흩어짐에 따라 생사(生死)가 이루어지는데, 그것이 마치 조화옹(造化翁)이 생사여탈(生死與奪)을 하는 것처럼 보이기에 한 말.

120 '오행'은 수화목금토를 말하고, '사시'는 춘하추동을 말한다.

121 '쇠왕'은 쇠함과 왕성함을, '대사'는 번성함과 시듦을, '소장'은 없어짐과 생김을 말한다.

122 『중용 장구(中庸章句)』에 나오는 주희의 주석에 "진실하여 망령됨이 없는 것을 성이라고 한다"라는 말이 보인다.

3

지극히 항상된 것이 도이지만, 지극히 변하는 것 역시 도이다. 도는 있지 않은 듯하면서도 있지 않은 곳이 없다. 그러므로 역易[123]이란 변함이다. 도를 실은 것은 역이요, 도가 발휘되는 것은 점占이다. 천백 세世 이전의 일, 천백 세 이후의 일, 천지 속 상이한 만상萬象의 흥망과 길흉을 문밖을 나서지 않고도 아는 것은 역의 이치가 도에 구비되어 있기 때문이요, 도의 체體가 나에게 갖춰져 있기 때문이다.

4

지극한 다스림이란 백성이 다스려지기를 원해 억지로 정치를 하는 것이 아니라 백성을 따름이요, 무위無爲란 아무것도 안 하는 것이 아니라 성誠을 지녀 쉬지 않는 것이다.[124] 그러므로 편안히 행하는 이는 성인聖人이요, 이롭기 때문에 행하는 이는 그 다음이며, 억지로 하는 이는 또 그 다음이다. 다스리고자 하면서 몸소 행하지 않는다면 백성들이 배반할 것이며, 백성들이 배반한다고 해서 그들에게 채찍질을 가함은 위태로운 길이다.

5

옛 성인[125]은 천하의 아름다움을 이루었는데, 이제 말하기를 "어찌 태고太古만 못한가"라고 한다면 이는 잘못이다.[126] 예악禮樂이 구비되어 더할 나위가 없는데도 "옛 제도는 시의時宜에 맞지 않다"라고 말한다면 이 역시 잘못이다. 만약 흘러온 대로 따르기만 하고 풍토와 습속에 따라 변통하지 않는다면 옛것을 상고하여 오늘과 합할 수 없다. 다만 역대의 제왕이 바꾸

---

123 『주역』의 '역'을 말한다.
124 이른바 '무위지치(無爲之治)'를 설명한 말이다.
125 오제(五帝)와 삼왕(三王)을 말한다. 오제는 복희(伏羲), 신농(神農), 황제(黃帝), 요, 순을 말하고, 삼왕은 우왕, 탕왕, 문왕·무왕을 말한다.
126 '태고'는 오제(五帝) 이전의 원시시대를 말한다.

어서는 안 될 대법大法과 율령과 격례格例는 삼가고 엄히 하여, 억지로 고쳐서는 안 된다.

6

예禮란 경敬일 따름이요, 악樂이란 화和일 따름이다. 마음속에 있는 것이 경敬인데, 인사하여 겸손한 뜻을 표하고 반듯하게 행동함이 그 법도요, 밖으로 드러내는 것이 화和인데, 악기를 연주하고 노래함이 그 절도節度이다. 그러므로 성인은 베풀지 않아도 예가 갖추어지고, 소리가 없어도 악樂이 구비되니, 이는 만물이 밖에 있지 않고 내게 있기 때문이다.[127]

7

위에 있는 귀한 이는 자랑해서는 안 된다. 웃사람이 자랑하면 아랫사람도 자랑하는 법인데, 아랫사람이 자랑하게 되면 웃사람을 멸시하게 된다. 그러므로 찬역簒逆과 시해弑害의 조짐은 아랫사람에 있는 것이 아니라 웃사람에게서 싹튼다. 그러니 치세治世의 임금은 겸허하여 남을 받아들이고, 난세의 임금은 교만하여 업신여김을 받는다.

8

치세의 정치는 간략하되 진중하고, 난세의 정치는 번거롭되 경박하다. 치세의 법령은 관대하되 엄하고, 난세의 법령은 번다하되 가혹하다. 치세의 형벌은 애긍히 여김이 있되 법도가 있고, 난세의 형벌은 가혹하되 어지럽다. 정치가 법도를 귀하게 여기고 형벌이 용서가 없어야만 백성들이 믿고 두려워한다.

---

127 『맹자』「진심(盡心)」 상(上)에, "만물이 모두 내게 갖추어져 있다"라는 말이 나온다.

9

형체가 있는 위험은 막을 수 있지만 형체가 없는 위험은 제압하기 어렵다. 토목 사업을 벌이고 궁궐을 짓는 것, 창고의 곡식이 남아돌아가고 의복과 음식이 사치한 것, 습속이 화려하고 청담淸談을 일삼는 것, 법령을 아침에 냈다가 저녁에 고치는 것, 윗사람은 의심하고 아랫사람은 제 분수를 지키지 않는 것, 이런 것은 모두 위태로운 자취가 드러나지 않으며 형체가 없다. 힘이 센 신하가 국정을 제 맘대로 하고, 임금의 총애를 받는 궁녀가 권세를 부리며 안에서 가로막고, 환관들이 서로 작당하고, 절도사가 날뛰는 것 등은 비록 눈이 어두운 자라도 볼 수 있으며, 만일 강직한 한 선비가 칼을 밀치고 목숨을 걸고서 구하려 한다면 구할 수도 있으니 다행한 일이라 하겠다. 하지만 만일 천운天運이 변한다면 어찌 미칠 수 있겠는가.

10

임금 된 이는 천성이 용감하고 씩씩하지만 자기 손으로 직접 치는 일은 없으며, 천성이 문장을 좋아하지만 친히 글을 쓰지는 않는다. 비록 기예와 재지才智가 남보다 뛰어나다 할지라도 이를 보이거나 뽐내서는 안 되며, 오직 팔짱을 끼고 하는 일 없이 몸소 도를 행하며 스스로를 기를 뿐이다. 적의 침략을 막는다거나 문장이나 기술과 같은 일은 이를 담당하는 관원이 있어 다 하게 되어 있다.

11

악樂이란 쾌적함이다. 그 즐거움을 즐거워하지 않는다면 그 즐거움은 한이 없을 것이요, 그 즐거움을 즐거워하여 즐거움이 다하게 되면 슬픔이 뒤따른다. 슬픔이 뒤따르면 그 즐거움을 보고 그 즐거움이 끝날 것을 생각하게 되므로 음악 또한 즐겁지 않다. 이런 까닭에 군자는 화和를 귀히 여겨 쾌적하다. 화하고 쾌적하면 천지만물과 그 즐거움을 함께하리니, 큰 수레를 타고 봄날 동산에 올라갈 때의 편안함도 그만 못할 것이요, 여름에 입는 시원한 칡베옷과 겨울에 입는 따뜻한 갖옷의 편안함도 그만 못할 것이니, 광활하게 물상物象의 밖에서 노닐게 될 것이다.

4장
불교·도교에 대한 관점

『청한잡저 1』[1]

천형天形[2]

어떤 객이 청한자[3]에게 물었다.

"하늘에 형체가 있나요?"

청한자가 말했다.

1　『매월당집』에는 '잡저'라는 제목의 글이 두 편 실려 있는데, 하나는 불교에 관한 글이고 다른 하나는 도교에 관한 글이다. 두 글은 모두 청한자(淸寒子)와 객의 문답 형식을 취하고 있으며, 10조목으로 구성되어 있다. 본서에서는 이 중 도교에 관한 글을 '청한잡저 1'이라 하고, 불교에 관한 글을 '청한잡저 2'라고 명명했다. '청한잡저 1'은 '1.천형(天形), 2.북신(北辰), 3.성리(性理), 4.상고(上古), 5.수진(修眞), 6.복기(服氣), 7.용호(龍虎), 8.귀신(鬼神), 9.미재(弭災), 10.상장(喪葬)'으로 구성되어 있는데, 본서에서는 이 중 일부만 번역해 실었다.

2　'하늘의 형체'라는 뜻이다.

3　김시습은 매월당(梅月堂)이라는 호 외에도 동봉(東峯), 청한자(淸寒子), 벽산청은(碧山淸隱), 췌세옹(贅世翁) 등의 호가 있었고, 설잠(雪岑)이라는 법명이 있었다.

"있지요."

객이 다시 물었다.

"어떤 형체인가요?"

청한자가 말했다.

"둥근데 물체가 없다오."

객이 물었다.

"기氣가 있나요?"

청한자가 말했다.

"있지요."

객이 물었다.

"무엇이 기인가요?"

청한자가 말했다.

"일월성신日月星辰이 교대하는 것과 추위와 더위, 밤과 낮이 오고 가는 것이 그것이지요."

객이 물었다.

"하늘이 형체가 있고 기가 있다면 세상의 둥근 물체가 공중에 매달려 있는 것과 같으니, 종내 추락하지 않을 수 있겠소? 만약 추락한다면 기杞나라 사람의 걱정[4]이 우스갯소리가 아닐 것입니다. 기가 있고 형체가 있다면 불교의 28천天이나 도가道家의 36천 또한 황당한 말이 아닐 것이니, 분명히 사람과 동물이 그 속에 있어서 꼬물꼬물 왕래하고, 동산과 누대가 삼엄하게 둘러싸 벌여 있을 터이니, 그렇다고 땅과 다를 것이 없는데 왜 하늘이라고 합니까? 만일 하늘이라고 이를 수 없다면 우주 사이에 오직 하나의 땅이 통을 쌓아놓은 것과 같지 않겠소? 그렇다면 선유先儒의 이른바 '가볍고 맑은 것이 위이고, 무겁고 탁한 것이 아래이다'[5]라는 것은 무엇을 가

---

4   기우(杞憂)를 말한다. 옛날에 기나라의 어떤 사람이 하늘이 무너질까 늘 걱정했다고 한다.

5   '가볍고 맑은 것이 위'란 하늘을 말하고, '무겁고 탁한 것이 아래'란 땅을 가리킨다. 송나라

리킵니까?"

청한자가 말했다.

"아, 그대는 내 말을 듣고도 꽉 막혀 알아듣지 못하는구려! 그대를 위해 한번 자세히 말해보리다. 대저 하늘이란 꼭대기이니, 높아서 위가 없고, 맑아서 가없으며, 기氣가 둥글게 회전하고 굳건하게 움직여 쉬지 않고, 일월성신이 광명을 내며 매어 있으나 늘어뜨린 줄에 구슬을 꿴 것은 아니며, 풍우와 서리와 이슬이 기氣의 운화運化로 떨어지나 저절로 그리되는 것이지요. 지극히 맑고 지극히 굳세어 또한 끝이 없으며, 지극히 강하고 지극히 굳건해 또한 쉼이 없어, 대지와 산천이 우뚝히 회전하는 가운데 떠 있고, 초목과 인물이 생기 있게 그 명命 가운데서 움직이니, 대저 이를 하늘의 형체라고 한다오.

『주역』에 이르기를, '건乾은 원元하고, 형亨하고, 이利하고, 정貞하다'[6]라고 했는데, 정씨는 말하기를, '하늘이란 하늘의 형체요 건乾이란 하늘의 성정이다'라고 했고,[7] 주씨朱氏는 말하기를, '양陽의 성질이 굳건하고 형체를 이룸이 큰 것이 하늘이다'라고 했거늘,[8] 이 두 유자儒者가 어찌 사람을 속이겠습니까. 앞에서 말한바 이가二家의 하늘[9]은 인물과 궁실宮室과 원림園林과 복식服食의 제도이니, 다만 사람을 미혹시키는 해괴한 말일 뿐입니다. 어찌 이치에 둘이 있겠습니까."

객이 말했다.

"일월성신이란 무엇입니까? 다시 자세히 말씀해주시기 바랍니다."

　　　　포운룡(鮑雲龍)이 저술한 『천원발미(天原發微)』 권1에 소옹(邵雍)의 말로 소개되어 있다. 송나라 정대창(程大昌)이 저술한 『역원(易原)』에도 이 말이 보인다.

6 『주역』 건괘(乾卦)에 나오는 말. 원·형·이·정은 하늘의 사덕(四德)이니, '원'은 만물의 시초이고, '형'은 만물의 성장이고, '이'는 만물이 이룸이고, '정'은 만물의 완성이다.

7 '정씨'는 정이(程頤)를 말한다. 정이의 『역전(易傳)』에 나오는 말.

8 '주씨'는 주희(朱熹)를 가리킨다. 주희의 『주역본의(周易本義)』에 나오는 말.

9 불가의 28천, 도가의 36천을 말한다.

청한자가 말했다.

"기 가운데서 빛나는 것이요 음양의 정화精華이니, 양의 정화를 얻은 것은 해이고, 음의 정화를 얻은 것은 달이며, 해의 남은 빛이 나뉘어 별이 되므로 '성星'이라는 글자가 '일日'과 '생生'이 합해졌고, 신辰이란 해와 달이 만나는 곳이니, 이를테면 정월에는 해와 달이 해방亥方의 추자娵訾[10]에서 만나고, 2월에는 해와 달이 술방戌方의 강루降婁[11]에서 만나는 것이 그것입니다. 열어구列禦寇는 말하기를, '하늘은 기가 쌓인 것이요, 해와 달과 별은 기가 쌓인 것 가운데 광명이 있는 것이다'라고 했으며,[12] 장형張衡은 말하기를, '별이란 그 몸은 땅에서 생기고, 정精은 하늘에서 이루어져 여기저기 흩어져 널려 있으나 저마다 속하는 바가 있다'[13]라고 했습니다. 만약 이와 다른 것이 있다면 나는 알지 못하오."

객이 말했다.

"내가 일찍이 여러 책을 대강 봤더니 도가道家에 『진무경眞武經』[14]이 있어 별의 형체와 신령스런 자취를 아주 자세히 논했더군요. 대략 이런 내용이었습니다. '현천대성玄天大聖[15]에게 우러러 고하노라. 북방 임任·계癸[16]의 지극히 영험한 신이요, 금궐진존金闕眞尊[17]이라고도 하고 응화성무상장

---

10 '해방'은 북쪽을 말하고, '추자'는 성수(星宿)의 이름.

11 '술방'은 북서쪽을 말하고, '강루'는 성수의 이름.

12 『열자(列子)』「천서(天瑞)」에 나오는 말. '열어구'는 전국시대의 도가 사상가인 열자(列子)를 말함.

13 장형의 「영헌(靈憲)」이라는 글에 나오는 말. 장형은 후한의 학자.

14 도교의 경전 가운데 하나로 '현무경(玄武經)'이라고도 함. 조선시대에 하늘과 별에 지내는 제사인 초제(醮祭)를 맡아보던 소격서(昭格署)에서 북방의 신(神) 진무를 위한 진무초제(眞武醮祭)를 행할 때 읽었던 술서(術書)임.

15 현천상제(玄天上帝)를 말한다. 북방 하늘을 주재하는 상제로 북극성의 신격화다. 북극성제군(北極星帝君), 자미북극대제(紫微北極大帝)라고도 하며, 송대 이후 진무대제(眞武大帝)로 이름이 바뀌었다.

16 임·계는 북방에 해당하는 방위임.

17 '진존'은 도교에서 신선이나 제군(帝君)을 높여 이르는 말.

군응화성무상장군軍應化聖無上將軍이라고도 하며, 호는 진무眞武이고, 위용이 혁혁한 태음군
太陰君이시네. 별자리는 허虛·위危[18]에 해당해 기운이 빼어나고, 두 눈에서
번개가 번쩍여 뭇 마귀를 항복시키네. 구름 같은 만명의 기병騎兵이 온 땅
에 위엄을 떨치고, 붉은 도포를 입고 황금빛 허리띠를 두른 채 신령스런 창
을 들고 있는 검푸른 거북과 거대한 뱀은 대성大聖의 발을 받들고 있고, 육
정육갑六丁六甲[19]은 좌우에서 따르며, 팔살장군八殺將軍은 앞뒤에서 호위하
네. 재앙을 없애주고 복을 내려줌이 헤아릴 수 없으니, 한마음으로 신명身
命을 바쳐 지금 받들어 배례拜禮하네. 이때 자미대제紫微大帝가 용한龍漢[20]
원년元年 중원일中元日(7월 보름)에 대청경大淸境의 북극궁北極宮에서 자미전
紫微殿을 향해 있어 제천諸天의 성상聖上(제왕)이 열좌列坐했는데 (이하 원문에
한 장이 결락되어 있음)"

청한자가 말했다.

"(앞부분 결락) 선비는 그 조상을 제사합니다. 제사할 대상이 아닌데 제사
하는 것을 음사淫祀라고 하니, 음사는 복을 받지 못합니다. 『서경』에 이르
기를, '제사를 더럽히는 것, 이를 일러 공경하지 않는다고 한다'[21]라고 했
고, 전傳에 이르기를, '신神은 예禮가 아닌 것을 흠향하지 않는다'[22]라고 했
으니, 어찌 하늘의 별처럼 높은 존재로서 예가 아닌 제사를 받겠습니까. 또
귀하고 천함과 오래 살고 일찍 죽는 것은 하늘의 명에 매어 있고, 가난하고
부유함과 길하고 흉함은 운수에 달려 있으며, 소멸하고 성장함과 차고 비
는 것은 때와 더불어 유전流轉하니, 진실로 하늘에 빌어도 면할 수 없고, 별
에 제사해도 재앙을 막을 수 없다는 것을 알 수 있습니다."

객이 말했다.

---

18 28수(宿)에 속하는, 북방의 별자리들임.
19 현천상제 휘하의 신장(神將)들로 귀신을 퇴치한다.
20 도교의 최고신인 원시천존(元始天尊)의 연호.
21 『서경』 상서 「열명」 중(中)에 나오는 말.
22 『논어집주』 「팔일 장구(八佾章句)」에 나오는 주희의 주석이다.

"세상의 무축巫祝[23]이 말하기를, '사람에게는 그해의 재앙이 있으니, 의당 향을 피우고 등불을 켜서 하늘에 기도하고 별에 제사 지내야 재액을 면할 수 있다'고 하니 이는 무엇에 근거한 것입니까?"

"상고의 제왕들이 쓴 책에는 나오지 않는 말입니다."

"그러면 상림桑林에 기도한 것과 금등金縢의 축원[24]도 허황되고 상도常道에 맞지 않는 말인가요?"

청한자가 말했다.

"이는 내가 일찍이 생각해본 바가 있으니 그대에게 가르쳐주리다. 옛날에 탕임금이 즉위하여 걸왕의 포학함을 뒤집어 백성을 관대하게 다스리고, 이윤과 중훼仲虺[25]를 재상으로 삼았으며, 백성이 좋아하는 바를 따랐으나, 불행하게도 하늘이 7년의 큰 가뭄을 내려 마침내 탕임금이 재계한 뒤 머리털과 손톱을 자르고 흰 수레와 흰 말을 타고 몸에 흰 띠풀을 둘러, 희생을 대신하여 상림의 들판에서 축원하기를, '나 한 사람의 불민함 때문에 백성들의 목숨을 상하게 마소서'라고 하고, 스스로를 책망하기를, '정치에 절도가 없었던가? 백성이 직분을 잃었던가? 궁실이 너무 고대高大했던가? 여알女謁[26]이 성했던가? 뇌물이 횡행했던가? 참소하는 사람이 많았던가?'라고 했더니, 말을 마치기도 전에 큰 비가 수천 리에 내렸습니다.

무왕이 주왕紂王의 횡포함을 뒤집고 재물을 흩어서 백성을 모으고 여망呂望(강태공)과 희단姬旦[27]을 재상으로 삼아 전쟁을 그치고 문치文治에 힘써 조정이 맑고 밝았으나 두 해 동안 병이 든지라, 주공周公 단旦이 흙을 쌓아

---

23 '무'는 무당을 말하고, '축'은 제사 때 기도하는 이를 말한다.

24 은나라 탕왕이 7년의 가뭄을 만나 '상림'이라는 곳에서 하늘에 빈 일이 있다. '금등'은 금속 띠로 봉한 궤를 말한다. 주나라 무왕이 병들었을 때 주공(周公)이 대신 죽기를 빌고 그 축문을 금등에 넣어둔 일이 있다.

25 탕왕의 재상.

26 임금의 총애를 받는 여자가 인사나 이익에 관한 일을 청탁하는 것을 말함.

27 주공을 말한다. 주공의 성이 '희'이고 이름이 '단'이다.

제단을 만들어 선조에게 고해 청하기를, '단으로써 아무개(무왕)의 몸을 대신하게 하소서'라 하고 축원하는 글을 금등金縢의 궤에 간직하자 무왕의 병이 곧 나았습니다.

그러므로 하늘의 경계警戒를 능히 삼가면 비록 재앙이 있더라도 무사하고, 하늘을 두려워하지 않으면 재액이 올 경우 막을 수가 없거늘, 상림과 금등의 축원은 후세의 저속한 무리들이 망령되이 불로장생하고 복을 받는다는 말에 미혹되어 천하의 웃음거리가 되는 것과 같지 않습니다. 또 불로장생하는 것이 구해서 될 일이라면, 진시황이 백년의 목숨으로 만년의 일을 계획하고, 육국六國의 보물을 모아서 창고를 넉넉하게 했으며, 만리장성을 쌓아 국경을 견고히 하고, 죽지 않기를 바라서 산악에 제사를 지냈으며, 봉래산과 영주산에서 약을 구했으니, 불로장생을 얻었어야 마땅하건만 끝내 사구沙丘의 액[28]을 면치 못했습니다. 복을 내리는 것을 구해서 될 일이라면, 양 무제가 이승에서 저승의 삶을 바라서 무수한 절을 지어 선의 싹을 심고, 무수한 승려를 출가시켜 복전福田을 심으며, 복과 지혜가 더해지기를 바라 절에서 재계하고, 동태사同泰寺에 사신捨身하며,[29] 현묘한 이치를 궁구하고 공空을 담론했으니, 하늘에서 분분히 선악仙萼[30]이 내리고 땅은 찬란한 황금으로 변해 복을 받아야 마땅하건만 마침내 궁성宮城에 유폐되어 굶어 죽는 것을 피하지 못했으니, 이것이 그 귀감입니다.

『시경』에 이르기를, '하늘의 위엄을 두려워하여/이에 보전할지어다'[31]라고 했고, 또 이르기를, '하늘의 위엄을 공경하여 감히 놀며 즐기지 못한

---

28 '사구'는 중국 동부의 땅 이름으로, 진시황이 지방을 순행하던 중 이곳에서 객사한 일을 말한다.

29 '동태사'는 양 무제가 지은 절. '사신'은 불교에서 자신의 몸을 버려 보시를 행하거나 부처에게 공양하는 것을 이른다. 사신의 방법으로는 분신, 신체의 일부 훼손, 단식, 절의 노비 되기 등이 있다.

30 하늘의 선부(仙府)에 핀다는 꽃.

31 『시경』 주송(周頌) 「아장(我將)」에 나오는 말.

다'[32]라고 했으며, 공자가 병이 났을 때 제자가 기도하기를 청하자 공자가 말리며 말하기를, '하늘에 죄를 얻으면 기도할 곳이 없다'[33]라고 했는데, 저 진시황과 양 무제는 백성의 재물을 다 긁어내어 토목 사업을 대대적으로 일으켰고, 백성의 피를 다 빨아내어 흥청망청 노는 데 썼으니, 무익한 낭비를 일삼는 것이 이처럼 극도에 이르면 하늘이 반드시 노하여 벌을 주지 어찌 망령되이 수壽와 복을 베풀겠소?

하물며 상천上天의 일은 소리도 없고 냄새도 없고[34] 말도 없으나,[35] 사시四時가 운행되고, 온갖 사물이 나고 자라기를 그치지 않으며, 추위와 더위가 교대하고 낮과 밤이 나뉘며 백성에게 복을 내려주니, 상제上帝를 가히 알 수 있습니다. 번개로 소리를 내니 그 위엄을 알 수 있고, 풍우로 윤택하게 하니 그 덕을 알 수 있으며, 능히 공경하는 자를 친하니[36] 무엇을 친히 하는지를 알 수 있고, 상제가 상도常道를 뒤집으니[37] 그 노여움을 알 수 있으며, 날로 살펴봄이 이에 있으니[38] 굽어봄이 크고, 심원深遠하여 그치지 않으니[39] 공경함이 또한 지극하며, 선을 행하면 경사를 내려주니 복을 줌

---

32 송나라 엄찬(嚴粲)이 지은『시집(詩緝)』중 대아「판(板)」의 제8장에 대한 주석에 이 말이 보인다. 또 송나라 임파(林岊)가 지은『시경강의(詩經講義)』의 주석 중에도 이 말이 보임.

33 '하늘에 죄를 얻으면 기도할 곳이 없다'라는 말은『논어』「팔일」에 나온다. 김시습의『논어』인용에는 약간의 착오가 있다. 공자가 병이 나자 제자인 자로(子路)가 기도하기를 청한 일은『논어』「술이(述而)」에 나온다. 다음이 그것이다. "공자가 병이 나자 자로가 기도하기를 청했다. 공자가 말했다. '그런 이치가 있는가?' 자로가 대답했다. '있습니다. 뇌문(誄文, 죽은 이를 애도하며 그의 행적을 서술한 글)에 너를 상하(上下)의 신명(神明)에게 기도한다는 기록이 있습니다.' 공자가 말했다. '나는 기도한 지가 오래다.'" 김시습이「팔일」에서 인용한 공자의 말은 "왕손가(王孫賈)가 물었다. '아랫목 신(神)에게 잘 보이기보다는 부엌신에게 잘 보이라 하니, 무슨 말입니까"에 대한 답변이며, 공자가 아프자 제자가 기도를 청하므로 한 말이 아니다.

34 『중용』에 나오는 말. 원래『시경』대아「문왕(文王)」에 나오는 말이다.

35 『맹자』「만장(萬章)」상(上)에 하늘은 말이 없이 행한다는 말이 나온다.

36 『서경』상서「태갑(太甲)」하(下)에 나오는 말.

37 『시경』대아「판(板)」에 나오는 말.

38 『시경』주송(周頌)「경지(敬之)」에 나오는 말.

39 『시경』주송「유천지명(維天之命)」에 나오는 말.

이 후하고, 악을 행하면 재앙을 내리니 악을 벌줌이 엄하다 할 것입니다.

　오제五帝와 삼왕三王[40]은 하늘의 아들이요, 걸왕·주왕·유왕幽王·여왕厲王[41]은 하늘의 역적이며, 고요·기夔·직稷·설卨은 하늘의 신하입니다. 사람과 동식물과 온갖 품물品物은 모두 하늘의 명에 따라 생겨나지만, 사람은 그중에서도 빼어나고 신령한 존재지요. 마음을 보존해 본연의 성을 기르는 것은 하늘을 공경하는 일이 되고, 자포자기하는 것은 하늘을 업신여기는 일이 되며, 즐거워하며 근심하지 않는 것은 나의 효도이고, 변화를 살펴 점괘占卦를 음미하는 것은 나의 기도입니다. 배와 수레와 의복과 음식은 하늘이 나에게 은혜를 베풀어 골고루 길러주는 것이요, 팔괘八卦와 육효六爻는 하늘이 나를 경계하여 편안히 살게 하는 것입니다. 『주역』 대유괘大有卦의 상구上九에 이르기를, '하늘이 도우니 길하여 이롭지 않음이 없다'[42]라고 했고, 공자의 「계사전」에 '하늘이 도와주는 것은 도리를 따르기 때문이요, 사람이 도와주는 것은 신의가 있어서다. 신의를 행하고 도리에 따를 것을 생각한다. 이런 까닭에 하늘이 도와서 길하여 이롭지 않음이 없다'[43]라고 했습니다. 이로써 하늘을 공경하면 공경함이 또한 정성스러울 것이요, 이로써 하늘에 배례拜禮하면 예禮가 망령되지 않을 것이니, 하필 예절을 훼손하면서 아첨하는 제사를 지내어 상제와 성신星辰에게 잘 보이려고 하겠습니까."

40　'오제'는 복희, 신농, 황제(黃帝), 요, 순을 말하고, '삼왕'은 우왕, 탕왕, 문왕·무왕을 말한다.
41　'유왕' '여왕'은 주(周)나라의 어리석고 포악한 임금들이다.
42　대유괘 상구의 효사(爻辭)다.
43　『주역』 「계사전」 상에 나오는 말.

북신北辰[44]

(전략)

"옛 성인聖人이 천시天時(천도天道 운행의 규칙)를 따라 법도를 제정한 것이 그 규모가 대체로 이와 같으므로, 임금은 위에서 안일하지 않고 백성은 아래에서 섬겨 억조창생億兆蒼生이 화락해 살아생전 우환이 없고 죽더라도 걱정거리가 없었건만, 주周나라가 쇠미한 데 이르러 정치가 황폐하고 백성이 문란해져, 하늘이 그 임금을 내려주기는 했어도 그 백성을 어루만져 주지 않으매 『시경』 「대동大東」에서 '북쪽에 두성斗星이 있으나/술과 음료를 뜨지 못하도다'[45]라는 기롱譏弄의 노래를 했고, 위엄과 믿음이 땅에 떨어지매 『춘추』에 살별이 떨어지는 재앙이 기록되었지요.

이후로 진秦나라, 진晉나라, 수隋나라가 오로지 부허浮虛[46]를 숭상하여 하늘의 상도常道[47]를 어기고 어지럽히니, 대도大道가 황폐하고 사람의 기강이 문란해지며, 임금은 무익한 일을 일삼아 천심을 거역하고 백성은 원망하여 비방하매, 이것이 음양에 감응해 해와 달과 별이 빛을 잃고, 구주九州(중국)가 결딴나고, 임금의 기강이 해이해지고 법도가 땅에 떨어져, 나라는 운명을 맡길 데가 없고 백성은 살아갈 방도가 없었습니다.

이에 우스갯소리를 잘하는 자는 상도에 맞지 않는 말을 해 사람을 놀래

---

44 북극성을 말한다.

45 '두성'은 북두칠성을 말한다. 술이나 음료를 뜨는 기구인 구기를 '두(斗)'라고 하는데, 북두칠성의 모양이 구기를 닮았다고 하여 '두성'이라고 한다. 여기서는 두성이 구기처럼 생겼으나 그것으로 술이나 음료를 뜰 수 없다는 뜻. 「모시서(毛詩序)」에서는, 「대동」이 나라가 어지러움을 풍자한 시이며, 동쪽의 나라들이 부역에 시달리고 세금으로 해를 입으므로 담(譚)나라 대부가 이 시를 지어 폐해를 말한 것이라고 했다.

46 대개 도가의 담론을 가리키는 말로 쓴다. 특히 위진(魏晉)의 청담가(淸談家)들이 즐겨 담론한 허무주의적 현리(玄理)를 이르는 말이다. 하지만 불교의 허탄(虛誕)한 면을 가리킬 때에도 이 말이 사용될 수 있다. 중국에 불교가 들어온 것은 한(漢)나라 때이니, 진(秦)나라를 뺀 진(晉)나라와 수(隋)나라가 숭상한 부허는 불교와 관련된 말로 보아야 할 듯하다.

47 인륜오상(人倫五常)의 도를 말한다.

키고, 기이한 글을 짓는 자는 황당한 글을 지어 민심을 꾀었지요. 서로 허튼 말을 일으켜 충동하고 고무하여, 수고롭고 상심한 백성들로 하여금 그 뜻을 더욱 방탕하게 해 괴이한 줄 모르게 했습니다. 마침내 세도世道를 슬퍼하는 자들로 하여금 청고淸高한 말을 좋아하게 하고,[48] 환난을 겪은 자들로 하여금 액厄을 푸는 방술方術을 믿게 했으며, 멋대로 하기를 좋아하는 자들로 하여금 소요逍遙하며 노니는 것을 즐기게 하고, 편한 것을 좋아하는 자들로 하여금 신선의 경지를 탐하게 했지요. 그리하여 명命을 알지 못하는 자들은 늙음을 물리친다는 말을 믿고, 지혜와 분변이 없는 자들은 현허玄虛[49]를 숭상하여, 익살맞고 달변인 자는 주인이 되고, 게으르고 마음 내키는 대로 행동하는 자는 종이 되며,[50] 나라를 떠나 떠도는 자는 보좌가 되고,[51] 무지하고 속되며 어리석은 자는 심부름꾼이 되니, 어찌해 세상을 미혹시키지 않겠습니까. 아, 이 때문에 좌도左道[52]의 아첨하는 제사나 삿된 공경의 말이 지어진 것이지요."

성리性理

혹자가 '근본에 힘쓰고 명命을 안다'는 말을 듣고, 또 주周나라의 빈풍「칠월七月」시에 대한 설명을 듣고 그 마음이 흥기되어 스스로 얻은 바가 있어 공경의 뜻을 표하며 말했다.

"훌륭하오, 그대의 말은! 처음 들을 땐 너무 커서 광인狂人의 말 같더니, 끝에는 황홀해 마치 환한 해가 첩첩 구름을 헤치고 나타나는 것을 보는 듯

---

48 노장 사상에 빠져 청담(淸談)을 일삼은 것을 말한다.

49 현묘하고 허무한 도(道)를 말함. 흔히 노자의 사상을 가리키는 말로 쓴다.

50 '익살맞고 달변인 자'는 장자(莊子)와 같은 이를 말하고, '게으르고 마음 내키는 대로 행동하는 자'는 죽림칠현(竹林七賢)과 같은 이들을 말하는 것으로 보인다.

51 굴원을 가리키지 않나 한다. 굴원의 초사(楚辭)에는 신선에 대한 경도가 보인다.

52 정도(正道)가 아닌 사도(邪道), 즉 무술(巫術)이나 방술(方術)을 말함.

합니다. 원컨대 그대의 말을 다시 듣고자 합니다. 도가道家는 도덕道德[53]을 높이고, 태고太古를 사모하며, 순박한 풍속을 숭상하고, 거짓됨과 속임을 배척하여, 무위無爲와 수현守玄(현묘한 도리를 지킴)을 근본으로 삼으니, 성리性理에 가깝지 않습니까?"

청한자가 말했다.

"이는 '도덕'이라고 하는 것이고, 성리의 설은 아니오."

혹자가 말했다.

"도덕과 성리는 다른 건가요?"

청한자가 말했다.

"다를 건 없지요. 대저 도란 성리의 지극한 곳이니, 애초 무슨 갈림이 있는 건 아닙니다."

혹자가 말했다.

"그러면 노씨老氏(노자)의 말이 곧 성리이군요. 내가 예전에 들으니 덕을 높이고 도를 즐기는 이를 성인聖人이라고 하던데, 성인의 말이 곧 성리의 설 아니겠습니까?"

청한자가 말했다.

"대저 성인이란 일의 변화에 환하고 사물의 이치에 통달하여 하늘을 받들므로 하늘이 그에게 명하고, 사람을 승순承順하므로 사람이 그에게 귀의합니다. 그러므로 능히 천지의 도道를 구현하고 보조함으로써 백성을 돕습니다. 저 노씨는 도를 실천한다 하나 솔성率性의 도[54]가 아니요, 덕德을 논하고 있으나 명명明命(하늘의 밝은 명령)의 덕이 아니니, 어찌하여 세상을 윤택하게 하고 후세에 전해질 수 있겠습니까.

---

53   『도덕경』에서 말한 '도덕'이다.
54   『중용』에 "솔성을 도라 한다"라는 말이 나온다. '솔성'은 성(性), 즉 타고난 착한 본성을 따르는 것을 말함.

한번 그대를 위해 논변해보리다. 「체도體道」 장[55]에 이르기를, '도를 도라고 할 수 있다면 상도常道가 아니다'라고 했는데, 이는 도라는 것은 자연무형自然無形(스스로 그러하고 형체가 없음)을 이름이니 형용하여 말할 수 없는 것이며, 말로 설명한다면 곧 제이의第二義에 떨어져버려 불변불역不變不易(변하지 않고 바뀌지 않음)의 도가 아님을 말한 것입니다. 「논덕論德」 장[56]에 이르기를, '상덕上德은 덕을 말하지 않는다. 이런 까닭에 덕이 있는 것이다'라고 했는데, 이는 태고太古에 아무런 칭호가 없던 임금은 덕의 크기가 그보다 더 클 수가 없었지만 덕으로 백성을 가르치지 않고 자연(절로 그러함)을 좇았으며, 인의仁義를 몸소 행하느라 그 근육과 뼈를 수고롭게 한 후에야 교화敎化하는 일이 없었으므로 화기和氣가 돌아 그 성명性命을 온전히 할 수 있었음을 말한 것입니다.

또 이르기를, '도를 잃어버린 뒤에 덕을 말하게 되고, 덕을 잃어버린 뒤에 인仁을 말하게 되며, 인을 잃어버린 후에 의義를 말하게 되고, 의를 잃어버린 후에 예禮를 말하게 된다. 대저 예란 충신忠信(참됨과 신실함)이 엷어진 것이며 분란의 으뜸이다'[57]라고 했습니다. 만약 이 말대로라면 도와 덕과 인과 의와 예를 다섯으로 나누어 논한 게 되니, 그 하나에 처하면 반드시 나머지 넷을 잃게 됩니다. 진실로 한유韓愈[58] 씨가 '거기서 말한 도란 자기네가 도라고 여기는 것을 도라고 한 것이지 우리가 말하는 도가 아니요, 거기서 말한 덕이란 자기네가 덕이라 여기는 것을 덕이라 한 것이지 우리가 말하는 덕이 아니다. 우물 속에 앉아서 하늘을 보고는 하늘이 작다고 말하는데 실은 하늘이 작은 것이 아니라 보는 것이 작은 것이니, 저들은 소소한 사랑을 인仁으로 여기고 소소한 의로움을 의義로 여기므로, 인의를 하찮게

---

55   『도덕경』 제1장을 말한다.
56   『도덕경』 제38장을 말한다.
57   『도덕경』 제38장에 나오는 말.
58   당나라의 문인. 맹자를 계승해 이단을 배척하고 유학을 옹호했다.

여기는 것이 당연하다'⁵⁹라고 말한 바와 같습니다. 대저 이와 같거늘 어찌 성리를 말할 수 있겠습니까."

혹자가 말했다.

"성리가 무언지요?"

"성性과 이理는 결코 두가지가 아닙니다. 선유先儒가 이르기를, '성性은 곧 이理이다'⁶⁰라고 했으니, 하늘이 명하여 사람이 받은 것으로서, 실리實理(참다운 이치)가 내 마음에 갖추어진 것을 말합니다. 대개 처음부터 내게 사물이 있는 것은 아니며, 다만 인·의·예·지仁義禮智가 혼연히 있을 뿐입니다. 이는 지극히 선하여 악이 없으니, 요순堯舜과 길 가는 사람은 애초 조금도 다름이 없습니다. 오직 기질氣質에 청탁수박淸濁粹駁(맑고 탁함, 순수함과 잡박함)이 가지런하지 않음이 있어 모두 온전하지는 못하므로, 인욕人欲에 빠져 선한 본성을 잃은 이를 중인衆人이라 이르고 사욕私欲에 가려짐이 없어 능히 그 성性을 다하는 이를 성인聖人이라 이르지만 그 실상은 다름이 없으니, 자사子思가 '천명天命'이라 말한 것⁶¹과 맹자가 '성선性善'이라 말한 것이 이것입니다. 저 고자告子가 '생生'이라고 한 것과 순자가 '악惡'이라고 한 것과 양자揚子가 '선악이 섞였다'고 한 것과 한자韓子(한유)가 셋이라고 논한 것⁶²과 석씨釋氏(석가)가 작용作用이라고 한 것은 모두 기氣로써 말한 것이며, 이理를 빠뜨렸다 할 것입니다."

---

59 한유의「원도(原道)」에 나오는 말.

60 정호(程顥)가 처음 한 말인데 정이(程頤)를 거쳐 주희에게 전해져 주자학적 심성론(心性論)의 기초가 되었다.

61 '자사'는 공자의 손자로서 전국시대의 유학자다.『중용』의 저자로 알려져 있다.『중용』에 "천명을 성(性)이라 한다"라는 말이 나온다.

62 '고자'는 맹자와 동시대 사상가로, '생(生)'을 성(性)으로 보아, 사람이 식색(食色)을 좋아하는 것을 성이라고 했으며, 이 때문에 성은 선하지도 악하지도 않다고 보았다.『맹자』에 맹자와 고자 양인의 논쟁이 보인다. '순자'는 맹자와 달리 성악설을 주장했고, '양자'는 양웅(揚雄)으로, 성에 선과 악이 섞여 있다고 보았으며, '한유'는 성에 상·중·하 삼품(三品)이 있다고 했다.

혹자가 말했다.

"성에 대해서는 가르침을 들었으니, 도가 무엇인지 묻습니다."

"도란 천하의 공변된 것입니다. 선유가 이르기를, '도는 길과 같다'[63]라고 했거늘, 성性 밖에 도가 있지 않고, 도 밖에 성이 있지 않습니다. 그러므로 자사가 말하기를, '성性을 따르는 것을 도라고 한다'라고 했습니다. 성性의 자연을 따르면 일상의 사물 사이에 저마다 마땅히 행해야 할 길이 없지 않으니, 이것이 이른바 도입니다.[64] 인仁의 성을 따르면 부자父子의 친함으로부터 백성에게 어질게 하고 생물을 사랑하는 데 이르기까지 모두가 도이고, 의義의 성을 따르면 군신君臣의 직분으로부터 어진 이를 높이고 어른을 공경하는 데 이르기까지 모두가 도이며, 예禮의 성을 따르면 공경하고 사양하는 의례가 모두 도이고, 지智의 성을 따르면 옳고 그름과 사악함과 정당함의 분별이 모두 도입니다.

이른바 성性은 일리一理(한가지 이치)도 안 갖춘 것이 없으므로, 이른바 도는 구하기를 기다리지 않아도 절로 갖추어지는 것입니다. 이른바 성은 일물一物도 얻지 못함이 없으므로, 이른바 도는 남에게 빌리지 않아도 절로 완비됩니다.

새나 짐승이나 초목은 형기形氣(형체와 기운)가 치우쳐 있어 전체를 관통하지는 못하지만, 그 지각知覺과 운동, 번성함과 시듦, 피고 짐은 또한 모두 그 성性을 따르며, 저마다 자연의 이치를 갖고 있습니다. 심지어 범과 이리의 인仁, 벌과 개미의 의義, 승냥이와 수달의 예禮, 비둘기의 지智는 사람이 아님에도 존재하니, 이처럼 그 의리를 얻은 바에서 하늘이 명한 성性이 뭇 생물에게 다 있으며 도 역시 다 있다는 것을 알 수 있습니다.

저 노장老莊이 말하는 도란 희이希夷하고 황홀恍惚하여[65] 보아도 보이지

---

63   주희의 『중용 장구』 제1장 주석에 이 말이 보인다.

64   주희의 『중용 장구』 제1장 주석의 말이다.

65   '희이'는 『도덕경』에서 유래하는 말로, 보이지도 들리지도 않는 도의 현묘함을 이른다. '황

않고, 들어도 들리지 않으며, 손으로 칠 수도 없고, 맞이해도 그 머리를 볼 수 없으며, 쫓아가도 그 꼬리를 볼 수 없습니다. 몸은 진실로 마른 나무와 같게 할 수 있고, 마음은 진실로 식은 재와 같게 할 수 있어, 바로 담벽이나 목석처럼 될 수 있는데 이것을 일러 도라고 하니, 세상을 경륜하는 기강紀綱이나 도를 닦는 가르침은 전연 들을 수 없소이다.”

혹자가 말했다.

“감히 묻노니 무엇을 ‘덕’이라고 합니까?”

청한자가 말했다.

“덕이란 천하의 선善을 주재主宰하는 것입니다. 하늘이 준 성性에서 얻는 것이요, 밖에서 오기를 기다림이 없는 것을 말하니, 선유가 말하기를, ‘덕이란 자기 몸에서 얻는 것이다’[66]라고 했고, 또 말하기를, ‘명덕明德이란 사람이 하늘에서 얻은 것으로, 허령불매虛靈不昧(잡되지 않고 신령하여 어둡지 않음)하여 뭇 이치를 갖추어 온갖 일에 응한다’[67]라고 했습니다. 대저 원·형·이·정元亨利貞은 하늘의 덕이요, 인·의·예·지는 성性의 덕이니, 하늘은 네가지 덕으로 운행하여 쉬지 않고 만물을 화육化育합니다. 그러므로 군자가 이를 체득하여 내 몸에서 얻으면 나에게 있는 성性이 선하지 않음이 없고, 사물에 미치는 덕이 정성스럽지 않음이 없습니다.

그러므로 ‘속에 있는 것을 이理라 하고, 마음에서 얻는 것을 덕德이라 하며, 일에 드러난 것을 행行이라 한다’[68]라고 했습니다. 『시경』에 이르기를, ‘하늘의 명命은/아, 심원하여 그치지 않으니/아, 드러나지 않겠는가/문왕

홀’ 역시 『도덕경』에서 유래하는 말로, 희미하고 어슴푸레함을 이르며 도의 속성을 가리킨다.

66 소옹(邵雍)의 『관물외편(觀物外篇)』 하(下), 장식(張栻)의 『남헌역설(南軒易說)』 권3에 이 말이 보인다.

67 주희의 『대학 장구』 경문(經文) 1장에 나오는 말.

68 정이의 『역전(易傳)』 절괘(節卦)의 주석에 “속에 둔 것을 덕이라 하고, 밖에 드러난 것을 행이라 한다”라는 말이 보인다.

文王의 덕의 순수함이여'[69]라고 했거늘, 천도가 그치지 않으며 문왕의 덕이 순수하게 천도를 본받아 또한 그치지 않음을 말한 것입니다. 이것이 성인이 천지와 더불어 덕이 합치되는 까닭이니, 노장老莊이 말하는 '부덕不德의 덕'이 아닙니다. 저 노장이 말하는 덕이란 자기 몸에서 얻은 것을 버리고 자연自然의 역역으로 내달으니, 이목耳目의 바깥에 있다 할 것입니다."

수진修眞[70]

혹자가 물었다.

"노씨(노자)의 글에 참을 닦는 방법이 있습니다. '참'이란 거짓이 없음을 이르건만 성인의 도와 같지 않다니 어째서인가요?"

청한자가 말했다.

"지극하군요, 물음이. 자세히 묻고 밝게 분변해 저들에 빠지지 않으려 하는군요. 중니仲尼(공자)가 말하기를, '이단異端을 전공함은 해로울 뿐이다'[71]라고 했습니다. 하지만 적을 제압하려면 적의 꾀를 알아야 그 계책에 떨어지지 않을 수 있으니, 내 그대를 위하여 자세히 말하리다.

대저 신선이란 성性을 기르고 기氣를 마시며 용호龍虎[72]로 단련하여 늙음을 물리치는 것입니다. 『양성결養性訣』에 이르기를, '대저 성性을 기르는 자는 항상 조금 수고롭게 해야지, 견디기 어려울 정도로 크게 피곤하거나 힘든 일은 하지 말아야 한다. 흐르는 물이 썩지 않고 문의 지도리가 좀이 쓸지 않는 것은 움직이기 때문이다. 대저 성을 기르는 자는 오래 서 있지 말고, 오래 다니지 말고, 오래 앉아 있지 말고, 오래 누워 있지 말고, 오래

---

69   『시경』 주송(周頌) 「유천지명(維天之命)」에 나오는 말.
70   도가 양생술의 하나로, 참을 닦는다는 뜻.
71   『논어』 「위정」에 나오는 말.
72   도가에서 수(水)와 화(火)를 이르는 말.

보지 말고, 오래 듣지 말아야 한다. 그 요체는 셋을 보존하고 하나를 안는 것이다. 셋이란 정精과 기氣와 신神이다. 하나란 도道이다. 정은 기를 낳고, 기는 신을 낳는다. 정이란 현기玄氣[73]로 만유萬有를 낳아 기르고, 기란 원기元氣로 선천先天의 여러 기운의 우두머리이며, 신이란 시기始氣[74]로 낮에는 머리에서 나오고 밤에는 배에 머문다. 기틀이 두 눈에 있으니, 내관법內觀法[75]에 마음의 신神이 눈에서 발發하는 것을 〈본다〉라고 한다. 그러므로 눈이 색을 지나치게 보면 색에 피곤해져 오래 보면 피를 상하게 된다. 신장腎臟의 정精이 귀에서 발하는 것을 〈듣는다〉라고 한다. 그러므로 귀가 소리를 지나치게 들으면 소리에 피곤해져 오래 들으면 신장을 상하게 된다. 비장脾腸의 백魄(넋)이 코에서 발하는 것을 〈냄새를 맡는다〉라고 한다. 그러므로 코가 냄새를 지나치게 맡으면 냄새에 피곤해져 오래 냄새를 맡으면 비장을 상하게 된다. 그리고 말을 많이 하면 담膽을 상하게 하고, 오래 누워 있으면 기氣를 상하게 하며, 오래 앉아 있으면 살을 상하게 하고, 오래 서 있으면 신장을 상하게 하며, 오래 걸으면 간을 상하게 한다. 그래서 억지로 많이 먹거나 마시지 말고, 억지로 많이 생각하지 말 것이니, 그리하지 않으면 근심 걱정에 상하고, 놀라고 두려워하는 데 지치며, 사랑하고 미워하는 데 빠지고, 의심하고 미혹되는 데 잠긴다. 욕망에 급급하지 말고, 분하고 원통한 데 속 태우지 말며, 너의 형체를 수고롭게 하지 말고, 너의 정精을 어지럽히지 말라. 고요하고 잠잠한 데로 마음을 돌리면 오래 살 수 있다'라고 했습니다.

『양성결』의 이 말이 비록 고요하고 한가롭고 담담한 데 가까우나, 만약

---

73 기(氣)의 근원.
74 시초의 기(氣).
75 도교 수련의 하나로, 내시(內視), 존시(存視), 존상(存想)이라고도 한다. 도교에서는 각 신체기관에 신(神)이 있으며, 이 신들이 신체에서 이탈하면 죽는다고 보았다. 그래서 이 신들을 응시하고 생각함으로써 신들과 교감하고, 그 이탈을 방지함으로써 불사(不死)를 얻고자 했다.

보는 것을 거두고 듣는 것을 되돌리며 눈을 감고 입을 닫는 것을 지극히 한다면 사람이 마치 부화하지 못한 나방이나 갯펄 속에 있는 조개와 같을 것이니, 어찌 이치를 갖추어 사물에 응하는 것으로써 한마음의 온전한 덕으로 삼았다고 할 것이며, 공경과 의로움으로써 한 몸의 행할 업業으로 삼았다고 할 수 있겠습니까?

대저 성인聖人의 도는 귀로 받아들여 마음에 보존하는 것이요, 이것이 쌓여서 덕행德行이 되는 것이니, 자벌레가 몸을 굽히는 것은 몸을 펴기 위해서요, 용과 뱀이 움츠리고 있는 것은 신神을 보존하기 위해서며, 뜻을 정밀히 해 신神에 들어감은 치용致用(씀을 이룸)하고자 해서며, 씀을 이롭게 해 몸을 편안히 함은 덕을 높이고자 해서입니다.[76] 이 밖의 것은 알지 못합니다. 행할 만하면 행하고, 오래 머물 만하면 오래 머물고, 얼른 떠날 만하면 얼른 떠나는 것[77]은 성인聖人의 동작이요, 희로애락喜怒哀樂이 아직 발發하지 않은 것을 '중中'이라 이르고, 발하여 모두 절도에 맞는 것은 정情이 바른 것이요, 한쪽으로 치우침이 없는 것을 '화和'라고 이르니, 이것이 성인의 중화中和입니다.

옛날에 안연顔淵이 부자夫子(공자)에게 극기복례克己復禮의 세목을 물으니 부자가 말하기를, '예가 아니면 보지 말고, 예가 아니면 듣지 말며, 예가 아니면 말하지 말고, 예가 아니면 움직이지 말라'[78]라고 했습니다. 이천伊川(정이程頤)이 말하기를, '이 네가지는 몸의 용用이 되니, 안에서 말미암아 밖에 응하고, 밖을 제어하여 그 안을 길러주는 것이다'[79]라고 하고는, 곧 잠箴을 지어 스스로를 경계했습니다. 그 「시잠視箴」에서는, '마음은 본디

---

76 '자벌레가' 이하 '덕을 높이고자 해서입니다'까지는 『주역』「계사전」하(下)에 나오는 말. 단 「계사전」에는 '용과 뱀이 움츠리고 있는 것은 신을 보존하기 위해서며'에서의 '신(神)'이 '신(身)'으로 되어 있다.

77 『맹자』「공손추」상(上)에, 공자가 그러하다는 말이 나온다.

78 『논어』「안연」에 나오는 말.

79 정이의 사잠(四箴) 서문에 나오는 말.

비어 사물에 응해 자취가 없다. 마음을 잡는 데에는 요령이 있으니, 보는 것이 그 준칙準則이 된다. 앞에 가리움이 있으면 마음이 곧 옮겨 가니, 밖을 제어하여 안을 편안하게 할지니라. 극기복례하면 오래도록 정성스러울 것이다'라고 했고, 그 「청잠聽箴」에서는, '사람에게는 떳떳한 도리가 있으니, 천성天性에 바탕한다. 지각이 사물에 끌려 변하면 마침내 그 올바름을 잃게 되거늘, 탁월한 저 선각자들은 그침을 알아 안정됨이 있었다. 간사함을 물리치고 참됨을 보존하여, 예가 아니면 듣지 말지어다'라고 했으며, 「언잠言箴」에서는, '사람 마음의 동動함은 말로 인해 나타난다. 경솔하고 망령되게 말하지 않으면 마음이 고요하고 전일專一하게 된다. 하물며 말은 추기樞機에 해당하니, 전쟁도 일으키고 수호修好도 낳거늘, 길흉과 영욕은 오직 말이 초래한다. 말을 너무 쉽게 하면 허탄虛誕하고, 너무 번다하게 하면 지리하다. 자기 마음대로 하면 남에게 거슬리고, 패악한 말을 하면 어긋남이 돌아온다. 법도에 맞지 않으면 말하지 말라 하셨으니, 훌륭하도다 가르침의 말씀이여'[80]라고 했고, 「동잠動箴」에서는, '철인哲人은 기미를 아니 생각이 정성스럽고, 지사는 힘써 실천하니 행위에 지키는 바가 있다. 천리를 따르면 여유롭고, 욕심을 좇으면 위태롭다. 늘 생각을 놓지 말아, 조심하고 삼가 자신을 지키면, 습관이 천성이 되어 성현과 같이 될지니라'라고 했습니다.

이 잠箴들을 음미하면 마음을 보존하고 성性을 기르는 방법에 이보다 나은 것이 없으니, 탁한 물과 맑은 물을 분간하고 향기로운 풀과 나쁜 냄새가 나는 풀을 분별할 수 있어, 신선은 자기 몸만 보전할 뿐 세도世道에 아무 보탬이 없다는 것을 알게 될 것입니다. 그러니 그대를 위해 세세히 분석할 필요는 없으리라 봅니다."

---

80   공자의 '예가 아니면 말하지 말라'라고 한 말을 가리킨다.

복기服氣[81]

혹자가 물었다.

"기氣를 먹는 술법은 어떤 것입니까?"

청한자가 말했다.

"옛날에 장상영張商英[82]이 처음에 불교와 노자를 배척하다가 급기야 불경을 보자 『호법론護法論』[83]을 지어 불교를 옹호했는데, 그대도 차츰 그 속에 빠져들어가고 있는 건 아닌지요? 하지만 모래를 일어 금을 가려내는 사람은 기왓조각이나 자갈이나 쇳조각을 분명히 식별해 제거하니 금을 꼭찾지 않더라도 절로 드러나는 법입니다. 그대는 저쪽의 거짓됨을 알고 이쪽의 진실됨을 연구하니, 거의 도에 들어갈 수 있을 것입니다. 청컨대 그대를 위해 말해보리다.

대저 기를 먹는다는 것은 외연外緣을 물리치고 제진諸塵[84]을 제거해 모름지기 오신五神을 지키고 사정四正을 따르는 것이니, 오신이란 심장, 간장, 비장, 폐, 신장의 신神이고, 사정이란 말, 행위, 앉는 것, 서는 것의 바름입니다. 오신이 편안하고 사정이 화평한 후에 내시법內視法(내관법)을 익혀서, 존상存想[85]하여 먹는 것을 생각해 오장五臟을 보도록 하면 마치 경쇠에 오색五色이 드리운 것처럼 뚜렷하고 분명합니다. 여기서 그만두지 말고 아침에 일어나 동쪽을 바라보고 앉아 무릎 위에 두 손을 펴놓고 마음의 눈으로 기氣가 위로 이환泥丸(뇌의 신)에 들어가고 아래로 용천湧泉(발바닥에 있

---

81 '기를 먹는다'는 뜻으로, 도가 양생술의 하나이다.

82 북송의 고위 관료.

83 장상영이 한유, 구양수, 정이 등의 불교 배척론으로부터 불교를 옹호하기 위해 지은 책. 고려에서도 우왕 5년(1379)에 간행된 바 있다.

84 '외연'은 오관(五官)으로 인해 생기는 외물과의 인연을 말하고, '제진'은 중생의 마음을 더럽히는 색(色), 성(聲), 향(香), 미(味), 촉(觸)의 오진(五塵)을 이르는 말.

85 '존'은 신을 보존하는 것을 말하고, '상'은 자기 몸을 상상하는 것을 말한다.

는 경혈)에 이르는 것을 봅니다. 아침마다 이렇게 하는 것을 이름해 '영기迎氣'(기를 맞이함)라고 합니다. 항상 코로 기를 마시고 입으로 기를 내뱉되 가늘게 내뱉어 입을 벌려서는 안 됩니다. 그렇게 하는 까닭은 나가는 기는 적게 하고 들어오는 기는 많게 하고자 해서입니다. 밥 먹을 때마다 반드시 기를 배 속으로 보내는 것은 기를 주인으로 삼아서입니다. 이상이 신선이 기를 마시는 법입니다.

성인聖人의 도는 이와 같지 않아, 기를 기르는 것은 논하지만 기를 먹는 것은 논하지 않습니다. 대개 마음에 있는 것이 뜻(志)인데 뜻이 발發하여 기가 되므로, 뜻이 기의 장수인지라 기가 몸에 가득하기 때문입니다.[86] 하늘이 음양과 오행五行으로 만물을 생겨나게 해 만물이 형체를 얻었습니다. 이理가 있으면 곧 기氣가 있는데, 기를 먹을 수 있겠습니까? 맹자가 '나는 호연지기浩然之氣를 잘 기른다'라고 하자 제자가 '무엇을 호연지기라고 합니까'라고 물었습니다. 맹자가 답하기를, '말하기 어렵다. 그 기氣됨이 지극히 크고 지극히 강하니, 곧음으로써 길러 해침이 없으면 천지의 사이에 꽉 차게 된다'[87]라고 했습니다. 나는 기를 길러 천명을 즐긴다는 말은 들었어도 기를 먹어 수壽를 늘린다는 말은 듣지 못했습니다."

혹자가 물었다.

"기를 기르는 방법은 어떠합니까?"

청한자가 말했다.

"천지에 가득 찬 것이 모두 기氣입니다. 종縱으로 말하면, 해와 달의 왕래와 성신星辰의 운행과 더위와 추위가 서로 바뀌는 것, 음양이 서로 교대하는 것, 자랐다가 사라지고 찼다가 비는 것, 왕성함과 쇠약함, 이 모두가 기입니다. 횡橫으로 말하면, 산악의 물이 얼었다 녹았다 하는 것, 바람이 불고 비가 오고 서리와 이슬이 내리는 것, 초목이 번성하고 시드는 것, 사

---

86 '뜻이 기의 장수이고 기가 몸에 가득하다'는 『맹자』 「공손추」 상(上)에 나오는 말.
87 『맹자』 「공손추」 상(上)에 나오는 말.

156

람과 동물이 움직이고 쉬는 것, 성현과 우매한 사람이 나뉘는 것, 청탁수박淸濁粹駁(맑음과 탁함, 순수함과 잡박함)이 가지런하지 않은 것은 모두 기가 둘 사이에 부쳐 있기 때문이요, 이목구비의 잘나고 못남, 희로애락의 고름과 편벽됨은 모두 기가 일신一身에 모여서입니다.

대개 천지만물은 본체는 하나인데 나뉘어서 달라졌을 뿐입니다. 그 본체가 하나이기에 나의 기가 순順하면 천지의 기 또한 순하여, 음양이 조화롭고, 풍우가 순조로우며, 새와 짐승과 물고기와 자라가 천성을 발현하고, 용과 봉황과 거북과 기린이 상서祥瑞에 호응하는 데 이르기까지 뜻이 한결같아 기를 동動하게 하지 않음이 없으며,[88] 나의 기가 패려悖戾하면 천지의 기 또한 패려하게 되니, 한번 그 기가 패려하게 되면 천지의 조화를 상하게 하고 음양의 변이를 초래해, 일월성신의 변괴가 나타난다든가, 추위와 더위의 이상 현상이 생긴다든가, 산이 무너지고 강이 범람한다든가, 바람과 비와 서리와 이슬이 때에 안 맞게 오는 등, 기가 광포하여 뜻을 사역使役하게 됩니다. 그러므로 이르기를, '그 뜻을 잡아 기를 광폭하게 하지 말라'[89]라고 한 것입니다.

나뉘어 달라졌기에〔分殊〕 하늘은 위에 있고 땅은 아래에 있으며, 해는 낮에 빛나고 달은 밤에 빛나며, 산은 높이 치솟고 물은 흐르며, 동물은 네 발로 다니지만 사람은 서서 다니고, 사람은 또한 만물 가운데 가장 신령합니다. 가장 신령한 기를 받았기에 항상 기로써 마음을 보존하고 성찰해 밤과 아침의 기가 사라지지 않게 하면 호연지기가 우주에 가득 차게 되지요. 그러면 일단의 봄바람이 몸을 펴지게 하고 마음을 무르녹게 해 매사에 부끄러운 용모가 없고 행동거지에 인색하고 교만한 태도가 없게 되니, 예전에 도적이던 것이 지금은 신하나 종이 되고 옛날에 나를 부리던 것이 지금은 나의 명령을 따르므로, 도량이 넓고도 커 누가 감히 나를 업신여기겠습니

---

88 '뜻이 한결같아 기를 동하게 하지 않음이 없으며'는 『맹자』「공손추」 상에 나오는 말.

89 『맹자』「공손추」 상에 나오는 말.

까. 안회顏回가 누추한 골목에 살면서도 그 즐거움을 바꾸지 않고, 증점曾點[90]이 기수沂水에서 몸을 씻은 후 노래하면서 돌아온다는 것이 바로 이를 말합니다.[91]

무엇이 뜻(志)이겠습니까? 뜻이란 마음이 가는 바이니,[92] 뜻이 가면 아무리 견고해도 들어가지 못할 데가 없고, 아무리 높아도 닿지 못할 곳이 없습니다. 그 지향指向에는 사특함과 올바름의 나뉨이 있어, 어진 이가 어진 이 된 까닭과 어리석은 이가 어리석은 이 된 까닭이 이에서 비롯됩니다. '순임금은 어떤 사람이고 나는 어떤 사람인가? 노력하는 자는 또한 순임금처럼 될 수 있다'[93]라고 한 것은 안연의 뜻이요, '근심하면 어찌하겠는가. 순임금과 같이 되도록 할 뿐이다'[94]라고 한 것은 맹가孟軻(맹자)의 뜻이었습니다.

고사高士가 왕후王侯를 섬기지 않는 것, 의사義士가 살신성인하는 것, 용사勇士가 단단한 갑옷을 입고 날카로운 칼을 잡아 한번 떨치면 적의 삼군三軍이 달아나고 궤멸되는 것, 이는 그 뜻은 비록 다르나 올바르다는 점에서는 매일반입니다. 걸桀이 임금이 되자 '하늘의 해와 내가 다 망했으면 한다'[95]라고 했고, 정政(진시황)이 황제가 되자 신하를 바다로 보내 신선을 구했으며, 도척盜跖은 따르는 무리가 9천이었고 천하를 횡행했지만 향하는 곳에 앞을 막는 이가 없었으니, 이 모두가 뜻이 아닌 게 없습니다. 그러므로 도에 뜻을 둔 자는 이理와 의義가 주主가 되어 물욕이 작용하지 못하고, 이익에 뜻을 둔 자는 물욕이 주主기 되므로 이理와 의義가 들어올 수 없습니다. 그래서 '뜻은 기의 장수다'라고 한 것입니다."

---

90   공자의 제자로, 증자(曾子)의 아버지다.
91   안회의 일은 『논어』 「옹야(雍也)」에 나오고, 증점의 일은 『논어』 「선진(先進)」에 나온다.
92   『맹자집주(孟子集註)』 「공손추 장구」 상(上)에 나오는 주희의 주석.
93   『맹자』 「등문공(滕文公)」 상(上)에 나오는 말.
94   『맹자』 「이루(離婁)」 하(下)에 나오는 말.
95   이런 취지의 말이 『서경』 상서 「탕서(湯誓)」에 보인다.

용호龍虎

혹자가 또 물었다.

"용호龍虎를 수련하면 신선으로 화化할 수 있습니까?"

청한자가 말했다.

"비록 지극한 이치는 아니지만 그런 일이 있습니다."

혹자가 말했다.

"상세히 좀 가르쳐주시기 바랍니다. 옛날에 신우神禹(신령한 우임금)가 큰 솥을 주조하자 도깨비가 그 모습을 숨길 수 없었고 온교溫嶠가 무소 뿔을 태우자 물속의 요괴가 그 모습을 감출 수 없었다고 하니, 성인을 배우는 자는 천하의 이치를 궁구하여 천하의 일을 징험한 뒤에야 그릇되고 편벽된 마음이 들어오지 않고 정성스럽고 한결같은 이치가 마음에 간직될 것입니다."

청한자가 말했다.

"훌륭하군요, 그대의 질문은! 그대를 위해 한번 분변해보리다. 대저 용호란 납과 수은이요,[96] 정기鼎器(연단煉丹하는 그릇)란 건곤이요, 문무文武란 화후火候(연단할 때 불의 세기를 이르는 말)이니, 정련精鍊하기를 무릇 아홉번 해서 단丹을 이룹니다. 이것이 그 대략입니다.

좀더 상세히 말한다면 용龍이란 남방 이괘離卦의 용이요, 호虎란 북방 감괘坎卦의 호입니다.[97] 대개 동쪽은 청룡靑龍이 되고 서쪽은 백호白虎가 되니, 이것이 상리常理입니다. 이제 동방의 목木이 동방에 있지 않고 화火와

---

96 도가의 연단(鍊丹)에는 내단(內丹)과 외단(外丹)이 있다. 내단은 정(精)과 기(氣)를 정련(精鍊)하여 금단(金丹)을 이룸으로써 신선이 된다고 하고, 외단에서는 납과 수은을 정련하여 금단을 만들어 복용함으로써 신선이 된다고 한다. 외단에서는 용호가 납과 수은을 가리키나, 내단에서는 물과 불을 가리킨다. 김시습이 여기서 말하고 있는 것은 내단이다.

97 이괘와 감괘는 『주역』의 괘 이름. 이괘는 불에 해당하고, 감괘는 물에 해당한다.

더불어 남쪽에 위치하고, 서방의 금金[98]이 서방에 있지 않고 수水와 더불어 북방에 함께 처하면, 백호가 변하여 흑호黑虎가 되고 청룡이 변하여 적룡赤龍이 되니, 목화木火와 금수金水로 용호를 삼아 납과 수은에 부쳐 말한 것입니다. 단丹을 만들 때 용龍을 내몰고 호虎를 불러서 그 정精을 삼키고 마시는데, 한번 숨을 내쉬고 들이쉴 때 둘을 마시고 먹어, 호는 엎드리고 용은 내려와 날지도 못하고 달리지도 못해 합쳐서 하나가 되는 것, 이를 '연鍊'이라고 이릅니다.[99]

정기鼎器를 건곤乾坤이라고 하는 것은 대개 사람의 신체에서 머리는 건乾이고 배는 곤坤이기 때문입니다. 처음 앉을 때 신神을 모아 안을 비추어서, 보는 것을 거두어들이고 듣는 것을 그쳐, 눈으로 코를 마주하고 코로는 배꼽을 마주하며 몸을 평평하고 바르게 하는 것이 곧 정기鼎器를 편안히 하는 것입니다. 정기가 편안해지면 한번 숨을 내쉬고 들이쉴 때 저 원기元氣를 도둑질할 수 있습니다. 이리하여 단丹이 감坎 안에 생기는데, 화火의 핍박으로 인해 자리에서 나와 삼궁三宮[100]을 거쳐 내려와 입으로 들어가니, 이것이 곧 단을 복용하는 것입니다.

화후火候란, 정기鼎器와 약물을 제외한 나머지 60괘,[101] 즉 둔괘屯卦와 몽괘蒙卦 이하 기제괘既濟卦와 미제괘未濟卦까지가 정鼎 밖에 벌려 있어 주천周天[102]의 화후가 되는 것입니다. 문무화文武火[103]란 연호鉛虎(납인 호虎)가 금金에 속해 그 성질이 지극히 강하지만 감坎 안에 간직되어 있어 맹렬하게 몹시 단련하지 않으면 날아오를 수 없으므로 무화武火를 써서 핍박해야 하

---

98 음양오행에서 동방은 목(木)에 해당하고 서방은 금(金)에 해당한다.

99 '연단(鍊丹)'의 '연'을 설명한 말.

100 도가에서 사람의 몸 안에 있다고 하는 강궁(絳宮, 눈), 옥당궁(玉堂宮, 귀), 명당궁(明堂宮, 코)을 말함.

101 『주역』 64괘 중 건괘(乾卦), 곤괘(坤卦), 감괘(坎卦), 이괘(離卦)를 제외해 60괘가 된다.

102 도가에서 기가 몸에서 한 바퀴 도는 것을 이르는 말.

103 '문무화'에서 '문화(文火)'는 약하고 은근한 불을 말하고, '무화(武火)'는 센 불을 말한다.

며 문화文火를 베풀 수 없다는 것과, 홍룡汞龍(수은인 용龍)이 목木에 속해 그 성질이 지극히 유柔하지만 이離 속에 숨어 있어 한번 진연眞鉛(참 납)을 보면 자연히 움직이지 않으므로 문화文火를 써서 단련해야 하며 무화武火를 베풀 수 없다는 것을 말합니다.

'천지의 원기를 도둑질한다'는 것은 수련하여 오래 사는 이유가 정기正氣를 도둑질하기 때문이며, 정기를 도둑질하는 것은 호흡이 있기 때문입니다. 날숨은 뿌리에 이르고 들숨은 꼭지에 이르니, 이것으로써 기氣를 훔쳐 단전丹田으로 보내는 것입니다.

사람의 호흡은 천지의 호흡과 같으니, 동지 후에는 날숨이 되고 하지 후에는 들숨이 되는데 이것이 일년의 호흡이요, 자시子時(밤 11시에서 1시 사이) 이후는 날숨이 되고 오시午時(오전 11에서 오후 1시 사이) 이후는 들숨이 되는데 이것이 하루의 호흡입니다. 하늘의 한 해와 하루는 사람이 한번 숨쉬는 것과 같습니다. 그런 까닭에 1원元의 수數가 12만 9600년인데, 대화大化에 있어서는 1년이 됩니다. 이제 단丹의 도道로써 말한다면 하루에 1만 3500의 호흡이 있는데, 한 호흡이 1식식息이 되니 1식 사이에 하늘 운행의 1만 3500년의 수數를 몰래 빼앗는 것이 되고, 1년 360일은 486만 식이니 하늘 운행의 486만년의 수를 몰래 빼앗는 것이 됩니다.

이리하여 더럽고 탁한 몸을 다 바꾸어 순양純陽(순전한 양陽)의 몸이 되게 하니, 처음에는 기氣를 바꾸어 '대화자연용태지례大華自然龍胎之醴'라 이름하고, 다음에는 피를 바꿔 '옥태경액지고玉胎瓊液之膏'라 이름하고, 다음에는 맥脈을 바꿔 '비단자황유정飛丹子華流精'이라 이름하고, 다음에는 살을 바꿔 '주광운벽지유朱光雲碧之映'라 이름하고, 다음에는 골수를 바꿔 '구상홍화신단九象紅華神丹'이라 이름하고, 다음에는 힘줄을 바꿔 '대청금액지화大清金液之華'라 이름하고, 다음에는 뼈를 바꿔 '구전상대지단九轉霜臺之丹'이라 이름하고, 다음에는 머리털을 바꿔 '구정운영九鼎雲英'이라 이름하고, 다음에는 형체를 바꿔 '운광석류비단雲光石流飛丹'이라 이름하니, 이것이 구전九轉[104]의 차례입니다.

삽시간에 태胎를 맺은 후 백일 만에 영험이 나타나고, 열달 만에 태가 옹글며, 1년 만에 소성小成하고, 2년 만에 대성大成하며, 9년에 이르러 구변九變(구전九轉을 말함)을 거쳐 음陰이 다하고 양陽이 순전純全해져서 공이 이루어지고 도력道力이 가득해, 세상일을 다 마친 후에 세상을 떠나 홀로 서서 천지와 나이를 같이할 수 있으니, 이것이 바로 장생長生하고 초탈超脫하는 술법입니다.

대략 이와 같은데, 여기서 자세히 다 말할 수는 없습니다. 그렇지만 오래 살거나 일찍 죽는 것은 본래 운수가 있어 천명天命에 매인 것인데, 어찌 삶을 훔쳐 편안할 수 있겠습니까. 진실로 오래 살기를 소나무처럼 한다면, 하늘을 거스르고 명命을 알지 못하는 것이라고 해야겠지요.

주회암朱晦庵(주희)이 시를 지어 읊기를, '표표히 신선의 무리를 배워/세상을 떠나 운산雲山의 사이에 있네/현명玄命(천명)의 비밀을 훔쳐 열어/몰래 생사生死의 관문을 엿보네/금정金鼎에 용호龍虎를 서리게 해/3년간 신령스런 단丹을 기르네/금단金丹을 먹으면/대낮에 날개가 돋아 승천昇天한다지/내가 그 술법 좇고자 해서/발 벗고 따라 한다면 어려울 건 없지만/다만 두려운 건 천리를 어기는 것/삶을 훔쳐 어찌 편안하겠나'[105]라고 했고, 공자는 『주역』「계사전」에서 말하기를, '성인이 역易을 지어 천지의 도道를 두루 엮어냈으니, 위로는 천문天文을 관찰하고 아래로는 지리地理를 살폈다. 그러므로 유명幽明의 연유를 알고, 시초를 궁구하고 끝을 살펴 생사生死의 설說을 알며, 정기精氣가 물物을 이루고 유혼遊魂(떠돌아다니는 기)이 변화하므로 귀신의 정상情狀을 알 수 있다. 천지와 더불어 서로 비슷하므로 어긋나지 않고, 지혜가 만물에 두루 미치고 도道가 천하를 건지므로 지나치지 않다. 널리 행해도 넘치지 않고, 천도天道를 즐거워하고 천명을 알

---

104 아홉번 정련하여 금단(金丹)을 만드는 것을 말한다.
105 주희가 지은 「감흥 20수」의 제15수.

므로 근심하지 않는다'[106]라고 했습니다.

　그러니 성인이 역易을 지은 것은 천지를 본떠 만물을 곡진히 이루며, 길흉의 이치를 밝히고 생사의 변화를 드러내고자 한 것일 뿐입니다. 어찌 이 생生의 밖에서 다시 다른 생을 훔치겠습니까."

『청한잡저 2』

무사無思[107]

　청한자淸寒子가 말했다.

　"옛사람은 도를 실천함에 있어 항상 촌음寸陰을 아꼈으며 게으른 적이 없었는데, 지금 사람은 종일 우두커니 앉아 생각도 없고 헤아림도 없으니 어느 때 도를 깨닫겠소?"

　이 말에 객이 힐난했다.

　"대저 도는 자연自然(절로 그러함)이라 생각도 없고 헤아림도 없거늘, 생각하고 헤아린다는 건 망령된 것이오. 도를 닦으면서 생각하고 헤아릴 수 있겠소?"

　청한자가 말했다.

　"생각이 없고 헤아림이 없는 것이 도의 본체이기는 하나, 정밀하게 생각하기를 게을리하지 않는 것이 실효를 얻는 요체라오. 늘 세간世間의 일을 보건대 한번 생각하지 않으면 만가지 일이 어긋나거늘, 하물며 지극히 참되고 망령됨이 없는 도를 게을러서야 얻을 수 있겠소? 그러므로 계문자季

106　『주역』「계사전」상(上)에 나오는 말.
107　'생각이 없음'이라는 뜻.

文子는 세번 생각한 뒤 행동했고,[108] 공자는 생각에 대한 아홉가지 조목을 세웠고,[109] 증자曾子는 '생각한 뒤에 능히 얻는다'라고 기록했고,[110] 공자는 '멀리 생각하라'라고 훈계했으니,[111] 천성이 총명하여 억지로 애쓸 필요가 없는 사람이 아니라면 어찌 생각을 하지 않을 수 있겠소? 또 사람의 기질은 어둡기도 하고 밝기도 하며 어리석기도 하고 지혜롭기도 해 같지 않으니, 부지런히 애쓰지 않으면 어찌 성인聖人과 같이 될 수 있겠소? 반드시 생각과 헤아림을 가다듬고 정밀하게 해 날로 단련하고 달로 연마하여 스스로 깨닫는 경지에 나아간 후에야 '도란 생각도 없고 헤아림도 없다'라고 말할 수 있을 것이오."

객이 말했다.

"방내方內[112]에서의 가르침은 예법과 풍기風紀가 찬연히 질서가 있어 삼강오륜과 팔조八條·구경九經[113]이 처음부터 마지막까지 조리가 분명해, 부자父子로부터 군신君臣에 이르기까지, 격물格物로부터 평천하平天下에 이르기까지, 존현尊賢으로부터 회제후懷諸侯에 이르기까지, 위로 제왕으로부터

---

108 『논어』「공야장(公冶長)」에 나오는 말. '계문자'는 춘추시대 노(魯)나라의 대부.

109 『논어』「계씨(季氏)」에 나오는 다음과 같은 공자의 말. "볼 때에는 밝게 볼 것을 생각하고, 말을 들을 때는 총명할 것을 생각하고, 안색은 온순하게 할 것을 생각하고, 모습은 공손히 할 것을 생각하고, 말할 때는 정성껏 할 것을 생각하고, 일할 때에는 공경히 할 것을 생각하고, 의심날 때는 질문할 것을 생각하고, 화날 때는 어려움을 생각하고, 재물을 얻을 때에는 의리에 합당한가를 생각해야 한다."

110 『대학』에, "생각한 후에 능히 얻는다"라는 말이 나온다. 주희는 이 말이 증자가 공자의 말을 기록한 것으로 보았다.

111 『논어』「위령공(衛靈公)」에 "공자가 말하기를, '사람이 먼 생각이 없으면 반드시 가까운 근심이 있다'라고 했다"라는 말이 보인다.

112 세상 안, 즉 이 세상을 말한다. 세상 밖은 '방외(方外)'라 한다.

113 '팔조'는『대학』에서 말한 격물(格物), 치지(致知), 성의(誠意), 정심(正心), 수신(修身), 제가(齊家), 치국(治國), 평천하(平天下) 여덟 조목을 말하고, '구경'은『중용』에서 말한 국가와 천하를 다스리는 아홉가지 도인 "수신(修身), 존현(尊賢, 어진 이를 높임), 친친(親親, 친척을 친히 함), 경대신(敬大臣, 대신을 공경함), 체군신(體群臣, 여러 신하들의 마음을 체찰함), 자서민(子庶民, 백성을 사랑함), 내백공(來百工, 백공들을 오게 함), 유원인(柔遠人, 먼 지방의 사람을 회유함), 회제후(懷諸侯, 제후에게 은혜를 베풂)를 말한다.

아래로 서민에 이르기까지 학문을 하는 순서가 있으므로, 오늘 한가지 일을 끝내고 내일 한가지 일을 끝냄으로써 날로 몸에 배고 달로 연마되어 성인聖人에 이른 뒤에야 마는 것이라오. 그러므로 『주역』에서 '의義를 정밀히 하여 신묘한 경지에 들어간다'[114]고 찬미했으며, 전傳[115]에서는 신중히 생각하고 밝게 분변하는 공효功效를 기록했으니, 천하의 일로 하여금 환하게 조리가 있어 문란하지 않게 한 후에야 세상에 살면서도 조수鳥獸나 이적夷狄과 같은 무리가 되지 않는 것입니다.

이와 달리 방외方外의 승려는 문득 세상과의 인연을 끊는지라, 백가지 헤아림이 모두 한적하여 위로는 제후나 임금에게 허리를 굽히지 않고 아래로는 친척을 공경하는 것도 끊고서 조수鳥獸와 더불어 즐거움을 함께해 담박함을 참된 귀의처로 삼거늘, 무엇에 마음을 둘 것이며 무엇을 생각하고 헤아리겠습니까."

청한자가 말했다.

"방외인이 담박하다는 것은 진실로 맞는 말이나, 만일 깨달음을 얻은 최상의 경지에 이르지 못했을 경우 생각을 하지 않을 수 있겠소? 대저 세상 사람들은 선禪이 선정禪定에 들어 편안하고 한석한 것이라 여길 뿐, '선'이라는 글자가 생각하고 명상하며 고요히 헤아린다는 뜻인 줄 모르고 있소.[116]

대저 하늘과 땅 사이에 사람이 가장 신령하여 지혜가 만물의 으뜸이니, 비록 세간世間과 출세간出世間이 길은 다르다 할지라도 하루라도 배우지 않을 수 있겠으며 하루라도 생각을 하지 않을 수 있겠소? 배우기만 하고 생각을 하지 않는다면 얻음이 없고, 생각하기만 하고 배우지 않는다면 위

114　『주역』「계사전」하(下)에 나오는 말.

115　『중용』을 말한다.

116　'선(禪)'은 산스크리트어 'Dhyana(禪那)'에서 온 말로, 정려(靜慮) 혹은 사유수(思惟修)라 번역된다. 진정한 이치를 사유하고, 마음을 한곳에 모아 고요한 경지에 드는 일을 뜻한다.

태하지요.[117] 생각이란 사특한 생각이 아니라 어떻게 도를 닦을지를 생각하는 것이요, 헤아림이란 망령된 헤아림이 아니라 어떻게 배울지를 헤아리는 것입니다. 비록 뜰을 거닐고 들판을 어슬렁거리면서 눈으로 보고 마음으로 생각함으로써 차츰 정신을 함양한다 할지라도 배움을 폐하지는 못합니다. 그러므로 산에 오르면 그 높음을 배울 것을 생각하고, 물에 임하면 그 맑음을 배울 것을 생각하며, 바위에 앉으면 그 굳음을 배울 것을 생각하고, 소나무를 보면 그 곧음을 배울 것을 생각하며, 달을 대하면 그 밝음을 배울 것을 생각해야 합니다. 만물의 형상이 다같이 밝은 마음 속에 나타나지만 저마다 장점이 있으니 우리는 모두 이를 빠짐없이 배우고 그 묘함을 정밀하게 연구해 신령한 경지에 들 수 있습니다. 나는 도를 닦는 절역絕域 (멀고 외진 곳)이 있음을 알지 못합니다."[118]

산림山林

청한자가 말했다.

"옛사람은 비록 산림에 처하여 산봉우리와 시냇가에서 생활해도 반드시 규범이 있어, 나가면 일대一代의 스승이 되고 움직이면 만세萬世의 법이 되었는데, 지금은 정실淨室(절방)이 밝고 환하며 자리는 따뜻하고 정돈되어 있지만 해이하고 태만하니 어찌 도에 나아가고 도를 닦을 수 있겠소."

객이 또 이리 힐난했다.

"규범은 속세의 법이고, 소탈하고 자유로우며 거리낌 없이 행동함은 산림의 초탈한 태도가 아니겠습니까? 시냇물을 손으로 움켜 마시고 명아주 잎

---

117 『논어』「위정」에 나오는 공자의 말.

118 김시습은 출세간의 방외에서 도를 닦는 데 배움과 생각이 필요하다고 주장하고 있다. 이로써 유교와 불교를 회통시키고, 방내와 방외의 경계를 허물고, 교(敎)와 선(禪)을 통일시키고 있다.

을 지져 먹으며, 몸이 세상에서 벗어나 한가한 처지에 있거늘, 무슨 규범을 돌아본단 말이오?"

청한자가 웃으며 물었다.

"그대가 말한 규범이란 뭐요?"

"법도지요."

"법도란 뭐요?"

"의관을 정제整齊하고 보는 것을 존엄하게 해 삼가고 조심하는 것이니, 위엄이 있어 두려워할 만한 것을 '위威'라 하고 예의범절이 있어 본받을 만한 것을 '의儀'라고 하지요.[119] 저 산림의 선비는 해어진 삼베옷이 발꿈치와 무릎을 겨우 가리고 젖혀 올린 갈건葛巾이 귀밑을 덮지도 못하거늘, 어찌 띠를 점잖게 매고 의관을 근엄히 할 리가 있겠소? 또 사슴이나 물고기나 새는 법도를 세우는 무리가 아니며, 높은 바위와 깊은 구렁은 걸음을 단정히 할 곳이 못 되거늘, 그대가 말한 규범을 어디다 쓰겠소?"

청한자가 껄껄 웃으며 말했다.

"그대는 한갓 세간의 법만 알고 출세간의 법은 모르고 있구려. 내 잠시 그대를 위해 가르쳐드리리다. 대저 도는 정해진 길이 없고, 법은 정해진 표준이 없다오. 그대는 몸을 꾸미는 데 법도가 있음만 알고 대도大道의 풍도風度는 알지 못하고 있소. 대개 선비가 지키는 것은 도이고, 견지하는 바는 뜻이니, 도를 지키면 비록 복장을 꾸미지 않더라도 위의가 드러나고, 뜻을 견지하면 행동이 규범을 넘어서더라도 법도가 찬연한 법이라오. 머리를 깎고 문신을 하는 것이 비록 법도에 맞지는 않지만 공자는 그 덕을 칭찬했고,[120] 소 잡는 칼을 놀리거나 소를 먹이는 데에 어찌 장상將相의 풍모가 있

---

119 '위의(威儀)'는 위엄이 있고 예법에 맞는 태도를 뜻한다.

120 『논어』「미자(微子)」에, 공자가 우중(虞仲)과 이일(夷逸)을 평해 "숨어 살면서 말을 함부로 했으나 몸은 깨끗함에 맞았고 벼슬하지 않음은 권도(權道)에 맞았다"라고 한 말이 나온다. '우중'은 주나라 고공단보(古公亶父, 태왕)의 차남인 중옹(仲雍)을 말하는데, 오(吳)나라에 살 때 머리를 깎고 문신을 했다.

으리오만 제환공齊桓公은 기용하여 보필로 삼았으니,[121] 이런 것을 곧 규범이라 할 것이오.

방외의 승려가 도를 지킴이 독실하지 못하고 뜻을 세움이 확고하지 못하면 굶주림이 그의 목숨을 다하게 할 수도 있고 궁박함이 그를 죽게 할 수도 있거늘, 어찌 시냇물을 손으로 움켜 마시는 것이 임금이 세번 불러주는 은총보다 낫다고 하겠으며, 명아주를 뜯어 먹는 것이 일생의 기쁨이 된다 하겠소. 반드시 말린 양식과 풀을 먹지만 그 도량이 광대하고, 허름한 집에서 가난하게 살지만 그 뜻이 담박하여, 요순堯舜을 빚어내고,[122] 고금古今에 부침浮沈하며, 자연自然의 흐름에 따라 노닐며 무위無爲의 경지에서 맑고 담박하게 되니, 몸이 규범을 따르지 않아도 사람들이 바라보고 의젓하다 여기고, 초근목피草根木皮로 살아도 만물이 우러르며 더욱 높다고 여깁니다. 그래서 물고기와 새와 원숭이도 그 덕에 감화되고, 사람과 하늘과 뭇사람이 그 도를 사모하지요. 대저 이와 같으므로 일대一代의 스승과 만세萬世의 법이 될 수 있는 거라오."

객이 말했다.

"도가 있는 승려는 산림에 엎드려 있어 인간 세상을 다 잊었으므로, 어떤 이익으로도 그 마음을 움직이지 않고 어떤 영예로도 그 절개를 훼손하지 않거늘, 어찌 성급하게 일대의 스승이니 만세의 법이니 하며 저 방외의 승려를 논한단 말이오."

정한자가 말했다.

"그대의 말이 훌륭하기는 훌륭하지만, 도가 있는 사람이 왜 도가 있는지

---

121 강태공은 조가(朝歌)에 있을 때 극도로 곤궁해 소 잡는 일을 하기도 했으나 뒤에 주나라 문
      왕에게 기용되었다. 춘추시대 위(衛)나라 사람 영척(甯戚)은 제(齊)나라 동문(東門) 밖에서
      소를 먹이면서 소의 뿔을 두드리며 노래를 불렀는데, 제환공이 그를 알아보고 기용하였다.
122 덕성과 능력이 엄청나다는 뜻.『장자』「소요유(逍遙遊)」에 "그분(神人)은 먼지와 때, 쭉정이
      와 겨 같은 것을 가지고도 도공(陶工)처럼 요순을 빚어낼 수 있는데, 뭣 때문에 외물(外物)
      을 일삼으려고 하겠는가"라는 말이 나온다.

는 모르시는구려. 대개 도가 있는 승려는 산림에 엎드려 있는 것도 원하는 바가 아니요, 세상에 도를 행하는 것 또한 바라는 바가 아니라오. 행함 직하면 행하고 그만둠 직하면 그만두니, 말린 소똥으로 토란을 구워 먹다 추위에 콧물을 훌쩍거리며 길이 은거한 이도 있고,[123] 흔연히 석장錫杖을 짚고 산에서 나온 이도 있다오.[124] 때가 된 뒤에 움직이면 움직임이 도에 어긋나지 않고, 미더운 다음에 말하면 말이 덕화德化에 어긋나지 않는 법이오. 이익을 위하지 않기 때문에 그 말이 굳세고 곧으며, 이름을 사랑하지 않기 때문에 그 행동이 엄정하고, 구차히 살려고 하지 않기 때문에 그 담론이 임금을 움직이며, 죽음을 두려워하지 않기 때문에 그 법이 속된 마음을 깨우칠 수 있소. 왕이나 제후가 예禮로써 공경한다고 해서 높은 것이 되지 않고, 종들과 어울린다고 해서 낮은 것이 되지 않으며, 이단이라고 백방으로 헐뜯어도 그 도는 더욱 굳고, 사특한 비방을 일삼으며 공격해도 그 종宗[125]은 깎이지 않소. 대저 이를 도가 있는 승려라 이르고 일대의 스승, 만세의 법이라 이르지요. 이런 사람은 도덕이 충일해 가릴 수 없으니, 스스로 자랑하고 스스로 천거해 영예와 이익을 구하는 자와 견줄 수 없다오."

삼청三請[126]

객이 말했다.

"옛날의 고승高僧 중에 임금이 세번 청해도 가지 않은 이가 있는가 하면 그림자조차도 산에서 나간 적이 없는 이도 있는데, 만물을 교화하지 않고 홀로 제 몸만 선하게 하려고 한 게 아니겠소? 세상의 어진 선비가 전담이

---

123 당나라의 고승 명찬(明瓚) 선사의 일화다. 명찬 선사는 흔히 그 호 나찬(懶殘)으로 불린다.
124 송나라 간당 행기(簡堂行機) 선사의 고사를 말한다. 행기는 도를 깨치자 산에서 나와 설법을 했다.
125 불교에서 교의(敎義)의 진체(眞諦), 즉 진리를 가리키는 말.
126 '임금이 세번 청하다'라는 뜻.

나 토목 공사장에 숨어 있다가[127] 임금이 세번 초빙해 나간 자도 있고 한번 불러 나간 자도 있으니, 이는 도를 행하고 백성을 위한 것이었으며 임금을 요순堯舜과 같이 만들기 위해서였소. 세속의 선비도 오히려 이러하거늘 하물며 진실로 위에서 말한 고승이야 말할 나위가 있겠소? 만일 식자識者가 들으면 '보배를 품고 있으면서 나라를 혼란한 상태로 방치했다'[128]고 기롱할 텐데 어찌 생각하시오?"

청한자가 말했다.

"무슨 이런 꽉 막힌 말을 하시오. 부처님의 법은 청정淸淨과 과욕寡慾에 있으므로 만물과 다투지 않으니, 산속에 있으면 그 도가 높고 바깥 세상에 행해지면 그 법이 엄하다오. 세상이 혼탁해 사람들이 그 법을 따르지 않더라도 걱정할 게 없고, 시절이 태평하여 모두가 그 도를 행하더라도 기뻐할 게 없지요. 도로써 처하기에[129] 비록 산야山野에서 궁하게 살더라도 그 즐거움을 바꾸지 않고, 법으로써 나가기에[130] 비록 임금을 대해 경전을 담론하더라도 그 뜻이 교만하지 않으니, 유유자적하고 어디에도 구속됨이 없는 것, 이것이 고승의 행동거지라오.

세속의 어진 선비는 그렇지 아니하여 어려서 배우고 장성하여 행하고자 하거늘, 불행히 세상이 어지럽고 시절이 위태로워 임금이 신하의 간언諫言을 따르려는 마음이 없고 조정에 간사한 신하들이 설치면, 어떤 이는 북해北海의 물가에서 낚시나 하고 어떤 이는 동문東門에 갓을 걸어놓고 떠났지만,[131] 그 바라는 바는 임금을 복희伏羲나 황제黃帝 같은 성군聖君으로 만들어 세상을 구제해서 화락하게 하는 것이지요. 그러므로 비록 산림에 의

127 　이윤(伊尹)이 전답에 숨어 있었고, 부열(傅說)이 토목 공사장에 숨어 있었다.
128 　『논어』「양화(陽貨)」에 나오는 말.
129 　도를 간직해 산야에 있다는 뜻.
130 　법(불법)을 펴고자 세속에 나간다는 뜻.
131 　북해에서 낚시한 이는 강태공이다. 후한(後漢)의 봉맹(逢萌)은 왕망의 신하 되기를 꺼려 동도(東都)의 성문에 의관을 걸어놓고 요동(遼東)으로 떠났다.

탁해 늙더라도 임금과 나라를 길이 생각하고, 몸을 창우倡優에 부치더라도 임금을 보필할 생각을 잊지 않으며, 몸은 비록 떠나더라도 마음은 높은 궁궐에 걸려 있고, 비록 은둔했다 할지라도 뜻은 충신의 반열에 있으니, 이것이 사군자士君子의 마음가짐이외다. 만약 임금이 성스럽고 신하가 어질어서 훌륭한 선비를 두루 구하는데도 오히려 큰소리나 고상한 이야기를 하면서 끝내 나가지 않는 것은 사군자의 바람과는 어긋나니 어찌 얼른 일어서서 나가지 않을 수 있겠소.

고승은 그렇지 않소이다. 삼유三有[132]로 한집을 삼고 사생四生[133]을 하나의 환상으로 여겨, 담담하게 세상을 떠나고 훌쩍 속세와 단절해 피차彼此의 정을 잊어버리고, 또 궁달窮達(곤궁과 영달)에 대한 생각을 끊어, 나가더라도 수레와 일산日傘의 화려함이 없고 은거하더라도 나라를 저버렸다는 허물이 없으며, 담화로 사람을 깨우쳐줄 만하면 격려하여 북돋워주고, 세상 형편이 떠날 만하면 미련 없이 돌아가니, 평탄하고 화평함이 봉황이 우는 것 같고 기린이 나타난 것 같으며, 스스로 갔다 스스로 오는 것이 구름과 같고 학과 같거늘, 대체 무슨 관계가 있다고 세상에 나가느니 은거하느니 하는 논의에 참여하겠소?"

객이 말했다.

"그렇다면 그 도는 맑고 담박해 임금을 보필하고 백성을 구제하는 방법이 결핍되었는데, 어찌 일대의 스승이 되고 만세의 법이 되겠소? 또 스승으로 삼을 바는 무엇이며, 본받을 바는 어떤 일이오?"

청한자가 말했다.

"스승으로 삼을 바는 마음이외다. 대저 마음이란 허명虛明(텅 비고 밝음)

---

132 불교에서 욕계(欲界), 색계(色界), 무색계(無色界)를 말한다. '삼계(三界)'라고도 한다.

133 생물이 나는 네 가지 형식인 태생(胎生), 난생(卵生), 습생(濕生), 화생(化生)을 말한다. '태생'은 사람과 축생처럼 모태에 의탁하여 나는 것을 말하고, '난생'은 새처럼 알에서 나는 것을 말하고, '습생'은 이·벼룩·쥐며느리처럼 습기에서 나는 것을 말하고, '화생'은 제천(諸天)처럼 의탁하는 바 없이 무(無)에서 홀연 생겨나는 것을 말한다.

하여 환하게 비치며, 무시로 드나들어 향하는 곳을 알지 못하니, 미혹되면 미치고 방탕하여 돌아오는 것을 잊게 되고, 깨달으면 원만하고 밝아서 잃어버리지 않지요. 상지上智의 자질로 남보다 크게 뛰어난 사람이 아니라면 애써 알려고 하고 힘써 행해도 오히려 미치지 못합니다. '이른바 저 사람'[134]이란 깊은 근원을 환히 통찰하고 만가지 변화를 궁구해, 형상으로 나타나기 전에 단속해 지키고 무궁한 변화를 신묘하게 활용하며, 정定과 혜慧(선정禪定과 지혜)를 균등하게 하여 만법萬法의 근원을 정밀히 탐구하고, 지행智行(앎과 실천)을 겸전兼全하여 아득한 시초를 마음으로 깨닫습니다. 그 신령함을 말한다면 작은 터럭으로 대천세계大千世界[135]를 채우고, 그 묘함을 말한다면 성상性相이 삼제三際에 융합되며,[136] 그 도를 말한다면 귀신도 엿보지 못하고, 그 덕을 말한다면 용천龍天[137]이 흠모하여 우러러봅니다.

그러니 스승으로 섬긴다는 것은 한갓 예禮를 묻거나 정치를 물어 그때의 시무時務를 결단하거나 수업을 받아 의혹을 해소해 일시 필요할 때 도움을 받는 것이 아니라, 실로 받아 써도 다함이 없는 보배를 얻어 만세에 무궁토록 전하는 것입니다. 이 보배를 갖고 위에 있으면 높아도 위태롭지 않고, 이 보배를 갖고 아래에 있으면 순順하여 거스르지 않습니다. 이것을 오륜五倫에 베풀면 오륜이 지극히 질서가 있고, 이것으로 오전五典[138]을 다

---

134 『시경』 소아 「백구(白駒)」에 이 말이 나오는데, 세상을 벗어나 은둔하려는 현인(賢人)을 가리킨다.

135 삼천대천세계(三千大千世界)의 별명. 불교에서, 소천세계(小千世界)를 천개 합친 것이 중천세계(中千世界)이고 중천세계를 천개 합친 것이 대천세계(大千世界)라고 함. 대천세계에는 소천·중천·대천의 3종의 천(千)이 있으므로 삼천대천세계라고 한다.

136 '성상'은 법성(法性)과 법상(法相)을 말한다. 법성은 만유(萬有)의 본체, 즉 진여(眞如)를 말하고, 법상은 만유의 자태를 말한다. '삼제'는 전제(前際)·중제(中際)·후제(後際)를 말하니, 삼세(三世) 즉 전세(前世)·현세(現世)·내세(來世)와 같다.

137 불법을 수호하는 여덟 신장(神將)인 천(天), 용(龍), 야차(夜叉), 아수라(阿修羅), 가루라(迦樓羅), 건달파(乾闥婆), 긴나라(緊那羅), 마후라가(摩睺羅迦)를 말한다. 팔부중(八部衆)이라고도 한다.

138 부의(父義), 모자(母慈), 형우(兄友), 제공(弟恭), 자효(子孝), 즉 아버지의 도리, 어머니의 자

스리면 오전이 지극히 질서가 있으니, 만사萬事를 다스리고 만인萬人을 거느리는 데 이르기까지 어느 것인들 이 보배의 묘용妙用이 아니겠습니까."

송계松桂[139]

객이 말했다.

"마음으로 전함[傳心]의 오묘함은 진실로 이미 가르침을 들었소. 하지만 세간과 출세간은 서로 멀기가 소나무와 계수나무와 같거늘, 이를 사물에 베풀 수 있겠으며, 이것으로 나라를 다스릴 수 있겠소? 본받을 바는 어떤 일이오?"[140]

청한자가 말했다.

"본받을 것은 그대의 말처럼 속세의 티끌을 멀리 여의는 것일 테지요. 또 이익을 다투고 살기를 탐함은 중생들의 일반적인 정이라 세상의 혼란함을 따라 미혹한 무리가 빠져들지만, 이 사람은 그렇지 않습니다. 멀리 은거하여 세상에 구하는 것이 없어, 명예와 이익 보기를 골짝의 메아리처럼 하고, 생사生死를 보기를 끓는 물과 불꽃처럼 하거늘, 뭇사람이 모두 더러워도 제 혼자 화락和樂하고, 뭇사람이 모두 명리名利에 급급해도 제 혼자 한적하고 편안해, 성시城市에 노닐면 빈 배가 물결에 떠 있는 듯하고, 산림에 숨으면 외로운 구름이 자유로운 듯하지요.

그러므로 천자도 신하로 삼을 수 없고, 제후도 벗으로 삼을 수 없습니다. 그 마음을 보면 옥으로 만든 병을 얼음 골짝에 둔 듯하고, 그 말을 들으면

애로움, 형의 우애, 아우의 공손함, 아들의 효성스러움을 말한다.

139 소나무와 계수나무를 말하니, 세간과 출세간이 소나무와 계수나무처럼 서로 아주 다르다는 뜻이다.

140 앞의 「삼청」에서 객은 "스승으로 삼을 바는 무엇이며, 본받을 바는 어떤 일이오?"라고 물었는데, 청한자는 이 두 질문 중 '스승으로 삼을 바가 무엇인가'라는 질문에만 대답했다. 그래서 객은 여기서 또다시 본받을 바가 무엇인지 물은 것이다.

큰 폭포를 용문龍門에 걸어둔 듯하니, 저 성대하고 아름다운 명망을 인성
人性을 갖춘 자라면 그 누가 본받으려 하지 않겠소. 만약 그가 탄 말의 고삐
를 잡아 속세에 머물게 한다면 반드시 성인聖人인 공자 문하의 안연顔淵이
나 맹자孟子 같을 거요."

객이 말했다.

"출세간의 고아高雅함에 대해서는 상세히 들었소. 성현이 지나가기만
해도 그곳 사람들이 교화되고 성인이 있는 곳이 신神처럼 교화가 행해지
는 묘함은 쉽게 엿보기 어려운데, 만일 온 세상 사람으로 하여금 점차 그
도에 젖어들고 그 덕성에 훈도되게 한다면 장차 조정에는 어진 신하가 남
아 있지 않고 민간에는 속인俗人이 남아 있지 않을 것이니, 다 불도佛徒가
되어 모두 멀리 숨으려는 뜻을 품고, 모두 청정淸淨의 길을 밟고자 할 것입
니다. 하지만 이렇게 되면 삼강三綱[141]이 없어지고 구법九法[142]이 무너져버
리지 않겠습니까? 임금을 복되게 도와주고 백성을 길이 편안하게 하는 요
체要諦가 무엇인지요?"

청한자가 말했다.

"한 모퉁이를 들면 세 모퉁이로 반응해야 하고 지나간 것을 말하면 다가
올 것을 알아야 하거늘, 그대는 어찌 그리 식견이 얕고 고루하오? 상고上古
의 밝고 태평한 시대의 성군聖君과 어진 신하에 대해서는 일단 말하지 않
겠소. 주周나라가 쇠망한 뒤로 진한秦漢시대로부터 지금에 이르기까지 어
찌 일대一代라도 송곳만 한 이익을 다투지 않은 적이 있으며, 한 치의 공功
을 도모하지 않은 적이 있었습니까? 진晉나라[143]가 쇠퇴함에 이르러서는

---

141 유교의 세가지 기본 강령인 '군위신강(君爲臣綱)' '부위자강(父爲子綱)' '부위부강(夫爲婦
     綱)'을 말한다. 임금은 신하의 벼리, 아버지는 자식의 벼리, 남편은 아내의 벼리가 되어야 한
     다는 뜻.

142 『서경』「홍범」에서 언급된 구주(九疇), 즉 오행(五行), 오사(五事), 팔정(八政), 오기(五紀),
     황극(皇極), 삼덕(三德), 계의(稽疑), 서징(庶徵), 오복(五福)을 말한다.

143 후한 말에 삼국이 끝나고 조씨(曹氏)의 위(魏)나라가 들어서며, 위나라에 이어 사마씨(司馬

군웅이 할거하여 강한 자는 임금이 되고 약한 자는 백성이 되었고, 재주와 언변이 넉넉한 자는 주모자가 되고 이욕利欲을 탐하는 자는 부림을 받아, 풍속이 병들고 사람들이 근심하게 되었소. 만일 석씨釋氏(부처)의 가르침으로 그 분수에 안분자족하지 않았다면, 장차 날랜 자는 뽐내어 싸우고 꾀가 있는 자는 조용히 도모하여 들판의 사람들이 모두 벌떼처럼 일어났을 터이니, 어찌 보전할 수 있었겠소.

이때 서진西晉에는 지둔支遁과 도안道安의 무리가 있어 왕씨王氏·사씨謝氏와 노닐고,[144] 동진東晉에는 혜원慧遠과 혜지慧持의 무리가 있어 유씨劉氏·뇌씨雷氏와 더불어 은거했으니,[145] 그 청담淸談과 고상한 의론이 사람의 입과 귀를 감동시켜 모두를 자비롭고 욕심이 없는 곳으로 향하게 했소. 그리하여 날랜 자는 그 분수를 지키고 꾀가 있는 자는 편안함을 얻었으며, 어질고 빼어난 선비는 모두 세속에 대한 생각을 버리게 되었으니, 서로 더불어 임천林泉에서 즐기며 말하기를, '인생은 잠시 부쳐 살 뿐입니다. 접때의 풍류와 즐거운 일이 거의 다 사라져 오로지 종일 근심에 잠겨 있을 뿐이니, 그대가 한번 오기를 기다려 만나서 이야기하며 소견하고자 하거늘 하

氏)의 진(晉)나라가 들어섰다. 진나라는 애초 장안(長安)에 도읍했는데 50년 뒤에 강동(江東)으로 옮겼다. 장안시대를 서진(西晉), 강동시대를 동진(東晉)이라 한다.

144 '지둔'은 동진(김시습이 '서진'이라 한 것은 착오다)의 승려로 왕탄지(王坦之), 사안(謝安) 등의 명사(名士)와 교유했다. 시 짓기를 좋아했으며, 노장(老莊)의 이치에 밝았다. 진나라 애제(哀帝)의 초청을 받아 불경을 강의하기도 했다. '도안'은 동진의 승려로 중국 초기 불교의 기초를 닦은 학승(學僧)이다. 중국 불교 교단을 창설해 혜원(慧遠)을 비롯한 많은 문하생을 길렀으며, 왕과 귀족들로부터 신임과 존경을 받았다. '왕씨'는 왕탄지를 가리키고, '사씨'는 사안을 가리킨다.

145 '혜원'은 동진의 승려로 중국 정토교(淨土敎)를 창시했으며 염불 결사(結社) 백련사(白蓮社)를 결성했다. 여산(廬山)의 동림사(東林寺)에 머물며 30년 가까이 은둔했는데, 교단(敎團)이 융성해져 승려와 지식인에게 많은 감화를 주었다. 유교와 노장학에도 밝아, 유가(儒家)인 도연명, 도교 신봉자인 육수정(陸修靜)과 교유했다. '혜지'는 혜원의 동생으로 형과 함께 도안(道安)의 제자다. '유씨'는 유유민(劉遺民)을, '뇌씨'는 뇌차종(雷次宗)을 말한다. 모두 동진의 고사(高士)들이다. 혜원은 유유민, 뇌차종 등의 선비들과 함께 백련사를 결성하였다.

루가 천년 같사외다'【사안謝安이 지둔에게 보낸 편지】라고 했고, 혹은 말하기를, '임금과 신하가 서로 의심하여 쓸데없이 서로 비방하니, 진晉나라는 반석 같은 굳건함이 없고 민심은 달걀 쌓아놓은 것처럼 위태한데, 내가 뭣 땜에 벼슬을 하겠소'【유유민劉遺民이 혜원에게 한 말】라고 했으니, 지인至人(더없이 덕이 높은 사람)의 가르침이 위태로운 세상을 격동해 골수에 스미거늘 어찌 교화되지 않는 자가 있겠소?

그러므로 계숭契嵩이 원공遠公(혜원)의 영당影堂(사당)에 쓰기를,[146] "사해四海가 가을빛인데 신령스런 산이 그 가운데 솟았으니 원공은 그처럼 맑고 높다. 흰 구름 떠 있는 붉은 골짝에 아름다운 나무와 풀이 있으니 원공이 거주하던 곳이다"[147]라고 하여, 천만년 뒤 그 풍모를 들은 자로 하여금 개연히 일어나게 했으니, 세상을 부지扶持하고 백성을 도운 자취가 드러난다고 할 것입니다.

석씨의 근본 뜻은 자애慈愛를 우선으로 삼으니, 임금 된 자로 하여금 백성을 사랑할 바를 알게 하고, 아비 된 자로 하여금 자식을 사랑할 바를 알게 하며, 남편 된 자로 하여금 아내를 사랑할 바를 알게 해, 위로는 그릇되고 어긋난 정치가 없게 하고, 아래로는 시해하고 반역하는 생각을 끊게 함으로써, 천하의 사람들로 하여금 모두 평온하게 살면서 농사와 누에치기에 힘쓰고 처자를 기르며 어른을 공경하고 어린이를 보살피게 하는 것이외다. 그러므로 비록 인仁이니 의義니 하는 말은 없으나 죽이지 말고 도둑질하지 말라는 깨우침이 이미 인의仁義의 자취를 드러내고 있다 할 것이니, 임금을 복되게 도와주고 백성을 길이 편안하게 하는 공功이 또한 더할 나위 없다 할 것입니다."

---

146 계숭(1007~1072)은 북송 초기의 운문종에 속한 고승으로 광서성 심진(鐔津) 출신이며, 호는 명교(明敎)이다. 유불일치론을 주장했으며, 사대부의 불교 배척과 공격으로부터 불교를 옹호하는 데 힘을 쏟았다. 저술로는『전법정종기(傳法正宗記)』『보교편(輔敎編)』등이 있으며, 사후 문도들에 의해『심진문집(鐔津文集)』이 엮어졌다.

147 계숭의『심진문집』권13「원공의 영당 벽에 쓰다(題遠公影堂壁)」에 나오는 말이다.

부세扶世[148]

객이 말했다.

"세상을 부지扶持하고 백성을 돕는다는 데 대해서는 이미 가르침을 받았소. 다만 싯달타(석가)가 나라를 버리매 아버지와 아내가 다 슬퍼했고, 양무제[149]가 사신捨身[150]하매 조정이 기댈 곳을 잃었으며, 위후魏后[151]가 절을 지으매 진주로 꾸민 방이 일천 칸이었고, 수 문제隋文帝[152]가 탑을 세우매 불교 음악이 길에 가득해 인륜을 어지럽히고 만백성을 동요시켰으니, 대체 훌륭한 데가 어디 있단 말이오? 네 사람의 훌륭한 점은, 상도常道에 어긋나지만 의리에는 부합하는 권도權道란 말이오? 아니면 지나침과 부족함의 문제일 뿐이라는 게요? 그대가 앞에서 한 말과 반대됨이 어찌 그리 심하오?"

청한자가 말했다.

"인과응보와 윤회의 설은 괴이하고 허탄해 통달한 사람도 혹 몹시 놀라니 무시해버려 논하지 않기로 하고, 싯달타의 일을 논해보기로 하겠습니다. 싯달타는 서역西域의 왕자였습니다. 동쪽 중화의 입장에서 서역을 논할

---

148 세상을 부지(扶持)한다, 즉 세도(世道)가 이루어지도록 돕는다는 뜻.

149 동진(東晉)이 망한 뒤 송(宋), 제(齊), 양(梁)으로 이어지는데, 양의 첫 황제가 무제다. 무제는 치세 전반기에는 나라를 잘 다스렸으나 후반기에는 불교를 혹애해 '황제보살'로 불렸다. 무제는 불경에 직접 주석을 붙이기도 했으며, 동태사(同泰寺)라는 절을 지어 막대한 재물을 보시함으로써 국가 재정의 궁핍을 초래해 나라를 기울게 했다.

150 앞의 각주 29를 참조할 것. 중국에서는 사신이 동진(東晉) 말부터 시작되어 육조(六朝)시대에 성행했으니, 양 무제는 세번 사신하여 세번 절의 종이 된 뒤 절에 많은 돈을 바치고 자신을 속량(贖良)했다.

151 양자강 이북에 세워진 북위(北魏)의 제8대 황제 선무제(宣武帝)의 비(妃)인 영태후(靈太后)를 말한다. 아들 효명제(孝明帝)가 어린 나이로 제위에 오르자 섭정을 했는데, 불교에 지나치게 빠져 전국에 사탑(寺塔)을 건립해 재정을 파탄나게 했으며 방탕한 생활을 함으로써 북위의 멸망을 초래했다.

152 수 양제(隋煬帝)의 아버지다.

경우 오랑캐이지만, 서역에서는 가유伽維[153]를 높여 상국上國으로 여깁니다. 그러므로 서역 사람들은 가유를 가리켜 중국이라 하고 그 임금을 가리켜 전륜성왕轉輪聖王[154]이라 하니, 돌궐突厥이 그 추장을 가리켜 칸이라 하고 토번吐番이 그 임금을 가리켜 찬보贊普라고 하는 것과 같은 유類입니다.

서쪽 오랑캐 종족은 성품이 대개 패역悖逆하므로 왕위를 탐하여 그 부친을 시해한 자도 있고【아사세왕阿闍世王】,[155] 보물을 다투다가 그 형을 살해한 자도 있으며【악우태자惡友太子】,[156] 여색을 탐하기도 하고【아난阿難】,[157] 공격하고 약탈하여 만족할 줄 모르는 자도 있으며【전승戰勝】,[158] 인색하나 부끄러움이 없는 자도 있어【노지盧至】,[159] 하지 못하는 짓이 없는 것은 그 땅이 중화中華에서 멀어 예악과 문물이 미치지 못하고, 규범과 법도가 이르지 못한 까닭입니다. 진秦나라 풍속이 사납고 정鄭나라 음악이 음란한 데서 보듯 중국도 오히려 그러하거늘, 하물며 풍토가 다르고 말소리가 달라 성왕聖王의 교화가 미치지 않은 곳이야 어떠하겠습니까. 풍습이 나쁘다는 걸 단연코 알 수 있습니다.

만일 싯달타가 그 보위寶位를 가볍게 여겨 지극한 도를 사모함으로써 어리석은 백성을 깨우치지 않았다면, 그 누가 눈이 멀고 귀가 먼 중생을 인도

---

153 석가의 탄생국인 카필라국(國)을 말한다. 가유라위(迦維羅衛), 가비라(伽毘羅), 가이라(迦夷羅)라고도 한다.

154 인도 신화에 나오는, 무력에 의하지 않고 정법(正法)에 의해 세계를 정복·지배하는 이상적인 제왕을 이른다.

155 기원전 6세기 인도 북동부 마가다국의 왕으로, 부왕 빔비사라를 죽이고 즉위했다.

156 『대방편불보은경(大方便佛報恩經)』「악우품(惡友品)」에, 바라내국의 선우(善友)와 악우 두 태자 이야기가 나온다. 형 선우는 보시를 좋아하고 동생 악우는 사리사욕에 급급한 인물이다. 선우가 여의주를 얻기 위해 해외로 가는데 악우도 따라간다. 악우는 형이 얻어 온 여의주를 자기가 차지하기 위해 형의 두 눈알을 뽑아버리고 귀국한다. 이 이야기는 석가의 본생담(本生譚)으로 알려져 있다.

157 석가의 사촌동생으로 십대제자의 한 사람이다. 석가의 말을 가장 많이 들었으므로 '다문제일(多聞第一)'로 불린다. 인물이 잘생긴 탓에 출가 후 많은 부녀자들로부터 유혹을 받았다.

158 인도 사위국(舍衛國)의 태자 이름.

159 사위성(舍衛城)에 살던 석가와 동시대의 부자 이름.

해 그 그릇된 마음을 바로잡을 수 있었겠습니까. 그러므로 군자는 백성을 교화하는 바가 넓고 그 잃는 바가 작으면 행하는 것이요, 그 잃는 바가 크고 교화하는 바가 작으면 행하지 않는 법입니다. 이 때문에 순순임금은 부모에게 고하지 않고 장가든 적이 있고, 우禹임금은 자식을 돌보지 않고 치수治水 사업에 힘쓴 일이 있으며, 탕湯임금은 덕에 부끄러운 일이 있었고, 무왕은 뻔뻔스럽게 시해한 일이 있었으니,[160] 대개 어쩔 수 없어 한 일이지요. 아버지가 슬퍼하고 아내가 원망하여 비록 한때 상도常道에 어긋나기는 했어도 중생을 깨우친 것은 천고千古의 성대한 일이니, 이른바 일이 공을 이루어 공이 그 허물을 덮은 것입니다.

이 때문에 태자가 기미를 꿰뚫어 봐 몸과 목숨을 돌아보지 않고, 태자의 편안한 자리를 버리고 높은 설령雪嶺에 가 삼〔麻〕과 보리를 먹으며 극심한 굶주림을 꺼리지 않았으며, 기린과 학을 벗으로 삼아 세속의 은애恩愛가 몸을 얽어맴을 돌아보지 않았던 것입니다. 6년을 부지런히 수련하여 하루아침에 환히 깨달으니, 마치 달이 하늘에 걸린 듯하고 연꽃이 물 위로 나온 것 같았습니다. 즉시 보리수에 나아가 보좌寶座에 올라 낭랑히 말씀하시기를, '아! 모든 중생은 각각 참된 본성을 갖추었으나 망상에 빠져 깨닫지 못하고 있다. 내가 법고法鼓를 치고 법우法雨를 내려[161] 너희의 몽매함을 깨우치겠노라'라고 하니, 중생이 호응하여 일어나 말하기를, '싯달타는 성왕聖王의 아들인데도 탐욕을 버리고 애정을 떨쳐버려 흔연히 지극한 도를 구했는데 우리는 어떤 사람이기에 이 괴로운 윤회를 달갑게 여기는가?'라고 했습니다.

이에 억세고 용맹한 자가 전쟁을 그치고, 패역한 자가 찬탈을 그치며, 꾀 많은 자가 자신의 분수에 만족하고, 어진 자가 상도常道를 지켜, 서쪽의 오

---

160 은나라를 세운 탕임금은 하나라의 걸왕(桀王)을 시해했고, 주나라의 무왕은 은나라의 주왕(紂王)을 시해했다. 비록 폭군을 죽였다고 하나 신하로서 임금을 시해한 일에 해당한다.

161 불법을 말하는 것을 '법고를 친다'고 하고, 부처의 설법을 '법우'라고 한다.

랑캐가 염치를 아는 나라로 변하였고 비린내 나는 오랑캐가 성철聖哲의 땅
이 되었지요. 자비로 인도하고 청정淸淨으로 거느렸으니, 저 은혜를 끊고
의리를 저버렸다는 것은 탕임금과 무왕이 권도權道를 쓴 일과 같다 할 것
이오. 한 점의 구름이 어찌 맑은 하늘에 누累가 되겠소.”

양 무제梁武帝

“양 무제의 일은 선철先哲들이 이미 그르다고 했습니다. 옛날 양공梁公
소연蕭衍[162]이 책략을 좋아하고 문무의 재주가 있어 제齊나라의 혼란함을
틈타 황제의 선위禪位를 받아 나라를 차지하고 천하의 주인이 되었습니다.
즉위해서도 천성이 총명하고 지혜로웠으며, 박학하고 문장에 능했고, 효
성스럽고 자애롭고 공손하고 검소했으며, 재능이 많음이 남들보다 뛰어
났습니다. 불교에 인과응보와 천당지옥의 설이 있음을 보고서는 돌아가
신 부모의 은혜를 갚고 백성들을 교화하여 이롭게 하고자 불교를 탐구해
그 종지宗旨를 궁구하고, 장재長齋[163]하고 사신捨身하는 등 하지 않는 바가
없었습니다. 그 뜻은 전일專一했지만 애석하게도 형식에 빠져 참다운 뜻을
궁구하지 못해 부처가 마음 쓴 근원을 크게 잃어버렸습니다.

　그렇다면 부처의 뜻은 어떠한 것이겠습니까? 부처는 세상에 응해 중생
을 교화하니, 녹야원鹿野苑에서부터 금하金河에 이르기까지[164] 이치를 말
하고 일을 말하며 현묘한 것을 말했지만, 오직 이 마음을 궁구하고 이 이

162　양 무제의 성명이다. 남제(南齊)의 황제 소보권(蕭寶卷)을 죽이고 화제(和帝)를 옹립한 뒤
　　　1년 뒤 화제에게서 제위(帝位)를 선양받아 양(梁)나라를 세웠다.

163　재식(齋食)을 길게 계속함을 말한다. 재식은 하루 한 끼만 먹으며 정오를 지나서는 먹지 않
　　　는 수행법.

164　'녹야원'은 석가가 성도(成道)한 지 21일 뒤에 처음으로 설법해 다섯 비구(比丘)를 제도(濟
　　　度)한 곳으로, 중인도(中印度) 바라내국(波羅奈國) 왕사성(王舍城)의 동북쪽에 있다. '금
　　　하'는 중인도 마갈타국(摩竭陀國) 가야성(伽耶城) 동쪽에 있는 북으로 흐르는 강 이름으로,
　　　석가가 6년 고행 끝에 이 강에서 목욕한 뒤 붓다가야로 가서 보리수 아래에서 성도하였다.

치를 밝히려 했을 따름입니다. 이 마음을 궁구한다는 것은 그 천성을 다하는 것이요, 이 이치를 밝힌다는 것은 본래부터 있는 것을 온전히 하는 것입니다. 그러므로 300여 모임에서 단멸견斷滅見[165]을 설說하지 않았고, 49년 동안 항상 근원으로 돌아가는 묘리를 전파하되 다만 유有에 집착하는 자에게는 공법空法을 설하고 무無에 집착하는 자에게는 유법有法을 설했으니,[166] 형편에 따르고 병을 보고 처방을 내렸을 뿐입니다. 그래서 남종南宗의 혜능慧能[167]이 말하기를, '불법은 세간에 있으니 세간의 깨달음을 떠나지 않는다. 세간을 떠나 보리菩提[168]를 찾는 것은 토끼의 뿔을 찾는 것과 같다'라고 했지요.

양 무제는 부유하기로는 사해四海를 소유했고 높기로는 천자가 되었으니, 진속眞俗 이제二諦[169]로써 태자 통統[170]과 더불어 뭇 신하들과 의논하고 나이 많고 덕망 높은 사람에게 물어, 서로 고취하고 강마講磨하여 마땅히 속제俗諦도 버리지 말고 진제眞諦도 잊지 말아 진제로는 이치를 묵계默契하고 속제로는 만기萬機[171]에 응하여, 억조의 백성으로 하여금 근본에 힘쓰고 말단을 그치며,[172] 생업에 편안하고, 영원히 전쟁하지 말고 국토를 굳게 지키게 했어야 옳았을 것입니다. 그런데 어찌하여 이름을 탐내고 일을

---

165 사람의 색신(色身)과 일체의 만상(萬象)은 반드시 단멸(斷滅)되어 공(空)으로 돌아간다는 견해로서, 인과응보의 이치를 무시하는 사견(邪見)임.

166 '공법'은 만물과 만상(萬象)이 실체가 없고 공(空)함을 말하고, '유법'은 인연으로 인해 생긴 만물과 마음의 모든 현상을 말한다.

167 중국의 선풍(禪風)이 초조(初祖) 달마로부터 5조 홍인(弘忍)까지는 하나였으나 홍인의 문하에서 혜능, 신수(神秀) 둘이 나와, 점수(漸修)를 강조한 신수는 북경에서 크게 떨치고, 돈오(頓悟)를 강조한 혜능은 강남에서 크게 떨쳤다. 신수의 선풍을 북종선(北宗禪)이라 하고 혜능의 선풍을 남종선(南宗禪)이라고 한다.

168 붓다 정각(正覺)의 지혜.

169 불법(佛法)을 설명하는 두 방면인 진제(眞諦, 출세간법)와 속제(俗諦, 세간법)를 말함.

170 양 무제의 장남 소통(蕭統)은 흔히 소명태자(昭明太子)로 불리는데, 문학에 밝아 『문선(文選)』을 편찬했다. 불교에도 밝았는데 일찍 죽어 제위에 오르지 못했다.

171 임금의 여러 가지 일.

172 말업인 상업에 종사하지 않고 농업에 힘쓴다는 뜻.

벌이기를 좋아하여 오로지 부박浮薄하고 화려한 것만 숭상했으니, 그 선善은 도를 넓힌 게 아니고 그 덕은 만물을 이롭게 한 것이 아니며, 지혜로운 듯 꾸며 어리석은 이들을 놀라게 하고 명예를 자랑하느라 온갖 일로 백성을 번거롭게 했으니, 이런 일을 이루 다 말하기 어렵습니다. 또 수양壽陽을 습격하고 양성梁城을 취할 때[173] 장수에게 명하여 군대를 보내 죽인 사람이 한이 없었으니 탐욕스럽다고 할 만한데, 다른 한편으로는 인물을 수놓는 것을 금하고 종묘에 희생을 바치는 것을 그만두게 해 살생을 애석히 여기는 태도를 보였으니, 어찌 그리 상반된단 말입니까.

이미 생물의 목숨을 가엾게 여김이 이처럼 지극한 데 이르렀으면서도 몇 년간 위魏를 공격해 전쟁을 그치지 않았고, 10년 동안 둑을 쌓다가 죽은 사람들의 시신이 들판에 가득했건만, 탐욕과 분노의 마음이 불꽃처럼 타올라 사람이 죽는 것을 보기를 초개草芥처럼 여겼으니, 부처의 자비를 본받는 일과 또 어찌 그리 어긋남이 심하단 말입니까.

게다가 정월에 예주豫州를 침략하고 2월에 팽성을 공격하고서는 3월에 절에 사신捨身했으니, 앞의 침략이 옳다면 뒤의 사신이 그릇되고, 뒤의 사신이 옳다면 앞의 침략이 그릇된 것일 텐데, 다투어 침탈하기를 끊임없이 하면서도 사신 또한 그만두지 않아, 세 번 속신贖身한 후에 천자로 돌아오기에 이르렀습니다.[174] 사신은 뭐며 침탈은 뭐란 말입니까? 만일 사신하고자 한다면 나라의 성城이나 처자라도 아낄 게 없거늘 하물며 백성의 힘을 피폐하게 하고 남의 성을 빼앗는단 말입니까. 만일 자신의 것을 빼앗으려 한다면 그 터럭 하나도 못 뽑게 하면서 하물며 천자의 자리는 성인聖人의 큰 보배이고 종묘 사직은 사람과 귀신이 의지할 바인데 가볍게 사신한단 말입니까. 오직 잃을까 두려워하면서 다시 사신하고자 했으니, 이는 진실

<hr>

173　중국 양자강 북쪽 안휘성(安徽省)의 지명들.
174　양 무제가 세 번 사신해 절의 노비가 된 뒤 그때마다 많은 돈을 절에 희사해 속신한 일을 말한다.

로 무슨 마음입니까.

이른바 부처의 도란 굳건한 마음을 발發하고 과단성 있고 매서운 뜻을 일으켜 지극한 자비심으로 몸을 닦아 실상實相으로써 만물을 대하니, 비록 영원히 생사生死를 끊었으나 항상 생사의 마당에 처해 있고 이미 번뇌를 버렸으나 항상 번뇌의 지경에 머물러 있거늘, 혹은 전륜성왕[175]이 되고 혹은 장자長子(덕을 갖춘 사람)가 되어 인연에 따라 만물을 제도濟度하므로 그 광대한 이로움이 무궁합니다. 그러므로 그 행함은 질박하고 곧아서 거짓이 없고, 그 덕은 광대하고 넓어서 용납함이 있으니, 이를 일러 불승佛乘[176]이라고 합니다.

양 무제는 거짓된 마음으로 선善을 한다는 이름을 낚으려, 나라의 근본이 의거할 바를 잃는 것을 헤아리지 못하고 종묘 사직이 기울어 위태롭게 됨을 생각지 못한 채, 구구하게 이승二乘의 한 방편문方便門으로[177] 여래如來의 크고 둥근 바다로 들어가려 했으니, 얼토당토않음이 마치 똥을 새겨 향香을 구하고 모래를 쪄서 밥을 짓는 것과 같거늘,[178] 가당키나 하겠습니까. 그러니 달마를 만나자 안목이 동요했으며 후경侯景에게 포위되어 다급하게 죽었으니,[179] 이는 형세상 당연한 일이며 이상할 게 뭐 있겠습니까."

---

175 정법(正法)으로 온 세상을 다스린다는 인도 신화상의 임금. 하늘로부터 금(金)·은(銀)·동(銅)·철(鐵)의 네 윤보(輪寶, 수레바퀴 모양의 보물)를 얻어 이를 굴리면서 사방을 위엄으로 다스린다고 함.

176 부처의 교법(敎法).

177 '이승'은 성문승(聲聞乘)과 연각승(緣覺乘)으로, 자기만을 이롭게 할 뿐 타인을 이롭게 하기 위하여 보리(菩提)를 구하지 않는 소승(小乘)의 교법을 말한다. '방편문'은 근기(根機)가 아직 성숙하지 못하여 깊고 묘한 교법을 받을 수 없는 이를 위하여 적당한 권도(權道)를 써서 교화하는 법문을 말한다.

178 '똥을 새겨 향을 구하고 모래를 쪄서 밥을 짓는'은 『능엄경(楞嚴經)』에서 유래하는 말.

179 양 무제는 달마를 만나 대화했지만 달마의 말을 통 알아듣지 못했다. 이에 달마는 숭산(崇山)으로 가 면벽수도(面壁修道)했다. '후경'은 동위(東魏)의 장군이었는데 양 무제에게 투항하여 총애를 받았다. 뒤에 배반해 수도 건강(建康, 남경)을 함락시키고 무제를 유폐시켜 죽게 했다.

인주人主[180]

객이 다시 물었다.

"그렇다면 후세의 임금이 양 무제처럼 부처에 귀의해 정성을 다하고 부처의 자비를 본받되 당세의 폐가 되지 않고 뒷사람의 조롱을 받지 않으려면 어찌해야 합니까?"

청한자가 말했다.

"부처를 섬김은 인애仁愛를 다하여 백성을 편안히 하고 중생을 제도함을 근본으로 삼아야 하며, 불법을 구함은 지혜를 배워 일의 기틀을 꿰뚫어 봄을 우선으로 삼아야 합니다. 양 무제가 이미 자비가 불심佛心인 줄 알아 종묘의 제사에 희생을 금하고 채식을 했으며, 검소함으로써 스스로를 절제하고 사신하여 절의 노비가 되었으니, 마땅히 백성을 사랑하여 은혜를 베풀고 전쟁을 그쳐 인의仁義로 인도하며, 농사와 누에치기를 권하여 집은 넉넉하고 사람들은 풍족하며 하늘은 맑고 땅은 편안하여, 필부匹夫와 필부匹婦가 모두 그 있어야 할 곳을 얻게 했다면, 천하의 백성들이 풀이 바람에 눕듯 모두 성인聖人의 백성이 되기를 바랐을 것입니다. 이에 인의仁義로써 가르치고 충신忠信(참됨과 신실함)으로 인도하여 사방에 근심이 없고 사람과 신神이 서로 기뻐하게 했더라면 양 무제는 궁궐에서 팔짱을 끼고 있어도 존엄하기가 부처와 같았을 것인데, 어찌 꼭 성을 공격하고 땅을 빼앗아 패도霸道를 행한 뒤에라야 국토가 넓어지겠습니까? 참으로 불경의 이른바 '금륜金輪[181]이 세상을 다스리면 위력威力을 쓰지 않아도 복종한다'[182]는 것과 같으니, 그 효험이 이와 같소이다.

180　임금이라는 뜻. 김시습은 이 글에서 불교적 관점에서 군주란 어떠해야 하는지 논하고 있다.
181　전륜성왕의 하나인 금륜성왕(金輪聖王)을 말함.
182　『대루탄경(大樓炭經)』「고선사품(高善士品)」에 금륜성왕이 나타나자 여러 왕이 복종하는 이야기가 나온다.

살생하지 않는 것이 불심임을 이미 알았다면 마땅히 살리기를 좋아하는 덕이 백성의 마음에 젖어들게 하고, 인仁을 베푸는 은택이 사방에 퍼져서 형벌이 맞게 시행되고 포상이 공정하여 새와 짐승이 순순하고 사람과 신神이 화합하게 했더라면, 사해四海의 백성들이 춘대春臺에 오른 듯하고[183] 사해의 금수들이 영유靈囿[184]에 있는 듯하여, 스스로 나고 스스로 자라며, 스스로 날고 스스로 달리며, 바람과 비가 때에 맞고 음양이 차례를 지켜, 기린을 붙잡아 매어둘 만하고 작소鵲巢(까치집)를 더위잡을 만하여,[185] 「추우騶虞」와 「인지麟趾」의 교화가 팔방八方에 넘칠 터인데,[186] 하필 희생을 금하고 채식을 한 후에야 살생하지 않음을 말하겠습니까.

사신하는 것이 부처를 배우는 것임을 이미 알았다면 마땅히 사신하는 마음을 잘 미루어 겸손하게 자신을 낮추고,[187] 높은 데 있으면서도 아래를 구제하며, 날마다 하루같이 삼가고, 내가 용서하라고 해도 용서하지 말며,[188] 아래의 백성에게 허심탄회하게 물어 한가지 정사政事라도 혹 잘못될까 두려워하고, 꼴 베고 나무하는 이들에게 물어 한가지 덕이라도 혹 어그러짐이 있을까 오히려 걱정하며, 두루 도모하고 널리 물어 그 미치지 못한 것을 구한다면, 위로는 불심에 합하고 아래로는 백성의 뜻을 안정시킬

---

183 노자『도덕경』제20장에 나오는 말. '춘대'는 봄의 누대.

184 주(周)나라 문왕(文王)의 동산.『시경』대아「영대(靈臺)」에, "왕이 영유에 있으니/사슴이 엎드려 있네/사슴은 살지고/백조는 깨끗하네"라는 구절이 나온다.

185 『시경』소남(召南)「인지지(麟之趾)」에서 기린을 읊었는데, 주희는 이 시의 주석에서, 기린은 살아 있는 풀과 살아 있는 벌레를 밟지 않는다고 했다. 주희에 의하면 이 시는 문왕 비(妃)의 덕을 노래한 것이다. 또『시경』소남에「작소(鵲巢)」라는 시가 있는데, 주희의 해석에 의하면 남국(南國)의 제후가 문왕의 교화를 입어 제후의 비(妃)가 덕이 있음을 노래한 것이다.

186 『시경』소남에「추우(騶虞)」라는 시가 있는데, 주희의 해석에 의하면 문왕의 교화를 받은 남국 제후의 은택이 사물에 미친 것을 노래한 시다. '인지'는『시경』소남의「인지지」를 말한다.

187 『주역』겸괘(謙卦) 초륙(初六)의 상전(象傳)에, "겸손하고 겸손한 군자란 낮춤으로 자처함이다(謙謙君子, 卑以自牧)"라고 했다.

188 『서경』주서「여형(呂刑)」에 "내가 용서하라 하더라도 너는 용서하지 말라(雖休勿休)"라는 말이 나온다. 형벌 베풀기를 신중히 함을 이른다.

터인데, 하필 존엄한 임금이 사신하여 노비가 된 연후에야 불도佛道를 행한다고 하겠습니까.

『주역』에 이르기를, '겸謙은, 높은 이는 빛나고 낮은 이라 해도 넘을 수 없다'라고 했으니, 이것이 군자에게 유종有終의 미美가 있는 까닭이요,[189] 불법佛法이 희사喜捨[190]인 까닭입니다. 이 마음에 힘쓰지 않고 한갓 작다란 선善에만 매달려 만세萬世의 꾸짖음을 받는다면 이를 선이라고 할 수 있겠습니까. 그러므로 문중자文仲子[191]가 말하기를, '시서詩書가 성했으나 진秦나라 때 멸실滅失되었는데, 공자의 죄는 아니다. 불교가 성했음에도 양나라가 망한 것은 석가의 죄가 아니다. 『주역』에, 진실로 훌륭한 사람이 아니면 도가 행해지지 않는다라고 하지 않았던가'[192]라고 한 것입니다. 호문정胡文定[193]도 논하기를, '양 무제는 절에 사신하면서도 밖으로는 침탈했으니, 부처의 도를 행한 달마 같은 이는 이를 옳게 보지 않았다'[194]라고 했는데, 이 말이 옳다 하겠습니다.

옛날 진晉나라 석호石虎[195]는 부처를 섬겨 나라를 장악했는데, 살생과 형벌이 그치지 않자 부처를 섬겨도 아무 도움이 안 되는가 스스로 의심해 불도징佛圖澄[196]에게 물으니, 그가 말하기를, '임금이란 마땅히 마음으로 천

---

189 『주역』겸괘(謙卦) 단사(彖辭)에, "겸(謙)은 높은 이는 빛나고 낮은 이라 해도 넘을 수 없으니, 군자의 끝마침이다"라는 말이 나온다.

190 '자비희사(慈悲喜捨)'의 사무량심(四無量心)을 가리킨다. '자'는 중생에게 즐거움을 주려는 마음이고, '비'는 중생의 괴로움을 벗어나게 해주려는 마음이며, '희'는 중생으로 하여금 고통을 여의고 낙(樂)을 얻어 희열케 하려는 마음이고, '사'는 원친(怨親)의 구별을 두지 않고 중생을 평등하게 대하려는 마음이다.

191 수나라의 유학자 왕통(王通)의 호. 저서로『문중자』10권이 전한다.

192 『문중자』「주공편(周公篇)」에 나오는 말이다. 『주역』의 말은『주역』「계사전」하(下)에 나온다.

193 송나라 유학자 호안국(胡安國)을 말한다. 그 시호가 문정(文定)이다.

194 명(明)나라 하양승(夏良勝)의『중용연의(中庸衍義)』권3에는 주희의 말로 되어 있다.

195 5호 16국의 하나인 후조(後趙)의 제3대 황제. 갈족(羯族) 출신으로 후조를 세운 석륵(石勒)의 조카인데, 석륵의 아들을 죽이고 황제가 되었다. 성질이 잔인해 폭정을 자행했다. 석륵과 석호 모두 불교를 독실히 믿었다.

도天道를 본받아 늘 삼보三寶[197]에 합치되어야 합니다. 흉악하여 따르지 않는 자를 어찌 주벌誅罰하지 않을 수 있겠습니까만, 다만 형刑을 줄 만한 것에 형을 주고 벌罰을 줄 만한 것에 벌을 주어야지, 만일 형벌이 맞지 않으면 비록 재물을 기울여 부처를 받든들 무슨 보탬이 되겠습니까'라고 했습니다. 또 송宋 문제文帝가 구나발마求那跋摩에게 말하기를,[198] '나는 몸이 국사國事에 매여 있는지라 재계齋戒하여 살생을 하지 않으려 해도 불법佛法대로 할 수 없는 게 부끄럽소'라고 하니, 구나발마가 말하기를, '제왕과 필부는 닦는 바가 다릅니다. 제왕이란 다만 말을 하고 명령을 내리는 것을 바로 해서 사람과 신神을 기쁘고 화평하게 해야 하니, 사람과 신이 기쁘고 화평하면 바람과 비가 순조롭습니다. 바람과 비가 순조로우면 만물이 그 삶을 이룹니다. 이렇게 한 뒤 재계하면 재계 또한 지극하고, 이렇게 한 뒤 살생을 아니하면 덕 또한 클 것이니, 하필 반나절 음식을 먹지 않고 한마리 새의 목숨을 살려줘야 수행이 되겠습니까'라고 했다지요. 저 두 분의 말씀은 제왕의 권능을 알고 일의 기틀을 짐작한 것이라 할 만합니다."[199]

위주魏主[200]

"위魏나라 군주가 영녕사永寧寺와 요광사瑤光寺[201]를 지은 것 또한 부처

---

196 서역 구자국(龜玆國) 출신의 승려. 석륵과 석호가 떠받들어 국정(國政)에도 참여했다. 폭군이었던 석륵과 석호를 교화했으며, 절을 많이 건립하고 제자를 많이 양성해(도안이 그의 제자다) 중국 초기 불교의 발전에 크게 기여했다.

197 불(佛), 법(法), 승(僧)을 말함.

198 '송 문제'는 남조(南朝) 유송(劉宋)의 세번째 황제이고, '구나발마'는 북인도 왕족 출신으로 유송의 기원사(祇洹寺)에 머물면서 역경에 종사하다 입적했다.

199 '옛날 진나라 석호'라는 구절에서 여기까지는 북송의 승려 계숭(契嵩)이 저술한『보교편(輔教編)』의「광원교(廣原教)」에 나오는 말이다.

200 '북위의 군주'라는 뜻인데 여기서는 북위의 영태후(靈太后)를 지칭한다. 북위는 선비족이 건립한 나라로, 170년간 이어졌다. 황제의 성은 탁발(拓拔)인데 뒤에 중국의 성인 '원(元)'으로 고쳤다.

의 본래 마음이 아닙니다. 저 석가불釋迦佛은 금륜왕의 지위를 버려 곤룡포를 벗고 6년을 고행하며 굶주림과 상해傷害를 꺼리지 않고 일생 동안 예좌猊座[202]에 있으면서 항상 해어진 옷을 입었습니다. 처음에 곤룡포를 벗을 때에는 '번뇌를 끊는 듯하다'라고 했으며, 중생에게 계戒를 줄 때에는 '금은金銀의 돈을 쌓지 말고 중생을 위해 사치스러움과 화려함을 없애고 본업에 힘쓰라'고 했으니, 진실로 이와 같다면 영녕사와 요광사처럼 건물을 아름답게 하고 토목을 화려하게 하며 구슬로 장식해 사람들의 이목을 현란하게 하는 것이 어찌 부처가 바라는 바이겠습니까.

재물과 비단, 돈과 곡식은 백성의 기름을 긁어낸 것이요, 창고와 곳간은 백성의 피를 짜낸 것이니,[203] 윗사람이 축적하고 거둔 것이 많으면 아랫사람의 소쿠리와 동이는 텅 비게 되고, 윗사람의 사치와 화려함이 심하면 아랫사람의 옷이 온전하지 못합니다. 그러므로 임금이 복을 닦아서 좋은 나라를 만들려면 다만 만백성을 사랑하기를 어린 자식처럼 하고, 사해四海를 다스리기를 한 몸처럼 해야 할 것이니, 한 백성이 굶주리면 '내가 한 백성을 굶주리게 했다'라고 말하고, 한 백성이 추위에 떨면 '내가 추위에 떨게 했다'라고 말해, 넓은 사해와 수많은 백성들을 모두 돌보아 기르고 교화하는 범위 속에 두는 것이 참으로 복과 선을 닦는 길입니다.

위나라 때 와서 임금은 약하고 신하는 강하여 형세가 병을 거꾸로 매단 듯 위태했는데, 태후[204]는 게다가 음란하고 방자하기가 한량없어 총애하

---

201 '영녕사'는 북위의 효명제(孝明帝) 때 영태후(靈太后)가 발원하여 수도인 낙양성 남쪽에 건립한 황실 전용 사원으로 규모가 어마어마했으며 그 중앙에 높이 100미터쯤 되는 9층 목탑이 있었다. '요광사'는 북위 선무제(宣武帝) 때 낙양의 절로 비구니들이 거처했으며 방이 500여 칸이나 되었다. 비빈(妃嬪)이나 귀한 집 딸들이 출가한 곳이다.

202 부처의 상좌(牀座)를 말함. 사자좌(獅子座)라고도 한다.

203 비슷한 말이 본서에 실린 「애민의」와 「방본잠」에도 보인다.

204 북위 선무제의 비(妃)이자 효명제의 생모인 영태후를 말한다. 영태후는 어린 나이에 즉위한 효명제를 대신해 섭정을 했는데, 권력을 믿고 방탕하고 음란한 생활을 했으며 불교에 심취해 전국에 사탑을 세워 재정을 어지럽히고 백성을 피폐하게 만들어 도적의 봉기를 야기했

는 이가 조정에 가득하고, 정령政令이 이곳저곳에서 나왔으며, 상벌에 법도가 없고 기강이 크게 무너졌습니다. 수령은 탐욕스럽고 잔인하며 백성은 근심하고 원망했으며, 도적이 벌떼처럼 일어나고 전쟁이 그치지 않았으며, 조야朝野가 원통해하고 분격憤激했으며, 상하上下가 서로 의심했습니다. 왕실은 거의 기울었으나 채 망하지는 않았고 나라는 변란의 싹이 텄으나 아직 일어나지는 않은 상태, 이를 걱정하기는커녕 사치와 화려함을 일삼는 비용을 더욱 높이어 만백성을 괴롭혔습니다. 또 유위복有爲福은 무위복無爲福에 미치지 못하거늘,[205] 하물며 만백성의 탄식이 유위복보다 더 크니 말할 게 뭐가 있겠습니까.

일찍이 듣건대 부처가 계율로 삼은 것이 열가지인데, 그 첫머리에 있는 것이 살생, 도둑질, 음행淫行 세가지이니, 이 세 가지 악이 가득하면 부처도 구제할 수 없다고 했습니다. 전쟁을 그치지 않은 것은 살생이 심한 것이고, 도적이 벌떼처럼 일어난 것은 도둑질이 심한 것이며, 음욕淫慾이 한량없음은 음행이 심한 것입니다. 이 세가지 큰 죄를 짊어지고 부처에게 귀의하면 부처가 받아주겠습니까? 설령 구슬로 화려하게 꾸민 방이 천 칸이나 되며, 황금과 벽옥碧玉이 서로 어리비친다 한들 선善에 무슨 도움이 되겠습니까?"

청한자의 이 말에 객이 이렇게 물었다.

"그렇다면 불교에 '인연으로 복을 심는다'는 설과 '이전의 죄를 참회한다'는 말이 있는데 그대의 말대로라면 이것이 모두 헛된 말입니까?"

청한자가 말했다.

다. 효명제는 영태후의 전횡을 더 이상 볼 수 없어 제거하려 했지만 그 계획이 발각되어 독살당했다. 효명제 사후 얼마 되지 않아 영태후도 흉노족 출신의 장군 이주영(爾朱榮)에게 살해되었다.

[205] '유위복'은 상(相)이 있고 함(爲)이 있는 복으로 사람들이 함께 보고 함께 듣는 바로서 한량(限量)이 있고 다함이 있는 데 반해, '무위복'은 상도 없고 함도 없는 복으로 사람들이 보지 못하고 듣지 못하는 바로서 한량이 없고 다함이 없다.

"중생이 어리석어 미혹의 그물에 빠져 벗어나지 못하므로 부처가 방편
문方便門을 열어 실상實相을 보이고자 편의상 인연으로 복을 심은 일을 말
함으로써, 악을 행하면서 고치지 못하는 자로 하여금 반성할 줄 알게 하고
선을 행하나 미치지 못하는 자로 하여금 귀의할 바를 알게 했으니, 비록 백
가지 행실이 그 길은 다르다 할지라도 그 귀결점은 악을 징계하고 선을 따
르게 해 신명神明의 보우保佑를 얻게 함이 아닌 것이 없소. 또 복이란 온갖
순조로움의 이름이니, 임금이 임금의 도를 얻으면 임금의 도가 순조롭고,
신하가 신하의 도를 얻으면 신하의 도가 순조롭지요. 이로 말미암아 미루
어보면 남녀와 장유長幼가 각각 그 도를 얻으면 온갖 유類가 순조로워, 하
늘과 땅이 자리를 정하여 어지럽지 않고, 음양이 질서가 있어 어긋나지 않
음에 이릅니다. 그러므로 높고 낮음에 분별이 있고, 비가 오는 것과 맑은
것이 때에 맞아 만물이 번성하니, 이것이 복의 극치입니다. 만일 혹 임금이
임금의 도를 잃고, 신하가 신하의 도리를 잃으며, 남녀와 장유가 각각 그
도를 잃는 데 이른다면, 온갖 유類가 순조롭지 않아 추위와 더위가 정상과
어긋나고 음양이 질서를 잃으며 요사한 재앙이 자주 나타나 만물이 모두
초췌해지니, 이것이 화禍의 극치입니다.

그래서 불여래佛如來가 세상에 출현해 사람들에게 지혜로써 그 본성을
투철히 알게 권했으며, 저마다 그 도를 좇고 저마다 그 떳떳함을 지키게 한
것입니다. 그러므로 불경에서 이리 말했습니다. '내가 이제 진실한 말로
네게 고하나니, 만일 어떤 사람이 칠보七寶로 이곳 항하사恒河沙206처럼 많
은 삼천대천세계를 가득 채우는 보시를 한다면 그 복이 많겠느냐?' '몹시
많습니다, 세존이시여!' 부처가 말씀하셨다. '만약 어떤 사람이 이 경전의
법문法文 가운데 사구게四句偈를 받아 지녀 다른 사람에게 말해준다면 그
복덕은 앞의 복덕보다 훨씬 클 것이다.'207 이 경전은 곧 『금강반야경金剛般

---

206 항하의 모래라는 뜻으로, 아주 많은 것을 가리킨다. '항하'는 인도의 갠지스강.
207 『금강반야경』에 나오는, 부처와 그 제자 수보리(須菩提)의 문답이다. 부처가 말한 '앞의 복

若經』[208]입니다. 반야란 곧 지혜입니다. 참된 지혜로 어리석음을 깨뜨리면 장차 천리天理가 나타나고 인욕人欲이 사라짐을 보게 될 것입니다. 이로써 몸을 닦으면 몸이 닦아질 것이요, 이로써 집을 다스리면 집이 다스려질 것이요, 이로써 나라와 천하를 다스리면 나라와 천하가 다스려져 태평해지지 않음이 없으니, 이를 일러 '복을 심는다'고 하며, 이를 일러 '무위실상無爲實相'[209]이라고 합니다.

진실로 복의 도움을 얻으면 인천人天의 공경과 우러러봄, 이 둘이 족할 것입니다. 『주역』에 이르기를 '하늘이 도우니 길하여 이롭지 않음이 없다'라고 했고,[210] 공자의 「계사전繫辭傳」에 '우佑란 돕는다는 뜻이니, 하늘이 도와주는 것은 도리를 따르기 때문이요, 사람이 도와주는 것은 신의가 있어서다. 신의를 행하고 도리에 따를 것을 생각하며, 또한 어진 이를 높인다. 이런 까닭에 하늘이 도와서 길하여 이롭지 않음이 없다'라고 했습니다.[211]

위魏나라 태후는 위나라가 쇠약해져 임금은 약하고 신하가 문란할 때 부인으로서 높은 지위에 있었으니 도리를 따랐다고 하겠습니까. 부친에게 태상太上의 칭호를 더했으며 게다가 태후를 시해하고 임금까지 시해했으니 신의가 있다고 하겠습니까.[212] 어진 신하의 간언諫言을 듣지 않아 위급하고 망하는 데까지 이르렀으니 어진 이를 숭상했다 할 수 있겠습니까. 처

덕'은 유위복을 이르고, 뒤의 복덕은 무위복을 이른다.

208 '금강반야바라밀경(金剛般若波羅蜜經), 혹은 '금강경'이라고도 한다. 일체가 공(空)이라는 공관사상(空觀思想)을 밝히고 있으며, 공(空)에 기초한 지혜인 반야를 간결히 설명하고 있어 선종에서 중시하는 경전이다.

209 생멸과 인연을 여읜 진실된 모습.

210 『주역』 대유괘(大有卦) 상구(上九)의 효사다.

211 『주역』 「계사전」 상에 나오는 말.

212 이주영이 한 일을 가리킨다. 이주영은 흉노족 출신의 장군으로 북위 효명제 때 일어난 육진(六鎭)의 반란을 진압하는 과정에서 대군벌로 성장했다. 영태후가 자신의 아들 효명제를 독살하고 효문제(孝文帝)의 증손인 원쇠(元釗)를 등극시키려 하자 이주영은 군대를 이끌고 수도 낙양으로 들어와 영태후와 원쇠를 강에 빠뜨려 죽였으며 실권을 잡았다.

신이 이와 같은데 하늘이 돕겠습니까. 하늘이 돕지 않음은 복을 심는 것이 아닙니다.

또 참회란 서역 말로는 '참마懺摩'[213]이고 중국 말로는 '회과悔過'(잘못을 회개함)라 하니, 서로 이어지는 마음을 끊는다는 뜻입니다. 한번 끊으면 영영 다시 이어지지 않고, 한번 뉘우치면 영영 다시 하지 않으니, 이것이 우리 부처가 말한 참회의 뜻입니다. 태갑太甲이 진실한 덕을 다할 수 있었던 것이나 위衛나라 무공武公이 시를 지어 잘못을 뉘우친 것과 같은 일이 그러합니다.[214] 하지만 태후는 그 마음을 고치지 않았으며, 간언諫言을 막고 자기를 뽐냈으니, 참회할 수 있었겠습니까. 자신의 잘못을 고치지 않고 불법에 참회하는 것이 가능하겠습니까. 그 죄가 한량없는 까닭에 마침내 도적의 난리를 만나 끝내 멸망했으니,[215] 후세의 임금 된 이로서 부처의 마음을 통달하지 못한 채 방편에 빠져 한갓 허명虛名만 일삼고 겉치레에만 골몰하다가 이로 인해 왕위를 잃는 자는 이를 거울로 삼아야 할 것입니다."

수 문제隋文帝

"수 문제가 한 일은 비록 지극한 도道의 요강要綱이거나 나라의 급무急務는 아니었지만 또한 당시 선善을 좋아하는 임금이 선을 좋아하는 시대에 행한 하나의 성대한 일이라 할 것입니다. 수나라 문제는 북주北周의 선위禪位를 받고 나서,[216] 명민하고 검약하며 정치에 부지런하여, 재능에 따라 관

213　산스크리트어 Ksamaya의 음역. '인서(忍恕)' 혹은 '회(悔)'로 번역된다.
214　'태갑'은 은나라의 네번째 임금인데, 어린 나이에 즉위해 탕왕의 법도를 지키지 않고 덕을 어지럽혔다. 이에 재상 이윤은 태갑을 탕임금의 사당이 있는 동궁(桐宮)에 3년간 유폐시켰다. 태갑이 뉘우치자 이윤은 다시 태갑을 임금으로 맞이했다. '위나라 무공'은 90세에 「억잠(抑箴)」을 지어 자신을 경계했다.
215　반란을 일으킨 이주영에게 살해된 것을 말한다.
216　북위는 서위(西魏)와 동위(東魏)로 분열되는데, 서위를 잇는 나라가 우문씨(宇文氏)의 북주(北周)이다. 그 제4대 황제 선제(宣帝)의 장인인 양견(楊堅, 후의 수 문제)이 선제의 아들인

직에 임명하고 상벌을 미덥게 했으니, 강남의 300년 된 나라를 취하는 게 손바닥 뒤집듯 쉬웠으며,[217] 천하를 통일해 만백성이 번성했습니다. 농사와 누에치기를 권장하고 부역을 가볍게 해 개황開皇과 인수仁壽[218] 연간에는 의식衣食이 풍족했으니, 집집마다 넉넉하고 사람마다 요족饒足했습니다. 오랑캐의 임금이 머리를 조아리며 신臣이라 칭하고, 험한 산길을 넘고 바다를 건너와 조공했으니, 삼대三代[219] 이후 여태껏 없던 임금이었습니다. 그리고 다시 정각正覺(부처)에 귀의하여 사해의 백성들과 함께 보리菩提의 지경에 나아갈 것을 생각하였습니다. 예악과 문물은 이미 선왕의 제도를 따랐으니 자비로 세상을 제도함에 다시 부처의 가르침을 좇은들 무슨 상관이 있겠습니까.

그러므로 불교를 중국에 행함은, 가히 행함 직하면 행할 일이요 반드시 행하여 해가 되게 할 것은 없고, 가히 그만둠 직하면 그만둘 일이요 반드시 다 행하여야 이득이 되는 것은 아니라 할 것입니다. 버려 쓰지 않더라도 반드시 다 없애어 근원을 막기를 삼무三武[220]처럼 할 것은 없고, 행하여 마땅함을 얻더라도 반드시 탐닉하여 돌아오지 못하기를 두 군주[221]처럼 할 것은 없습니다. 치우치지 않고 경도되지 않고 지나치지 않고 모사라지 않는다면,[222] 가히 밝은 군주가 여력이 있어 불도를 행한다고 이를 만합니다."

청한자의 이 말에 객이 이렇게 물었다.

정제(靜帝)에게서 권력을 찬탈해 수나라를 세웠다.
217 수 문제가 남조 진(陳)을 멸망시킨 것을 말한다.
218 수 문제 때의 연호.
219 하, 은, 주를 말한다.
220 북위의 태무제(太武帝), 북주의 무제(武帝), 당(唐)의 무종(武宗)이 심하게 불교를 탄압했는데, 이 세 임금의 시호에 다 같이 '무(武)'자가 들어 있어 불교에서는 '삼무의 난'이라고 함.
221 양 무제와 북위의 영태후를 말한다.
222 '지나치지 않고 모자라지 않는다면'의 원문은 '불니불망(不泥不罔)'인데, 계숭(契嵩)의 문집『심진문집』의「광원교(廣原敎)」에 이 말이 나온다.

"일찍이 들으니 단檀을 행하는 것이 육도六度의 으뜸으로,[223] 한량없는 복을 얻는다고 하던데, 그 말이 망령된 것입니까?"

청한자가 말했다.

"아닙니다. 버림에는 세가지 버림이 있으니, 첫째는 마음 버림(사심捨心)이니 마음속의 번뇌를 놓아버리는 것을 이르고, 둘째는 몸 버림(사신捨身)이니 머리나 눈이나 손이나 발을 아끼지 않고 남에게 주는 것을 이르며, 셋째는 재물 버림(사재捨財)이니 진기한 보물이나 돈과 물건을 남에게 주는 것을 이릅니다. 대개 사람의 마음이 탐욕에 익숙해지면 교만이 생기므로 마음 버림을 권하고, 생사에 골몰하면 근심과 분노가 생기므로 몸 버림을 권하며, 재물과 보물을 탐하면 인색함과 비루함이 생기므로 재물 버림을 권합니다. 만약 먼저 마음 버림을 하면 다른 두가지는 버리려고 기약하지 않더라도 절로 진루塵累(업業의 구속)가 없어집니다. 그래서 여래가 아둔함과 미혹을 깨뜨리고자 세가지 버림의 법法을 설하셨으니, 만약 마음 버림을 하지 않는다면 몸 버림과 재물 버림을 백천만번 한들 도에 뭐가 이롭겠습니까."

객이 말했다.

"그대의 말과 같이 하면 후세의 임금과 백성이 부처를 숭상해 복을 짓는 일이 적어지겠소. 그대는 응당 진실된 말로 내게 일러주시오."

청한자가 말했다.

"그대에게 큰 힘이 있어 무리의 공경하고 우러르는 바가 된다면 그대는 허락하겠소?"

"허락하겠소이다."

---

223 '단'은 단나(檀那)라고도 하는데, 산스크리트어 Dāna의 음역으로 보시를 뜻한다. '육도'는 육바라밀(六波羅密)이라고도 하는데, 생사의 고해를 건너 열반에 이르는 여섯가지 방편인 단바라밀(보시), 시라바라밀(지계持戒), 찬제바라밀(인욕忍辱), 비리야바라밀(정진精進), 선나바라밀(선정禪定), 반야바라밀(지혜)을 이른다.

"여기 어떤 사람이 두려워하고 반성하며 그대에게 귀의한다면 그대는 허락하지 않겠소?"

"허락하겠소이다."

"여기 어떤 사람이 악은 감추고 선善만을 드러내며, 이름을 탐하고 이익을 구하면서 그대에게 귀의한다면 그대는 허락하겠소?"

"허락하지 않겠소."

"여기 어떤 사람이 처음에는 선하지 못함이 있었으나 허물을 뉘우쳐 자책自責하고, 예전에 나쁜 물이 든 것을 없애고 스스로 새롭게 되고자 하면서 그대에게 귀의한다면 그대는 허락하겠소?"

"오는 걸 허락하겠소."

"그렇다면 그대의 마음은 또한 성인의 마음이외다. 어찌 허물을 잘한 것처럼 꾸미고 잘못을 분식粉飾하면서 선한 체하며 이름을 구하는 이를 받아들일 수 있겠소."

인애仁愛

객이 기뻐하며 물었다.

"부처의 도道에 자비와 인애의 방도가 있으니 장차 고승을 국정에 참여하게 해도 좋겠소?"

청한자가 말했다.

"같은 짐승이라 하더라도 사슴이나 고라니가 마당에 오면 사람들이 모두 괴이하게 여기고, 개나 염소가 산에 살면 사람들이 모두 의아하게 여기는 것은, 그 사는 곳이 같지 않기 때문이오. 설사 고승을 기용한다 하더라도 과연 머리를 숙이고 굴레와 족쇄를 받으려 하겠소?"

객이 말했다.

"송宋나라 혜림慧琳이나 주周나라 회의懷義[224]는 모두 승려였는데도 출장입상出將入相하여 조정에서 더불어 국사를 의논했거늘, 다만 그 능력을 취할 일이지 어찌 승속僧俗을 논하겠소?"

청한자가 말했다.

"혜림은 재주와 학식이 있는 자이고, 회의는 교묘한 생각이 있는 자입니다. 비록 재능이 탁월하더라도 처신하는 데 도를 잃어 혹 흑의재상黑衣宰相이라는 비웃음을 사기도 하고 혹 형세를 취해 환관이 되었다는 조롱을 받기도 했습니다. 회의는 끝내 불순한 말을 해서 마침내 죽음에 이르러 삼교三敎²²⁵의 죄인이 되었으니, 어찌 고승의 반열에 두고 말할 수 있겠습니까."

객이 말했다.

"그렇다면 승려 가운데 어진 자와 유능한 자를 가려 승복을 벗게 한 다음에 기용하면 어떻겠습니까?"

청한자가 말했다.

"삼군三軍의 장수는 빼앗을 수 있어도 필부의 뜻을 빼앗을 수는 없소이다.²²⁶ 허유許由는 일개 가난한 백성이었음에도 방훈放勳(요임금)에게 굴하지 않았고,²²⁷ 엄광嚴光은 일개 세속의 선비였지만 또한 광무제光武帝에게 벼슬하지 않았으니,²²⁸ 저 두 임금의 어짊과 성스러움으로도 한 고사高士의 뜻을 돌이키지 못했거늘 하물며 다른 임금이야 말할 나위가 있겠습니

---

224 '송나라 혜림'은 승려로서 남조 송나라 문제(文帝) 때 국정에 참여해 '흑의재상(黑衣宰相)'이라는 조롱을 받았다. 흑의재상은 국정에 참여한 승려를 일컫는 말인데, 당시 승려의 옷이 검은색이기에 이런 말이 생겼다. '주나라'는 당나라 측천무후(則天武后)가 남편 고종(高宗)을 살해하고 세운 나라로 15년간 지속되었다. '회의'는 측천무후의 총애를 받아 권력을 행사했던 승려이다.

225 유교, 불교, 도교.

226 『논어』「자한(子罕)」에 나오는 말.

227 요임금이 덕이 있는 은자 허유에게 천하를 물려주려 하자 허유는 더러운 말을 들었다며 시내로 가서 자신의 귀를 씻었다는 고사가 있음.

228 '엄광'은 후한(後漢) 광무제의 어릴 적 친구인데, 광무제가 황제가 되어 벼슬을 시키려 불렀지만 응하지 않고 낚시로 소일했다.

까. 사람이 이 세상을 살아가매 궁할수록 더욱 굳건하고 위태로워도 절개를 지켜야 하거늘, 어찌 허둥지둥하며 요랬다조랬다 하겠습니까. 세상에 나와 승복을 벗는 자는 지인至人이 아니외다."

"송나라 탕휴湯休와 당나라 낭선浪仙[229]이 모두 승복을 벗고 나와 당세에 쓰였거늘, 군자는 때를 만나 움직이니, 또한 무슨 허물이 있겠습니까."

청한자가 말했다.

"덕이란 재주의 근본이요, 재주란 덕의 여사餘事입니다. 상고上古 이래로 재주는 넘치나 덕이 부족한 자는 처음에는 곧으나 뒤에 더러워지는 흠을 면치 못했습니다. 두 사람은 모두 글에 능하고 재주가 있는 사람이지만 도덕은 별로였습니다. 그래서 가생賈生[230]이 '기린을 묶어놓고 굴레를 씌우면 개나 양과 어찌 다르다 하겠는가'[231]라고 한 것입니다."

객이 말했다.

"당나라 영일靈一이나 관휴貫休, 송나라 가구可久나 혜홍惠洪은 모두 고승입니다만 사대부들과 서로 왕래해 시로詩老(시에 노성한 어른)라 불렸으니, 어찌 재주가 없다고 하겠습니까. 그대는 어찌해 재주를 하찮게 여기십니까?"

청한자가 말했다.

"영일은 율승律僧(계율을 지키는 승려)으로 맑고 고상함으로써 세상의 추앙을 받았고, 관휴 또한 고승으로 덕행이 있어 자의紫衣(붉은 비단옷)를 하사받았으며, 가구의 경우 방 안이 휑뎅그렁해 별로 물건이 없었고, 혜홍은 선학禪學이 넉넉하고 시화詩話에 뛰어나 그 재주가 족히 덕의 짝이 되고 그 덕

---

229 '송'은 남조(南朝)의 송, '탕휴'는 승려 혜휴(慧休)를 가리킨다. 속성이 '탕(湯)'이기에 탕혜휴라고도 불린다. 시에 능했으며 초년에 승려였다가 세조(世祖)의 명으로 환속해 벼슬을 했다. '낭선'은 당나라 시인 가도(賈島)의 자. 집이 가난해 중이 되었다가 한유(韓愈)의 권유로 환속했다.

230 서한(西漢) 문제(文帝) 때의 학자이며 관인(官人)인 가의(賈誼).

231 가의가 쓴 「조굴원부(弔屈原賦)」에 나오는 말.

이 족히 재주를 용납하니, 쪼잔한 무리로서 한갓 문장 수식이나 일삼아 일시 빛이 나는 이들과 견줄 수 없습니다."

객이 말했다.

"옛날의 고승으로 명사名士와 교유하여 서로 왕래한 이가 무려 수십 인이니 도안, 지둔, 혜원이 그런 사람이며, 심지어 당나라 대전大顚이나 송나라 요원了元은 모두 세속의 선비와 장난까지 했으니,[232] 승려가 명사 사귀기를 좋아한 것은 세상의 존중을 받고자 해서가 아니겠습니까."

청한자가 말했다.

"아닙니다. 옛날에 명교 숭明教嵩[233]이 여산廬山을 지나다가 원공遠公(혜원)의 풍모를 칭찬해 여섯가지 일을 적었는데, 그 내용인즉슨 대략 '육수정陸修靜은 이교異教의 학자인데 전송하다가 호계虎溪를 건너갔으니,[234] 이는 사람 때문에 말을 버리지 않음이다.[235] 도연명은 술에 빠져 있었건만 교유한 것은 대개 작은 사안은 무시하고 그 통달함을 취해서다'[236] 등등입니다. 또 찬녕贊寧[237]은 말하기를, '승려로는 도안만 한 사람이 없는데 습착치習鑿齒[238]와 교유한 것은 유교를 높여서이고, 승려로는 혜원만 한 사람이 없는데 육수정을 전송해 호계 바깥까지 간 것은 도교를 존중해서다'[239]라

---

232 '대전'은 한유(韓愈)와, '요원'은 여산(廬山)에 있을 때 귀양 온 소동파와 교유했다.

233 명교대사(明教大師) 계숭(契嵩)을 말한다.

234 '육수정'은 남조 송(宋)나라의 도사이다. 도교를 신봉했기에 '이교'라고 한 것이다. '호계'는 혜원이 있던 절 밖의 시내인데, 혜원은 자신을 찾아온 사람을 전송하더라도 절대 호계 바깥으로는 나가지 않았다. 그런데 육수정과 도연명을 전송하다가 무심코 호계 바깥까지 가버렸다. 그래서 세 사람이 함께 웃었는데 이를 '호계삼소(虎溪三笑)'라고 한다.

235 어떤 사람에게 좀 문제가 있다고 해서 그 사람의 훌륭한 말까지 배척하지는 않는다는 말.

236 계숭의 『심진문집』 권13 「원공의 영당 벽에 쓰다」에 나오는 말.

237 북송의 승려로 문장에 능했다. 칙명으로 『송고승전(宋高僧傳)』을 찬술했다.

238 동진(東晉)의 학자.

239 찬녕의 이 말은 원래 『대송승사약권(大宋僧史略卷)』 하(下)의 「총론(總論)」에 나온다. 이 「총론」은 원나라 승려 환주 지현(幻住智賢)이 편찬한 『치문경훈(緇門警訓)』 권3에 「우가승록 찬녕의 삼교총론(右街寧僧錄三教總論)」이라는 제목으로 실려 있다. 김시습은 『치문경훈』 쪽을 보았으리라 추정된다.

고 했습니다.

이 밖에도 예전의 고승들은 혹 불광佛光(부처가 지닌 광명)을 위해 청하는 곳에 가기도 하고, 혹 담소를 위해 교유하기도 하고, 혹 우스갯소리로 경복敬服하게 하기도 하고, 혹 시詩와 예禮로써 인도하기도 하고, 혹 의혹을 분변해 회유하기도 하고, 혹 시詩의 법식으로 벗기기도 했는데, 모두 넉넉함을 차츰 이루어 도에 들어가게 한 것이지, 어찌 속류배들과 거리낌없이 맘대로 질탕하게 노닐면서 격랑을 일으키려 한 것이겠소."

객이 말했다.

"삼대三代 이전은 성인과 성인이 서로 전하여 심법心法이 둘이 아니어서 다툼이 일어나지 않았는데, 주周나라가 쇠함에 이르러 구류九流[240]가 번갈아 일어나 저마다 자기를 과시하며 그 재능을 뽐내어, 들어오는 자를 주인으로 여기고 나가는 자를 종으로 여겼으니[241] 이것이 말류末流의 폐단입니다. 어찌하여 한자韓子(한유)는 자신을 맹자에 견주었음에도 승려에게 옷을 남겼으며,[242] 구양수歐陽脩는 한창 대도大道(유교)를 창도唱導하다[243] 승려를 만나 무릎을 꿇었는지요? 그 자초지종을 듣고 싶군요."

청한자가 말했다.

"한자韓子는 헌종憲宗의 뜻을 거슬러 조양潮陽으로 좌천되었는데, 태풍

---

240 춘추전국시대에 나타난 아홉가지 사상 유파를 이르니, 유가, 도가, 음양가, 법가, 명가(名家), 묵가, 종횡가(縱橫家), 잡가(雜家), 농가(農家)가 그것이다.

241 사상마다 배타적 입장을 취해 자기를 주인으로 삼고 다른 것은 종으로 삼았다는 말. 한유의 「원도(原道)」에 나온다.

242 전국시대의 사상가인 맹자는 유교를 절대적 진리로 내세우며 양주(楊朱)나 묵자(墨子)의 사상을 혹독하게 공격하고 배척했다. 당나라 한유는 「원도」와 「여맹상서서(與孟尙書書)」에서 자신이 맹자를 계승한다는 의식을 보여주었으며, 불교 배척에 앞장섰다. 한편 한유는 조주 자사로 있을 적에 대전을 가까이했는데, 원주(袁州)로 갈 때 작별을 기념해 대전에게 의복을 남겼다. 한유는 의복을 남긴 게 불법을 믿어서가 아니라 인정 때문이었다고 했다(「여맹상서서」 참조).

243 송나라의 문인이자 정치가인 구양수는 당나라의 한유와 유종원(柳宗元)이 주도한 고문운동(古文運動)을 계승했다. 고문은 글에 유교의 도를 싣는 것을 중시한다.

이 불고 악어가 설쳐 우환을 헤아릴 수 없었고, 독한 안개와 습습한 장기瘴氣의 괴이함을 형용하기 어려웠습니다. 장차 남은 목숨을 보존하려 할 때 대전을 만났는데,[244] 그 말이 족히 심성과 이치를 격양激揚해 천고의 불평스런 기운을 쓸어 없애고, 그 덕이 족히 도의道義를 함양하여 한평생 답답했던 가슴을 풀어줬습니다. 게다가 남해의 무인지경에서 대전 같은 이를 어찌 쉽게 만날 수 있겠습니까.

구양수는 낙양에서 벼슬할 때 숭산嵩山에 노닐고자 노복과 관리를 모두 물리치고 마음 내키는 대로 갔는데, 한 산사山寺에 이르러 문으로 들어가니 긴 대나무가 마루 앞에 가득하고 서리는 맑으며 새는 우짖어 풍치가 좋았습니다. 공이 법당의 섬돌에서 쉬고 있는데 곁에 한 노승이 태연히 불경을 보고 있기에 말을 걸었더니 잘 돌아보지도 않고 대답하는 거였습니다. 공이 묻기를, '옛날의 고승들은 생사의 갈림길에서 대개 담소하다 가시던데 무슨 도道로 그리합니까'라고 하니, '선정禪定과 지혜의 힘이지요'라고 대답했습니다. 또 묻기를, '지금은 적막해 그런 사람이 없는데 어째서지요'라고 하니, 중이 웃으며 말하기를, '옛사람은 매 순간 늘 선정과 지혜 가운데 있었으니 임종 때 어찌 마음이 어지러울 수 있겠습니까? 요새 사람은 매 순간 늘 산란한 가운데 있으니 임종 때 어찌 마음이 안정될 수 있겠습니까?'라고 대답했지요. 이 말에 공이 깜짝 놀라 자기도 모르게 무릎을 꿇었던 것입니다.

그 사람됨과 덕, 그 경지와 언변이 이같이 존엄하고, 이같이 한적하고 고아高雅하니,[245] 목석木石이나 도깨비인들 어찌 신복信服하지 않을 수 있겠습니까. 하물며 옛것을 좋아해 박식하고 전아典雅하며, 심성과 이치에 통달한 저 두 분이야 말할 나위가 있겠습니까."

---

244 한유는 헌종이 궁중에 불골(佛骨)을 들인 것을 간하다가 조주(潮州) 자사로 좌천되었는데, 거기서 승려 대전과 교유했다. '조양'은 중국 광동성(廣東省) 조주.
245 한유와 구양수가 만난 두 고승이 그렇다는 말.

「남염부주지南炎浮洲志」

성화成化[246] 연간 초에 박생朴生이란 사람이 경주에 살았다. 박생은 유학 공부에 힘쓰던 이로, 성균관에 다니고 있었으나 과거시험에 번번이 떨어져 늘 불만스러워하며 유감을 품고 지냈다. 그러나 의기가 드높고 남의 위세에 굴하지 않는지라 사람들은 박생을 오만하고 기개가 큰 인물이라고 여겼다. 그렇다고 해서 박생이 교만한 인물은 아니어서 직접 대면해보면 순박하고 성실한 사람임을 알 수 있었으므로 온 마을 사람들이 그를 칭찬했다.

박생은 예전부터 늘 불교나 무속 신앙, 귀신 이야기에 의심을 품어왔으나 확고한 생각을 가지지 못하고 있던 터였다. 그러다가『중용』의 가르침에 비추어보고『주역』의「계사전」을 자세히 살핀 뒤 자신의 생각이 틀리지 않았음을 자부하게 되었다. 그럼에도 박생은 사람됨이 순박하고 중후한 까닭에 승려들과도 교유를 끊지 않아 한유韓愈가 사귀었던 대전大顚이나 유종원柳宗元이 사귀었던 손巽[247]과 같은 두어 사람의 승려를 가까이했다. 승려들 역시 선비와 교유하기를 혜원慧遠이 종병宗炳이며 뇌차종雷次宗과 사귀고[248] 지둔支遁이 왕탄지王坦之며 사안謝安과 사귀듯이 하여[249] 박생과 막역한 친구가 되었다.

하루는 박생이 승려와 더불어 천당과 지옥에 관한 이야기를 나누다가 다시 의심스러운 마음이 들어 이렇게 말했다.

"천지天地는 하나의 음양陰陽일 따름이오. 그러니 천지 밖에 또 다른 천지가 있을 리 있겠소? 필시 허튼 얘기일 거요."

---

246 중국 명(明)나라 헌종(憲宗)의 연호. 성화 원년(元年)은 조선 세조(世祖) 11년(1465)에 해당한다.
247 당나라의 문인 유종원이 영주(永州)에 있을 때 그곳의 승려 손과 사귀었다.
248 '혜원'은 동진(東晉)의 고승이고, '종병'과 '뇌차종'은 그를 따라 노닌 문사들이다.
249 '지둔'은 동진의 고승이고, '왕탄지'와 '사안'은 당시의 문사였는데, 서로 친교가 두터웠다.

승려에게 묻자 그쪽 역시 속 시원한 대답을 못 한 채 죄를 짓거나 덕을 쌓으면 각각 그에 따른 보답이 있다는 말로 대꾸할 뿐이었다. 박생은 그 말을 전혀 받아들일 수 없었다.

박생은 일찍이 「일리론一理論」이라는 글을 지어 스스로를 경계하며 다른 길에 미혹되지 않고자 했다. 그 내용은 대략 다음과 같다.

듣건대 천하의 이理는 하나일 뿐이다. 하나란 무엇인가? 두 이치가 없다는 말이다. 이理란 무엇인가? 성性일 따름이다. 성이란 무엇인가? 하늘이 명한 바이다. 하늘이 음양오행으로 만물을 화생化生하여, 기氣로써 형形을 이루고 이理 또한 부여하였다.

이른바 이理란 일상의 일에 저마다 조리條理가 있음이니, 부자父子를 말하면 친애함을 다하는 것이요, 군신君臣을 말하면 의리를 다하는 것인데, 부부夫婦와 장유長幼에 이르기까지 마땅히 가야 할 길이 없지 않다. 이것이 이른바 '도道'이며, 이理가 내 마음에 갖추어져 있다는 것이다. 이 이理를 따르면 어디 간들 편안하지 않음이 없으며, 이 이理를 거슬러 성性과 어긋나면 재앙이 이른다. 궁리진성窮理盡性(이理를 궁구하고 성性을 극진히 함)은 이를 궁구함이요, 격물치지格物致知(사물의 이치를 끝까지 궁구하여 진정한 앎에 이름)는 이를 탐구함이다.

대개 사람이 태어날 때 이러한 마음을 갖지 않은 이가 없고 이러한 성을 갖추지 않은 이가 없다. 천하의 만물 또한 이러한 이理를 갖지 않은 것이 없다. 잡되지 않고 신령스런 마음으로 진실로 그러한 성을 좇아 물物에 나아가 이理를 궁구하고 일(事)로 말미암아 근원을 추구해 지극한 데 이르기를 구한다면 천하의 이理가 환하게 드러나지 않음이 없으며, 이理의 지극한 것이 마음속에 삼엄하지 않음이 없다. 이로써 미루어나가면, 천하와 국가를 포괄하지 않음이 없고, 천하와 국가에 통달하지 않음이 없다. 그러니 천지에 세워도 어그러지지 않고, 귀신에게 물어보아도 의혹됨이 없으며, 고금古

수에 걸쳐 없어지지 않으니, 유자儒者의 일은 이에 그칠 따름이다. 천하에 어찌 두개의 이理가 있겠는가. 저 이단의 설說을 나는 믿지 못하겠노라.

하루는 방 안에서 밤에 등불을 켜고 『주역』을 읽다가 베개에 기대어 설핏 잠이 들었다. 홀연 어느 나라에 도착했는데, 큰 바다 한가운데 있는 섬나라였다. 그곳 땅에는 풀도 나무도 없었고, 모래나 자갈도 없었다. 밟는 곳이라곤 모두 구리 아니면 쇠였다. 낮에는 맹렬한 화염이 하늘까지 뻗쳐서 대지가 모두 녹아내릴 듯했고, 밤에는 서쪽으로부터 서늘한 바람이 불어와 뼈와 살이 바늘에 찔린 듯 아려 고통을 견딜 수 없었다.

쇠로 이루어진 절벽이 해안선을 따라 성벽처럼 늘어서 있는 가운데 쇠로 만든 거대한 문 하나가 굳게 잠겨 있었다. 사람을 잡아먹을 듯한 무시무시한 얼굴의 문지기가 창과 쇠몽둥이를 들고 성문을 지키고 있었다. 성문 안에 사는 사람들은 쇠로 집을 짓고 살았는데, 낮에는 살이 문드러질 듯이 뜨겁고 밤에는 몸이 얼어붙을 듯이 추웠기에 아침저녁으로만 꿈적거리며 웃고 떠들었는데, 그렇다고 특별히 고통스럽게 지내는 것 같지는 않았다.

박생이 놀랍고도 두려워 문 앞에서 우물쭈물하고 있는데, 문지기가 박생을 소리쳐 불렀다. 박생이 경황없는 중에 부름을 거역하지 못하고 겁이 나서 몸을 잔뜩 웅크린 채 문지기에게 다가갔다. 문지기는 창을 곧추 세우고 이렇게 물었다.

"뭐하는 사람이오?"

박생은 벌벌 떨면서 이렇게 대답했다.

"조선 경주에 사는 박아무개입니다. 어리석은 일개 선비가 감히 신령스런 나리께서 계시는 곳을 침범했습니다. 죄받아 마땅하고 벌받아 마땅하오나 너그러이 용서해주시길 빕니다."

엎드려 절하기를 거듭하며 무례하게 침범한 점에 대해 용서를 빌었다. 그러자 문지기가 이렇게 말했다.

"선비라면 마땅히 어떤 위세에도 굴하지 않아야 하거늘 왜 이리 비굴하게 군단 말이오? 우리가 식견 있는 군자를 만나보고자 한 지 오래되었소. 우리 임금 역시 그대 같은 사람을 만나 동방에 뭔가 알릴 말씀이 있다고 하셨소. 잠깐 앉아계시오. 그대가 왔다는 소식을 임금께 아뢰고 올 테니."

분지기는 말을 끝내자마자 빠른 걸음으로 들어가더니 잠시 후에 나와 이렇게 말했다.

"임금께서 편전便殿에서 그대를 맞이하겠다고 하시오. 그대는 아무 거리낌 없이 바른 말로 대답해야지 우리 임금의 위엄에 눌려 하고 싶은 말을 숨겨서는 안 될 것이오. 그래야 우리나라 인민들도 큰 도道의 요체를 들어볼 수 있을 것 아니겠소."

이윽고 검은 옷을 입은 동자 하나와 흰 옷을 입은 동자 하나가 각각 문서를 들고 나왔다. 문서 하나는 검은 종이에 푸른 글씨가 적혀 있었고, 다른 하나는 흰 종이에 붉은 글씨가 적혀 있었다. 동자들이 박생의 앞에 문서를 펼쳐 보여주었다. 박생이 붉은 글씨가 적힌 문서를 보니 자신의 이름이 있었는데, 다음과 같이 적혀 있었다.

현재 조선에 사는 박아무개는 현생現生에 지은 죄가 없으므로, 마땅히 이 나라의 인민이 될 수 없다.

박생이 물었다.

"제게 보여준 문서는 무엇입니까?"

동자가 말했다.

"검은 종이의 문서는 악인의 이름을 적은 명부名簿이고, 흰 종이의 문서는 선인의 이름을 적은 명부입니다. 선인의 명부에 이름이 오른 분은 우리 임금이 선비를 초빙하는 예로써 맞이하고, 악인의 명부에 있는 이는 비록 죄를 더 주지는 않지만 노비를 대하는 법에 따라 대우합니다. 임금께서 선비를 보신다면 지극한 예로 맞이하실 겁니다."

그렇게 말하고는 명부를 가지고 안으로 들어갔다.

이윽고 눈 깜짝할 사이에 바람이 끄는 칠보七寶로 장식한 수레가 나타났다. 수레 위에는 연꽃 모양의 자리가 있었으며, 예쁜 동자가 불진拂塵250을 들고 아리따운 여인이 일산日傘을 받쳐들고 있었다. 이에 무장한 병사들이 창을 휘두르며 벽제하였다.

박생이 머리를 들어 바라보니 저 멀리 쇠로 만든 세 겹의 성이 보였다. 높디높은 궁궐이 황금으로 이루어진 산 아래 있었고, 화염이 하늘에 닿도록 활활 타오르고 있었다. 길가를 돌아보니 사람과 짐승 들이 화염 속에서 녹아내린 구리와 쇠를 진흙 밟듯이 밟고 다녔다. 그러나 박생의 앞으로 난 수십 걸음 정도의 길은 대리석을 깐 것처럼 반듯했고, 녹아내린 쇠나 맹렬한 불길이 전혀 없었다. 신령스런 힘으로 그렇게 바꾸어놓은 듯했다.

왕이 사는 성에 도착해보니 사방의 문이 활짝 열려 있었다. 연못이며 정자의 모습이 인간 세계의 것과 다름이 없었다. 두 사람의 미인이 나와서 박생에게 절하더니 양쪽에서 부축하여 궁궐 안으로 인도했다.

왕은 통천관通天冠251을 쓰고 옥으로 만든 띠를 띤 채 규珪252를 잡고서 계단을 내려와 박생을 맞이했다. 박생이 땅에 엎드려 감히 올려다보지 못하자 왕이 이렇게 말했다.

"사는 땅이 달라 서로 간섭할 수 없거늘, 이치를 아는 군자가 어찌 위세에 눌려 몸을 굽힌단 말이오?"

그리고는 박생의 소매를 잡고 왕좌가 있는 단상 위로 오르게 했다. 단상에는 박생이 앉을 의자가 따로 마련되어 있었는데, 옥으로 만든 팔걸이가

---

250 불교에서 사용하는 총채 모양의 기물(器物)로, 수행자가 마음의 티끌과 번뇌를 털어낸다는 상징적 의미가 있다.

251 임금이 쓰는 관.

252 위가 둥글고 아래가 모난, 길쭉한 옥으로 만든 홀(笏). 나라에 큰 일이 있을 때 왕이 이것을 손에 잡고 나와 신표(信標)로 삼았다.

달린 황금 의자였다.

왕과 박생이 자리를 정해 앉자 왕이 시종을 불러 차를 내오게 했다. 박생이 곁눈질로 보니 차는 구리를 녹여 만든 것이고 과일은 쇠구슬이었다. 박생이 놀랍고도 두려웠으나 피할 도리가 없어 그들이 하는 대로 가만히 보고 있자니, 박생의 앞에 내온 것은 향기로운 차와 먹음직스런 과일로, 그 향기가 모락모락 궁궐 안을 가득 채웠다.

차를 다 마시고 왕이 말했다.

"선비는 여기가 어딘지 모르시겠소? 이른바 염부주炎浮洲²⁵³란 곳이오. 궁궐 북쪽에 있는 산은 바로 옥초산沃焦山²⁵⁴이라오. 이 주洲는 남쪽에 있다고 해서 남염부주南炎浮洲라고 부르오. '염부炎浮'란, 화염이 활활 타올라 항상 하늘 위에 떠 있으므로 그렇게 일컫는다오.

내 이름은 염마燄摩²⁵⁵라고 하는데, 화염에 휩싸여 있음을 말하오. 이 땅의 임금이 된 지도 벌써 만년이 넘었구려. 수명이 길고 신령스러워 마음 가는 대로 모든 일에 신통하고, 하고자 마음만 먹으면 뜻대로 되지 않는 일이 없소. 창힐蒼頡²⁵⁶이 문자를 만들었을 때에는 우리 인민을 보내 곡哭하였고, 석가가 성불成佛했을 때에는 우리 무리를 보내 보호해주었소. 삼황·오제와 주공·공자는 도로써 스스로를 지키니 내가 관여할 수 없었소."

박생이 물었다.

"주공, 공자, 석가는 어떤 분입니까?"

---

253 불교의 세계관에 의하면, 수미산(須彌山)을 둘러싸고 있는 사방의 바다 속에 사대주(四大洲)가 있는데, 동쪽은 승신주(勝身洲), 서쪽은 우화주(牛貨洲), 남쪽은 염부주, 북쪽은 구로주(俱盧洲)라 한다. 염부주는 남쪽에 있기 때문에 '남염부주(南炎浮洲)'라고도 한다. 이 남염부주 아래에 염라국(閻羅國)이 있다고 한다.

254 큰 바다 속에 있다고 하는 상상의 산. 바닷물이 증가하지 않는 것은 이 산이 바닷물을 흡수하기 때문이라고 한다. '옥초(沃焦)'는 바다 밑에 있는, 물을 흡수하는 돌 이름인데, 그 아래에 있는 무간지옥(無間地獄)의 불기운으로 말미암아 늘 뜨겁게 타고 있다고 한다.

255 '염마'는 산스크리트어 'Yama'의 음역. '염라(閻羅)'나 '염마(閻魔)'로도 표기한다.

256 황제(黃帝)의 신하로, 한자를 처음 만들었다는 사람.

왕이 대답했다.

"주공과 공자는 중화 문명세계의 성인聖人이고, 석가는 서역西域의 간흉한 세계의 성인이라오. 문명세계가 비록 밝다 하나 인성人性에 순수함과 잡박함이 있으므로 주공과 공자가 인도하신 것이고, 간흉한 세계가 비록 암매하다 하나 사람의 기질에 똑똑하고 둔한 차이가 있으므로 석가가 깨우친 것이라오. 주공과 공자의 가르침은 올바름으로 삿됨을 물리친 것이고, 석가의 교법教法은 삿됨을 가설假設하여 삿됨을 물리친 것이라오. 올바름으로 삿됨을 물리치기에 그 말이 정직하고, 삿됨으로 삿됨을 물리치기에 그 말이 허황되고 괴이한데, 정직하므로 군자가 따르기 쉽고, 허황되고 괴이하므로 소인이 믿기 쉽소. 하지만 그 극치에 있어서는 둘 모두 군자와 소인으로 하여금 종내 정리正理(올바른 이치)로 돌아가게 하니, 혹세무민하여 이단의 도道로 그르치게 한 적이 없다오."

박생이 또 물었다.

"귀신鬼神의 설說은 어떠합니까?"

왕이 대답했다.

"'귀鬼'란 음陰의 영靈이고, '신神'이란 양陽의 영靈이오.[257] 대개 조화造化의 자취요, 이기二氣(음양)의 작용이라오.[258] 살아 있으면 인물人物이라 하고 죽으면 귀신이라 하지만, 그 이치는 다르지 않소."

박생이 말했다.

"세상에는 귀신에게 제사 지내는 의식이 있는데, 제사를 받는 귀신과 조화를 부리는 귀신은 다른 것입니까?"

왕이 대답했다.

"다르지 않소. 선비는 선유先儒의 '귀신은 형체도 없고 소리도 없지만

---

257 『중용 장구』 제16장에 나오는 주희의 말.

258 '조화의 자취'는 정이(程頤)의 말이고, '이기의 작용'은 장재(張載)의 말이다. 모두 『중용 장구』 제16장에 나온다.

만물의 끝과 시작은 음과 양이 모이고 흩어짐의 소위所爲가 아닌 것이 없다'259라는 글을 보지 못했소? 천지에 제사 지내는 것은 음양의 조화를 공경해서이고, 산천에 제사 지내는 것은 기운의 변화에 보답하기 위해서이며, 조상에게 제사 지내는 것은 근본에 보답하기 위해서이고, 육신六神260에게 제사 지내는 것은 재앙을 면하기 위해서인데, 모두 사람들로 하여금 공경을 다하게 하오. 귀신은 형질形質이 있지 않아 인간 세상에 재앙이나 복을 주지는 않지만, 다만 제사 지낼 때 향기가 올라가 신령의 기운이 사람을 엄습해 귀신이 바로 곁에 있는 듯하다오. 공자의 이른바 '귀신을 공경하되 멀리한다'261라고 한 것은 이를 이르오."

박생이 말했다.

"세상에는 사악한 기운을 가진 요망한 도깨비가 사람들을 해코지하거나 호리는 일이 있는데, 이런 것도 귀신이라 할 수 있습니까?"

왕이 대답했다.

"'귀鬼'란 움츠림이고, '신神'이란 폄이오. 움츠렸다가 펴는 것은 조화造化의 신神이요, 움츠렸다가 펴지 못하는 것은 기운이 맺혀 있는 요귀妖鬼라오. 신神은 조화造化와 합치하므로 음양과 더불어 시종始終을 함께해 자취가 없고, 귀鬼는 기운이 맺혀 있으므로 사람이나 사물에 붙어 원한을 드러내면서 형체가 있다오.

산도깨비를 '초魈'라 하고, 물도깨비를 '역魊'이라 하고, 수석水石의 도깨비를 '용망상龍罔象'이라 하고, 목석木石의 도깨비를 '기망량蘷魍魎'이라 하오. 또 만물을 해코지하는 건 '여厲'라 하고, 만물을 번뇌하게 하는 건 '마魔'라 하고, 만물에 붙어 있는 건 '요妖'라 하고, 만물을 호리는 건 '매

259 『중용 장구』 제16장에 나오는 주희의 말.
260 동서남북과 중앙의 다섯 방위를 지킨다는 청룡(靑龍), 백호(白虎), 주작(朱雀), 현무(玄武), 구진(句陳), 등사(螣蛇)의 여섯 신.
261 『논어』 「옹야」에 나오는 말.

魅'라 하는데, 이 모두가 '귀'라오.

음양의 변화를 헤아릴 수 없는 것을 '신'이라 하니, '귀신'의 '신'은 곧 이를 말하오. '신'이란 묘용妙用을 이르고, '귀'란 근본으로 돌아감을 이른다오.

하늘과 사람은 그 이치가 하나이고, 드러난 것과 은미한 것 사이에는 경계가 없소. 근원으로 돌아감을 '정靜'(고요함)이라 하고 명命을 회복하는 것을 '상常'이라 하며,[262] 시종 조화造化를 보이지만 그 조화의 자취를 알 수 없는 것, 이것이 곧 이른바 '도道'라오. 그러므로 '귀신의 덕이 참으로 성대하도다!'[263]라고 말하는 것이오."

박생이 또 물었다.

"제가 부처를 믿는 이들에게 듣자니, 천상에는 천당이라는 쾌락의 땅이 있고, 지하에는 지옥이라는 고통의 땅이 있다고 합니다. 또 명부冥府의 시왕十王[264]이 열여덟 지옥의 죄수들을 국문鞫問한다고 하던데, 정말 이런 일이 있습니까? 또 사람이 죽고 나서 7일 뒤에 불공을 드리고 재齋를 베풀어 그 혼령을 천도薦度하고, 왕(시왕)에게 제사를 지내며 지전紙錢을 태워 속죄하거늘, 간사하고 포악한 자라도 왕께서는 너그러이 용서해주시는지요?"

왕이 깜짝 놀라 이렇게 말했다.

"그런 얘긴 나도 처음 들어보오. 옛사람이 말하기를, '한번 음陰이 되었다가 한번 양陽이 되는 것을 도道라 하고, 한번 열렸다가 한번 닫히는 것을

---

262 『노자』 제16장에 나오는 말이다. 전후를 함께 보이면 다음과 같다. "대저 만물은 무성하지만 각기 그 근원으로 돌아간다. 근원으로 돌아감을 정(靜)이라 하니, 이를 일러 명(命)을 회복하는 것이라 하고, 명을 회복하는 것을 '상(常)'이라 하며, 상을 아는 것을 '명(明)'이라고 하는데, 상을 알지 못하면 망령되이 흉한 일을 저지르게 된다."

263 『중용』에 나오는 말.

264 명부(冥府)에 있다는 10명의 왕으로 각기 지옥의 일을 관장하며, 인간이 세상에 있을 때 저지른 죄의 경중(輕重)을 이들이 정한다고 한다. 염라왕은 시왕의 한 명이다. 우리나라 사찰에서는 지장전(地藏殿)이나 명부전(冥府殿)에 시왕의 상(像)을 진설(陳設)해놓고 있다.

변變이라 하며, 만물을 낳고 또 낳는 것을 역易이라 한다'[265]라고 했으며, '망령됨이 없는 것을 성誠이라 한다'[266]라고 했소. 대저 그와 같다면 어찌 건곤乾坤의 밖에 다시 건곤이 있으며, 천지의 밖에 또 천지가 있겠소?

또 왕이란 만민이 그에게 귀의함을 이르는 명칭이오. 삼대三代 이전에는 억조창생의 주군을 모두 왕이라고 했을 뿐 다른 명칭이 없었소. 공자가 『춘추』를 편찬하여 백대百代의 왕들이 변경할 수 없는 큰 법을 세웠는데, 주周나라 왕실을 높여 '천왕天王'이라 했으니, 왕이라는 명칭에 더 보탤 것은 없다 하겠소.

그러나 진秦나라가 육국六國을 멸하고 중국을 통일하자, 진시황은 자신이 삼황三皇의 덕을 겸비하고 오제五帝보다 높은 공을 세웠다며 왕이라는 호칭을 고쳐 황제皇帝라고 했소. 이 무렵 분수에 넘치는 칭호를 사용하는 자들이 자못 많았으니, 위魏나라와 초楚나라의 군주들이 바로 그러했소. 이후로는 왕이라는 명칭을 아무나 어지럽게 사용하여, 주나라 문왕·무왕·성왕成王·강왕康王 같은 훌륭한 군주들의 존호尊號가 실추失墜되고 말았소.

그런데 세상 풍속이 무지無知해서 인정으로 분수에 맞지 않는 호칭을 쓰는 일이야 말할 가치도 없다 하겠으나, 신神의 세계에서라면 오히려 법도가 엄하거늘, 어찌 한 지역 안에 왕이란 자가 이렇게 많을 수 있겠소? 선비는 '하늘에는 두 개의 해가 없고, 나라에는 두 명의 왕이 없다'는 말을 들어 보지 못했소? 그러니 앞서 내게 한 말은 도저히 믿을 수가 없소. 재를 베풀어 혼령을 천도하고, 왕에게 제사를 지내며 지전을 태운다니, 나는 왜 그러는지 모르겠소. 선비께서 한번 인간 세상의 망령된 일들을 말해주시구려."

박생이 예禮를 표하기 위해 약간 뒤로 물러나 앉더니 옷깃을 여미고는 이렇게 말했다.

"인간 세계에서는 부모가 돌아가신 지 49일이 되는 날이면 지체가 높

---

265 『주역』「계사전」상(上)에 나오는 말.
266 『중용 장구』제20장에 나오는 주희의 주석.

은 사람이건 낮은 사람이건 간에 상례喪禮를 돌아보지 않고 오로지 추천追薦267에만 힘을 쏟으니, 부자들은 과도하게 돈을 쓰며 남에게 자랑하고, 가난한 이들은 땅과 집을 팔고 돈과 곡식을 빌립니다. 종이를 오려서 깃발을 만들고, 비단을 마름질해 꽃을 만든 뒤, 승려들을 불러다 복을 빕니다. 또 무너져 없어질 소상塑像을 세워 부처로 삼고, 범패梵唄268를 부르고 염불을 외는데, 새가 짹짹거리고 쥐가 찍찍거리는 듯한 게 아무 의미 없는 말들입니다. 상주喪主는 처자를 데려오고, 친척과 벗들을 죄다 부르니, 남녀가 뒤섞여 똥오줌이 낭자해 정토淨土가 오물 천지로 변하고, 적멸도량寂滅道場(절)이 떠들썩한 시장판으로 변해버립니다. 게다가 이른바 시왕十王을 모셔 음식을 갖춰 제사 지내고 지전을 태워 속죄를 빌기까지 합니다. 시왕이라는 이들은 예의염치를 돌보지 않고 욕심을 내 외람되이 이를 받아야 옳습니까? 아니면 법도를 상고하여 법에 따라 중벌을 내려야 옳습니까? 이 때문에 저는 답답한 나머지 감히 말씀을 드리오니, 아무쪼록 저를 위해 분변해주셨으면 합니다."

왕이 말했다.

"허어! 그 지경에 이르렀구려! 사람이 태어나매 하늘은 성性을 부여하고, 땅은 먹을 것을 주어 기르며, 임금은 법으로 다스리고, 스승은 도道로써 가르치며, 부모는 은혜로 기른다오. 이로 말미암아 오륜五倫에 질서가 있고, 삼강三綱에 문란함이 없는 거라오. 삼강오륜을 따르면 상서롭고, 거스르면 재앙이 생기니, 상서와 재앙은 사람이 삼강오륜을 받아들이는가의 여부에 달려 있다오. 그러다가 죽으면 정기精氣가 흩어져 혼魂은 하늘로 올라가고 백魄은 땅속으로 내려가 근원으로 돌아가게 되오. 그러니 어찌 혼백이 저승에 머물 수 있겠소? 다만 원한을 품은 혼령이나 비명횡사한 귀신이 제 명에 못 죽어 그 기운이 흩어지지 않아, 모래밭 싸움터에서 슬피 울

---

267 죽은 이의 명복을 빌기 위하여 불사(佛事)를 행하는 것을 이른다.
268 부처의 공덕을 찬미하는 노래.

거나 자진自盡해 원한이 맺힌 집에서 흐느껴 우는 일이 간혹 있기는 한데, 이들은 무당에게 붙어 억울한 사연을 호소하기도 하고, 사람에게 의지해 원망을 하소연하기도 한다오. 그러나 비록 일시적으로 정신이 흩어지지 않았다 해도 필경에는 아무런 조짐이 없는 데로 돌아가거늘, 어찌 저승에 형체를 가탁假托해 형벌을 받는 일이 있겠소? 이는 격물치지하는 군자가 마땅히 헤아려야 할 바요.

부처에게 재를 올리고 시왕에게 제사 지내는 일 같은 것은 더욱 황당무계하오. '재'란 맑고 깨끗하다는 뜻이니, 이 때문에 깨끗하지 않은 몸을 깨끗이 해 재를 올리는 거라오. 부처란 청정淸淨을 일컫고, 왕이란 존엄한 호칭이오. 왕이 수레를 요구하고 금을 요구한 일은『춘추』에서 폄하되었고, 재를 올리며 금과 비단을 쓴 일은 한위漢魏 때 시작되었소.[269] 어찌 청정의 신神(부처)이 세상 사람들의 공양을 받겠으며, 왕처럼 존엄한 이가 죄인의 뇌물을 받아 저승의 귀신이 인간 세상에서 저지른 죄를 용서해줄 리가 있겠소? 이 또한 궁리진성하는 선비가 마땅히 헤아려야 할 바요."

박생이 또 물었다.

"윤회輪廻를 그치지 않아 여기서 죽은 뒤 다시 저기서 태어난다는데, 그게 무슨 뜻인지 여쭤볼 수 있겠습니까?"

왕이 대답했다.

"정령精靈이 흩어지지 않는다면 윤회가 있는 것처럼 보일 수 있소. 하지만 오랜 시간이 지나면 흩어져 사라져버린다오."

박생이 물었다.

"왕께서는 무슨 까닭으로 이런 이역異域에서 왕 노릇을 하시는지요?"

왕이 대답했다.

"나는 세상에 있을 때 주군에게 충성을 다하고 온 힘을 다해 도적을 토

---

269 중국 후한(後漢) 때 불교가 정착되었다.

벌했소. 그래서 맹세했소, '죽으면 마땅히 귀신이 되어 도적을 죽이겠다'고. 나의 이 소원이 사라지지 않았고 충성스런 마음도 없어지지 않았기에 이 흉악한 땅에서 군장君長 노릇을 하고 있다오. 지금 이 땅에 있으면서 나를 우러르는 자들은 모두 전생에 임금을 죽인 간흉奸凶의 무리인데, 이곳에 살며 나의 제재制裁를 받아 그릇된 마음을 바로잡고 있소. 그러니 정직하고 사심 없는 사람이 아니면 여기서 하루도 군장 노릇을 할 수 없소.

과인寡人은 그대가 정직하고 뜻이 높아 세상에 굴하지 않는 진정한 달인達人이라고 들었소. 그럼에도 당세當世에 한번 뜻을 펼쳐 보이지 못했으니, 형산荊山의 박옥璞玉[270]이 들에 버려지고 명월明月(야광주)이 깊은 연못에 잠겨 있는 격이라, 훌륭한 장인匠人을 만나지 못해 아무도 이 지극한 보물을 알아보지 못하고 있거늘 어찌 애석하지 않겠소! 나 역시 시운時運이 이미 다해 곧 죽을 것이고, 그대 또한 수명이 이미 다해 곧 죽을 테니, 이 나라를 다스릴 사람이 그대 말고 누구겠소?"

그리고는 잔치를 열어 흥겹게 즐겼다. 왕이 삼한三韓(우리나라)의 역대 왕조가 흥하고 망한 자취를 물었으므로 박생은 일일이 아뢰었는데, 고려 창업의 연유를 말한 대목에 이르자 왕은 두어번 탄식하더니 이렇게 말했다.

"나라를 소유한 자는 폭력으로 인민을 겁박해서는 안 되오. 인민이 비록 두려워하며 따르는 듯 보이지만 속으로는 반역할 마음을 품어 시간이 흐르면 큰 재앙이 일어날 것이오. 덕 있는 자는 힘으로 군주의 자리에 나아가서는 안 되오. 하늘이 비록 자상히 말을 해 사람을 깨우치지는 않지만 처음부터 끝까지 일로써 보여주거늘, 상제上帝의 명命은 지엄하다오. 대개 나라란 인민의 나라요, 명命이란 하늘의 명이라오. 천명이 이미 떠나고 민심이 이미 떠나면, 비록 몸을 보전하고자 한들 어찌 하겠소?"

또 박생이 역대 제왕들이 이도異道를 숭상하다가 재앙을 초래한 일을 말

---

270 초(楚)나라 사람 변화(卞和)가 얻은 천하의 보옥(寶玉). '박옥'은 가공하지 않은 옥덩어리를 말한다. 재주가 몹시 뛰어나나 남이 알아주지 않음을 비유하는 말로 쓴다.

하자, 왕은 이마를 찌푸리며 이렇게 말했다.

"인민이 태평가를 부르는데도 홍수가 나고 가뭄이 드는 것은 하늘이 임금에게 근신하라고 거듭 경고하는 것이요, 인민들이 원망하는데도 상서로운 징조가 나타나는 것은 요괴가 임금에게 아첨해 임금을 더욱 교만하고 방종하게 만드는 것이라오. 역대 제왕들에게 상서로운 징조가 나타난 때 인민들이 편안했소, 원망을 했소?"

박생이 말했다.

"간신들이 벌떼처럼 일어나고 큰 난리가 거듭 생기는데, 위에 있는 사람(임금)이 위협이나 위선으로 훌륭하다는 이름을 낚으려 한들 나라가 편안하겠습니까?"

왕이 한참 탄식하고 말했다.

"그대 말씀이 옳소."

잔치가 끝나고 왕이 박생에게 왕위를 물려주기 위해 손수 제制²⁷¹를 지었다.

염부주는 실로 장기瘴氣와 역병疫病의 땅이라 우왕禹王의 발자취도 미치지 못했고,²⁷² 목왕穆王의 준마駿馬도 이르지 못했다.²⁷³ 이곳은 붉은 구름이 해를 뒤덮고 독기 서린 안개가 하늘을 가로막아, 목마르면 펄펄 끓는 쇳물을 마셔야 하고, 배고프면 시뻘겋게 달궈진 쇳덩이를 먹어야 하며, 야차夜叉와 나찰羅刹²⁷⁴이 아니면 땅에 발을 댈 수가 없고, 도깨비 무리가 아니면 그 기운을 뜻대로 펼 수 없다. 불길에 휩싸인 성곽이 천 리나 되고, 쇠로 이루어진 산이 만 겹이나 된다. 백성의 풍속은 억세고 사나워 정직한 이가 아니면

---

271 임금이 상벌을 행하거나 관직을 수여할 때 내리는 말로, 한문학 문체의 하나이다.
272 하(夏)나라 우왕이 홍수를 다스리기 위해 동분서주하여 그 발자취가 중국 전역에 미치지 않은 곳이 없었다고 한다.
273 주(周)나라 목왕이 여덟마리의 준마를 타고 중국 전역을 두루 다녔다는 고사가 있다.
274 사람을 해치는 악귀들인데, 불교의 수호신이기도 하다.

그 간사함을 다스릴 수 없고, 지세地勢는 극도로 요철凹凸이 심해 신령스런 위엄을 갖춘 이가 아니면 교화를 베풀 수 없다.

　아! 너 동국의 아무개는 정직하고 사심이 없는 데다 굳세고 결단력이 있으며, 아름다운 바탕이 뚜렷하고, 어리석은 이를 일깨울 재주를 지녔다. 살아생전에는 현달하거나 영예를 누리지 못했으나, 죽은 뒤에 실로 법도가 드러날 것이니, 우리 백성이 길이 의지할 사람이 그대 말고 누구겠는가? 덕으로 이끌고 예의로 가지런히 하여 우리 백성을 지극한 선으로 이끌기를 기대하며, 몸소 행하고 마음으로 체득하여 세상을 평화롭게 만들기를 바라노라. 하늘이 임금을 세운 뜻을 본받고, 요堯임금이 순舜임금에게 왕위를 물려준 뜻을 본떠 내가 왕위를 물려주나니, 아! 그대는 공경할지어다!

박생이 왕의 명을 받들어 두번 절하고 물러나왔다. 왕은 다시 신하와 백성 들에게 명을 내려 박생을 치하하게 하고, 태자太子의 예禮로 박생을 전송하였다.

　왕은 또 박생에게 이런 명을 내렸다.

　"곧 돌아와야 하오. 그리고 가거든 내가 한 말을 인간 세상에 전파해 황당무계한 일들을 일소一掃했으면 하오."

　박생이 다시 두번 절하여 사례하고 말했다.

　"분부하신 말씀의 만분의 일이라도 전하도록 하겠습니다."

　이윽고 성문을 나왔는데, 수레를 몰던 이가 잘못하여 수레가 전복되고 말았다. 박생이 땅에 쓰러졌다가 놀라 잠을 깨니, 한바탕 꿈이었다. 눈을 뜨고 살펴보니 책이 책상 위에 던져져 있고, 등불이 깜박거리고 있었다. 박생은 한참 의아해하다 자신이 곧 죽겠구나 생각했다. 그래서 날마다 집안일을 처리하는 데 마음을 쏟았다.

　박생은 두어달 뒤 병이 들었는데, 필시 못 일어나겠구나 싶어 의원醫員과 무당을 모두 물리친 채 세상을 하직하였다. 박생이 죽던 날 밤에 사방

이웃 사람들의 꿈에 신인神人이 나타나 "네 이웃에 사는 아무개 공公이 곧 염라왕이 될 것이다"라고 했다고 한다.

『임천가화林泉佳話』

서문

청한자가 말한다. "선가禪家의 소식을 논의함으로써 적막한 가운데 소일거리로 삼는다. 무릇 선림禪林의 쓸데없는 이야기들과 교가敎家[275]의 상도常道에 맞지 않는 말들을 바로잡아 논평하고, 더불어 고금의 인물들에 훌륭한 사람과 그렇지 못한 사람이 섞여 있지만 그 우열이 분명함을 의론하고 분변分辨함으로써, 이치에 통달한 이로 하여금 하나를 일러줘 셋을 미루어 알게 해 진리로 나아가게 하고자 한다. 대저 제공諸公의 인가印可[276]를 받지는 않았으며, 불경과 성현聖賢의 글을 참조했다."

제1화

보리달마는 양梁나라에서 위魏나라로 갔는데 숭산嵩山 아래를 지나다가 소림사少林寺에 머물렀다.[277] 9년 동안 더불어 말할 만한 사람이 없어 단지 면벽面壁해 편안히 앉아 있었을 뿐 선禪을 익힌 것은 아니었다. 후인들은

---

275 '교가'는 선가(禪家)의 대(對)가 되는 말로, 경론(經論)에 의거하여 교의(敎義)를 세우고 문자나 어구에 의하여 교(敎)를 설(說)하는 불교 종파.

276 불교에서 사승(師僧)이 제자의 득법(得法)이나 설법(說法)을 인정하는 것을 말함.

277 보리달마는 남인도에 있던 왕국의 왕자 출신으로, 배를 타고 중국으로 와 중국 선종(禪宗)의 초조(初祖)가 되었다. 처음에 광동성 광주(廣州)에 도착해 금릉(金陵)으로 가 양 무제를 만났는데 서로 뜻이 맞지 않아 위나라의 낙양으로 가 숭산의 소림사에서 9년간 면벽했다.

그 연유를 알지 못한 까닭에 달마가 선을 익혔다고 여겼다. 대저 선은 제행諸行[278]의 하나일 뿐이니, 어찌 성인聖人(부처)이 행한 일을 다한 것이겠는가. 하지만 당시 사람들은 또한 달마의 큰 국량을 헤아리지 못해 그를 선을 익힌 승려들의 전기 속에 넣어, 마른 나무와 불 꺼진 재 같은 무리와 한 동아리가 되게 했으니 참으로 애석하다. 그렇기는 하나 성인의 제행은 선에 그치지 않지만 또한 선에서 벗어나지도 않으니, 『주역』의 괘卦가 건괘乾卦와 곤괘坤卦에 그치지 않지만 또한 건괘와 곤괘에서 벗어나지 않는 것과 같다.[279]

제4화

회당晦堂 선사[280]는 진솔했으며 절의 주지가 되는 것을 좋아하지 않았다. 누가 청하더라도 여러 번 고사하고 나아가지 않았다. 사경온謝景溫이 담주潭州의 지사知事가 되자 대위사大潙寺의 주지 자리를 비워놓고 회당을 청했는데, 세 번 다 사양하고 가지 않았다. 사경온은 팽여려彭汝礪에게 부탁해 응하지 않는 까닭을 물어보게 했다. 회당은 이리 말했다.

"마조 도일馬祖道一과 백장 회해百丈懷海[281] 이전에는 주지라는 게 없었

---

278 도에 이르기 위해 부지런히 힘써 수행하는 온갖 행업(行業).

279 이 제1화는 『임간록(林間錄)』에 나오는 이야기인데, 『임간록』과 어구에 약간 차이가 있다. 『임간록』은 임제종 황룡파(黃龍派)에 속한 북송의 승려 혜홍(惠洪, 1071~1128)이 저술한 책이다. 혜홍은 자가 각범(覺範)인데, 청량 덕홍(淸涼德洪)으로 불리기도 하며, 스스로 적음존자(寂音尊者)라 이름했다. 우리나라에서 『임간록』은 세조 14년(1468) 경상도 상주에서 처음 판각되었다.

280 송나라 신종·철종 연간의 선사.

281 '마조 도일'(709~788)은 중국 당나라의 선승으로, 6조(六祖) 혜능의 문인인 남악 회양(南嶽懷讓, 677~744)의 법맥을 이었다. '평상심시도(平常心是道, 평상심이 곧 도이다)'를 주창해 일상생활 속에서 선(禪)을 실천하는 새로운 선풍을 일으켰다. '백장 회해'(749~814)는 마조 도일의 법을 이어받았으며, 선원(禪院)의 규칙인 청규(淸規)를 처음 제정했다. '청규'는 청정대중(淸淨大衆)의 규칙이라는 뜻인데, 여기에 '주지'라는 명칭이 처음 등장한다.

으며, 도인道人들이 공활하고 적막한 곳에서 서로를 찾았을 뿐입니다. 그 후 비록 주지라는 게 생겼지만 임금과 신하들이 예의를 갖춰 높여서 인천 사人天師[282]가 되었습니다. 지금은 그렇지 않으니, 이름을 관부官府에 걸어 놓아 마치 호적에 올라 있는 백성이 오장伍長[283]에게 닦달당함과 처지가 비슷합니다. 그러니 어찌 그 일을 맡겠습니까."

팽여려가 사경온에게 이 말을 전했다. 이에 사경온은 회당 선사에게 편지를 보내어 한번 만나보았으며, 주지를 하라고 하지 않았다.[284]

청한자가 말한다. "주지란 산에 거주하며 불법을 지키는 자를 말한다. 그러니 명성과 무슨 상관이 있겠는가. 명성을 사랑해 주지를 구하는 자는 속인과 무엇이 다르겠는가."

제7화

천암 원장千巖元長[285]은 이리 말했다.

"근래 사람들은 자신의 본래면목本來面目은 모르면서 단지 무익한 물건을 구해 남에게 자랑하고 남을 현혹하니, 평생 장님과 다름이 없다. 종사宗師들은 왕왕 스스로 '수행의 영험으로 치아와 모발에 사리가 생긴다'고 생각하나, 설사 너희들이 죽은 뒤 세존처럼 사리가 84말이나 나와 천상천하天上天下에 두루 가득하다 할지라도 정안正眼으로 보면 또한 썩어 없어질 뼈에 불과하거늘, 그런데도 생사를 깨달았다고 할 수 있는가?"

환주幻住[286]는 이리 말했다.

---

282 인간계와 천상계 중생의 도사(導師)를 이른다. '도사'는 중생을 인도해 불도에 들어가게 하는 승려를 말함.
283 민가 다섯 집을 다스리는 지위에 있는 사람.
284 이상의 회당 선사 일화는 『임간록』에 나온다.
285 중국 원나라의 선승.
286 남송 말, 원초(元初)의 승려인 천목 중봉(天目中峰, 1263~1323)을 가리킨다. '환주'는 그의

"죽은 사람의 모발에 사리가 있다고 이러쿵저러쿵하는 사람들이 있는데, 이런 말은 평생 즐겨 들어서는 안 된다."

이는 진실로 미래의 배우는 자 가운데 도는 배우지 않고 사리나 구하는 자에게 족히 훌륭한 교훈이 됨 직하다.

제8화

광릉조光陵朝[287] 때 사리가 크게 성행하여[288] 책상과 탁자 위에 모래를 흩뿌려놓은 듯했으니, 속세의 삿된 여승 집에도 모두 사리가 있었다. 전후로 얻은 것이 말[斗]이나 되[升]에 가까웠다. 효령대군孝寧大君이 몹시 믿어 천보산天寶山의 절[289]에 탑을 세워 사리를 봉안하기까지 했다. 당시 비록 잠시 법회를 열더라도 서응瑞應이 나타나지 않으면 기롱하였다. 지엽적인 것을 좇는 것의 심함이 당시보다 더한 때는 없었다.

제11화

나잔懶殘 화상은 형산衡山의 석실石室에 살았는데, 당나라 덕종德宗이 그 명성을 듣고 사신을 보내어 불러오게 했다. 사신이 석실에 이르러 말했다.

"천자께서 부르셨으니 스님은 일어나 사은謝恩하는 절을 하시오!"

나잔은 그때 한창 불을 지핀 소똥[290]을 뒤적거리며 구운 토란을 찾아 먹

호이다.

287 '광릉(光陵)'은 세조의 능호(陵號). 이 말을 통해 『임천가화』가 세조가 죽은 뒤에 쓰였음을 알 수 있다.

288 세조가 세운 사리탑이 수십 개에 이른다.

289 양주의 회암사(檜巖寺)를 말한다.

290 옛날에는 소똥이나 말똥을 모아 불을 땠다. 지금도 중앙아시아의 오지에는 그리하는 데가 있다.

는 중이었는데, 추위에 콧물을 훌쩍거리며 아무 대꾸도 하지 않았다. 사신이 웃으며 말했다.

"스님, 코나 좀 닦으시지요."

나잔이 말했다.

"제가 무슨 공부가 있다고 속인俗人을 대하여 콧물을 닦겠소?"

그리 말하고는 끝내 일어서지 않았다.

사신이 돌아와 보고 들은 대로 아뢰자 덕종이 몹시 흠모하였다.[291]

화상은 이름이 명찬明瓚인데, 늘 먹는 데 게으르고 옷이 남루해 호를 '나잔懶殘'[292]이라 했다.

제36화

승보僧寶[293]가 비천해지는 것은 시속時俗에서 그를 망령되이 믿기 때문이다. 시속의 사람은 조석으로 이익을 다투어 그칠 줄을 모르면서도, 승려를 보면 세상을 벗어나 이익을 잊은 사람이라 여겨 그 알음알이가 훌륭한지 어떤지 살피지도 않고 망령되이 가까이하고 높이 받든다. 승려 된 자는 이익을 엿보고 이름을 낚는 것을 사업으로 삼으므로, 망령되이 나가서 함부로 재물을 받으니, 기만과 속임이 이르지 않는 바가 없다. 어느 날 승려의 사악함이 문득 드러나 그 악을 감출 수 없게 되면 사람들은 반드시 존경하는 마음이 끊어져 데면데면히 보고 말하기를, "저 비구도 오히려 이와 같거늘 하물며 그 나머지임에랴"라고 한다. 하지만 전날에 승려의 잘못을 번드레 꾸며주고 아첨하는 말을 함으로써 지금 그 추악함이 환히 알려지

---

291 이 이야기는 『벽암록(碧巖錄)』과 『임간록』 등에 실려 있다.

292 '나'는 게으르다는 뜻이고 '잔'은 남은 음식이라는 뜻. 명찬이 중승(衆僧)이 먹다 남긴 턱찌끼 먹기를 좋아했기에 이렇게 이름했다.

293 삼보(三寶)의 하나로 승려를 이른다. 삼보는 불보(佛寶), 법보(法寶), 승보.

는 상황을 생겨나게 한 줄 어찌 알겠는가.

제38화

부처의 도가 삼무三武의 난難[294]을 겪고도 실추되지 않은 것은 그 말이
이치에 맞기 때문이다. 천하의 사물이 이치가 아니면 항구恒久하지 못하고
도道가 아니면 장구長久하지 못한데, 부처의 도가 항구하고 장구한 것은 그
것이 이치에 맞기 때문이다. 『주역』에 이르기를, "항恒은 형통하니, 허물이
없다"[295]라고 했는데, 정말 그 말이 맞다 하겠다.

어찌해 이치에 맞다고 하는가? 대개 천하의 사물은 다스려지면 어지러
워지고, 성하면 쇠하고, 보존하면 멸망하니, 서로 모순됨이 하나가 아닌데,
부처의 도를 보면, 연대보좌蓮臺寶座[296]는 성대하지 않았고, 쌍수雙樹[297] 아
래에서 빛을 감추어도 쇠하지 않았으며, 인천人天[298]을 위해 몹시 애를 썼
으나 다스린 건 아니었고, 빛을 감추고 티끌 속에 섞여 지냈지만 어지럽지
는 않았으며, 설법으로 중생을 제도했으나 보존한 건 아니었고, 천마天魔
를 꺾었으나 멸망시킨 건 아니었다.

대저 성하지 않으면 쇠하지 않고, 다스려지지 않으면 어지러워지지 않
으며, 보존하지 않으면 멸망하지 않거늘, 성盛을 알고 쇠衰를 알고 다스려
짐(治)과 어지러워짐(亂)을 알아 도에 이름으로써 인민을 교화해 무위無爲
의 지경을 기약했으니, 누가 이보다 나을 수 있겠는가? 이 때문에 부처의

---

294 북조(北朝)의 위(魏)나라 태무제(太武帝)와 주(周)나라 무제(武帝), 당나라 무종(武宗)이
　　　불교를 억압하고 금지했기에 '삼무의 난'이라고 함.
295 『주역』항괘(恒卦)의 괘사(卦辭)에 나오는 말.
296 연꽃으로 장식한 부처의 좌대(座臺).
297 사라쌍수(娑羅雙樹)의 준말. 부처가 사라쌍수 여덟그루가 둘씩 마주 서 있는 사이에 자리를
　　　깔고 열반에 들었음.
298 인간계와 천상계의 중생을 말함.

도는 이치에 맞아 항구한 것이다.

제40화

지극한 도는 말이 아니면 드러나지 않고, 지극한 말은 도가 아니면 존재하지 않는다. 말과 도가 서로 도와 불멸함은 사람이 있어서다. 아아! 마등摩騰과 축법란竺法蘭[299]이 중국에 오지 않았다면 어찌 일음一音[300]이 원묘圓妙한 줄 알겠으며, 달마가 선禪을 전하지 않았다면 일미一味가 안한安閑[301]한 줄 어찌 깨달았겠는가. 말과 도가 서로 도와 불멸함은 사람이 있어서다.

제43화

계율로 인민을 제약하는 것은 어째서인가? 성인(부처)은 인민이 그 근원을 깨닫지 못할까 걱정하여 금지하는 법을 세워 그 욕망을 제어한 것이다. 계율의 근본은 정심正心(마음을 바르게 함)에 있고, 정심의 요체는 성의誠意(뜻을 성실히 함)에 있으며, 성의의 요체는 수신修身에 있으니, 수신이 곧 중생을 제도하는 근원이다.

자기 몸을 닦지 않으면서 뭇 중생을 제도하고자 함은, 자기를 바르게 하지 않으면서 타인을 바르게 하려는 것과 같다. 그러므로 삼취정계三聚淨戒[302]에 이르기를, "악을 끊으라" "선을 닦으라" "중생을 제도하라"라고 한

---

299 모두 인도의 승려로 후한(後漢) 영평(永平) 10년(67)에 함께 낙양으로 와 불교를 전했으며 역경(譯經)에 종사했다.

300 부처의 설법을 가리키는 말. 『유마경(維摩經)』「불국품(佛國品)」에 "부처는 일음一音으로 설법하지만 듣는 중생은 유(類)에 따라 각각 해석한다"라는 말이 나온다.

301 '일미'는 부처의 설법이 겉으로 보면 다종다양하나 그 뜻은 하나라는 말이고, '안한'은 안한염정(安閑恬靜)을 말하니 무사안온(無事安穩)한 깨달음의 경계를 뜻한다.

302 대승보살의 계법(戒法)인 섭률의계(攝律儀戒), 섭선법계(攝善法戒), 섭중생계(攝衆生戒)를 말한다. '섭률의계'는 행위·언어·생각에서 악을 없애는 것이고, '섭선법계'는 선을 행하는

것이다. 중생을 제도하고 선을 닦고 악을 끊지 않는다면 그 마음이 광대하지 않은 바가 있다. 마음이 광대하지 않으면 중생을 제도할 수 없으니, 계율로 마음을 바르게 해 중생 제도에 힘써야 한다.

외물에 구구히 마음을 써 전경轉經[303]과 단식을 하거나, 앉으나 누우나 금지하는 일을 하지 않는 것을 계율이라 여겨, 일변一邊에 구속되어 있는 저치들은 똥을 새겨 향香을 구하는 것과 뭣이 다르겠는가![304]

제60화

(전략)

부처란 무엇인가? 부처란 깨달음이니, 묘성妙性[305]을 스스로 깨달아 중생을 깨닫게 한다.

부처란 무엇인가? 부처란 열반에 대한 최고의 칭호다. 열반이란 원적圓寂[306]이니, 원圓하면 갖추지 않음이 없고, 적寂하면 막힘이 없다.

부처란 무엇인가? 부처란 무사無事[307]이다. 무사란 무엇인가? 제법諸法이 얽매임 없이 자유로워 어디서든 무위無爲 아님이 없고, 적연히 상相을 여의어 큰 허공을 다하여 남김이 없고, 허공과 섞이어 체성體性[308]이 되며, 해가 지고 달이 뜨고 추위가 가고 더위가 오고, 없어짐과 생김, 차고 빔이 다하지 않고, 생각도 없고 헤아림도 없고, 다스려짐도 없고 어지러움도 없

것이며, '섭중생계'는 중생을 제도하는 것이다.

303 불경을 독송(讀誦)함을 말한다.

304 '똥을 새겨 향을 구한다'는 말은 『청한잡저 2』의 '양 무제'에도 나오는데, 원래 『능엄경』에서 유래하는 말이다.

305 본래의 마음, 곧 자성(自性)을 말한다.

306 제덕(諸德)이 원만하고 제악(諸惡)이 적멸한다는 뜻. 곧 생사의 고(苦)를 여의고 청정한 세계에 드는 것을 이름.

307 팔리어 nakaraṇiyam atthi의 번역어로, 막힘이 없고 구하는 것도 없음을 이른다.

308 물건의 본질을 '체(體)'라 하고 체의 변하여 바뀌지 않는 것을 '성(性)'이라 하니, 체가 곧 성임.

는 것, 이것을 무사라고 할 수 있을 것이다.

제68화

승조僧肇[309]가 말하기를, "넓고 넓도다! 위로는 임금이 있고 아래로는 신하가 있으며, 부자父子는 지위가 다르고, 존비尊卑는 순서가 다르다"[310]라고 했다. 승조는 도를 알았다 할 것이다. 인륜을 어지럽히면서 몸을 조촐히 한다고 말하는 저치들은 천하의 죄인이다. 부처가 사람에게 가르친 것은 인륜을 어지럽히라는 게 아니었으며, 인민으로 하여금 마음을 밝히게[明心] 하려는 것이었다. 진실로 마음을 밝힐 수 있다면 삭발하지 않고 수를 놓은 옷을 입더라도 지극한 도의 묘함에 이를 수 있다.

만약 마음을 밝히지 못한다면 부모를 하직해 사랑을 끊는 것은 천륜을 무너뜨리고 어지럽히는 일이니 끝내 무슨 이로움이 있겠는가. 나는 이 사실을 일찍 깨닫지 못해 공자와 석가의 죄인이 된 것을 한탄한다.

제69화

불법을 무너뜨리는 것은 속유俗儒가 아니라 승려들이다. 사자獅子의 몸 안에서 사자의 살을 먹는 것은,[311] 말류末流로서 승려가 된 자들이다. 승려가 가벼우면 법이 경시되고, 승려가 무거우면 법이 중시된다.

---

309 동진(東晉)의 승려로 구마라습(鳩摩羅什)의 제자다. 노장과 유가 사상을 토대로 인도 공관 대승(空觀大乘)의 교의를 받아들여 중국 대승불교의 기초를 놓는 데 기여했다.

310 원래 『보장론(寶藏論)』에 나오는 말인데, 『대혜보각선사어록(大慧普覺禪師法語)』 권18의 보설(普說)에도 실려 있다.

311 '사자'는 부처를 비유하는 말. '사자 몸속의 벌레가 스스로 사자의 살을 먹는다'라는 말은 고승의 어록을 비롯해 여러 불서(佛書)에 보인다.

내호內護가 엄하면 외호外護가 반드시 근실謹實하며,[312] 내호를 엄히 하지 않으면 외호를 구하고자 해도 매우 위태롭다.[313]

제70화

슬프다, 말법末法[314]을 어떻게 하기 어려우니! 속강俗講[315]을 하여 재물을 얻고, 불법佛法을 농락해 생계를 도모한다. 곳간에 곡식이 가득하니 사사四事에 오만하고 무도하다.[316] 큰 법이 깊고 넓은 줄 모르며, 불심佛心이 굉박宏博한 줄 깨닫지 못한다. 살아서는 어리석은 백성이요, 죽어서는 궁한 귀신이니, 장차 어쩌겠는가. 이는 자포자기한 자라 할 만하다. 옛날에 제비와 참새가 처마 밑에 집을 지어 스스로 즐거워하며, 굴뚝이 터져 들보가 불타 화禍가 장차 이를 것을 알지 못했다고 한 것이 바로 이를 이른다.

제71화

승려가 되는 데는 일곱가지 법이 있으니, 학문, 달리達理(이치에 통달함), 위의威儀(훌륭한 행동거지), 언어, 수미粹美(순수함), 문장, 도덕이 그것이다. 이

---

312 '내호'는 몸(身)으로는 살생이나 도적질을 하지 않는 것, 입(口)으로는 거짓말이나 악한 말을 하지 않는 것, 뜻(意)으로는 탐진치(貪瞋癡)를 짓지 않는 것 등 '안'을 지키는 것을 말하니, 신구의(身口意) 삼업(三業)을 청정히 함을 이른다. '외호'는 음탕한 여인의 집에 가지 않거나 부정한 사람과 가까이하지 않는 등 '밖'을 지키는 것을 말한다.

313 '매우 위태롭다(殆哉岌岌乎)'라는 말은 『맹자』「만장(萬章)」상(上)에 나오는 말.

314 삼시(三時)의 하나로 석존이 세상을 떠난 지 오래되어 교법이 쇠퇴한 시기를 이른다. '삼시'는 정법시(正法時), 상법시(像法時), 말법시(末法時)를 말한다.

315 속인을 대상으로 한 강경(講經).

316 '사사'는 수행하는 승려가 일상생활을 하는 데 필요한 네가지 물건인 의복, 음식, 와구(臥具, 침구), 탕약(湯藥)을 말한다. '사사에 오만하고 무도하다'는 것은 사사를 삼가고 공경하는 마음이 없음을 가리킨다. 승려의 생활용품은 모두 시주에서 온 것이므로 늘 공경하고 삼가는 마음을 가져야 한다.

일곱가지가 구족한 뒤에야 큰 승려가 될 수 있고, 인천안목人天眼目[317]이 될 수 있고, 불법佛法의 동량이 될 수 있으니, 견성見性하려고 하지 않아도 성性이 절로 원만해지고, 도를 닦으려 하지 않아도 도가 절로 높아진다.

이 일곱가지 가운데 하나도 없으면서 머리를 깎았으니 중이라 여기는 자는 머리 깎인 채 성城 쌓는 노역을 하는 죄인과 뭐가 다르겠으며, 멍하니 고목枯木처럼 앉아 있는 것을 선禪이라 여기는 자는 목석木石과 뭐가 다르 겠으며, 함부로 지껄이는 것을 강講이라 여기는 자는 시정市井 사람들과 돈 을 논하는 것과 뭐가 다르겠는가. 이러하니 불법의 쇠함을 앉아서 기다릴 만하다.

제72화

온릉 계환溫陵戒環[318]의 『수능엄경요해首楞嚴經要解』에 이르기를, "견도 見道한 후에 수도修道하고, 수도한 후에 증과證果[319]한다"라고 했는데, 대저 도道란 일상생활에서 늘 행하는 천리天理의 당연當然에 해당한다.

옛날에 남전南泉은 어떤 승려가 "무엇이 도입니까"라고 묻자 "평상심이 도이니라"라고 답했고,[320] 약산藥山[321]은 이습지李習之[322]가 "무엇이 도입니 까"라고 묻자 "구름은 하늘에 있고 물은 병에 있소"라고 답했다.[323]

---

317 인간계와 천상계 일체 중생의 안목이라는 뜻.
318 중국 송나라 온릉(溫陵) 개원련사(開元蓮寺)의 승려로『묘법연화경요해』『수능엄경요해』 등의 저술이 있다.
319 수행한 결과 과보(果報)를 얻는 것을 말한다. 최종의 증과는 성불(成佛)이다.
320 남송의 회암 지소(晦巖智昭)가 편찬한『인천안목(人天眼目)』권2에 나오는 말.『전등록(傳 燈錄)』『오등회원(五燈會元)』 등에는 '어떤 승려'를 남전의 제자인 조주(趙州)라고 했다. '남전'은 중국 당나라의 선승 남전 보원(南泉普願)을 가리킨다. '泉'은 '전'으로 읽는다. 마 조 도일의 제자이다.
321 당나라의 선승 약산 유엄(藥山惟儼)을 가리킨다. 석두 희천(石頭希遷)의 제자이다.
322 당나라 문인 이고(李翺). 한유의 제자이며 불교에 조예가 있었다.
323 약산의 일화는『전등록』권14에 보인다.

그러므로 도를 알면 움직임과 고요함[動靜]의 근원을 알게 되고, 도를 알면 생사의 이치를 알게 된다.

대저 도란 천지를 품되 남음이 있고, 만유萬有를 포함하되 형체가 없으며, 만상萬像의 어머니가 되고, 중묘衆妙의 근원이 된다. 텅 비어 막힘이 없고, 고요하여 밝게 드러나니, 일에 베풀면 어딘들 합당하지 않음이 없다. 그러므로 도를 분명히 알아 무위無爲에 이르러 조용히 자득自得하는 것을 이름하여 '수도修道'라고 하며, 또한 '목우牧牛'[324]라고도 한다. 수도하여 도와 함께해, 스스로 그러함(자연)에 모두 합치되어 신화神化[325]하는 것을 성聖이라고 하며, 또한 증과라고도 한다. 견도하지 못하고 입으로 수도하는 저자들은 도를 알지 못하는 자들이다.

『잡설雜說』[326]

○ 하늘이 백성을 낳으실 때 각각 성性을 주시니, 성즉리性卽理[327]이다. 이理를 주었다고 하지 않고 성性을 주었다고 한 것은, 이理는 사람과 사물에 공통된 것을 두루 말하고, 성性은 나에게 있는 이理를 말하기 때문이다. 나에게 있는 이理는 선하지 않은 적이 없으니, 부자유친父子有親의 이理와 붕우유신朋友有信의 이理와 같은 것이 곧 사람의 성性이다. 소가 밭을 갈고, 말이 달리고, 닭이 새벽을 알리고, 개가 주인을 보호하고, 초목과 곤충에게 각각 형질이 있어 좋아하고 싫어함이 다른 것, 이는 곧 물物의 이理이다. 하

---

324 '소를 기른다'는 의미로, 여기서 '소'는 마음을 가리킨다. 그러므로 목우는 마음 수행을 뜻한다. 선(禪)을 닦아 깨달음에 이르는 순서를 표현한 〈십우도(十牛圖)〉에 이 말이 보인다.

325 신묘한 경지에 도달하는 것을 이른다.

326 관동 시절의 저작이다.

327 성(性)이 곧 이(理)라는 뜻. '성즉리'라는 정식화(定式化)는 정호(程顥)의 창안인데, 그 동생 정이를 거쳐 주희에게 전해져 주자학적 심성론의 기초가 되었다.

지만 그 근원은 하나다. 그러므로 말하기를,

백성은 나의 동포요, 물物은 나의 이웃이다.[328]

라고 했다.

○ 성性을 극진히 한다는 것은 나에게 있는 이理를 극진히 하는 것이요, 성性을 기른다는 것은 나에게 있는 이理를 기르는 것이다. 어떤 이가 묻기를,
"승려는 '견성見性'(성性을 봄)을 말하는데, 성性을 볼 수 있습니까?"
라고 해, 이렇게 답했다.
"'존양存養한다'(본심을 보존하여 성性을 기름)라고 하면 옳겠지만, '본다'라고 해서야 되겠습니까? 알고 따른다면 옳겠지만, 다만 그 형용形容만 봐서야 되겠습니까? 보고도 따르지 않는다면 나에게 있는 이치라고 할 수 있겠습니까? 마음이란 하늘로부터 품수稟受하여 일신一身에 있는 것입니다. 그러므로 선현이 이르기를, '마음이란 사람의 신명神明으로, 뭇 이치를 갖추어 만사에 응한다'[329]라고 했으니, 마음을 보존해 극진히 하여 뭇 욕심의 공격을 받지 않는다면 옳거니와, 승려처럼 '마음을 본다(觀心)'함은 옳지 않습니다. 마치 금에 금박을 하지 못하고 물로 물을 씻지 못함과 같으니, 어찌 내 마음으로 내 마음을 볼 수 있겠습니까. 만약 볼 수 있다고 한다면 마음이 응당 둘이 있어야 할 것입니다."
어떤 이가 묻기를,
"선성先聖께서 말씀하시기를, '인심人心은 위태롭고 도심道心은 미약하다'[330]라고 했거늘, 마음이 둘이 아닌지요?"

---

328 북송의 기철학자 장재(張載)의 말이다.
329 『맹자집주』「진심 장구(盡心章句)」상(上)에 보이는 주희의 주(註).
330 『서경』「대우모(大禹謨)」에 나오는 순임금의 말.

라고 하기에 이렇게 답했다.

"이른바 인심이란 사물과 내가 서로 나타난 데서 생기니 인욕人欲의 사사로움이요,331 도심이란 성명性命의 바름에서 근원한 것으로 천리天理의 공변된 것입니다. 여기에 힘을 써 조금도 그치지 않아, 마침내 도심으로 하여금 항상 일신一身의 주인이 되게 하고 인심이 매양 도심의 명령을 듣도록 한다면, 위태로운 것은 편안해지고 미약한 것은 현저해져서 인욕이 마침내 천리의 공변됨을 이기지 못할 터이니 어찌 다만 보기만 할 뿐이겠습니까?"

○ 솔개가 하늘에서 날고 물고기가 물에서 뛰놀며, 봄에 만물이 나고 여름에 자라며, 해가 뜨고 달이 지는 것처럼, 굵고 가느다랗고 크고 작은 것에 각각 정해진 분수가 있다. 어찌 앉아서 인심과 도심을 보기를 화분花盆과 제기祭器를 보듯 하겠는가? 소요부邵堯夫(북송의 철학자 소옹邵雍)가 『관물편觀物篇』에서 이르기를,

'본다'고 하는 것은 눈으로 보는 것이 아니라 마음으로 보는 것이다.

라고 했는데, 바로 이를 말한다.

불교에서 말하는 '참參'332이란 사물을 관觀하는 것으로, 대소와 장단長短으로부터 일어일묵一語一黙(한마디 말과 한번의 침묵)과 행위와 동작에 이르기까지 안으로는 이理로써 참參하고 밖으로는 일(事)로써 참參하지 않음이 없어, 두루 부합하고 세세한 데까지 다 합당하며 마음으로 알아 말없이 서로 합치하니, 이른바 천지에 참여하여 화육化育을 도와 천지에 세워도 어

---

331 『맹자집주』「양혜왕 장구」상에 보이는 주희의 주(註).

332 '참'은 '참선(參禪)'의 '참'으로 참구(參究)한다는 뜻. 김시습은 여기서 불교의 '참'을 성리학적 관점에서 논하고 있다.

긋나지 않고, 귀신에게 물어도 의심할 것이 없으며 백세百世에 성인聖人을 기다려도 의혹이 없거늘,[333] 대저 이를 일러 '참'이라 한다. 진실로 이와 다름이 있다면 믿을 수 없음이 명백하니, 단지 허공을 더듬어 그림자를 잡을 뿐이다.

불교에서 말하는 '선禪'이란 동정動靜과 어묵語默 간에 있어 온화하고 급박하지 않아 상황에 곡진히 대처하는 것이니, 마치 원기元氣가 주선하여 낮과 밤, 그믐과 초하루, 차고 빔, 성하고 쇠함, 나고 자람, 오고 감이 조급함도 없고 또한 느림도 없어 쭉 이어져 끊어지지 않고, 순후하여 그치지 않음과 같다. 기뻐해야 하면 기뻐하고, 성내야 하면 성내고, 사랑해야 하면 사랑하고, 공경해야 하면 공경하여, 좌와坐臥(앉거나 누움)와 기거起居에 이르기까지 하나같이 시변時變에 따르니, 이를 '일관一貫'이라 이르고 '중용中庸'이라 이르며 '시중時中'이라 이른다.『주역』에 이르기를,

우레와 바람이 '항恒'이니, 군자는 보고서, 서서 방소方所를 바꾸지 않는다.[334]

라고 했으니, 대저 이를 일러 '선'이라고 한다. 만약 이와 다름이 있다면 도무지 할 만하지 못한 것이니, 단지 나뭇가지나 흙덩어리일 뿐이다.[335]

○ 하늘이란 기氣의 지극히 성한 것인데, 이理가 그로부터 나온다. 먼 데서 보면 거뭇거뭇하니 어찌 사물이 있겠는가. 하지만 저 북쪽 사람들은 이를 가리켜 부르기를 '가한可汗'이라 하니,[336] 형체로써 말할 때는 '하늘'이

---

333 『중용』에 나오는, 군자의 도를 이르는 말.
334 『주역』 항괘(恒卦)의 상전(象傳)에 나오는 말.
335 김시습은 '참(參)'과 마찬가지로 '선'도 성리학적 관점에서 논하고 있다.
336 '북쪽 사람들'은 중국 북방의 종족을 가리킨다. '가한'은 몽골계 종족들의 군주에 대한 칭호이기도 하다.

라 하고, 주재主宰로써 말할 때는 '제帝'라고 하며, 성정性情으로써 말할 때는 '건乾'이라 하고, 묘용妙用으로써 말할 때는 '신神'이라 하는 것을 어찌 알겠는가. 승려가 말한 심성心性 역시 그러하니, 다만 허령虛靈(잡됨이 없고 신령함)과 적조寂照[337]를 가리켜 혹은 심心이라 하고 혹은 성性이라 한다. 그러므로 이르기를,

심心도 공空하고 성性도 공空할 따름이다.

라고 하니, 성性이 발하여 정情이 되며 정은 모름지기 절도가 있어야 하고, 심心이 발하여 의意가 되며 의는 모름지기 성실해야 한다는 것을 어찌 알겠는가. 그러므로 그들이 말하는 것과 그들이 행하는 것은 반드시 심心, 의意, 정情, 식識, 사량思量(생각하여 헤아림), 복탁卜度(헤아려봄) 등을 내버리고 유무有無와 비무非無, 진무眞無와 허무虛無가 아닌 데 이르러 궁극에는 기량 伎倆이 없는 경계에 들어가야만 도를 깨달았다고 하는데, 그 근원을 찾아보면 성학聖學(유학)에서 말한바 극기복례에 지나지 않는다. 인욕이 다 없어지면 천리天理가 유행流行할 따름이니, 어찌 저처럼 기괴奇怪하고 허탄虛誕하여 사람이 알 수 없는 바와 사람이 할 수 없는 바가 있겠는가. 나에게 본디 있는 것을 다할 따름이다. 그러므로 솟아올라 허공을 휘적휘적 걷거나 하늘을 뚜벅뚜벅 걸을 수는 없다. 다스려지는 세상의 말은 삶과 생업에 도움이 되며, 모두 정법正法을 따른다.

○ 불교의 교教[338]는 방편方便이니, 권교權教와 실교實教[339]를 함께 행한

---

337 '적조'는 불교에서 쓰는 말로, 진정한 이체(理體)를 '적(寂)'이라 하고 진정한 지용(智用)을 '조(照)'라 한다.

338 불교에는 '교(教)'와 '선(禪)'이 있다. '교'는 언어나 문자로써 전하는 것을 말하고, '선'은 언어나 문자를 여의고 마음에서 마음으로 전하는 것을 말한다.

339 '권교'는 깨달음에 이르게 하기 위해 일시적인 방편으로 설한 가르침을 말하고, '실교'는 깨

다. 선禪은 직지直指(직지인심直指人心)요, 순전히 실어實語다. 천겁수행千劫修行, 삼세인연三世因緣, 의보依報와 정보正報,[340] 천당과 지옥 같은 것은 모두 허구로 지어내 사람으로 하여금 깨닫게 함이니, 결국 노란 나뭇잎을 돈이라고 하면서 아이를 꾀거나 귀신과 범으로 아이를 무섭게 하는 것과 같다. 신통과 변화 역시 아이에게 장난하는 것이니, 울음을 그치게 하기 위해 가설 무대에서 인형극을 함과 같다. 그러므로 십이연기十二緣起나 십이비유十二比喩[341] 등의 일은 모두 부처가 진실한 마음으로 설說한 것이 아니다. 그래서 이치에 통달한 사람의 비웃음을 받게 되었다. 또한 부처 스스로 이르기를,

녹야원鹿野苑에서부터 발제하拔提河[342]에 이르기까지 그 중간에 한 글자도 말한 적이 없으며, 다만 그때그때의 형편에 따랐을 뿐이다.

라고 했다.

○ 부처란 '각覺'(깨달음)이다.[343] 이윤伊尹이 말하기를,

달음을 그대로 설한 진실한 가르침을 말한다.

340 과거의 업(業)에 따라 몸을 받는 것을 '정보(正報)'라 하고, 그 몸이 의지하는 일체세간(一切世間)의 사물을 '의보(依報)'라 한다.

341 '십이연기'는 미(迷)의 인과를 무명(無明), 행(行), 식(識), 명색(名色), 육처(六處) 등 열두 가지로 나눈 것이고, '십이비유'는 범부(凡夫)가 사물의 진상을 알지 못하고 잘못된 견해를 가짐을 열두가지 비유로 말한 것.

342 '녹야원'은 석가가 성도한 뒤 처음으로 설법을 펴 아야고진여(阿若憍陳如) 등 5비구를 제도한 곳으로, 중인도 바라내국(波羅奈國) 왕사성(王舍城)의 동북쪽에 있다. 현재 인도 바르나스시(市)의 북쪽에 있는 사르나트에 해당한다. '발제하'는 중인도 구시나게라국(拘尸那揭羅國)을 흘러가는 강으로, 석가가 이 강 서안(西岸)에서 입멸(入滅)했다.

343 '불(佛)'은 불타(佛陀)의 약칭으로, 범어 '붓다'에서 유래하며, '각자(覺者, 깨달은 자)'로 번역한다. 부처는 '각황(覺皇)' 혹은 '각왕(覺王)'이라고도 한다.

나는 하늘이 낸 백성 가운데 선각자先覺者다.[344]

라고 한 것은 바로 이를 말한다. 부처는 중국의 '성聖'이라는 말과 같으니, 성聖이란 통달하지 못함이 없는 것이다. 부처는 서쪽 오랑캐(인도를 가리킴)의 선각자로 통달하지 못한 것이 없는 자이다. 내 일찍이 그 글을 읽고 그 행적을 음미한 적이 있는데, 도를 행하고자 함은 중니仲尼(공자)와 같고, 몸을 깨끗이 하고 욕심이 적기로는 중자仲子와 같았으며, 큰소리로 과장되고 허탄한 말을 하는 것은 백양伯陽(노자)과 같았는데, 전장典章을 닦고 예악禮樂을 밝힌 건 없었다. 하지만 동서東西의 풍토가 자못 다르고, 길이 아득히 멀며, 습상習尙의 마땅히 여기는 바가 다른데, 혹은 제자들이 결집結集해 말을 부풀린 것이 너무 지나치고, 혹은 동쪽으로 전래傳來되면서 중역重譯되어 기사記事가 적실하지 않으며, 혹은 번역한 사람이 글엔 통하되 이치에 막혀 그 뜻을 궁구하지 못했고, 혹은 이치엔 통달하되 문장이 졸렬해 말이 잘 안 통하고, 혹은 말한 것이 너무 지나치며, 혹은 넘치게 칭찬하여 글이 도탑지 않고, 혹은 일을 벌이기 좋아하는 무지한 사람이 위작偽作하고 인습因襲했으나 산삭刪削을 만나지 못했으며, 혹은 세번 베끼면서 글자가 바뀌어 '오烏'나 '언焉'이 '마馬'가 되어 다 믿을 수는 없게 되었으니, 다만 그 종요로운 개요만을 이해한다면 '자비로써 만물을 이롭게 하고, 마음을 밝혀 욕심을 없애는 것'에 지나지 않는다. 유교의 육경六經은 모두 성인의 산정刪定을 거친 것임에도 맹자는 "글을 다 믿는다면 글이 없는 것만 못하다"[345]라고 했다.

천태天台는 교가敎家[346]의 정밀한 사람으로 일찍이 오시교五時敎를 정했

344　『맹자』「만장(萬章)」상(上)에 나오는 말.

345　『맹자』「진심」하(下)에 나오는 말. 맹자가 말한 글은 『서경』을 가리킨다.

346　'천태'는 천태대사(天台大師) 지의(智顗)를 말한다. 중국 불교의 한 종파인 천태종(天台宗)을 열었다. '교가'는 '선가(禪家)'와 대비되는 말이다.

는데, 첫째가 화엄시華嚴時이고, 둘째가 녹원시鹿苑時[347]이며, 셋째가 방등시方等時이고, 넷째가 반야시般若時이며, 다섯째가 법화열반시法華涅槃時이다.[348] 이들 책은 육경에 견줄 만하지만, 그 나머지의 '논論'이라든가 '소疏'[349]라든가 하는 것은 각각 자기의 견해를 주장한 것으로 아직 대도大道에는 이르지 못한 채 풀이하고 해석한 것인데, 그 진위를 확정할 수 없다. 그러니 오시설五時說[350]은 다만 그 취지만 알면 그만이요, 그 구절과 말을 좇으며 부질없이 분주할 건 아니다. 옛날에 일숙각一宿覺[351]이 젊어서 천태에게 배웠는데, 조계曹溪[352]에 이르러 하룻밤 잔 뒤 깨달았음에도 오히려 말하기를, "나는 젊어서 경전과 학문을 이해했으며 또한 소疏와 논論을 토구討究하며 명상名相[353]을 분별해 돌아올 줄을 몰랐는데, 바닷가에 가 모래를 세는 것처럼 한갓 스스로 고단할 뿐이었다"라고 했다. 또 말하기를, "근

---

347 '아함시(阿含時)'라고도 한다.

348 '오시교'는 천태종 개조(開祖) 지의가 석가의 교설(敎說)을 시기에 따라 다섯으로 나눈 것으로, 첫째 '화엄시'는 성도 후 최초의 21일 동안에『화엄경(華嚴經)』을 설한 시기이고, 둘째 '아함시'는 그 다음 12년간 녹야원에서 아함부(阿含部)의 여러 경을 설한 시기이며, 셋째 '방등시'는 다음 8년간『유마경(維摩經)』『금광명경(金光明經)』『능가경(楞伽經)』『승만경(勝鬘經)』『무량수경(無量壽經)』등 방등부(方等部)의 여러 경을 설한 시기이며, 넷째 '반야시'는 다음의 22년 동안 반야부(般若部)의 여러 경을 설한 시기이고, 다섯째 '법화열반시'는 최후의 8년간『법화경(法華經)』을 설하고 입멸할 때『열반경(涅槃經)』을 설한 시기를 말한다. 하지만 오늘날은 석가의 말씀을 기록한 초기 경전으로『아함경』이 인정될 뿐이고, 나머지는 모두 석가의 설법이 아닌 대승(大乘)의 경전으로 간주된다.

349 '논'은 세친(世親)의『구사론(俱舍論)』, 용수(龍樹)의『대지도론(大智度論)』, 마명(馬鳴)의『대승기신론(大乘起信論)』과 같이 교법(敎法)에 대한 연구·해석에 해당한다. '소'는 경이나 논을 풀이한 책으로, 천태 지의의『법화소(法華疏)』, 법장(法藏)과 원효(元曉)의『대승기신론소(大乘起信論疏)』같은 것을 들 수 있다.

350 오시교의 설을 말함.

351 당나라 승려 영가 현각(永嘉玄覺)을 가리킨다. 조계(曹溪)의 6조 혜능(慧能)을 찾아 뵙고 인가(印可)를 받아 하룻밤을 유숙했기에 '일숙각'이라고 불린다.

352 중국 광동성(廣東省)의 땅 이름으로, 남종(南宗)의 6조 혜능이 여기에 보림사(寶林寺)라는 절을 지어 선풍(禪風)을 크게 드날렸다.

353 귀에 들리는 것을 '명(名)', 눈에 보이는 것을 '상(相)'이라고 하는데, 다 같이 헛된 것으로서 법(法)의 실성(實性)에 부합하지 않지만 범부는 명상을 분별하여 여러 가지 미망(迷妄)을 일으킨다.

원을 바로 깨닫는 것은 부처가 인가印可한 것이지만, 잎을 따고 가지를 찾는 것은 내가 능하지 못하다"[354]라고 했다.

○ 혹자가 김선생[355]에게 물었다.

"선생은 경사經史를 섭렵하고 뭇 책을 널리 배우고 삼장三藏[356]을 펼쳐 보았으니, 진리와 실어實語(실상에 맞는 말), 정종正宗과 어긋난 것이라든가 다른 취향의 것 등 두루 보지 않은 것이 없을 텐데, 성인의 글을 가볍게 논의할 수는 없지만 불교의 가르침으로 세상을 다스릴 수 있을지요?"

선생이 말했다.

"다스릴 수 없습니다. 다만 욕심을 없앨 뿐입니다."

혹자가 말했다.

"'(불교는) 물物을 이롭게 하고 일에 응한다'[357]라는 말이 있거늘, 어찌 세상을 다스릴 수 없단 말입니까?"

선생이 말했다.

"남조南朝의 양나라 무제武帝와 진陳나라 선제宣帝, 당나라의 숙종肅宗과 대종代宗은 어떤 임금이었습니까?"

혹자가 말했다.

"한漢나라 광무제光武帝 이후로 당나라 태종太宗 이전까지는 지치至治(지극한 다스림)를 했다는 임금을 들은 적이 없고, 당 현종玄宗 이후로는 이분에 미치는 임금이 없지요. 선생은 왜 갑자기 이 말을 하시는지요?"

선생이 웃으며 말했다.

---

354 『오등회원』 권14 「호국 원선사 법사(護國遠禪師法嗣)」에 나오는 말.

355 김시습 자신을 가리킨다.

356 불교의 경장(經藏), 율장(律藏), 논장(論藏)을 말한다. '경장'은 경을 모은 것, '율장'은 율을 모은 것, '논장'은 논을 모은 것을 말한다.

357 명대(明代)에 편찬된 『고금선조집(古今禪藻集)』 권27에 실린 보장(普莊)의 「형석가(荊石歌)」에 이 말이 보인다.

"양 무제와 진 선제는 불교를 좋아했고, 숙종과 대종 두 임금은 선禪을 애호했으니, 어찌 불도佛道로 세상을 다스린 게 아니겠습니까?"

또 웃으며 말했다.

"당나라 백거이白居易가 어찌 한유韓愈만 하겠으며, 송나라 소식蘇軾이 어찌 두 정씨程氏만 하겠습니까."[358]

혹자는 크게 웃으며 말했다.

"그게 무슨 말씀입니까, 그게 무슨 말씀입니까?"

선생 또한 크게 웃으며 말했다.

"한漢나라 초왕楚王 영英과 제齊나라 경릉왕竟陵王 자량子良은 어떤 사람인가요?"[359]

혹자는 허허 웃다 말더니 마침내 다시 말하지 않았다.

○ 성인聖人의 말은 표현은 간단하되 뜻이 풍부하고, 부처의 말은 표현은 번거롭되 뜻이 공허하다. 『심경心經』이나 『반야경般若經』[360]과 같은 것은 지극히 간략하나 말에 중복이 많으니, 필시 오랑캐 말(인도어)의 습상習尙이 그와 같아서일 것이다.

(후략)

---

358 '백거이'는 중년에 딸과 모친을 여읜 뒤 불교에 귀의했으며, '한유'는 유교를 옹호해 불교를 배척했다. '소식'은 불교에 아주 친화적이었으며, '두 정씨'는 성리학자로서 불교를 배척한 정호와 정이를 말한다.

359 '초왕 영'은 후한 명제(明帝)의 이복동생으로, 중국에 갓 전래된 불교를 받들어 그 신자가 되었다. '경릉왕 자량'은 남조 제나라의 독실한 불교 신자인 경릉왕 소자량(蕭子良)이다.

360 '심경'은 『반야심경』을 말하고 '반야경'은 『금강반야경』(일명 『금강경』)을 말한다.

계인설契仁說[361]

인仁이란 천지가 만물을 낳는 마음으로, '내'가 덕으로 삼는 바이다. 대개 마음의 온전한 덕은 지극한 이치 아닌 것이 없는데, '나'는 인으로 말미암아 태어났으니 만물과 더불어 그 원원元元(본원本源)을 함께한다. 그러므로 인은 성性을 주관하여 사덕四德(인의예지)의 으뜸이 되어 나머지를 아우른다. 나머지를 아우르므로 정情에서 발發하여 사단四端이 되는데, 사단 가운데 측은지심惻隱之心이 나머지 셋을 관통한다. 측은지심이 나머지 셋을 관통하므로 수오지심羞惡之心, 사양지심辭讓之心, 시비지심是非之心을 그 용用으로 삼아, 행동하고 말하는 사이에 인성仁性을 그 체體로 삼지 않음이 없다. 만일 그 체體가 없다면 친친親親에서 출발해 남에게 미치는[362] 분한分限과 존비尊卑의 등급, 공경과 읍양揖讓, 시비·사정邪正의 분변에 있어서 사사로운 뜻이 망령되이 일어나 잘못이 없을 수 없다. 그러므로 인을 하는 자는 모름지기 극기克己(사욕을 이김)를 해야 한다. 만약 극기하면 지극히 공변되어 함양涵養이 온전하게 되니, 성性에 갖추어진 이理가 가리워짐이 없고, 사물에 베푼 것도 저마다 그 도에 합당하지 않은 것이 없게 되어 천지만물과 서로 유통하니, 생생生生의 이치가 천지에 두루 미치지 않음이 없다.

그렇다면 '계契'란 무엇인가? 계는 합하다라는 뜻이니, 이른바 어긋나지 않음이 그것이다. '어긋나지 않음'이란 단지 티끌만큼의 사욕도 남기지 말고 다 없애는 것이다. 하지만 '다 없앤다는 것'은 오직 문을 닫고 정좌靜坐하여 눈을 감고 머리 숙여 바깥 사물에 접하지 않고 일에 응하지도 않아

---

361 김시습이 교유한 계인(契仁)이라는 승려에게 준 글이다. '설'은 어떤 사안을 풀이해 글쓴이의 뜻을 드러냄을 주안으로 삼는 한문학 문체의 하나이다. 설 중에 '자설(字說)' 혹은 '호설(號說)'이라는 게 있는데, 이 글은 이런 유에 속한다.

362 '친친'은 어버이나 형제 등 자신과 가까운 사람을 친히 하는 것을 이른다. 유교에서 말하는 인(仁)은 친친이 으뜸이며 여기서부터 시작해 남으로까지 인을 확장한다. 이 점에서 유교의 인은 가족을 중심으로 하는 차등적 성격을 띠며, 묵자의 겸애와 구별된다.

이른바 휴거休去하고 헐거歇去[363]하는 것을 말하는 것이 아니라, 사물을 만나고 일에 응해 행동하고 동작할 때 한 점의 사사로운 뜻이라도 끊어버려 일심一心의 묘함이 두루 관철되고 널리 통해 위에서 언급한 바와 같이 되는 것을 말한다.

계인은 승려이다. 승려는 정좌하여 상념을 누르며 참선을 하므로 유자儒者들의 비방을 받는데, 그 하는 일이 인仁은 아니다. 계인씨가 만일 인에 힘을 쓴다면 정좌할 때 혼연渾然한 지리至理가 결여되는 일이 없어 사물을 접할 때와 일에 응대하는 사이에 천명天命의 성性이 사단四端에 애연히 발현되리니, 인의 작용이 꼭 온정을 베풀거나 어루만져 위로한 뒤에야 있는 것은 아니다. 훗날 머리에 관冠을 써 집안과 나라에 베풀고 조정에 선다면,[364] 가는 곳마다 우러러보지 않음이 없을 것이요, 물러나 몸을 감추어 누항陋巷에 살면서 궁벽한 골짝을 지킨다 할지라도 스스로 즐거워할 것이며, 충일한 기운이 양춘陽春과 같아 화락하고 느긋해 그 절개를 바꾸지 않을 것이다. 아! 인仁의 크기는 정말 크도다!

성화成化 경자년(1480) 입추날 벽산청은옹碧山淸隱翁이 설설說을 쓰다.[365]

이단변異端辨

『춘추』의 법은, 중국이라도 이적夷狄처럼 행동하면 이적으로 여기고, 이적이 중국을 어지럽히면 응징한다. 이적이 중국을 어지럽힘은 겁박하여 약탈하는 데 있는 것이 아니라 교언영색巧言令色[366]으로 사람을 유혹하는

---

363 '휴거' '헐거'는 쉰다, 즉 마음을 내려놓는다는 뜻. 『벽암록(碧巖錄)』에 "쉬고 또 쉬면 쇠로 된 나무에 꽃이 핀다(休去歇去, 鐵樹開花)"라는 말이 나온다.

364 '환속하여 선비가 되어 벼슬을 한다면'이라는 뜻.

365 '성화'는 명(明) 헌종(憲宗)의 연호이고, '벽산청은'은 김시습의 별호이다.

366 남의 환심을 사기 위해 말을 교묘하게 꾸며 하고 알랑거리는 태도를 취하는 것을 말함.

데 있으니, 병법兵法의 이른바 문벌文伐[367]이 그것이다. 불자佛子의 무리가 인연과 업보를 논하는 것은 교언이요, 세망世網[368]을 성글게 함은 영색이다. 중국의 이적은 좌임左袵[369]에 있는 것이 아니라, 승려의 말을 믿어 천성을 어기며, 그 위엄에 눌려 귀의하는 데 있다.

하물며 불교란 이적의 한 법法이다.[370] 부처가 죽은 지 이미 2천여년이 되었건만 그 자취가 없어지지 않은 것은 어리석음으로 유혹해 어리석은 자가 많아졌기 때문이고, 땅이 서로 떨어진 거리가 1만 8천 리인데도 꼭 그 곁에 있는 듯함은 미혹으로 꾀어 미혹된 자가 많아졌기 때문이다. 진실로 달인達人이 이치를 궁구하고 천성을 극진히 하여 이를 멀리 물리쳤다면 사람들이 거기에 빠지지 않았을 것이다. 달인과 고사高士가 불교에 빠진 것은 혹 불행이 있어서이다. 불행이란 뭘 말하는가? 나라가 위태롭고 몸이 궁하면 거기에 투탁投托하고, 뜻이 크나 재주가 졸렬하면 거기에 투탁하며, 형세가 곤란하거나 사세事勢가 절박하면 거기에 투탁하고, 기절氣節을 어찌할 수 없으면 거기에 투탁하며, 조정에서 쫓겨나 분하고 원통하면 거기에 투탁하게 되니, 이는 모두 고명한 사람들이 하는 바다. 이와 같은 것을 보고 마침내 궁한 자, 곤한 자, 힘든 자, 용렬한 자, 못난 자, 어리석은 자, 남을 속이는 자, 교묘히 말을 잘하는 자, 아첨하는 자, 난폭한 자, 도둑질하는 자, 남의 원수가 된 자, 무고를 당한 자 등이 모두 들어가 자활自活하게 되었다. 임금 된 자로는 태만한 자, 교만한 자, 용렬한 자, 총명한 자, 범용한 자, 혼미한 자, 아둔한 자, 어리석은 자 등이 모두 그 속으로 들어갔다. 그 속으로 들어가면 넘어진 자가 다시 밟히고 엎어진 자가 다시 짓밟히

---

367 무력을 동원하지 않고 지략을 써서 적국의 힘을 약화시키는 병법을 말함. 『육도(六韜)』에 열 두가지의 문벌이 소개되어 있음.

368 '세상의 그물'이라는 뜻으로, 인륜이나 예교(禮敎)를 말함.

369 중국의 한족(漢族)은 우임(右袵), 즉 오른쪽으로 옷깃을 다는데, 흉노나 선비 등 이른바 이적은 좌임, 즉 왼쪽으로 옷깃을 단다.

370 한유의 「논불골표(論佛骨表)」에 나오는 말.

는 것과 같아 스스로 기어오를 수 없거늘, 일곱번 넘어지고 여덟번 엎어지게 되면 다시 거기에 투탁하기를 구하고 그 신령에게 빌게 된다. 이에 저들은 큰소리로 꾀고 소곤대는 말로 유혹하니, 어찌 점점 그 속으로 들어가지 않을 수 있겠는가.

그러므로 공자는 괴력난신怪力亂神(괴이함, 폭력, 패란悖亂, 귀신)을 말하지 않았으며, 평소 말씀한 바는 시서詩書와 예禮였다.[371] 진실로 그 말을 하지 않고, 그 일을 일삼지 않는다면, 사특한 말이 들어올 틈이 없을 것이니 무슨 꾐이 있겠는가. 그러므로 선유先儒가 말하기를, "음란한 음악이나 아름다운 여자처럼 멀리해야 한다"[372]라고 한 것이다.

---

371 『논어』「술이」에 나오는 말.
372 『논어집주(論語集註)』「위정 장구(爲政章句)」의 "공자가 말했다. '이단을 전공하는 것은 해로울 뿐이다'"라는 정문(正文)에 주기(註記)된 정이(程頤)의 말. 그 전후 맥락을 자세히 보이면 다음과 같다. "정자가 말했다. '부처의 말은 양주·묵적에 비하면 더욱 근리(近理)하니, 이 때문에 그 해가 더욱 심하다. 배우는 자는 음란한 음악이나 아름다운 여자처럼 멀리해야 한다. 그리하지 않으면 점점 그 속으로 들어가게 된다.'"

5장
불전 해석

『연경별찬蓮經別讚』[1]

연경별찬서蓮經別讚序

옛날 천태산天台山의 지자대사智者大師[2]는 수선사修禪寺에 있을 때 『연경

1 　'연경'은 『묘법연화경(妙法蓮華經)』을 말한다. 줄여서 『법화경(法華經)』이라고 한다. 천태
　　종(天台宗)의 소의경전(所依經傳)이다. '별찬'은 특별히 찬미한 것을 말한다. 『연경별찬』은
　　「연경별찬서(序)」「선거양종승시중(先擧揚宗乘示衆)」「차거칠축대의(次擧七軸大義)」「서
　　품찬(序品讚)」「방편품찬(方便品讚)」「비유품찬(譬喩品讚)」「신해품찬(信解品讚)」「약초유
　　품찬(藥草喩品讚)」「수기품찬(授記品讚)」「화성유품찬(化城喩品讚)」「오백제자수기품찬
　　(五百弟子授記品讚)」「수학무학인기품찬(授學無學人記品讚)」「법사품찬(法師品讚)」「현보
　　탑품찬(見寶塔品讚)」「제파달다품찬(提婆達多品讚)」「지품찬(持品讚)」「안락행품찬(安樂
　　行品讚)」「종지용출품찬(從地涌出品讚)」「여래수량품찬(如來壽量品讚)」「분별공덕품찬(分
　　別功德品讚)」「수희공덕품찬(隨喜功德品讚)」「법사공덕품찬(法師功德品讚)」「상불경보살
　　품찬(常不輕菩薩品讚)」「여래신력품찬(如來神力品讚)」「촉루품찬(囑累品讚)」「약왕보살본
　　사품찬(藥王菩薩本事品讚)」「관세음보살보문품찬(觀世音菩薩普門品讚)」「다라니품찬(陀
　　羅尼品讚)」「보현보살권발품찬(普賢菩薩勸發品讚)」으로 구성되어 있는데, 본서에는 이 중
　　「연경별찬서」「선거양종승시중」「서품찬」「방편품찬」「비유품찬」「화성유품찬」을 실었다.
2 　'천태산'은 중국 절강성에 있는 산이고, '지자대사'는 수(隋)나라의 천태 지의를 말한다. 지

현의蓮經玄義』와『연경문구蓮經文句』를 저술해³ 뒤의 학사學士들에게 길을 열어 보였고, 고려의 승려 제관諦觀은『천태사교의天台四敎儀』를 저술했는데,⁴ 모두 세상에 전하고 있다.『연경』을 강설하는 학사들은 따로 하나의 종宗을 세워 '천태'라고 이름해 선禪에 소속시켰거늘, 요즘 강설하는 이들은 이 경을 숭상하여 종지宗旨를 궁구하고자 하면서도 교학상敎學上의 문구나 따지고 있지 선가적禪家的 입장에서 탐색하지는 않는다. 그리하여 다만 부처님의 광명이 동방에 비치는 것만 알았지 이 광명이 고금에 사무치며 분별을 완전히 넘어서 있는 것임을 알지 못한다. 그대는 듣지 못했는가?

저물녘 이별의 정자에 몇 마디 피리 소리 들리는데
그대는 남으로 가고, 나는 북으로 가네.⁵

이 경經을 보며 목도한 것에 선가禪家의 풍취風趣가 있어 짧은 게송偈頌을 지어 그 기이한 자취를 서술했나니, 아득히 먼 오백년 뒤에 법음法音과 화의化儀⁶를 보좌하는 이들이 스스로 경축慶祝할 것이다.

아! 법(불법佛法)은 말에 있지 않고, 말은 배꼽과 메아리 사이에 있지 않다. 모름지기 말과 법 이 둘을 다 잊어야 묘법妙法의 분명한 큰 뜻을 논할

의는『법화경』을 참구하여 천태종을 열었다.

3 '연경현의'는 지의의『법화현의』(20권)를 말한다. 593년에 지의가 강설(講說)한 것을 제자인 관정(灌頂)이 기록한 것이다. '연경문구'는 지의의『법화문구』(20권)를 말한다. 587년에 지의가 강설한 것을 관정이 기록한 것이다.

4 '제관'은 고려 광종(光宗) 때의 승려로, 광종 11년(960) 중국에 파견되어 중국의 천태종을 부흥시키는 데 기여했다. 고려로 돌아오지 않고 중국에서 입적했으며,『천태사교의』를 남겼다. 이 책은 천태 교학 입문서로, 중국·한국·일본의 천태 교학에 큰 영향을 미쳤다.

5 당나라 시인 정곡(鄭谷)이 지은「과주의 나루〔瓜州渡〕」라는 칠언절구의 제3·4구이다. 예로부터 선문(禪門)에서 많이 인용된 시구다.

6 '법음'은 불법(佛法)을 말하는데, 여기서는『법화경』에 나오는 부처의 말을 가리킨다. '화의'는 천태종에서 부처의 교설을 그 형식에 따라 돈교(頓敎), 점교(漸敎), 비밀교(秘密敎), 부정교(不定敎) 넷으로 나눈 것을 말한다. 이를 '화의사교(化儀四敎)'라고 한다.

수 있다. 만일 책만 건성으로 읽어 문구에 구애되면 점점 더 지견知見만 늘어나고 종안宗眼(불법의 근본에 대한 높은 안목)은 어두워지니, 구경법究竟法(최상의 법)이 아니다. 그러므로 향엄香嚴[7]이 이르기를,

> 글 속의 말에는 공허한 게 많은데
> 공허한 속에 유무有無를 띠고 있네.
> 글을 보기 전에 깨닫는다면
> 마음속의 구슬도 놓아버리지.

라고 했다. 그렇다면 여래如來와 조사祖師의 공안公安(화두)은 노파가 누런 나뭇잎을 집어 돈이라고 하면서 아이의 울음을 달래는 것과 같다.

말은 돈이 아니다. 이 보배는 비로자나毗盧遮那[8]의 상자 속에 있으므로 쓰는 데 한도가 있으며, 가지는 것은 불가능하다. 그러니 마치 호리병박을 손에 쥔 것 같고 손에 구슬을 놀리는 것 같으나, 그것을 누를 수는 없다. 그렇기는 하나 항상 이와 같다면 장안長安으로 가는 길이 끊겨 눈에 보이는 것은 가시나무와 개암나무뿐이고 보이는 사람이 아무도 없겠기에 산승山僧[9]이 한마디 한다.

> 멀리 백운白雲을 향해 웃으며 원숭이 발자국을 가리키네.
> 훗날 산꼭대기를 알게 되면 손바닥 치며 응당 웃으리.

---

7   당나라 때의 승려.
8   석가모니의 진신(眞身)을 나타내는 칭호. 천태종에서는 석가모니의 법신(法身)이라고 함.
9   김시습 자신을 말한다.

먼저 종승宗乘을 높이 받들어 올려 대중에게 설시說示하다[10]

　장차 이 경을 찬미하기 위해 먼저 종승을 높이 받들어 올려 대중에게 설시한다.

　옛날 영산의 노친老親(석가모니)이 이 법을 설하셨거늘 산승이 흙에다가 진흙을 더 보탤 수는 없다. 그렇기는 하나 해마다 좋은 해요 날마다 좋은 날이라 시절이 맑고 세상이 태평하니, 시골 늙은이가 노래를 부른다. 풍경이 창연蒼然하나 예전도 아니요 지금도 아니며, 색色과 공空이 융합하여 올바름도 없고 삿됨도 없다. 강산이 대청을 둘러싸 꼭 수묵화가 그려진 병풍 같고, 소나무와 잣나무가 하늘에 솟아올라 흡사 신선이 사는 골짝 같다. 가없는 의해義海(넓고 깊은 경전)가 모두 돌아봄 속으로 들어오고, 만상萬像의 모습이 죄다 밝게 살핌 속으로 들어온다. 한 줄기 신령스런 빛이 막힘이 없으니, 뭇사람을 위하여 이 법을 유통시킴이 아니겠는가.

　아! 경계境界는 그러하지만, 사람들이 어느 곳을 바라볼 것이며, 또한 어느 곳을 바라보고 이야기할 것인가? 좋은 말이라 할지라도 부족함이 없기는 어렵다. 하물며 석가불釋迦佛도 이르기를, "녹야원에서부터 발제하에 이르기까지 그 중간에 한 글자도 말한 적이 없다"라고 하지 않았던가. 가섭迦葉도 영산회상靈山會上의 말미에 부처님이 꽃을 들자 미소를 지었을 뿐이다.

　또 양나라 보통普通 연간에 부처님의 28대 법손法孫인 보리달마菩提達磨가 심인心印(부처의 마음)을 전하기 위해 서쪽(중국)으로 와[11] 양 무제의 물음

10　이 글은 따로 제목이 있지는 않은데 역자가 임의로 이런 제목을 붙였다. 서문 뒤에 붙인, 대중에게 설명해 보인 글이다. '종승'은 천태종의 교의를 말한다.

11　달마는 남조의 양(梁)나라 보통 1년(520)에 중국으로 왔다. '보통'은 양 무제의 연호이다. 달마는 중국 선종(禪宗)의 초조(初祖)로서 혜가(慧可)에게 법을 전해 중국의 선풍(禪風)을 일으켰다.

에 대답하기를 "모릅니다"라고 했다. 양 무제는 이 말을 깨닫지 못했다.[12] 마침내 달마는 강을 건너 위魏나라(북위)로 가서 차가운 소림굴小林窟에 앉아 묵묵히 참선을 했다.[13]

신광神光이 눈 위에 서서 달마에게 제 마음을 편안하게 해달라고 했다. (그러자 달마는 "그 마음을 가져오라. 그러면 편안하게 해주겠다"라고 했다.)[14] 신광은 곧 답하기를, "마음을 도무지 찾을 수가 없습니다"라고 했거늘,[15] 꼭 맑은 가을에 강물이 깨끗하고, 달이 밝고 서리가 찬 듯해, 한 점 상량商量도 없다. 그렇다면 말해보라, 어찌해야 밝게 알아볼 건지. 한번 옛사람의 말을 들어보라.

흐르는 물은 모두 동해로 가고
흰 구름은 길이 산봉우리 앞으로 오네.

법계法界가 충만해 통하지 않는 곳이 없어, 눈앞에 보이는 유정물有情物과 무정물無情物이 모두 묘법妙法을 설하고 또한 법을 들으니, 삼라만상이 해인海印[16]에 비친다. 이는 단지 내가 혼자 하는 말이 아니요 무수한 불국토佛國土에서 항시 하는 말이니, 어느 때 그치겠는가.

---

12 『벽암록(碧巖錄)』제1칙에, 양 무제가 달마에게 "무엇이 불법의 가장 성스러운 진리입니까"라고 묻자 달마는 "만법은 텅 비어 성스러운 것이 없습니다"라고 답했다. 양 무제가 다시 "지금 나와 마주한 그대는 누구십니까"라고 묻자 달마는 "모릅니다"라고 답했다.

13 달마는 양자강을 건너 숭산의 소림사로 가 7년간 면벽참선(面壁參禪)을 했다.

14 원문에는 이 구절이 없는데 『무문관(無門關)』제41칙에 의거해 보충해 넣었다.

15 '신광'은 중국 선종 제2조(祖) 혜가(慧可)를 말한다. 『무문관』제41칙에 다음과 같은 말이 보인다. "혜가가 말했다. '제자는 아직 마음이 편안하지 못합니다. 부디 스님께서 제 마음을 편안하게 해주십시오.' '그 마음을 가져오라. 너를 위해 편안하게 해주마.' '마음을 찾으려 해도 도무지 찾지 못하겠습니다.' '너를 위해 이미 마음을 편안하게 해주었노라.'" 혜가는 달마의 이 말에 크게 깨달았다.

16 바다가 만상(萬象)을 비추듯 번뇌를 여읜 부처의 마음 가운데 모든 법이 환히 나타나는 것을 이른다.

또한 설설說하는 것은 바깥에서 들어온 것도 아니요 가운데서 나온 것도 아니며, 목구멍에서 나온 것도 아니고 의식意識으로 만든 것도 아니며, 예전에 그런 것도 아니고 지금 그런 것도 아니다. 듣는 것 또한 그러하니, 본디 그러한 법은 절로 그러함이 이와 같다.

주머니에 든 송곳은 감추려 하면 더 드러나는 법이니, 거듭 설설說하여 부처님의 중생 교화를 찬양해도 무방하리라.

다음과 같은 게송偈頌을 읊노라.

이러한 묘법 일찍이 펼쳐졌으니
석가모니 태어나기 전에 이미 환했네.
아난阿難의 결집結集은 억지 일이요
구마라습鳩摩羅什의 번역은 부질없는 일.[17]

내 지금 찬미하여 즐겨 듣게 하니
그대들은 마음껏 법을 들으라.
불법佛法은 오직 보림保任[18]에 있나니
바로 믿어 의심을 말라.

서품찬序品讚

일체의 성현聖賢은 스쳐 가는 번개와 같다. 여래는 설법의 주체이니, 항하恒河(갠지스강)의 모래처럼 많은 중생이 바른 깨달음을 이룬다. 모임에 운

---

17 '아난'은 부처의 10대 제자 중 한 사람으로, 부처를 시종하며 가장 많은 말을 들어 '다문제일(多聞第一)'로 일컬어진다. 이 때문에 부처 사후 제1차 결집 때 가섭과 함께 중요한 역할을 했다. '구마라습'은 서역 구자국(龜玆國) 사람으로 중국 장안(長安)에서 『묘법연화경』 『중론(中論)』 등 많은 불서(佛書)를 번역했다.

18 '보림'은 잘 보호해 가진다는 뜻.

집한 성중聖衆은 법을 듣는 도반道伴들이다. 그림자와 메아리처럼 스승을 돕고, 같고 다른 것들이 회합하니, 팔부중八部衆[19]이 공경해 우러러본다. 적멸도량寂滅道場의 본회本懷[20]를 밝히고자 영산靈山[21]의 풍도風度를 드러내니, 흑산黑山[22] 아래의 땅이 움직여 빛을 발하고, 잔잔한 물이 구름을 일으키고 안개를 내뿜는다.

일대사인연一大事因緣[23]의 뜻은 몹시 심오해 어떤 성현이나 범부凡夫도 알기 어렵거늘, 만약 아일다阿逸多(미륵보살)가 묻지 않았다면 어찌 사부대중四部大衆[24]의 의문을 풀 수 있었겠는가.[25]

앞의 성인과 뒤의 성인은 하나의 법이니,[26] 부처님의 가르침을 마땅히 펴야만 한다. 부처님의 가르침을 보고 싶은가?

심인心印을 지녀 변방의 사막 고요하거늘
부처가 어찌 조그만 사려思慮를 드러내겠나.

다음과 같은 게송을 읊노라.

---

19 불법을 수호하는 여덟 부류의 신장(神將)인 천(天), 용(龍), 야차(夜叉), 아수라(阿修羅) 등을 말함.

20 '적멸도량'은 부처가 성도한 후 『화엄경』을 설했다는 마갈타국 가야성의 남쪽 보리수 아래를 말하고, '본회'는 마음 가운데 근본이 되는 사념을 말한다.

21 석가가 『법화경』을 설한 영취산(靈鷲山)을 말한다. 중인도 마갈타국 왕사성 부근의 산이다. 석가가 여기서 설법하던 때의 모임을 '영산회(靈山會)' 혹은 '영산회상(靈山會上)'이라고 한다.

22 수미산(須彌山), 철위산(鐵圍山)과 함께 삼천대천세계(三千大千世界)에 있다는 산 이름.

23 『법화경』에 나오는 말로, 부처가 중생을 제도하려고 이 세상에 출현한 것을 이른다.

24 비구, 비구니, 우바새, 우바이.

25 『법화경』 「서품」에, 미륵보살이 문수사리보살에게 부처님이 무슨 인연으로 미간(眉間)의 백호상(白毫相)으로 광명을 발하는 등 상서(祥瑞)를 일으키는지 묻는 대목이 있다.

26 이 말은 『맹자』 「이루(離婁)」 하(下)에 나온다. 『법화경』 「서품」에 석가와 석가 이전의 부처가 하나라고 했기에 이리 말했다.

영취산 속에 꽃이 피어

일만년 된 말라 죽은 마름에 청매青梅가 열렸네.

봄빛이 지금 한창 좋다 말하지 말라

작년에 손수 심은 것이 핀 것이니까.

방편품찬方便品讚

　부처님이 선정禪定에서 일어나 방편을 찬탄하니, 알지 못하는 말이 하늘에 가득했다. 그래서 사리불舍利弗[27]이 대중을 대신해 의혹을 품어 부처님께 이를 풀어주기를 청했으니, 이는 파도가 땅을 움직인 것과 같다. 하나의 상相과 하나의 맛(味)[28]이라는 말도 오히려 비유이거늘, 부처님이 세번 사양한 일과 사리불이 세번 간청한 일[29]은 선종禪宗의 문밖에 두어야 한다. 수많은 묘한 경계境界는 요량할 수 없고, 항하의 모래알처럼 많은 보살이라는 말은 믿기 어렵지만,[30] 쭉정이는 없고 순전히 알곡만 있다. 삼천년에 한번 나타나는 우담바라 꽃이 다시 피니, 일불승一佛乘[31]의 일대사인연으로 출세出世하시네. 하나의 색色, 하나의 향香이 실상實相 아닌 것이 없고, 한번의 일컬음과 한번의 찬탄이 모두 보리菩提로 이끈다. 보리로 이끄는 방편을 보고 싶은가?

27　석가의 제자.

28　'하나의 상'은 평등하고 무차별한 모양, 즉 진여(眞如)를 말하고, '하나의 맛'은 부처의 교설이 다양한 듯하나 그 뜻은 하나임을 말함.

29　『법화경』「방편품」에서 부처가 방편을 찬탄하며 깊고 묘하여 이해하기 어려운 여래의 법을 말하자 사리불이 그에 대한 가르침을 청했다. 하지만 부처는 그런 말 하지 말라며 말하지 않았다. 그럼에도 사리불이 세번 간청하자 마침내 부처는 말을 시작한다.

30　『법화경』「방편품」에서 사리불은 부처에게 보리를 구하는 보살이 8만이 넘는다고 했다.

31　부처가 되는 오직 하나의 가르침. 불교의 가르침은 오직 하나여서 성불하는 가르침만이 유일한 것이라는 말.『법화경』은 궁극적으로 바로 이 '일불승'의 가르침을 설한 경이다. 그래서 '일승경(一乘經)'이라고도 한다.

달빛 실은 배가 좌우의 언덕 범하지 않으니

모름지기 뱃사공의 좋은 뜻 믿어야 하리.

다음과 같은 게송을 읊노라.

부처님이 말 없이 방편법方便法을 여니

사리불이 게송으로 거듭 간청을 하네.

오래 침묵하다 본디 마음 이제야 펼치니

선문禪門의 방편과 실상 죄다 뒤집어놓네.

비유품찬譬喩品讚

어린 자식들이 무지하여 불이 난 집에서 즐겁게 뛰놀고 있자 장자長者가 자비심을 일으켜 큰 수레를 골고루 나눠주었다.[32]

최상의 근기根器는 법을 설하면 바로 깨닫지만 중간의 근기는 비유로 설해야 비로소 알아듣는다. 법에 심천深淺이 없지만 깨달음에 선후先後가 있어서다.[33] 가령 부채를 들어 달을 가리키고 나무를 흔들어 바람을 알림[34]과

32　『법화경』「비유품」에 부처가 사리불에게 불타는 집 이야기를 들려주는 대목이 있다. 이 이야기의 줄거리는 다음과 같다. 집에 큰 불이 났건만 아이들은 그 속에서 뛰놀며 나오지 않는다. 장자(長者, 아이들의 아버지)는 어서 나오라고 외치지만 아이들은 나오지 않았다. 그래서 장자는 방편을 내어 아이들에게 너희이 좋아하는 수레 장난감을 줄 테니 어서 나오라고 한다. 마침내 아이들이 나오자 장자는 애초 말한 장난감 수레가 아니라 칠보(七寶)로 장식된 좋은 수레를 아이들에게 나눠주었다. 이 이야기에서 장자는 부처이고, 불타는 집의 아이들은 중생이다.

33　성문, 연각, 보살은 근기가 다르다. 그래서 부처는 비록 차별심이 없지만 중생의 근기를 고려해 방편으로 성문승(聲聞乘), 연각승(緣覺乘), 보살승(菩薩乘)의 삼승(三乘)을 설한다. 그런 연후에 일불승(一佛乘)으로 성불케 한다. 이것이 『법화경』의 요지다.

34　천태 지의의 『법화문구(法華文句)』 권5 「석비유품(釋譬喩品)」에 "나무를 흔듦은 바람을 알

같은 것은 중간의 근기를 가진 사람을 위한 비유이다.

　언젠가 성불할 것이라는 부처님의 수기授記[35]를 받고 사리불이 기뻐하자 이를 안 사부대중이 찬탄을 하는구나.

　통쾌하도다, 일승一乘[36]의 법문이여! 기이하니, 망령되이 이를 퍼뜨리지 말라! 어째서인가?

　　　밤이 되자 눈보라 몹시 휘몰아치는데
　　　하늘 가득한 별빛이 달빛 속에 차네.

　다음과 같은 게송을 읊노라.

　　　기둥 뿌리와 대들보 반이 무너져
　　　화염 속에 불타니 괴로움 한량없네.
　　　장자가 준 수레 기대를 뛰어넘어
　　　불타는 집이 연꽃인 줄 비로소 알았네.

리는 것이고, 부채를 드는 것은 달을 비유한 것이다. 깨닫게 하기 위해 비유를 했다"라는 말이 나온다. 조선 전기의 승려 기화(己和)의 『금강반야바라밀경 오가해 설의(金剛般若波羅蜜經五家解說誼)』에는 "달이 중봉(中峰)에 숨으면 부채를 들어 달을 비유하고, 바람이 허공에 그치면 나무를 흔들어 그것을 알린다"라는 말이 나온다.
35　부처가 제자들에게 장차 성불하리라고 예언하는 일.
36　일불승(一佛乘)을 말한다.

『십현담요해十玄談要解』[37]

십현담요해서十玄談要解序

현담玄談[38] 10편은 부처와 조사祖師의 깊고 묘한 도에 들어가는 관문으로, 무한한 지혜를 가진 사람이 아니면 그것을 엿볼 수 없다. 동안선사同安禪師는 이 관문으로 돌입했으며, 큰 자비심으로 미혹한 길을 열어 보여, 중생의 지견知見을 몹시 더해주었다.

그런데 산승山僧이 다시 뱀을 그려 거기에다 발을 덧붙였으니,[39] 갈등葛藤[40] 위에 다시 가지와 덩굴을 보탠 격이다. 하지만 달은 손가락으로 가리키지 않는다면 어리석은 아이가 볼 수 없고, 토끼는 올무를 쓰지 않는다면 게걸스런 산지기도 잡을 수 없으니, 이 현담을 이해하려면 반드시 손가락과 올무를 말미암아야 한다. 달을 보고 토끼를 잡으면 내게 갈등을 돌려주기 바란다.

성화成化 을미년乙未年(1475) 도절桃節 재생패哉生覇에 청한 필추苾芻 설잠이 폭천산瀑泉山에서 주해註解하다.[41]

---

37 본서에서 저본으로 삼은 것은 성철 스님 구장본(舊藏本) 『십현담요해(十玄談要解)』 언해본이다. 이 본은 명종 3년(1548) 간행된 것으로, 다른 본들과 달리 김시습 원저작의 모습을 보여준다. 『십현담요해』는 10개의 제목으로 구성되어 있는데, 언해본의 경우 「심인(心印)」「조의(祖意)」「현기(玄機)」「진이(塵異)」「불교(佛敎)」「환향곡(還鄕曲)」「파환향곡(破還鄕曲)」「회기(廻機)」「전위귀(轉位歸)」「정위전(正位前)」으로 되어 있다(본에 따라 제목에 조금 차이가 있다). 본서에는 이 중 「심인」「조의」「환향곡」「파환향곡」 넷을 실었다.

38 현묘한 말이라는 뜻. 중국 오대(五代) 때의 선승(禪僧) 동안 상찰(同安常察)이 지은 칠언율시 형식의 게송을 가리킨다.

39 '산승'은 김시습 자신을 말한다. '뱀을 그려' 운운은 '사족(蛇足)'을 말하니, 공연히 쓸데없는 일을 했다는 뜻.

40 원래 칡과 등나무가 서로 복잡하게 뒤얽힌 것을 뜻하는 말인데, 선가(禪家)에서 말이 번잡한 것을 가리키는 말로 쓴다.

41 '성화'는 중국 명나라 헌종(憲宗)의 연호이고 '을미년'은 성종 6년에 해당한다. '도절'은 음력 3월을, '재생패'는 16일을 말하고, '필추'는 산스크리트어 Bhikṣu의 음역으로 비구(比丘)

십현담十玄談

'담'은 『자설字說』[42]에 이르기를, '온화하고 기쁜 표정으로 즐겁게 말하는 것이다'라고 했으니, 동안선사가 현묘한 뜻을 환히 밝혀서 즐거이 사람들에게 고한 것이다.

동안 상찰선사同安常察禪師 술述

『전등록』[43]에 이르기를, "홍주洪州 봉서산鳳棲山 동안원同安院의 상찰선사常察禪師는 구봉산九峰山 도건선사道虔禪師의 법을 이었는데, 청원靑原[44]의 제6대 법손法孫이다"라고 했다.

제목을 분변하다

모름지기 심인心印을 분명하게 본 뒤에 조의祖意(조사의 뜻)를 알게 되고, 조의를 안 뒤에 현기玄機(현묘한 기틀)를 깨닫게 되며, 현기를 깨달은 뒤에야 진이塵異(티끌세상에 있으나 다름)를 분변하게 되고, 진이를 분변하면 불교佛敎(부처의 가르침)를 자세히 알게 되며, 불교를 자세히 알면 곧 환향還鄕(고향으로 돌아감)하게 되고, 환향한 뒤에는 모름지기 머물지 못함을 알게 되며, 모름지기 머물지 못함을 알면서도 회기廻機(기틀을 돌이킴)를 못 하면 이는

를 말하며, '폭천산'은 수락산을 말한다. 폭포가 있기에 그리 불렸다. 김시습은 당시 이 산의 '폭천정사(瀑泉精舍)'에 거주했다.

42 『유학자설(幼學字說)』을 가리키는 듯하다. 이 책은 「유양양에게 진심을 토로해 올린 편지」에도 언급되고 있다. 본서 53면의 주 참조.

43 『경덕전등록(景德傳燈錄)』을 말한다. 송나라 도원(道原)이 편찬한 책으로, 석가모니불 이래 역대 조사들의 법맥과 법어를 수록해놓았다.

44 6조 혜능을 사사(師事)한 청원 행사(靑原行思)를 이른다.

또한 참루滲漏[45]이다. 그러므로 회기한 뒤에는 모름지기 전위轉位(위位를 옮김)[46]할 줄 알아야 하고, 전위한 후에는 일색一色(한빛)[47]이 맑아 비할 데가 없거늘, 모름지기 일색이 환해야 앉은 자리에서 엎어져 가시나무 숲에 편안히 발을 디디게 되며, 밝은 밤 주렴 밖에서 벗은 몸으로 임금께 조회할 것이니, 일색이 환하면 곧 심인을 보게 된다. 하나의 현담 속에 열개의 문門이 갖춰져 있어 총지摠持[48]가 무궁하다.[49]

제목을 제시하다

심인, 조의, 현기, 진이, 불교, 환향곡, 파환향곡, 회기, 전위귀轉位歸, 정위전正位前.[50]

---

45 대체적인 깨달음을 얻은 사람의 마음에 집착이나 번뇌나 망상이 아직 남아 있는 것을, 틈으로 물이 새거나 스며듦에 비유한 말이다.

46 '전위귀(轉位歸)'라고도 함.

47 '정위전(正位前)'이라고도 함.

48 범어 '다라니'의 의역으로, 모든 악한 법을 버리고 한량없이 좋은 법을 가지는 것을 이르니, 지혜 혹은 삼매를 뜻한다.

49 『매월당전집』(성균관대학교 대동문화연구원, 1973)에 수록된 한문본 『십현담요해』에 실린 순서와 제목은 다음과 같이 좀 다르다. 1.심인, 2.조의, 3.현기, 4.진이, 5.연교(演敎, 가르침을 폄), 6.달본(達本, 근본에 이름), 7.환원(還源, 근원으로 돌아감), 8.전위, 9.회기, 10.일색. 이에서 보듯 전위와 회기가 뒤바뀌어 있다.

50 조동종(曹洞宗)의 정편오위(正偏五位)에서 보면, 환향곡은 정위(正位), 파환향곡은 편위(偏位), 회기는 정중래(正中來), 전위귀는 겸중지(兼中至), 정위전(일색, 一色)은 겸중도(兼中到)에 해당한다. 하지만 김시습은 『십현담요해』에서 '정편(正偏)' 정도만 말하고 있을 뿐, '정중편(正中偏)' '편중정(偏中正)' '정중래' '겸중지' '겸중도'와 같은 조동오위(曹洞五位)의 개념어를 구사하고 있지 않다. 그 대신 『법화경』『열반경』『화엄경』등 대승경전을 언급하며 『십현담』을 풀이하고 있다. 이에서 교종(敎宗)과 선종(禪宗)을 넘나들며 양자를 회통시키는 김시습 본래의 면모가 잘 드러난다.

「심인心印」[51]

달마가 서쪽에서 와서 불립문자不立文字하고 다만 심인心印만 전하면서 직지인심直指人心하여 견성성불見性成佛하게 했으니, 심인은 언어와 문자로 형용할 수 없다. 일상생활 중 움직이거나 가만히 있거나 말하거나 잠자코 있을 때 그 문채文彩가 온전히 드러나 당처當處[52]가 역연하므로 '심인'이라고 했다.

> 그대에게 묻노라 심인은 어떤 모습인가?
> 심인을 누가 감히 전수傳授하겠는가.
>
> 問君心印作何顔, 心印何人敢授傳.

달마가 심인을 가져오지 않았으며 이조二祖[53]가 심인을 구하러 가지 않았으니, 무얼 주었으며 무얼 받았단 말인가? 필경 어떻게 말할 것인가? 추울 때 불을 쬐고 더울 때 바람을 쐬느니라.

> 오랜 겁劫을 지내도 평탄하여 다른 빛이 없거늘
> 심인이라 부르면 이미 거짓말이네.
>
> 歷劫坦然無異色, 呼爲心印早虛言.

예로부터 지금까지 미묘한 체(妙體)는 여여如如[54]하여, 성인聖人이라고 해서 더 있는 것도 아니고 범부凡夫라고 해서 덜 있는 것도 아니니, 만일 기

---

51 선종에서 문자와 언어에 의하지 않고 마음으로 불법을 깨닫는 것을 이르는 말.
52 근본, 본래면목을 말함.
53 달마의 제자 혜가(慧可)를 말한다. 중국 선종의 제2조(祖)다.
54 산스크리트어 '타타타'에서 유래하는 말로, 분별이 끊어져 마음 작용이 일어나지 않는 상태 혹은 차별을 떠난 있는 그대로의 모습.

이하고 특이한 일을 의론한다면 자기가 바로 마魔[55]가 될 것이다.

> 모름지기 알아야 하리 본래 신령하고 공空한 성性은
> 화롯불 속의 연꽃에 비유할 수 있음을.
> 須知本自靈空性, 將喩紅爐火裏蓮.

이 심인은 불 속의 연꽃과 같아서 보면 있는 듯하나 가질 수는 없다.

> 무심無心을 도道라고 하지 말라
> 무심에도 오히려 한 겹의 관문關門이 있으니.
> 莫以無心云是道, 無心猶隔一重關.

첫 구句에서 여섯째 구에 이르기까지 정량情量(분별심)을 잊고 사려思慮를 끊어 더듬어 잡을 수 없는 소식消息[56]을 철저히 논했으니, 완연히 무심이다. 하지만 한결같이 정량을 잊고 사려를 끊으면 공空에 떨어져 앞으로 나아가지 못할까 염려되니, 모름지기 일은 일 없는 데 있어야 옳다는 것을 알지니라.

「조의祖意」

달마가 멀리 이 땅에 대승大乘의 근기根機가 있음을 알고 일부러 와서 오직 이 심인을 잡아 미혹한 길을 열어 보였다. 문자상文字上에서 알려고 해도 오히려 난감한 일인데, 하물

---

55 몸과 마음을 요란케 하여 선법(善法)을 방해하고, 좋은 일을 깨뜨려 수도(修道)에 장애가 되는 것을 이름.
56 '소식'은 오묘함 혹은 진리를 말함.

며 문자가 없는 데서 알려고 하면 어찌 백운白雲 만리萬里뿐이겠는가.[57] 모름지기 똥 누기 전에 알아야 옳다.[58]

> 조사祖師의 뜻이 공空한 듯하나 공空하지 않거늘
> 진실한 기틀이 어찌 유有니 무無니 하는 일에 떨어지리.
> 祖意如空不是空, 眞機爭墮有無功.

만일 공空하다고 말하면 심인이 온전히 드러나고, 만일 공하지 않다고 하면 잡을 데가 없으니, 필경 뭐라고 말할 건가? 산이 높으니 바다가 깊고, 해가 나오자 달이 지네.

> 삼현三賢이 오히려 이 종지宗旨를 알지 못하거늘
> 십성十聖인들 어찌 이 종지를 알리.
> 三賢尙未明斯旨, 十聖那能達此宗.

삼현三賢은 십주十住와 십행十行과 십회향十迴向을 가리키고, 십성十聖은 십지보살十地菩薩을 가리킨다.[59] 『열반경』에 이르기를, "보살이 위계位階가 십지十地에 올라도 오히려 불성佛性을 환하게 보지 못하는데 하물며 성문

---

57   '대단히 멀다'는 말로, 아주 어렵다는 뜻.

58   '똥 누기 전에(未厠已前) ~하라'는 말은 대혜(大慧)의 어록을 비롯해 여러 선사의 어록에 보인다.

59   '십주'는 보살이 수행하는 계위(階位)인 52위(位) 가운데 제11위에서 제20위까지를 이른다. 마음이 진제(眞諦)에 안주하는 위치에 이르렀다고 해서 '주(住)'라고 한다. '십행'은 보살이 수행하는 계위 가운데 묘각(妙覺)에 이르는 과정인 제21위에서부터 30위까지를 이르고, '십회향'은 제31위에서 제40위까지를 이른다. 지금까지 닦은 자리이타(自利利他)의 여러 가지 행(行)을 일체 중생을 위하여 돌려주는 동시에 이 공덕으로 깨달음의 경지에 도달하려는 지위이다. '십지보살'은 열가지 깨달음의 경지인 제41위에서부터 제50위까지를 이른다.

聲聞과 연각緣覺[60]이 보겠는가? (…) 비유컨대 술 취한 사람이 먼 길을 가고자 하나 몽롱한 눈으로 길을 보는 것과 같으니, 십주보살[61]이 여래如來의 지견知見을 조금밖에 알지 못하는 것 또한 이와 같다"[62]라고 했다.

> 그물을 뚫은 금빛 물고기 오히려 물에 걸리고
> 길머리 돌린 석마石馬는 모래 구덩이에서 나오네.
>
> 透網金鱗猶滯水, 廻途石馬出沙籠.

삼현과 십성이 뚫어 벗어나지 못함이 금빛 물고기가 그물을 뚫었으나 고인 물에 걸려 있는 듯하니, 모름지기 잘 회호回互하여 정위正位[63]에 앉아 있지 말고 단박에 갇힌 데서 벗어나야 옳다. 석마는 본래 없으며 다만 가명假名을 둔 것이니,[64] 정위正位를 가리킨다.

> 정성스레 서쪽에서 온 뜻을 이르노니
> 서쪽에서 왔는지 동쪽에서 왔는지 묻지 말라.
>
> 殷勤爲說西來意, 莫問西來及與東.

조사가 서쪽에서 온 것은 비록 노파심이 간절해서지만 맑은 바람이 땅

---

60 '성문'은 원래 석가모니의 설교를 들은 불제자(佛弟子)를 뜻하는데, 대승불교에서는 석가의 직접 제자에 국한하지 않고 부처의 교법에 의하여 3생(生) 60겁(劫) 동안 사제(四諦)의 이치를 깨닫고 아라한(阿羅漢)이 되기를 이상으로 삼는 수행자를 이른다. '연각'은 십이인연의 이치를 관(觀)하여 깨달았다는 뜻인데, 부처의 교화에 의하지 않고 홀로 깨달은 성자를 이른다.

61 원문에는 '십지보살'로 되어 있으나 '십주보살'이 맞다.

62 『열반경』 권8에 나오는 말.

63 '회호'는 이것과 저것이 서로 섞이어 원융함을 이른다. 조동종에서 '정위'는 이(理)나 체(體)를 가리키는 개념이며, 사(事)나 용(用)을 가리키는 편위(偏位)와 짝을 이룬다.

64 실체가 있는 것이 아니고 방편상 가짜 이름을 붙인 것이라는 뜻.

을 감싸니 어찌하겠는가.

「환향곡還鄕曲」

> 중로中路에 부처를 섬기지 말고
> 지팡이 짚고 다들 모름지기 고향으로 가야 하리.
> 勿於中路事空王, 策杖咸須達本鄕.

미묘한 것을 말하고 현묘한 것을 말함도 오히려 중로이며, 보리菩提에
나아감이 곧 부처를 섬기는 것이다. 무릇 학인學人은 주장자拄杖子를 비껴
잡고 취모검吹毛劍[65]을 거꾸로 쥔 채, 어금니는 칼나무처럼 하고 입은 혈분
血盆[66]처럼 하여, 부처와 조사의 목숨을 한칼로 베어버려도 오히려 노둔한
자라 하겠거늘, 하물며 허공을 잡아 생각과 기틀을 멈추는 자들임에랴. 그
러므로 말하기를, "산에 오르려면 모름지기 꼭대기까지 가야 하고, 바다에
들려면 모름지기 바닥까지 가야 한다"[67]라고 했다.

> 구름과 물에 막힌 곳에 그대여 머물지 말라
> 설산雪山 깊은 곳에서 나는 바쁘지 않네.
> 雲水隔時君莫住, 雪山深處我非忙.

일체의 언어와 지견知見과 성현의 위차位次를 '구름과 물'이라 하고, 이
와 같은 제법諸法과 정량情量과 견해를 다 쓸어버려 남은 것이 없어, 일색一

---

65 '주장자'는 수행승들이 지니고 있는 지팡이를 말하고, '취모검'은 털을 칼날에 대고 불면 털
    이 베어지는 예리한 칼을 말한다.
66 '칼나무'는 나무처럼 곧게 서 있는 칼이고, '혈분'은 제사 때 피를 담는 그릇인데 맹수 등의
    쩍 벌어진 아가리를 형용하는 말로 쓰인다.
67 『오등회원』 권17, 『정법안장』 권1 등에 나오는 황룡 혜남(黃龍慧南) 선사의 말.

色이 온전히 드러나 견줄 데가 없는 것을 '설산'이라 한다. 성현의 위차와 미묘한 말과 현묘한 말에 그대는 기틀을 멈추어서는 안 된다. 일색이 고절孤絶하여 천마天魔와 외도外道[68]가 엿보기 어려워 크게 그칠 수 있는 경지에 이를지라도 나는 또한 즐겨 그리하지 않겠다. 그러므로 이르되, "일물一物에 의지하면 맞지 않다"[69]라고 하니라.

> 아, 갈 때는 얼굴이 옥과 같더니
> 돌아올 때 귀밑이 센 것을 탄식하노라.
> 堪嗟去日顔如玉, 却歎廻來鬢似霜.

처음에 진원眞源[70]을 깨달을 때는 완연히 첫 근기根機였는데, 깨닫고 난 데 이르니 바야흐로 그것이 본래 갖추어져 있던 것임을 알게 된다. 백발의 어린애가 처음으로 바른 깨달음을 이루었나니, 어린애가 백발이라 묘한 법륜法輪을 굴리도다. 『법화경』에 이르기를, "부처가 석씨釋氏의 궁전을 나와, 가야성伽耶城에서 멀지 않은 도량에 앉아 아뇩보리阿耨菩提[71]를 얻었다"[72]라고 했다. 하지만 성불한 이래로 한량없는 백천억의 나유타那由他[73] 겁劫이 흘렀다고 하니 어찌 이런가? 옛날이 지금이고, 지금이 옛날이도다.

---

68 '천마'는 제6천의 마왕(魔王) 파순(波旬)을 말하고, '외도'는 불교 이외의 종교 혹은 그 종교를 받드는 사람을 말한다. 모두 불도(佛道)를 방해하는 것들이다.

69 이 말은 애초 황벽(黃檗)이 남전(南泉)에게 한 말인데, 원오 극근(圜悟克勤)의 어록이나 대혜 종고의 어록 등 여러 선사의 어록에 보인다. '일물(一物)'은 본체를 뜻한다.

70 진리의 근원, 곧 마음을 말함.

71 '아뇩다라삼먁삼보리'를 말하며, '무상정등정각(無上正等正覺)'이라 번역한다. 최상의 불지(佛智)를 이른다.

72 『법화경』「여래수량품(如來壽量品)」에 나오는 말.

73 산스크리트어 Nayuta를 음역한 것으로, 아주 많은 수를 표시하는 수량.

> 손 떨치고 집에 이르니 사람들 알지 못하고
>
> 다시 아버지께 바칠 물건 하나도 없네.
>
> 撒手到家人不識, 更無一物獻尊堂.

얻은 제법諸法이 모두 허공을 더듬고 그림자를 잡은 것이요, 도달한 고향이 번개를 손에 쥐고 바람을 잡으려 함이 아닌 게 없다. 홍안紅顔의 늙은 아버지에게 무엇을 바칠 건가? 구름에 솟은 산과 바다의 달로 공양供養을 하고, 밑 없는 잔과 사발로 헌수獻壽를 하네.

「파환향곡破還鄉曲」[74]

> 고향에 돌아오고 근원에 돌아오려 한 일 또한 그릇되니
>
> 본래 머무를 곳이 없거늘 집이라 이름하지 못하네.
>
> 返本還源事亦差, 本來無住不名家.

집에 돌아가 남쪽의 이웃과 북쪽의 집에 계돈사鷄豚社[75]를 맺어 노래 부르며 시골의 탁주에 취해 평생을 즐겁게 지내려 했는데, 집에 도착해보니 의탁할 땅이 없다. 종전의 잘못된 헤아림은 한쪽에 버리겠거니와, 무엇이 지금 마음에 들지 않는 일인가? 집이 헐고 사람 없어 편지도 끊겼는데, 허공의 밝은 달만 배꽃에 비치네.

> 일만년 된 소나무 길에는 눈이 깊이 덮여 있고
>
> 빙 두른 산봉우리는 구름이 또 가리고 있네.

---

74 '환향을 깨뜨리는 노래'라는 뜻.

75 마을 사람들이 계(契)를 결성하여 친목을 도모하는 것을 이른다.

萬年松徑雪深覆, 一帶峰巒雲更遮.

이미 이곳을 여의어 생사가 벌써 끊어졌는데 또 저곳에 이르니 열반이 꿈과 같아, 나아가려 해도 문이 없고 몸이 물러나려 해도 길이 없다. 가히 '눈이 깊어 일백 자(尺)라 소나무 길이 험하고, 구름이 가리길 만 겹이라 첩첩 산봉우리가 높다'라 이를 만하다. 이곳에 이르면 십성과 삼현도 벼랑을 바라보고 물러서거늘, 오과五果와 사향四向76이야 무슨 소식을 듣겠는가. 말해보라, 이 경계境界는 어떠한가? 만일 안 간다면 모르지만 가면 보리니, 오호五湖77의 경치를 누구와 다투리.

> 손님과 주인이 화목한 것도 순전히 거짓이고
> 임금과 신하가 화합해도 정正 가운데 사邪가 있네.
> 賓主穆時純是妄, 君臣合處正中邪.

손님과 주인이 화목하고 임금과 신하가 화합하는 것이 당가當家78의 모범이다. 하지만 향상일착向上一著79은 일천 성인聖人도 세우지 못했으니, 설사 근기根機가 되어 다 가져가도 이미 잘못되었으니, 필경 어떻게 해야 망령되지도 않고 삿되지도 않은 풍광風光인가? 그대와 부질없이 꿈 얘기를 하려 했건만, 그대가 말을 전해 세상에 퍼뜨릴까 두렵네.

---

76 '오과'는 소승에서 말하는 5종의 증과(證果)인 수다원과(須陀洹果), 사다함과(斯多含果), 아나함과(阿那含果), 아라한과(阿羅漢果), 벽지불과(辟支佛果)를 말하고, '사향'은 소승들이 닦는 네가지 계위(階位)인 수다원향(須陀洹向), 사다함향(斯多含向), 아나함향(阿那含向), 아라한향(阿羅漢向)을 말한다. '향'이라고 한 것은 증과(證果)를 향하여 수행하되 아직 과(果)에 이르지 못했음을 뜻한다.

77 중국의 호수 이름. 춘추시대 때 월(越)나라 범려(范蠡)가 공을 이룬 뒤 여기에 은거했다.

78 원래 본가(本家)를 이르는 말인데, 여기서는 집과 나라를 가리킨다.

79 '향상'은 깨달음의 극칙(極則), 부처의 경계를 말하고, '일착'은 본래 바둑에서 '한 수'라는 뜻으로 쓰는 말인데, '일사(一事)'와 같다.

> 환향곡還鄉曲을 어찌 부를까?
>
> 명월당明月堂 앞 마른 나무에 꽃이 피었네.
>
> 還鄉曲調如何唱, 明月堂前枯木華.

환향곡은 궁상宮商에 속하지 않으니,[80] 어찌 관현管絃에 올리겠는가. 돌로 된 여인으로 하여금 쟁箏을 타게 하고, 나무로 된 사람으로 하여금 박拍을 치며 노래하게 하니, 명월당 앞에 여름 더위 찌고, 마른 나무의 가지에 일천 꽃이 흐드러졌도다.

『대화엄일승법계도주大華嚴一乘法界圖註』

대화엄법계도서大華嚴法界圖序

대저 대화엄大華嚴의 화장법계華藏法界[81]라는 것은 허공으로 본체를 삼고, 법계法界로 작용을 삼으며, 일체의 처소處所에 두루 미침을 부처님으로 삼고, 연기緣起의 법체法體[82]로 대중들의 모임을 삼아서 원만한 경經을 설한 것이다.『화엄경』의 가르침에 이른바 "국토가 설說하고 티끌이 설하고[83] 부처가 설하고 보살이 설하며, 삼세三世(과거·현재·미래)가 일시에 설한

---

80 궁상각치우 오음(五音)에 속하지 않는다는 말.

81 연화장세계(蓮華藏世界). 부처의 법신인 비로자나불이 있는 공덕무량(功德無量)·광대장엄(廣大莊嚴)의 세계를 말한다. 이 세계는 큰 연화(연꽃)로 되고 그 가운데 일체의 나라, 일체의 물이 간직되어 있으며, 비로자나불이 대광명(大光明)을 발하여 법계를 두루 비춘다고 한다.

82 '법체'는 만유제법(萬有諸法)의 실체.

83 국토와 티끌, 초목 등의 무정(無情)이 설법한다는 뜻.

다"[84]라고 한 것이 그것이다.

〈법계도法界圖〉[85]란 하나의 해인도海印圖[86]로서 가없는 가르침의 바다를 원만히 포섭한 것이니, 〈법계도〉에서 말한 "하나 속에 일체一切가 있고 다多 속에 하나가 있다"라고 한 것과 "하나는 곧 일체이며 다多는 곧 하나다"라고 한 것이 그것이다.

동쪽 땅의 의상법사義相法師가 처음 이 그림을 만든 것은 삼세간三世間과 십법계十法界[87]의 장엄하고 다함이 없는 뜻을 나타내어 몽매한 사람을 깨우치고자 해서인데, 학문에 일가를 이룬 옛 학자들이 거듭 부연하고 유포하여 논변論辨과 초록抄錄이 세상에 가득하니, 왕자로 탄생했으나 이미 서인庶人이 된 격이다.

대저 화장세계를 궁구해보면 본래 아무런 경계가 없고, 화엄의 부처님 또한 아무런 설법이 없거늘, 단지 아무 일이 없는 땅에 거居하면서 아무 일도 없는 과업을 농지거리할 뿐이다. 다만 하나인 진실한 청정법계(一眞淨界)[88]가 갑자기 어두워져 마침내 한 생각이 있게 되자 피아彼我가 나뉘게 되고, 피아가 있게 되니 취사取捨가 생기고, 취사하는 마음이 있자 십법계가 성립되었다. 일이 없는 가운데 갑자기 일이 생겨, 움직이지 않는 부처

---

84 송나라 영명 연수(永明延壽)의 『심부주(心賦注)』에 "『화엄경』에 이르기를, '국토가 설하고 중생이 설하며 삼세가 일시에 설한다'라고 했다"라는 말이 보인다.

85 〈대화엄일승법계도〉의 약칭. 『화엄경』의 요지를 말하기 위해 통일신라의 의상이 지은 210자의 한시로, 도상(圖像)의 형태를 취하고 있다. 그래서 '도(圖)'라고 이름했다.

86 '해인'은 번뇌가 끊어진 부처의 마음 가운데 과거·현재·미래의 모든 법이 환히 나타나는 것을 말한다.

87 '삼세간'은 삼종세간(三種世間)을 말하니, 우리가 살고 있는 국토, 즉 기세간(器世間)과 중생들이 사는 중생세간(衆生世間)과 모든 부처가 사는 지정각세간(智正覺世間)을 이른다. '십법계'는 지옥, 아귀, 축생, 아수라, 인간, 천상, 성문, 연각, 보살, 부처를 말한다.

88 '하나인 진실한 청정법계'는 화엄종(華嚴宗)에서 말하는 지극한 이치인 '일진법계(一眞法界)'를 가리킨다. 사사(事事)와 물물(物物)과 일미(一微)와 일진(一塵)이 모두 일진법계가 되니, 일진법계는 차별이 없다. 그 체(體)가 절대이므로 '일'이라 하고, 진실하므로 '진'이라 하며, 일체만법을 융섭(融涉)하므로 '법계'라 한다.

가 움직임이 없는 경계에서 움직이고, 원융圓融한 법이 둘이 아닌 속에서 나뉘매, 중생인 부처가 업식業識[89]에 의지해 세상에 나오고, 부처인 중생이 지혜의 몸을 망각해 취사取捨하며 갈수록 미혹에 빠져 오늘에 이르렀으니, 이른바 눈먼 개가 갈대숲에서 짖자 맹인이 '도적이야!' 하고 소리친다는 것이 그것이다. 이 때문에 부처님이 부득이 설하고 현철賢哲들이 부득이 분변分辨해 대부大部[90] 39품品과 작은 그림 30구句가 나오게 되었다.

하지만 말이란 마음의 드러남이요, 마음이란 말의 근원이니, 비유컨대 태화太和의 기운이 본래 형상과 소리가 없으나 형기刑器를 빌려서 격발激發하면 율려律呂[91]가 되듯, 원융圓融한 법法도 본래 이름과 형상이 없으나 말과 글귀를 빌려서 풀이해 말하면 경經과 논論이 된다. 율려가 아니면 태화를 형상할 수 없고, 경과 논이 아니면 법의 원융함을 드러낼 수 없으니, 경과 논이라는 것은 또한 원융한 법성法性의 깨우침이요 삼세제불三世諸佛의 큰 뜻이지만, 정법正法[92]이 이미 멀어져 부처님의 가르침이 희미해졌으니 어쩌겠는가.

불승佛乘[93]을 참구하는 사람은 교망教網[94]을 가리켜 말이 번잡하다 하고, 부처님의 말을 찾는 사람은 단전單傳을 배척하여 벽관壁觀[95]이라 한다. 이

---

89 일여(一如)의 진심(眞心)이 무명(無明)에 의하여 처음으로 작동하여 짓는 염(念)을 말함.

90 '대부'는 일부(一部)의 큰 책을 말한다. 『화엄경』은 모두 39품으로 구성되어 있고, 의상의 〈법계도〉는 7언 30구로 되어 있다.

91 '태화'는 천지간의 조화로운 기운을 말하고, '율려'는 음률을 말함. 태화나 율려는 불교가 아니라 유교의 용어다.

92 부처의 열반 뒤 그 교법이 유행하는 시기를 셋으로 나누어 '삼시(三時)'라고 하는데, 처음은 정법시(正法時)로서 교법·수행·증과(證果, 깨달음)의 셋이 완전하게 있고, 그 다음은 상법시(像法時)로서 교법과 수행은 있으나 증과는 없으며, 그다음은 말법시(末法時)로서 교법만 있고 수행과 증과는 없다. 삼시가 지나면 교법까지 없어지는 시기가 오는데 이를 법멸(法滅)시대라고 한다.

93 일불승(一佛乘)을 말한다. 일승(一乘)이라고도 한다. 모든 중생을 성불로 이끄는 법을 말함.

94 중생을 물고기에, 부처의 법을 그물에 비유한 말로 부처의 교법을 말함.

95 '단전'은 말이나 글자에 의지하지 않고 이심전심으로 전하는 법을 말하고, '벽관'은 달마처럼 면벽수행(面壁修行)함을 말하니, 선불교(禪佛教)를 이른다.

치는 밝으나 일(현상)에 어두운 사람과 일(현상)에는 밝으나 이치에 어두운 사람이 마침내 원융하여 둘이 없는 법[圓融無二之法]⁹⁶을 변화시켜 꽉 막혀 하나만 지키는 것이 되게 했다. 이에 인도에서 유파가 나뉘고 중국에서 종파들이 생겨나⁹⁷ 평등한 자비가 서로 창과 방패가 되니, 진실로 슬퍼할 만하다.

신라시대에 의상법사가 이 〈법계도〉를 제작했으니, 그 유래가 오래다. 온 절집의 노숙하고 학덕 높은 이들이 저마다 부처님의 설법에 기대어 이 〈법계도〉를 억해臆解(억측 해석)해 그 말이 지루하고 장황한데, 마침내 여러 책을 이루었다. 내가 한번 본 뒤 책을 손에 쥔 채 탄식하기를, "청정법계에 어찌 이처럼 많은 말이 있을까. 만일 진실로 이와 같다면 의상법사가 어찌 『화엄경』의 무한한 게송과 품品 가운데서 그 요점만을 모은 뒤 210자를 뽑아내 〈일승법계도〉를 장엄하게 제작했겠는가"라고 하였다.

그러나 의상법사의 네모 하나[一圈]⁹⁸를 보아 210자에서 그 종지宗旨를 궁구하면 곧 법성法性에 불과하고, 그 법성을 궁구하면 곧 수연隨緣(인연을 좇음)에 불과할 뿐이니, 혹시 눈이 밝은 승려가 있다면 나와서 말해보라. 현玄을 설하고 묘妙를 설함과 심心을 설하고 성性⁹⁹을 설함은 불경에 이미 분명한 기록이 있거늘, 의상법사가 한 글자도 내뱉기 전의 소식消息은 어떠한가? 내가 스스로 대어代語한다. "성화成化 병신년丙申年(1476) 납월臘月(12월)에 녹태헌綠苔軒의 남쪽 창 아래에서 설하노라."¹⁰⁰

---

96   『화엄경』에서는 '이사무애(理事無礙)'라 하여 본체[理]와 현상[事]이 서로 장애가 되지 않고 융합한다고 본다.

97   부처 사후 백년에서 사백년 사이에 인도에서는 계율과 교리 해석을 달리하는 스무개의 부파(部派)가 생겨났고, 중국에서는 후한 때 불교가 전래된 이래 특정 인물을 중심으로 천태종, 화엄종, 정토종, 선종 등 여러 종파가 생겨났다.

98   〈법계도〉는 네모꼴로 되어 있다. 의상은 이것이 '사섭(四攝)과 사무량(四無量)'을 뜻한다고 했다.

99   '심'은 일심(一心)을 말하고, '성'은 자성(自性)을 말한다.

100   이는 선문답이다. '대어'는 선문답에서 묻는 자가 대답하는 자 대신 대답하는 것을 말한다.

대중에게 설시說示하다[101]

대중에게 설시한다.

법의 깃발을 세우고 종지宗旨를 세움이 금상첨화이긴 하나, 무명업식無明業識을 여의고 망상분별妄想分別을 내려놓아야 태평시절일 것이다. 만일 돈頓[102]을 논할진댄 자취가 남아 있지 않아 일천 성인聖人도 더듬어 찾지 못하고, 만일 점漸[103]을 논할진댄 평상平常으로 돌아가 도에 합하니 시끌벅적한 저자 속에서 종횡으로 자유자재하다. 만일 원圓[104]을 논할진댄 낱낱이 서 있되 구르는(轉) 곳마다 기틀이 온전하고, 작용에 정해진 법이 없다. 만일 별別[105]을 논할진댄 하나하나에 사람 죽이는 칼이 있으며 곳곳에 호랑이 잡는 함정이 간직되어 있다.

여기에 이르러서는 제천諸天[106]이 꽃을 바칠 길이 없고 외도外道[107]가 몰래 엿볼 문이 없으니, 종일 침묵하되 침묵한 적이 없고 종일 설說하되 설한 적이 없어, 비야리성毘耶離城 안에 소리가 우레와 같았고 보광명전普光明殿 앞에서 귀가 있으나 귀머거리 같았다.[108]

당시 김시습은 수락산에 거주했다. 그러므로 '녹태헌'은 수락산에 거처하던 집 헌호(軒號)일 것이다.

101 이 글은 따로 제목이 있지는 않으나 역자가 임의로 이런 제목을 붙였다. 서문 뒤에 붙인, 대중에게 설명해 보인 글이다.

102 '돈'은 돈교(頓敎), 즉 절차를 따르지 않고 한꺼번에 해탈을 얻는 것을 말한다.

103 '점'은 점교(漸敎), 즉 절차에 따라 수행해 해탈을 얻는 것을 말한다.

104 '원'은 '원만' '원융'의 뜻으로 원교(圓敎), 즉 만법(萬法)이 원만한 가르침을 말하며, 대승(大乘) 궁극의 실교(實敎)를 이른다.

105 '별'은 별교(別敎), 즉 사(事)의 방면에서는 차별이 있지만 이(理)의 방면에서 보면 평등하여 차별이 없으니 미견(迷見)을 벗어나서 사리상즉(事理相卽)의 평등한 이치를 깨달으라고 가르친 교법.

106 불법을 수호하는 여러 천신(天神). 욕계(欲界)에 6천(天)이 있고, 색계(色界)에 18천이 있으며, 무색계(無色界)에 4천이 있다고 함.

107 불교 이외의 모든 교학.

108 비야리성에 살던 유마거사(維摩居士)가 침묵으로써 불이선(不二禪)을 행했으나 그 소리가

가령 돈오 속에 점수가 있고 점수 속에 돈오가 있으며, 원융 속에 차별이 있고 차별 속에 원융이 있어, 원圓이 무애無礙하게 굴러가서 큰 작용[大用]이 앞에 나타나 잡음과 놓음[殺活]이 자유자재하니, 부처님의 큰 몸이 작은 풀이요 작은 풀이 부처님의 큰 몸이라, 손 가는 대로 집더라도 맞지 않음이 없으니 이는 어떤 경계인가? 신라 의상화상의 〈법계도〉 네모 하나를 보라! ○[109]

대화엄일승법계도大華嚴一乘法界圖

향상일로向上一路는 일천 성인聖人도 전하지 못한다.[110] 이미 전하지 못하는 소식이라면 이 〈법계도〉는 어디서 나온 것인가? 종縱으로 횡橫으로 구불구불하고 글자의 점획이 얼룩얼룩한 것이 이 그림인가? 흰 종이 한 폭에 시비를 불러일으킨 것[111]이 이 그림인가? 의상법사가 마음을 쓰고 생각을 움직여 자비심을 드리워 중생을 이롭게 한 것이 이 그림인가? 조짐이 아직 싹트지 않고 그릇이 아직 형상을 이루지 않은 것이 이 그림인가? 한참 있다가 이르노라. "구두의鉤頭意만 알아차릴 것이요, 정반성定盤星은 인정하지 말라!"[112]

우레와 같았다는 말이고, 부처가 보광명전에서 설법했으나 사람들이 귀가 있음에도 귀머거리 같았다는 말이다. 부처는 『화엄경』의 아홉번 모임 가운데 제2회, 제7회, 제8회의 3회를 보광명전에서 설했음.

109 이 일원상(一圓相)은 『화엄경』의 원융무애(圓融無碍)함을 상징한다.

110 이 말은 『벽암록』 『전등록』 『오등회원』 등에 나오는, 선가에서 자주 쓰는 말로, 종문(宗門)의 극처(極處)인 지극한 깨달음을 뜻한다.

111 원문의 '설현설황(說玄說黃)'은 '설황도흑(說黃道黑)'과 같은 말이니, 시비를 불러일으킨다는 뜻.

112 가리키는 뜻만 알아차리고 문자에 집착하지 말라는 말. '구두의'는 목적한 의도, 즉 전체의 대의를 말하고, '정반성'은 저울의 기점인 첫 눈금을 뜻하니, 움직일 줄 모르는 집착상(執着想)을 보임을 말한다.

동토東土.[113] 의상義相 술述

세존世尊이 일곱 곳에서 아홉차례의 법회를 열어 돈기頓機의 사람을 위하여 돈부頓部[114]를 설說한 것이 이미 잘못이거늘, 의상법사가 맑고 태평한 세계에서 무엇 때문에 허공을 뚫고 그림자를 더듬으려 했으며, 좋고 나쁜 것도 알지 못하면서 이런 부질없는 말을 했는가? 여기에 이르러서는 한 글자라도 더 놓는다면 멀쩡한 살을 칼로 찔러 상처를 내는 격이고, 한 글자라도 줄인다면 눈에다 금가루를 넣는 격이니,[115] 가장 청정한 법계法界와는 아무 관련도 없다. 그렇기는 하지만 법은 본래 무법無法을 법으로 삼는데, 무법의 법 또한 법이거늘, 지금 무법을 전수傳授하는 때에 법이라 할 법이 어찌 법이겠는가.

그렇다면 산하·대지의 초목과 숲을 하나같이 가져와 일체의 법을 지어도 옳을 것이며, 어묵동정語默動靜의 종횡무진한 묘용妙用을 하나같이 간파하여 이것이 법이 아니라고 해도 옳을 것이니, 어찌해 그런가? 나는 법왕法王(부처)이라 법에 자재自在하니, 가져옴과 놓아줌이 내게 있고 주고 뺏음을 상황에 따라 하므로, 이 한 그림으로 하나의 법계法界를 만든 것이다.[116] 돌咄![117]

---

113 동국(東國), 즉 신라를 말한다.

114 '돈기'는 돈오할 근기로, 소승을 거치지 않고 처음부터 바로 대승의 교리를 듣고는 이내 깨닫게 된다. '부(部)'는 석가의 가르침을 시간적 순서에 따라 넷으로 나눈 것을 말하는데, 그 첫번째 것이 '돈부'로, 돈오를 강조하는 『화엄경』이 이에 속한다.

115 눈에 금가루를 넣으면 앞을 볼 수 없으니, 망념과 집착에 사로잡혀 바른 법을 깨우치지 못함을 이른다. 『오등회원』 등에 이 말이 나온다.

116 '나는 법왕' 운운한 말은 대어(代語)로, 김시습이 의상대사를 대신해 한 말이다.

117 선가에서 남의 말을 무시하거나 자기 생각을 말할 때 쓰는 감탄사.

법과 성이 원융하여 두가지 모양이 없으니(법성원융무이상法性圓融無二相)[118]

'법法'이란 곧 육근六根[119] 문 앞의 삼라만상인 유정물有情物과 무정물無情物이요, '성性'[120]이란 육근 문 앞에서 법을 항상 수용하되 요량하거나 더듬어 찾을 수 없는 소식消息이다.

'원융圓融'이란 일체의 법이 곧 일체의 성이며 일체의 성이 곧 일체의 법임을 말하니, 지금의 청산녹수靑山綠水가 곧 본래의 성이며 본래의 성이 곧 청산녹수다.

'두가지 모양이 없고'란 청산녹수와 본래의 성이 원래 하나의 몹시 흰 바탕이어서 본래 둘이 아니건만, 다만 세상 사람들이 망령되이 분별을 일으켜 마침내 나와 남이 있게 되었다. 청정하여 걸림이 없는 중에 갑자기 다른 생각[異念]을 내므로 십법계十法界를 꾸며내어 그 작용이 맹렬하다.

걸림이 없는 소식을 알고 싶은가? 무한한 수의 불국토에 자타自他가 털끝만큼의 간격이 없고, 십세十世의 고금古今이 시종 바로 이 순간의 생각을 여의지 않노라.

모든 법은 움직이지 않아 본래 고요하다(제법부동본래적諸法不動本來寂)

'모든 법'이란 곧 앞에서 말한 현전現前한 일체의 수용受用[121]이요, '움

---

118 〈대화엄일승법계도〉 30구 중 제1구이다. 본서에는 〈대화엄일승법계도〉의 제1구, 제2구, 제3구, 제4구에 대한 김시습의 주를 실었다.

119 '육근'이란 육식(六識), 즉 안식(眼識), 이식(耳識), 비식(鼻識), 설식(舌識), 신식(身識), 의식(意識)을 일으키는 근원인 안근(眼根), 이근(耳根), 비근(鼻根), 설근(舌根), 신근(身根), 의근(意根)을 말한다. 육근은 육식을 내어 색(色), 성(聲), 향(香), 미(味), 촉(觸), 법(法)의 육경(六境)을 인식하게 한다.

120 체(體), 즉 일체 차별 현상의 근본인 본체(本體)를 말한다.

121 '수용'은 감관(感官)이 대상을 받아들이는 것을 말한다.

직이지 않아'라는 것은 곧 앞에서 말한 요량하거나 더듬어 찾을 수 없음이다. '본래 고요하다'라는 것은 곧 앞에서 말한 두가지 모양이 없음이니, 이른바 '털끝만큼도 움직이지 않아 본연本然에 합함'이다. '본연'이라고 말하면 벌써 움직인 것이니 필경 어떠한가? 어리석은 사람 면전에 꿈 이야기를 말지어다.[122]

　이름도 없고 모양도 없어 일체를 여의었네(무명무상절일체無名無相絶一切)

　여기에 이르러서는 부처도 아니고 보살도 아니며, 이승二乘도 아니고 범부凡夫도 아니며, 법도 아니고 법이 아닌 것도 아니며, 법성[123]도 아니고 법성이 아닌 것도 아니며, 연기緣起도 아니고 증분證分(깨달음)도 아니니, 이름으로 지목할 수 있겠으며 모양으로 알아볼 수 있겠는가. 일체의 반연攀緣[124]과 헤아림이 모두 사라졌으니 어찌하겠는가. 이제 말하니라. "말하고자 하나 말이 미치지 않으니, 임천林泉에서 잘 생각해보라."

　깨달은 이의 지혜라야 알 바요, 다른 경계가 아니다(증지소지비여경證智所知非餘境)

　삼세三世(과거·현재·미래) 제불諸佛의 깨달은 바는 이것을 깨달은 것이요, 역대 선사禪師들의 깨달은 바도 이것을 깨달은 것이니, 영취산靈鷲山 봉우리와 소림굴小林窟 이후 대대로 서로 계승해 향기를 이어가고 불꽃을 잇는 사람이 얼마나 되는지 알 수 없되 다만 이에 계합契合한 것일 따름이다.

122　『무문관』 제4칙에 나오는 말이다.
123　여기서는 만유의 본체인 진여, 실상(實相)을 가리킨다.
124　대상에 의해 마음이 움직이는 것.

'경境'이란 위에서 말한 대로 일체를 여읜 것이니, 상량하여 분별이 있는 경계가 아니다. 그렇다면 이 경계와 세간의 경계는 같은가, 다른가? 한참 있다가 이르노라. "대장부가 지혜의 칼을 잡으니/반야般若의 칼날이요 금강金剛의 불꽃이로다/비단 외도外道의 마음을 꺾을 뿐 아니라/일찍이 천마天魔[125]의 간담을 떨어뜨렸도다."[126] 돌咄! 재차 범하는 것은 용납하지 않노라![127]

『**수능엄경**首楞嚴經』**발문**[128]

부처님이 근심스레 사람들을 위하여 애를 쓴 것은 몹시 괴로워서였다. 하지만 이른바 '괴롭다'는 것은 이승二乘[129]을 가리켜 괴롭다고 한 것이다. 이승은 온갖 유희遊戲와 신통神通을 상락常樂[130]으로 여긴다. 그러므로 여

---

125 욕계(欲界)의 꼭대기에 있는 제6천(天)의 주인으로 이름은 파순(波旬)이다. 마군(魔軍)을 이끌어 수행하는 이를 시끄럽게 하며 성도(成道)를 방해한다.

126 당나라 영가대사(永嘉大師)의 「증도가(證道歌)」에 나오는 말.

127 '재차 범하는 것은 용납하지 않노라[再犯不容]'는 선문답에서 쓰는 말로, 한번 과오는 용서하지만 두번 과오를 범하는 것은 용서하지 않는다는 뜻이다.

128 2006년 4월에 보물 제1470-2호로 지정된 전남 영광군 불갑면 불갑사(佛甲寺) 소장 지장보살상·시왕상 복장전적(地藏菩薩像十王像腹藏典籍) 중 『수능엄경』(권 6~10) 끝에 붙여져 있는 글이다. 『수능엄』은 원래 명칭이 '대불정여래 밀인수증요의 제보살만행 수능엄경(大佛頂如來密因修證了義諸菩薩萬行首楞嚴經)'으로 약칭 『능엄경』이라고 하는데, 밀교(密敎)와 선종의 사상을 설한 대승경전의 하나로 꼽으며, 우리나라에서는 『원각경(圓覺經)』 『금강경』 『대승기신론(大乘起信論)』과 함께 4교과(敎科)라 하여 승려들이 필수적으로 학습하는 경전이다. 특히 마음을 닦는 수행법이 자세히 설해져 있어 선가에서 중시하며, 권7에 수록된 다라니는 '능엄주(楞嚴呪)'라 하여 승려들이 수행(修行)할 때 지송(持誦)하곤 한다. 이 경은 중국에서 만들어진 위경(僞經)으로 보고 있다.

129 '소승'으로 불리는 성문승(聲聞乘)과 연각승(緣覺乘)을 말한다.

130 '상락'은 사전도(四顚倒)에 속한다. '사전도'는 범부가 지닌 네가지 전도(顚倒)된 견해를 말하니, 무상(無常)·무락(無樂)·무아(無我)·무정(無淨)인 생사계(生死界)를 상(常)·락(樂)·아(我)·정(淨)이라고 망집(妄執)하는 것을 이른다. '상'은 항상되지 않은 것을 항상하다 여기는 것이고, '락'은 즐거움이 아닌 것을 즐겁다고 여기는 것.

래가 측은히 여겨 돈교頓敎를 베풀었으나, 이승은 귀머거리라 깨닫지 못하므로 시현示現[131]하여 세상에 나가 방편으로 점교漸敎를 베풀었으니, 녹원鹿苑에서 시작해 다음으로 방등方等에 이르렀으며,[132] 『대불정밀인요의수능엄경大佛頂密因了義首楞嚴經』을 설설說하여 실實[133]로 나아갔다. 이 경은 아난다가 악연惡緣을 만난 것으로 인하여 설설說해지는데,[134] 마음을 찾는 데서 시작하여 마장魔障을 퇴치하는 데서 끝나고, 중간에는 일체의 일이 구경究竟에는 견고한 소식이 아닌 것이 없음을 선양宣揚하고 있다.

임자년(성종 23년, 1492) 가을, 나는 서해의 명산을 찾았다. 옛 친구인 방외方外의 화엄華嚴 승려 지희智熙가 만수산萬壽山 무량사無量寺[135]에 있어, 해서를 잘 쓰는 한양의 박경朴耕[136]에게 한 부部의 불경을 쓰게 했는데, 글씨가 해정楷正하고 정밀했다. 정미년(1487) 봄에 이것을 판각板刻하기 시작해 무신년(1488) 가을에 마쳤다. 판각이 끝나자 나에게 발문을 청했다.

내가 생각하기에 부처가 가르침을 베푸는 데는 권權이 있고 실實이 있는가 하면, 교敎가 있고 선禪이 있으니, 근기에 따라 교의敎義를 천명하는 것

---

131 부처나 보살이 중생을 제도하기 위하여 기연(機緣)에 따라 여러 가지 몸을 나타내는 것.

132 석가는 성도 직후 『화엄경』을 설했는데, 이 경은 방편을 베풀지 않고 바로 대승 일불승(大乘一佛乘)의 법을 말한 것이라 하여 '돈교'라 이른다. 석가는 이어 녹야원에서 12년간 아함부(阿含部)의 경전을 설했는데, 이는 근기가 낮은 소승을 위해 방편법(方便法)을 설한 것으로, '점교'라 일컬어진다. '방등'은 방등시(方等時)를 말하니, 부처가 성도 후 13년에서 20년 사이의 8년간 『유마경』 『금광명경(金光明經)』 『능가경(楞伽經)』 『승만경(勝鬘經)』 『무량수경(無量壽經)』 등의 방등부(方等部)에 속한 여러 경전을 설한 때를 말한다.

133 '실'은 '권(權)'과 짝이 되는 개념이니, 중생의 근기(根機)에 알맞게 가설(假設)한 방편을 '권'이라 하고, 수단이나 가설이 아닌 구경불변(究竟不變)의 진실을 '실'이라 한다. 즉 '실'은 부처의 자내증(自內證)의 실리(實理)를 말하고, '권'은 실(實)에 들게 하기 위한 수단으로 말한 가설(假設)의 가르침을 말한다.

134 아난다가 걸식(乞食) 중에 음녀(淫女) 마등가(摩登伽)를 만나 그 유혹에 빠진 것을 말한다. 두 사람은 500생(生)에 걸쳐 부부였다고 한다.

135 충청남도 부여군 외산면 만수산 남쪽 기슭에 있는 절로, 당시 행정구역으로는 홍산현(鴻山縣)에 속했다. 당시 지희 대사(大師)가 주관하여 『수능엄경』과 『법화경』이 간행되었다.

136 발문 뒤에 책의 간행을 도운 승려들과 신도들, 공양주(供養主)와 공덕주(功德主)의 이름이 쭉 적혀 있는데, 거기에 "禦侮將軍 朴耕 書"라는 기록이 보인다.

이 '권'이고, 종내 일상一相[137]으로 돌아가는 것이 '실'이며, 언설言說로 비유하는 것이 '교'이고, 문자를 세우지 않는 것이 '선'이다. 그러므로 '권'을 말하면 물고기와 새우를 모두 건져 올리고, '실'로 들어가면 사슴과 토끼가 다 같이 물을 건너게 되며,[138] '교'를 베풀면 눈에 온전한 소가 보이지 않고,[139] '선'을 말하면 말 밖으로 멀리 나오게 된다. 이것이 불법의 종요宗要이다.

하지만 지금은 사장師匠[140]들이 옥신각신 다투어 네가지 명의名義[141]가 서로 뒤섞여, 경經을 펼쳐 선禪을 말하는 자가 있는가 하면, 선에 몰두하면서 교를 말하는 자도 있다. 그리하여 마침내 권과 실을 뒤섞고 진眞과 속俗[142]을 뒤죽박죽되게 해, 이『수능엄경』을 선어禪語라 하면서 경經을 펼쳐 선을 말하며 뱃머리로써 선미船尾를 만드는 사람이 많다. 하지만 이미 남상濫觴이 되어 막을 수 없게 된 지 수십년이 되었으니, 나는 몹시 걱정한다.

그러니 희공熙公[143]의 뜻은 강사講師와 학사學士 들로 하여금 이 경에 의지하여 억측으로 선禪을 말하라는 게 아니요, 사람들로 하여금 부처님의 교화를 선양하고 그 가르침을 체득하여 마음이 넓고 커져 여유가 있기를 바라서이니, 이런 이유로『대불정수능엄경』을 선양하고 유포한 것이다.

그 공덕으로 먼저 바라노니, 세조世祖 혜장대왕惠莊大王과 정희왕후貞熹王后, 예종睿宗 양도대왕襄悼大王, 덕종德宗 회간대왕懷簡大王[144]께서 청련靑

137　차별한 모양이 없고 오직 평등 무차별한 모양을 이르니, 일승(一乘) 곧 진여(眞如)이다.

138　'권'은 근기가 낮은 중생을, '실'은 근기가 높은 이를 깨치기 위한 것이다.

139　불법을 깊이 이해하게 된다는 뜻.『장자』「양생주(養生主)」에, 포정(庖丁)이 처음 소를 잡을 때는 보이는 것이 모두 소로만 보였으나 3년이 지난 뒤에는 눈에 온전한 소가 보이지 않았다는 말이 나온다.

140　스승이 될 만한 훌륭한 승려.

141　법, 실, 교, 선을 가리킨다.

142　'진'은 공(空)과 중(中), 즉 진여를 말하고, '속'은 가(假)를 말한다. 가령 천당·지옥은 설법을 위해 지어낸 것이므로 '속'이 된다.

143　지희를 가리킨다.

144　세조의 장남으로 요절했다. 성종의 부친이라 성종이 즉위 후 덕종으로 추존했다.

蓮의 자리 아래[145]에서 보살들과 함께 노니시길 봉축奉祝하고, 인수왕대비 전하仁粹王大妃殿下께서 복을 누리시고, 인혜왕대비전하仁惠王大妃殿下[146]께서 길이 수를 누리시고, 주상전하께서 만세를 누리시고, 왕비전하께서도 같은 수를 누리시고, 세자저하께서 천추를 누리시고, 나라가 태평하고 백성이 편안하며, 법륜法輪이 영원히 굴러갈지어다.

대단월大檀越 덕원군德源君[147]을 비롯해 여러 수희隨喜[148]한 분들 및 책을 간행한 이는 살아서 큰 복을 누린 후 종내 구련九蓮[149]에 태어나고, 먼저 돌아가신 부모님들도 여러 생生 뒤에 안양安養[150]에 태어날지어다. 그런 후 유정有情과 무정無情이 모두 넉넉한 이로움을 입어 말이 입에서 나오기 전에 깨달을지어다. 이에 특별히 흙 위에 진흙을 더한다.[151]

황명皇明 홍치弘治 6년 계유년癸酉年 중춘仲春[152]에 췌세옹贅世翁 김열경 金悅卿[153]이 삼가 발문을 쓰다.

---

145 서방 아미타불의 정토를 말한다.

146 '인수왕대비전하'는 성종의 어머니(덕종의 비), '인혜왕대비전하'는 예종의 계비(繼妃)다.

147 '대단월'은 대시주(大施主)를 말하고, '덕원군'은 조선 제2대왕 정종(定宗)의 열째 아들이다. 발문 뒤에 책의 간행을 도운 사람들의 이름이 적혀 있는데, 그중에 "功德主 德源郡"이라는 기록이 보인다. 또한 맨 끝에 "通訓大夫 行鴻山縣監 洪州鎭管兵馬節制都尉 洪貴枝"라고 적혀 있음으로 보아 이 경전의 간행에 종실 세력과 관의 도움이 있었음을 알 수 있다. 김시습이 발문 끝부분에 세조 이하 임금과 왕비의 복을 길게 봉축(奉祝)한 것은 이와 관련이 있다고 생각된다. 의뢰를 받아 쓴 글인만큼 사찰 측의 요청에 따라 의례적인 문구를 넣은 것으로 보아야 할 것이다. 그러니 특별한 의미를 부여할 것은 아니다.

148 불법(佛法)을 따르고 기쁘게 보시함을 이른다.

149 서방 정토를 말함.

150 서방 정토를 말함.

151 『벽암록』에 나오는 말.

152 '홍치'는 명나라 효종(孝宗)의 연호이고, '계유년'은 성종 24년인 1493년이며, '중춘'은 음력 2월을 말한다. 이달에 김시습은 세상을 떴다.

153 '췌세옹'은 세상에 쓸데없는 늙은이라는 뜻인데, 1485년에 지은 「독산원기(禿山院記)」에 이 호가 처음 보인다. 김시습은 1483년 봄, 서울을 떠나 관동에서 9년 가까이 지냈다. 췌세옹이라는 호는 나이도 오십 줄에 접어들고 세상에 대한 낙담도 더욱 커진 관동 시절에 쓰기 시작한 호로 여겨진다. 김시습은 불교와 관련된 글에는 대개 설잠이라는 법명이나 청한자라는 호를 썼지만, 죽기 직전에 쓴 이 글에서는 췌세옹이라는 호와 열경이라는 자를 쓰고 있다.

『법화경』발문[154]

석가모니가 처음에 정각正覺을 이루어[155] 적멸도량寂滅道場에서 돈교頓
敎를 설했는데,[156] 법신보살法身菩薩[157]과 축생畜生 들은 구름이 달을 가린
것 같았고, 이승二乘의 성문聲聞은 귀머거리 같고 벙어리 같았다.[158] 이에
진귀한 옷을 벗어버리고 때 묻은 옷으로 갈아입어 방편을 행하여 중생의
근기根機에 따라 차츰 설說하여 마침내 『법화경』의 순원독묘純圓獨妙[159]에
이르렀으니, 이것이 설법의 끝이다.

무릇 사물에는 처음이 있으면 반드시 끝이 있고, 마음에는 끝이 있으며

---

154 성종 24년(1493) 무량사에서 간행한 『법화경』의 끝에 첨부된 발문으로, 그 전문이 江田俊雄,
『(朝鮮佛敎史)の(研究)』, 東京: 國書刊行會, 1977, 389~390면에 실려 있다.

155 성불(成佛)을 말한다.

156 '적멸도량'은 석가가 『화엄경』을 설(說)한 중인도 마갈타국 가야성의 남쪽 보리수 아래를
말하고, '돈교'는 석가가 성도한 뒤 곧바로 설한 『화엄경』의 설법을 말함. 중국 천태종에서
석가의 일대 설법을 그 형식에 따라 네가지로 분류한 것을 '화의사교(化儀四敎)'라고 하는
데, 돈교, 점교(漸敎), 비밀교(祕密敎), 부정교(不定敎)가 그것이다. '돈교'는 소승·대승의
차례를 따르지 않고 바로 처음부터 대번에 대승 일불승(一佛乘)의 법을 말한 것이고, '점교'
는 『아함경』 『방등경』 『반야경』을 거쳐 『법화경』 『열반경』에 이른 것을 말한다.

157 초주(初住) 이상의 보살을 이름. '초주'는 보살 52위 가운데 10주위(住位)에 들어가는 첫 계
단인 발심주(發心住)를 이름.

158 무슨 말인지 알아듣지 못했다는 말.

159 '순원독묘'란 순전히 원만하고 홀로 묘함을 이른다. 천태종의 개조(開祖) 지의(智顗)는 석
가의 설법을 다섯 시기로 나눴는데, 이를 '오시설(五時說)'이라고 하니, ①화엄시, ②녹원시
(아함시), ③방등시, ④반야시, ⑤법화열반시가 그것이다. 화엄시는 『화엄경』을 설한 때이
고, 녹원시는 『아함경』을 설한 때이며, 방등시는 방등부의 경전인 『유마경』 『무량수경』 『능
가경』 등을 설한 때이고, 법화열반시는 『법화경』과 『열반경』을 설한 때를 말한다. 천태종에
서는 석가의 설법을 그 형식에 따라 분류한 것을 '화의사교'라고 하고, 내용에 따라 분류한
것을 '화법사교(化法四敎)'라고 하는데 장교(藏敎), 통교(通敎), 별교(別敎), 원교(圓敎)가
그것이다. '원교'는 원융원만한 가르침이라는 뜻이다. 원교는 화엄시, 방등시, 반야시의 설
법 중에도 포함되어 있지만 거기에는 장교, 통교, 별교의 가르침이 섞여 있는 데 반해 오직
『법화경』에 순수히 원교만이 설해지고 있다고 본다. 또한 화엄시, 방등시, 반야시의 설법에
는 '묘(妙)'만이 아니라 '잡(雜)'이 섞여 있는데, 『법화경』에는 '잡'은 없고 순전히 '묘'만 있
다고 본다. 그래서 천태종에서는 법화경을 '순원독묘'의 경전이라고 한다.

시작이 있다. 처음의 성도와 끝의 증득이 모두 일규一揆(하나의 이치)이며, 처음의 수고로움과 끝의 편안함이 모두 일규이다. 돈교는 절로 원교가 될 수 없으며, 반드시 점교漸敎로 말미암아 원교를 이룬다. 원교는 절로 돈교가 될 수 없으니, 점교를 빌려 돈교를 일컫는다. 그러므로 예전의 돈교가 지금의 원교이며, 지금의 원교는 예전의 돈교다. 그러니 성도와 증득이 일규이고, 괴로움과 편안함이 하나의 이치다.

그렇긴 하나 적멸도량에서 성도와 증득, 수고로움과 편안함을 말함은 오히려 꿈을 이야기함이요, 고금古今에 오고 감은 또한 독장수의 망상160일 것이다. 옛사람이 이르기를, '백발에 얼굴이 옥과 같고, 홍안에 귀밑머리가 서리와 같다'라고 한 게 그것이니, 옛날의 비로자나불이 곧 지금의 석가이다. 돈교의 신속함, 점교의 완만함, 원교의 융회融會는 그 맛이 비록 다르긴 해도 그 근본161은 다르지 않다. 석가가 법을 늘 설하고 항상 설한 것(常說恒說)은 곧 신심부동身心不動의 경지에서고, 동방의 만팔천 세계를 비춘 백호白毫는 곧 적멸도량의 상서祥瑞이다.162 하지만 범부凡夫는 무명無名에 가려져 있기 때문에 다르게 본다. 그래서 신속함, 완만함, 융회는 그 근본이 다르지 않다고 말한 것이다.

이로 말미암아 미루어보면, 다섯가지 불법佛法의 유통流通163 중 독송讀誦, 수지受持, 불경을 베껴 간행함, 연설演說164은, 용궁龍宮에 8만 4천 경을

---

160 헛수고로 애만 씀을 이르는 말. 옛날에 옹기장수가 길에서 자다가 꿈에 큰 부자가 되어 좋아서 뛰는 바람에 깨어보니 독이 다 깨졌더라는 이야기에서 유래한다.

161 원문은 '기관(機關)'으로 추요(樞要)를 뜻하는데, 이해하기 쉽게 '근본'이라 번역했다.

162 '법을 늘 설하고 항상 설한 것'이란 석가의 『화엄경(華嚴經)』 설법을 가리킨다. 한편, 『잡아함경(雜阿含經)』에서 석가는 '신심부동'의 경지를 강조했다. '동방의 만팔천 세계를 비추는 백호'는 『법화경』 「서품(序品)」에 나오는 말이다.

163 '유통'은 불법(佛法)을 전파한다는 뜻. 천태종에서는 불법을 전파하는 5종의 법사(法師)를 '오종법사(五種法師)'라고 하는데, ①수지(受持)법사, ②독경(讀經)법사, ③송경(誦經)법사, ④해설(解說)법사, ⑤서사(書寫)법사가 그것이다. '수지'는 마음에 받아 항상 잊지 않는 것을 말하고, '서사'는 경문을 베끼는 것을 말한다.

164 뜻과 이치를 부연하여 설명하는 것, 즉 해설.

간직하는 것과 국토가 설설說하고 티끌이 설설說하여[165] 유통을 극진히 하는 것과 다름이 없다.

화엄 승려 지희가 만수산 무량사에 거주하면서 문종文宗께서 동궁이실 때 병이 있어 기도드리기 위해 주자鑄字하여 『법화경』을 간행했는데, 극히 묘했다. 이에 다시 판각했는데, 자체字體가 몹시 훌륭했으며 새긴 게 몹시 미려했다. 신해년(성종 22년, 1491) 봄 2월에 일을 시작해 임자년(성종 23년, 1492) 여름 5월에 마쳤으니, 일 처리가 정상精詳할 뿐 아니라 성간誠懇 또한 견줄 데가 없었다. 이른바 '정精'이란 순일純一하여 잡스럽지 않음을 이르고, '성誠'이란 진실하고 망령됨이 없음을 이르며, '상詳'이란 자상함을 이르고, '간懇'이란 지극함을 이른다. 정하고 성하고 상하고 간하면 능히 불이不二[166]하게 되고, 능히 불이不二하게 되면 중생과 부처에 사이가 없으므로, 나의 유통이 곧 부처의 유통이 되고 부처의 원만함·자재自在함·장엄함이 곧 나의 원만함·자재함·장엄함이 된다. 그러면 네가지 보은報恩하는 일[167]이나 삼계三界[168]의 고통을 여의는 일이 오히려 손바닥 뒤집듯 쉬울 것이다.

이 훌륭한 선인善因을 회향回向[169]하여, 세조 혜장대왕과[170] 정희왕후, 예종 양도대왕, 덕종 회간대왕께서 청련의 자리 아래에서 보살들과 함께 노

---

165 '국토가 설하고 티끌이 설하여'의 원문은 '찰설진설(刹說塵說)'로 국토나 티끌과 같은 무정물도 화엄세계에서 설법을 한다는 뜻. 이 말은 『대화엄일승법계도주』의 서문에도 나온다. '찰설'은 『화엄경』 「보현보살품행(普賢菩薩品行)」의 "불설보살설, 찰설중생설(佛說菩薩說, 刹說衆生說)"이라는 구절 중에 보인다.

166 하나의 실리(實理)가 여여평등(如如平等)하여 피차의 분별이 없음을 말함.

167 『대방편불보은경(大方便佛報恩經)』에 나오는 말로, 첫째는 악한 중생을 보면 연민의 마음을 갖는 것이고, 둘째는 고통받는 중생을 보면 눈을 잠시도 떼지 않는 것이며, 셋째는 스승이나 부모나 유덕한 사람을 보면 기쁜 마음을 갖는 것이고, 넷째는 원한이 있는 집의 중생을 봐도 꾸짖거나 성을 내지 않는 것이다.

168 욕계(欲界), 색계(色界), 무색계(無色界)를 말함.

169 자기가 얻은 공덕을 다른 중생에게 돌려주어서 함께 불도에 향하게 하는 것.

170 '세조 혜장대왕과' 이하는 「수능엄경 발문」과 똑같다.

니시길 봉축하고, 인수왕대비전하께서 복을 누리시고, 인혜왕대비전하께서 길이 수를 누리시고, 주상전하께서 만세를 누리시고, 왕비전하께서도 같은 수를 누리시고, 세자저하께서 천추를 누리시고, 나라가 태평하고 백성이 편안하며, 법륜이 영원히 굴러갈지어다.

대단월 덕원군을 비롯해 여러 수희한 분들 및 책을 간행한 이는 살아서 큰 복을 누린 후 종내 구련에 태어나고, 먼저 돌아가신 부모님들도 여러 생 뒤에 안양에 태어날지어다. 그런 후 유정과 무정이 모두 넉넉한 이로움을 입어 말이 입에서 나오기 전에 깨달을지어다. 이에 특별히 흙 위에 진흙을 더한다.

황명 홍치 6년 계유년 중춘에 췌세옹 김열경이 쓰다.

핵심저작

서경덕

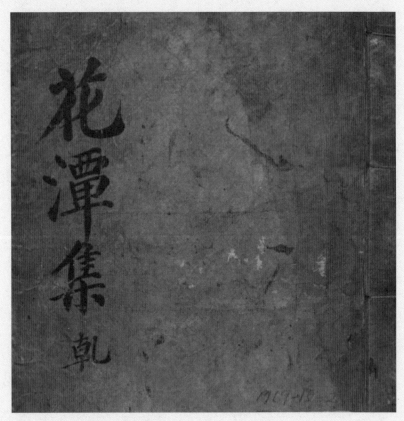

서경덕 『화담집』(한국학중앙연구원 자료)

1장
사상의 거소[1]

중종대왕中宗大王에게 올리려던 사직소辭職疏[2]

초야에 사는 생원 신 서경덕은 삼가 죽음을 무릅쓰고 주상전하께 두번 절하고 말씀을 올리나이다.

신은 어제 성은聖恩을 입사와 후릉 참봉厚陵參奉에 제수되었사온데[3] 분부를 듣고 황공하고 송구스럽나이다. 생각건대 전하께옵서는 근년 이래 지치至治(지극한 다스림)에 마음을 두시어 공손히 어진 이를 예우하시고 어진 이를 갈구하사 경자년(중종 35년, 1540)에 밝게 드러내 분부를 내리시어 신하들로 하여금 유일遺逸[4]을 천거하게 하신 까닭에 대제학大提學 김안국

---

1   여기에는 서경덕의 사유 행위가 어떤 존재 상황에서 이루어졌는지를 보여주는 글을 실었다.

2   올리려고 작성했으나 올리지는 못한 상소다. 『중종실록』에 의하면, 서경덕은 중종 39년 (1544) 5월 1일 후릉 참봉에 제수되었고, 같은 해 6월 6일 숙배(肅拜)의 기한을 넘겼다는 이유로 교체되었다. 그래서 서경덕은 사직소를 쓰긴 했지만 올릴 필요가 없었다고 생각된다.

3   '후릉'은 조선 정종(定宗)의 능이며, '후릉 참봉'은 후릉의 관리를 맡은 종9품 벼슬이다. 서경덕은 중종 39년(1544) 후릉 참봉에 제수되었다. 죽기 2년 전 일이다.

4   재주가 있으나 등용되지 못한 초야의 선비.

金安國[5]이 신의 사람됨을 잘못 듣고 추천했습니다.[6] 그 뒤로 외람되이 참봉의 물망에 오른 게 두세번에 이릅니다. 지금 관리들이 위로 전하의 뜻을 받들어 어진 이를 얻는 데 마음이 급해 성균관의 생도들로 하여금 재주와 학식이 있는 자를 여럿 추천해 보고하게 했습니다. 신은 또 분수에 맞지 않게 이 보고 중에 끼게 되어 외람되이 은명恩命이 미천한 신에게 미치게 되었습니다.

신은 몹시 기뻐하며, 조정에서 공정한 도리를 밝게 펴 널리 어진 이를 찾아 등용하고자 해 또한 산림山林에까지 미치니 이는 옛날에 없던 특별한 일이라고 생각했습니다. 식견이 있는 선비라면 관冠의 먼지를 털고 경하하면서 대궐로 가기를 원하지 않는 이가 누가 있겠습니까? 신은 진실로 재주는 없으나 의리로 볼 때 마땅히 달려가 분부에 응하여 사은謝恩하고 힘써 스스로를 채찍질하여 맡은 바 직책을 다해야 하겠으나, 엎드려 생각건대 신은 본디 오활한 유생儒生으로 산야山野에서 생장하여 곤궁과 적막한 생활을 달갑게 여김을 분수로 알고, 게다가 몹시 가난해 거친 밥과 나물국도 혹 끼니에 대지 못할 때도 있습니다. 이에 근골이 일찍부터 쇠해지고 병까지 들어 신의 나이 쉰여섯이나 일흔 노인과 같습니다. 제 스스로 쓰임에 미치지 못함을 알고 있으니, 임천林泉에서 본성을 길러 여생을 보존함으로써 그 분수를 지킴이 나을 것입니다.

---

5 '김안국'(1478~1543)의 호는 모재(慕齋)이며, 본관은 의성이다. 사림파의 일원으로, 연산군 7년(1501) 소과에 합격하고 연산군 9년(1503) 문과에 급제한 후 예조참의, 대사간, 공조판서 등을 지냈다. 중종 12년(1517) 경상 감사로 있을 때 각 향교에 『소학』을 권하고 『농서언해(農書諺解)』 『이륜행실도언해(二倫行實圖諺解)』 등의 언해서(諺解書)를 여럿 간행해 백성을 교화하는 데 힘썼다. 기묘사화 때 참찬으로 있었는데 겨우 화를 면하고 경기도 이천으로 내려가 후진들을 가르치며 조용히 지내다가 중종 27년(1532) 다시 기용되어 예조판서, 대사헌, 대제학 등을 역임했다. 『화담집』에는 김안국에게 준 시인 「김상국(金相國)이 부채를 보내주신 데 감사드리다」가 실려 있다.

6 『중종실록』에 의하면, 중종 35년(1540) 7월 16일 임금이 동반(東班) 정3품 이상, 서반(西班) 2품 이상으로 하여금 각각 일사(逸士)를 천거하라고 명했는데, 당시 한성 판윤이던 김안국은 생원 서경덕을 천거하였다.

신은 감히 어리석음을 무릅쓰고 은명恩命을 도로 바치오니, 엎드려 바라옵건대 속히 윤허하시어 임명을 거두어주시옵소서. 신은 몹시 떨리고 두려운 마음을 감당할 수 없사옵니다.

부기:『중종실록』에 나오는 서경덕에 대한 사관史官의 평

중종 39년 5월 1일 서경덕이 후릉 참봉에 제수되었을 때의 평

서경덕은 송도松都 사람이다. 젊어서부터 학문에 힘썼고, 두루 명산 대첩을 유람하여 그 뜻을 넓혔다. 돌아와서는 화담花潭 곁에 초가집을 짓고서 날마다 학도學徒들과 강론講論했는데, 학문이 몹시 정밀했다. 그의 학문은 '고명高明'과 '통철洞徹'[7]을 요체로 삼고 '자득自得'과 '심사深思'[8]를 위주로 했다. 집이 가난하여 죽도 잇지 못하므로 처첩妻妾이 배고픔에 울었지만 조금도 개의하지 않았다. 개성부開城府의 관원이 일찍이 물품을 증여贈與했지만 대부분 받지 않았다. 거상居喪할 적에도 지극히 효성스러워 3년을 죽만 먹었고, 몸소 제물祭物을 마련하여 지극히 정결하게 했다. 개성 유수開城留守 송겸宋璟이 일찍이 임금에게 아뢰어 포상하려 했는데, 서경덕이 뜰에 서서 완강하게 호소하기를 "집에 한두 섬의 곡식도 없는데 어찌 죽을 먹지 않을 수 있으며, 또 한명의 노비도 없는데 누구에게 제물을 마련토록 하겠습니까"라면서 극력 임금께 아뢰어서는 안 된다는 뜻을 말해 그만두게 되니, 사람들이 더욱 아름답게 여겼다. 이 직을 제수除授하자 극구

---

7   '고명'은 높고 밝음이라는 뜻이니 총명함과 지혜로움, 혹은 높은 식견을 말하고, '통철'은 철저히 꿰뚫어 본다는 뜻이니 심원한 통찰력을 말한다.

8   '자득'은 스스로 깨닫는 것, 즉 스스로 터득해 아는 것을 말하고, '심사'는 깊은 사고, 즉 심원한 사유 행위를 말한다.

사양하고 나아가지 않으면서 말하기를 "내가 지금 이미 늙었는데 어찌 이런 일을 하겠는가"라면서 끝내 나아가지 않았다. 그가 송도에 살면서 한가로움과 자유로움, 화락함을 즐기므로 많은 사람들이 사모했으며, 지은 시도 편안하고 느긋하여 소강절邵康節의 기풍이 있었다.

중종 39년 6월 6일 서경덕이 후릉 참봉에서 체직遞職되었을 때의 평

서경덕은 효행과 학문이 있었으므로 이 때문에 이 벼슬에 제수되었다. 일찍이 시를 지어 그의 뜻을 붙였는데, 시는 다음과 같다. "글 읽던 당시에는 세상을 다스리는 데 뜻을 뒀는데/만년에는 안회顏回의 가난을 되려 즐기네/부귀는 다툼 있어 손 대기 어려우나/임천林泉은 금하는 이 없어 몸을 둘 만하네/나물 캐고 고기 잡아 배를 채우고/달과 바람 읊조리어 정신을 맑게 하네/학문이 의심 없는 경지에 이르러 쾌활함을 아니/헛되이 일생을 산 건 면하게 됐네."[9]

박이정에게 답한 편지 1[10]

편지를 받고 잘 있는 줄 알게 되어 몹시 위안이 되오. 요즘 격조隔阻하여 만나지 못했는데 의당 서로 만나 강론을 해야 할 테지만 풍악楓嶽은 멀고

---

9   이 시는 『화담집』에 「술회(述懷)」라는 제목으로 실려 있다.
10   '이정'은 명종~선조 때의 문신인 박민헌(朴民獻, 1516~1586)의 자다. 호는 정암(正菴) 혹은 슬한재(瑟僩齋)이다. 본관은 함양이고, 좌랑을 지낸 박유(朴瑜)의 아들이다. 명종 1년(1546) 사마시에 합격하고 같은 해 문과에 급제해 성균관 전적에 기용되었으며, 홍문관 교리, 동부승지, 대사간, 강원도 관찰사, 전라도 관찰사, 함경도 관찰사 등을 역임했다. 서경덕의 문하에서 성리학을 공부했으며 역학에도 조예가 있었다. 문집으로 『슬한재집(瑟僩齋集)』이 전한다. 서경덕은 56세 때 이 편지를 28세의 박민헌에게 보냈다. 죽기 2년 전이다. 당시 박민헌은 아직 포의 신분이었다.

날씨는 푹푹 찌니 사세事勢가 어찌할 수 없소. 저강豬江[11] 가에 거처를 정해 집을 짓고자 하니 보름 후 군실君實[12]과 같이 와 일을 보는 것이 쉬울 듯하오. 나는 진퇴를 심사숙고했고, 본디 남의 말에 따라 거취하지 않소. 나는 늙고 노쇠해 감당하지 못할 것을 스스로 헤아려 이미 사직하는 글을 써놓았는데, 후릉厚陵에서 사람이 오기를 기다려 보내려 하오.[13]

갑신년(중종 39년, 1544) 5월 초닷새, 경덕이 답함.

박이정에게 답한 편지 2

그립던 차에 편지를 받으니 몹시 위로가 되오. 나는 더위와 습기에 괴로움을 당해 기력이 회복되지 않고 있소. 보내온 편지의 "무엇이 다르겠습니까"[14]라는 말은 지나친 듯하지만 지나치지 않소. 어진 사람과 효자로서 그 어버이를 깊이 사랑하는 이는 걸어가다가 머리가 허연 나이 많은 노인을 보면 놀라는 마음이 되고 슬퍼지는 법이오. 노인에 대한 그대의 이런 마음이 또한 벗[15]에게까지 미치리라는 것을 알겠소.

---

11 개성에 있는 강으로 여겨진다.
12 박지화(朴枝華, 1513~1592)의 자이다. 서얼 출신으로, 호는 수암(守菴)이며, 서경덕의 문하에서 공부했다. 도가에도 조예가 있었다. 벼슬을 한 것으로 여겨지는데, 무슨 벼슬을 했는지는 미상이다. 선조 25년(1592) 80세 때 임진왜란을 만나 피난 중 백운산에서 왜군에 포위되자 계곡에 투신해 자살했다. 이 일로 후세에 절의가 있는 인물로 칭송되었다. 『사례집설(四禮集說)』을 편찬했으며, 문집 『수암유고(守菴遺稿)』가 전한다. 박지화가 고례(古禮)에 관심을 갖게 된 것은 서경덕의 영향으로 보인다.
13 이해(중종 39년, 1544년) 5월 1일 서경덕은 후릉 참봉에 제수되었지만 사양하고 나아가지 않았다. 이 일을 가리킨다.
14 박민헌이 보내온 편지 중에 '길 가는 노인이 어찌 나의 어버이와 다르랴'라는 말이 있었던 듯하다.
15 서경덕 자신을 가리킨다. 박민헌은 서경덕의 제자로서 서경덕보다 스물일곱 살 밑이지만, 겸손하게 자신을 '벗'이라 말하고 있다.

나는 연래年來로 귀밑머리가 희어지고 기력이 쇠하니, 세상에 머물 날이 얼마나 될지 모르겠소. 봄에 큰 병을 앓고 난 뒤 피로가 더욱 심하니, 벗으로서 근심하지 않을 수 있겠소.

서늘한 가을이 되면 화담의 집에 우거할 작정이오.[16] 하지만 객이 거처할 데가 없소. 동생이 아직 따로 집을 짓지 못했고, 거두어 온 재목은 모두 쓸 수 없게 되었으니, 사세事勢가 따로 집을 지을 수 없소. 잘 조섭調攝하며 자중하길 바라오.

을사년(인종 1년, 1545) 6월 16일, 경덕이 답함.[17]

박이정·박군실에게 답한 편지

병으로 괴롭던 차에 편지와 함께 약을 보내주어 문득 회복되는 느낌이오. 나는 작년 이래로 기운이 쇠약해진 데다 추운 방에서 짧은 베옷을 입고 있으니 한질寒疾에 걸리는 것도 당연한 일이오. 춥다가 열이 났다가 땀이 나기도 하는 일이 하루에 너댓차례 되풀이되어 한달 남짓 밥을 먹지 못하니, 노쇠한 몸에 힘이 다 빠져 형세로 볼 때 오래 머물 수 없을 듯한데, 자연自然[18] 아님이 없소.

보낸 편지에서 질문한 복제服制는, 석달 만에 마땅히 벗어야 하고[19] 하루

---

16 전해 5월 초닷샛날에 쓴 「박이정에게 답한 편지 1」에, '저강 가에 거처를 정했다'는 말이 나오는 것으로 보아 이때 서경덕은 저강 가의 집에 머물고 있었던 것으로 보인다.

17 죽기 1년 전의 편지다. 서경덕은 노쇠해져 건강이 좋지 않음에도 불구하고 이해에 장문의 상소문인 「인종대왕에게 올리려던, 대행대왕의 상제가 옛날의 예에 부합하지 않음을 논하는 소」를 작성했다. 이 상소문은 본서 '제5부 경세론'에 실려 있다.

18 스스로 그러하다는 뜻으로, 서경덕 사상의 요체인 '기(氣)'의 자기운행을 말한다. 서경덕에 의하면 만물의 기(氣)는 종내 일기(一氣)인 태허(太虛)로 돌아간다.

19 옛날 다섯가지 상복(喪服) 가운데 시마(緦麻)를 말한다. 종증손자가 종증조부·종증조모의 상을 당했을 때, 재종손자가 재종조부의 상을 당했을 때, 재종질이 재종숙이나 재종고모부

라도 더 연장해서는 안 되오. 오복五服[20]은 달 수 외에 더 보탤 수 없소. 지금 나라에서 백립白笠에 백의白衣를 입고 3년상을 지내도록 법을 이미 제정했으니,[21] 상복喪服[22]을 벗은 뒤 백립과 백의를 입으면 될 것이오.[23]

내가 다행히 몸을 보전해 화담으로 가게 되거든 한번 왕림하면 좋겠소.

경덕이 답함.

의 상을 당했을 때, 사위가 장인·장모의 상을 당했을 때나 이 반대의 경우, 또 삼종형제 상호 간에, 이종형제 상호 간에, 외종형제 상호 간에, 내종형제 상호 간에 이 상복을 입는다.

20　망자(亡子)와의 혈통관계의 원근(遠近)에 따라 구분되는 상복(喪服)인 참최(斬衰), 자최(齊衰), 대공(大功), 소공(小功), 시마(緦麻)를 말한다. 참최는 3년을 입고, 자최는 망자가 누군가에 따라 3년이나 1년이나 5개월이나 3개월을 입게 되어 있으며, 대공은 9개월을 입고, 소공은 5개월을 입으며, 시마는 3개월을 입는다.

21　이에 대해서는 「인종대왕에게 올리려던, 대행대왕의 상제가 옛날의 예에 부합하지 않음을 논하는 소」에 자세히 언급되어 있다. '대행대왕'은 중종을 가리킨다.

22　집안의 상을 당해 지금 입고 있는 시마복(緦麻服)을 말한다.

23　원문에는 이 말 뒤에 "당시 선생께서 정릉(靖陵)의 상복을 예제(禮制)에 의거해 입고 계셨다"라는 주(註)가 달려 있다. 『화담집』 편찬자가 단 주로 보인다. '정릉'은 중종의 능이다. 당시 서경덕이 나라에서 정한 예제에 따라 상복을 입고 있었다고 한 것으로 보아 이 편지는 1545년경 쓰인 것으로 추정된다. 중종이 승하한 것이 1544년 11월이기 때문이다.

2장
자연철학

이기理氣의 본원本原을 밝힘

태허太虛[1]는 담박하고 형체가 없으니, 이를 일컬어 '선천先天'이라 한다. 그 크기는 바깥이 없고, 그 처음은 시초가 없으며, 그 유래를 궁구할 수 없다. 담박하여 비어 있고 고요함(湛然虛靜)은 기氣의 본원이다. 바깥이 없는 먼 데까지 쭉 퍼져 있으며 꽉 차 있어 빠지거나 모자람이 없으며, 터럭 하나라도 용납할 틈이 없다. 하지만 당겨보면 비어 있고, 붙잡으면 아무 것도 없다. 그러나 도리어 꽉 차 있어 무無라고 말할 수는 없다.

이 경지에 이르면 귀로 들을 수 있는 소리도 없고, 코로 맡을 수 있는 냄새도 없으니, 천성千聖도 말을 하지 못했고, 주周(주돈이)와 장張(장재)도 변죽만 울리고 말았으며, 소옹邵翁(邵雍)[2] 역시 한 글자도 쓰지 못한 경계이

---

1 만물이 생기기 이전의 상태로, 만물의 근원이다.
2 주돈이, 장재, 소옹은 모두 북송의 유학자로, 성리학의 선구자들이다. 주돈이는 「태극도설(太極圖說)」을 남겼고, 장재는 기철학을 전개했으며, 소옹은 상수학에(象數學)에 몰두해 『황극경세서(皇極經世書)』를 남겼다.

다. 성현들의 말씀을 주워 모아 소급하여 탐구해보면,『주역』에서는 '적연부동寂然不動'이라 했고,『중용』에서는 '성자자성誠者自成'³이라고 했다. 그 담박한 본체를 말하여 '일기一氣'라 하고, 그 혼연히 두루 있음〔混然之周〕을 말하여 '태일太一'이라 한다. 주렴계도 이에 대해 어찌할 수 없어서 다만 말하기를, "무극無極이면서 태극太極이다"⁴라고 했을 뿐이다. 이는 선천先天이니 기이하지 않은가? 기이하고도 기이하다. 묘하지 않은가? 묘하고도 묘하다. 갑자기 뛰어오르고 홀연히 열리거늘, 누가 그렇게 만드는가? 제 스스로 그러한 것이다. 또한 스스로 그리되지 않을 수 없으니, 이를 일러 '이가 때에 맞게 발현됨〔理之時〕'이라고 한다.『주역』의 이른바 "감응하여 마침내 통한다"는 것,『중용』의 이른바 "도는 스스로를 이끈다"는 것, 주(주돈이)의 이른바 "태극이 움직여 움직여 양陽을 낳는다"는 것이 그것이다.

움직임과 고요함이 없을 수 없고, 닫힘과 열림이 없을 수 없는 것은 어째서인가? 천기天機가 스스로 그러하기 때문이다. 이미 '일기一氣'라고 했지만 '일一'은 스스로 '이二'를 품고 있다. 이미 '태일太一'이라고 했지만 '일'은 '이'를 포함하고 있다. '일'은 '이'를 낳을 수밖에 없고, '이'는 스스로 생극生克한다.⁵ 생生하면 극克하고, 극克하면 생生한다. 기氣의 미세한 데서부터 동탕動蕩하는 데 이르기까지 생극이 그렇게 만든다.

'일'이 '이'를 낳는데, '이二'란 무엇을 말하는가? 음양을 말하고, 동정

---

3   '적연부동'은 고요하여 움직이지 않는다는 뜻으로,『주역』「계사전」상(上)에 나오는 말이다. 주희가 적연부동을 마음이 발동하지 않은 상태(즉 미발지중未發之中)이며 이(理)의 본체로 본 것과 달리, 서경덕은 기(氣)의 관점에서 이해하고 있다. '성자자성'은 성이란 스스로 이루어진다는 의미로,『중용 장구』제25장에 나오는 말이다.『중용』에서는 '성(誠)'을 하늘의 도라고 했는데, 이에 대해 주희는 "성(誠)이란 진실하여 망령되지 않음을 이르니, 천리(天理)의 본연(本然)"이라고 보았다. 이와 달리 서경덕은 '성'을 기의 관점에서 보고 있다.

4   「태극도설」에 나오는 말.

5   오행설(五行說)에 의하면 금(金)은 수(水)를 낳고, 수(水)는 목(木)을 낳고, 목(木)은 화(火)를 낳고, 화(火)는 토(土)를 낳고, 토(土)는 금(金)을 낳는다. 또 금은 목을 이기고, 목은 토를 이기고, 토는 수를 이기고, 수는 화를 이기고, 화는 금을 이긴다. 이를 상생상극(相生相克)이라고 한다.

을 말하며, 또한 감리坎離[6]를 말한다. '일'이란 무엇을 말하는가? 음과 양의 시원始源이요, 감과 이의 본체로서, 담박하여 하나인 것을 말한다. 일기가 나뉘어 음과 양이 되는데, 양이 그 고동鼓動(흔들어 움직임)을 지극히 해 하늘이 되고, 음이 그 모임(聚)을 지극히 해 땅이 된다. 양이 고동하기를 극진히 해 그 정精이 엉긴 것이 해가 되고, 음이 모이기를 지극히 해 그 정이 엉긴 것이 달이 되며, 남은 정이 흩어져 성신星辰이 되고, 땅에서는 물과 불이 된다. 이것을 후천後天이라 이르니, 곧 작용作用이다. 하늘은 그 기氣를 운행하여 한결같이 움직임을 주로 하여 빙빙 돌아 쉬지 않고, 땅은 그 형체가 응결되어 한결같이 고요함을 주로 하여 중간에 가로놓여 있다. 기氣의 성性은 움직여 위로 솟구치고, 형形의 질質은 무거워 아래로 떨어진다. 기는 형체 바깥을 싸고 있고, 형은 기氣 가운데 실려 있어서, 위로 솟구치는 것과 아래로 떨어지는 것이 서로 균형이 잡혀 있으니, 태허太虛 가운데 매달려 있어 올라가지도 않고 내려오지도 않으며 좌우로 회전하여 예로부터 지금에 이르기까지 떨어지지 않는다. 소邵(소옹)가 말한 대로 "하늘은 형形에 의지하고 땅은 기氣에 붙어, 절로 서로 의지하고 붙어 있는 것"[7]이다. 의지하고 붙어 있는 기틀이 묘하지 않은가! 벌레나 새의 날개가 형形을 싣는 것도 다 이런 이치이다.

보補[8]

선생은 또 이런 말씀도 하셨다.

---

6   '감'과 '이'는 『주역』의 괘 이름. 물을 표상하는 '감'은 음(陰)에 해당하고, 불을 표상하는 '이'는 양(陽)에 해당한다.

7   명나라 조단(曹端)이 저술한 『통서술해(通書述解)』에 이 말이 소강절의 책에 나온다는 언급이 있는데, 지금 전하는 소강절의 『황극경세서』에는 보이지 않는다.

8   제자들이 들은 서경덕의 말을 기록한 것이다. '보'라는 말은 역자가 임의로 붙였다. 『화담집』에는 다만 「이기의 본원을 밝힘」 말미에 들여쓰기를 하여 부기해놓았을 뿐이다.

○ "허虛는 기氣의 연못이다."

○ "'일一'은 수數가 아니요, 수의 본체이다."

○ "이理의 일一은 허虛하고 기氣의 일一은 조粗하니, 합하면 묘하고도 묘하다."[9]

○ "『주역』에 이르기를, '서두르지 않아도 빠르고, 가지 않아도 이른다'[10]고 했거늘, 기氣는 있지 않은 데가 없으니 무엇 때문에 서두르겠는가? 기는 이르지 않는 데가 없으니 무엇 때문에 가겠는가? 담박하고 형체가 없는 기의 묘함을 '신神'이라고 한다. 기氣는 조粗하니[11] 자취가 있지만, '신'은 조粗의 자취에 구애되지 않으니 무엇에 견주겠으며 어찌 헤아리겠는가? 그 소이연所以然을 말해 '이理'라 하고, 그 묘한 바를 말해 '신神'이라 하며, 스스로 그러하고 진실됨을 말해 '성誠'이라 하고, 약동하여 운행함을 말해 '도道'라 하며, 총괄하여 갖추지 않음이 없음을 말해 '태극'이라고 한다. 움직임과 고요함이 서로 교대하지 않을 수 없고, 작용의 기틀이 절로 그리 되니, 이른바 '한번 음陰하고 한번 양陽함을 도道라 한다'[12]라고 함이 이것이다."

○ "정程과 장張이 이르기를, '하늘은 커서 바깥이 없다'[13]라 했는데, 태허太虛에 바깥이 없다는 뜻이다. 태허가 '일一'이라는 것을 안다면 나머지는 모두 '일'이 아니라는 것을 알 수 있다. 소자邵子(소옹)가 말하기를, '어떤 이는 천지의 밖에 따로 천지만물이 있어 이곳의 천지만물과는 다르다고 하는데, 나는 그것을 알지 못한다. 나만 알지 못하는 것이 아니라 성인

---

9 여기서 '허'는 실재하지 않는다는 뜻이고, '조'(성글다)는 실재하지만 담박하고 형체가 없다는 뜻으로 보아야 할 것이다. 서경덕은 이(理)를 기(氣)의 조리(條理)라고 보았다.

10 『주역』「계사전」상(上)에 나오는 말이다.

11 '조하다' 즉 '성글다'는 것은 담박하지만 무(無)는 아니라는 뜻.

12 『주역』「계사전」상에 나오는 말.

13 장재의 『정몽(正蒙)』에 나오는 말이다. '정'은 정호(程顥)가 아닌가 한다.

또한 알지 못한다'[14]라고 했다. 소자의 이 말은 마땅히 다시 골똘히 생각해 봐야 할 것이다."

○ "선가禪家에서 말하기를, '공空은 큰 깨달음 가운데서 생기니 바다에 하나의 물거품이 생겨나는 것과 같다'[15]라고 했고, 또 진공眞空과 완공頑 空[16]이라는 것을 말했는데, 이는 하늘이 커서 바깥이 없음을 알지 못한 것이고, 허虛가 곧 기氣임을 알지 못한 것이다. 공空에 진眞과 완頑이 있다고 하는 것은 이기理氣가 이기理氣인 까닭을 모르는 것이다. 그러니 어찌 성性을 안다고 하겠으며, 또 어찌 도道를 안다고 하겠는가?"

이기理氣를 논함

바깥이 없는 것을 '태허'라 하고, 처음이 없는 것을 '기氣'라고 한다. '허'는 곧 '기'이다. '허'는 본래 무궁無窮하니, '기' 또한 무궁하다. '기'의 근원은 그 처음이 '일一'이다. 이미 '기'라고 하면 '일'이 곧 '이二'를 품는다. '태허'는 '일'이니, 그 가운데 '이二'가 포함되어 있다. 이미 '이二'라고 하면 열림과 닫힘이 없을 수 없고, 움직임과 고요함이 없을 수 없으며, 낳음과 이김(생극)이 없을 수 없다.

열리고 닫히며 움직이고 고요하며 낳고 이기는 까닭을 궁구하여 이름하기를 '태극'이라 한다. '기'의 밖에 '이理'가 없으니, '이理'는 '기'의 주재자이다. 이른바 주재자란 밖으로부터 와서 주재하는 것이 아니요, '기'의 작용을 지시하여 소이연所以然의 올바름을 잃지 않도록 하기에 주재자라

---

14 『황극경세서』의 『관물내편(觀物內篇)』에 나오는 말.

15 『능엄경(楞嚴經)』에 나오는 말.

16 불교에서 '완공'은 공견(空見)에 머무는 것, 즉 공에 집착하는 것을 말하고, '진공'은 공(空)조차 여의는 것, 즉 비공(非空)의 공을 말한다. 불교의 '공'은 서경덕이 말한 '허'와는 전연 다른 개념인데, 서경덕은 이를 좀 오해한 듯하다.

고 한다. '이理'는 '기'보다 앞서지 않는다.[17] '기'가 처음이 없으니, '이理'도 본디 처음이 없다. 만약 '이'가 '기'보다 앞선다고 말한다면 '기'에 처음이 있는 게 되고 만다. 노씨(노자)가 말하기를, "'허'가 '기'를 낳는다"[18]라고 했는데, 이리 말하면 '기'에 처음이 있고 한정이 있게 된다.

보補

선생은 또 이런 말씀도 하셨다.

○ 역易이란 음양의 변화이며, 음양은 두 기氣이다. 일음일양一陰一陽이란 태일太一이다. '둘'이므로 '하나'로 변화하니, 묘함은 변화의 바깥에 따로 있는 것이 아니다. 이른바 묘함이란 두 기가 낳고 또 낳고, 변화하고 또 변화하여 그치지 않는 것이니, 곧 태극의 묘함이다. 만약 변화를 도외시하고 묘함을 말한다면 역을 아는 사람이 아니다.

태허太虛를 논함

태허는 비어 있으면서도 비어 있지 않으니, '허虛'는 곧 '기氣'임으로써다. '허'는 다함도 없고 바깥도 없는데, '기' 또한 다함도 없고 바깥도 없다. 이미 '허'라고 말했는데 어떻게 그것을 '기'라고 할 수 있는가? 비고 고요

---

17   서경덕은 여기서 '기(氣)'의 선차성(先次性)'을 분명히 하고 있다. 주리론(主理論)의 입장에
      선 퇴계(退溪) 이황(李滉)이든, 주기론(主氣論)의 입장에 선 율곡(栗谷) 이이(李珥)든 간에,
      모두 '이(理)의 선차성'을 승인한 점에서는 차이가 없다. 그러므로 서경덕의 사유 체계에서
      는 '기발(氣發)'이니 '이발(理發)'이니 하는 논쟁 자체가 성립되지 않는다.

18   『노자』에는 이 말이 보이지 않는다. 하지만 『이정전서(二程全書)』에 "노씨는 '허(虛)가 기
      (氣)를 낳는다'라고 했는데 잘못이다"라는 정이(程頤)의 말이 보인다. 『정몽』에는 "만약 허
      (虛)가 기(氣)를 낳는다고 말하면, 허는 무궁하고 기는 한정이 있게 되니, 체(體)와 용(用)이
      끊어져 노씨의 '무(無)에서 유(有)가 생긴다'는 데로 들어가게 된다"라는 말이 보인다.

함이 곧 기의 본체이고, 모이고 흩어짐이 그 작용이기 때문이다.

'허'가 비어 있는 것이 아님을 안다면 그것을 '무無'라고 할 수 없다. 노씨는 말하기를, "무에서 유가 생긴다"라고 했는데, '허'가 곧 '기'임을 알지 못한 것이다. 또 말하기를, "허가 기를 낳는다"라고 했는데, 이는 잘못이다. 만일 '허'가 '기'를 낳는다고 한다면, 낳기 전에는 '기'가 없는 게 되니, '허'는 죽은 게 된다. 이미 '기'가 없다면 그것이 어디로부터 생기는 것인가? 기는 처음도 없고, 생김도 없다. 이미 처음이 없으니 어찌 끝이 있겠는가? 이미 생김이 없으니 어찌 소멸이 있겠는가? 노씨는 '허무'를 말했고, 부처는 '적멸寂滅'을 말했는데, 이는 '이기理氣'의 근원을 알지 못한 때문이니, 또 어찌 도를 알 수 있겠는가?

귀신과 사생死生을 논함

정程과 장張과 주朱[19]의 설說에는 죽음과 삶 및 귀신의 실상이 다 갖추어져 있다. 하지만 또한 그 소이연所以然의 지극한 이치는 아직 설파하지 않았으며, 변죽만 울리고 다 드러내지는 않아 학자들로 하여금 자득自得하게 하였다. 이 때문에 후학들은 그 하나만 알고 그 둘은 알지 못했으며, 그 조박糟粕만 전하고 그 십분十分의 정수精粹를 보지 못했다. 나는 세 선생의 은미한 뜻을 채택하여 통합적 논의를 펼치려 하는데, 또한 족히 천고千古의

---

19 '정'은 정이(程頤)를, '장'은 장재를, '주'는 주희를 말한다. 서경덕은 많은 경우 정이를 '정자(程子)', 장재를 '장자(張子)', 주희를 '주자(朱子)'라 높여 부르지 않고, 그 성으로 호칭하고 있다. 서경덕은 비단 여기서만이 아니라 다른 글에서도 대체로 이런 태도를 보여준다. 서경덕은 비록 다른 글에서 이들을 '선생'이라고 일컫고 있기는 하나, 그의 이런 태도는 퇴계·율곡이나 17세기 이후의 조선 유학자들이 이들을 부르는 방식과는 사뭇 다르다. 이는 조선 학인으로서 서경덕의 학문적 자존감 내지 주체성을 보여주는 것으로 해석될 수 있으리라 본다. 요컨대 서경덕은 주돈이, 소옹, 정호, 장재, 주희 같은 송대의 성리학자들과 대등한 관계에서 담론을 전개하고 있다고 여겨진다.

의문을 깨뜨릴 수 있을 것이다.

정程은 말하기를, "죽음과 삶, 사람과 귀신은 하나이면서 둘이고 둘이면서 하나다"라고 했는데, 이는 극진한 말이다. 나는 이리 말한다. "죽음과 삶, 사람과 귀신은 단지 기氣의 모임과 흩어짐일 뿐이다." 모이고 흩어지는 것만 있지 유무有無가 없는 것은 기氣의 본체가 그런 것이다. 담일청허湛一淸虛(담박하고 하나이고 맑고 비어 있음)한 기氣는 바깥이 없는 허공에 가득 차 있는데, 그것이 크게 모인 것이 천지이고, 작게 모인 것이 만물이다. 기가 모이고 흩어지는 형세形勢에는 은미한 것과 뚜렷한 것, 오랜 것과 빠른 것이 있다. 크고 작은 것이 태허에 모이고 흩어지고 하는데, 크고 작은 차이가 있기는 하나 비록 한 포기의 풀이나 한 그루의 나무 같은 미미한 것이라 할지라도 그 기氣는 종내 또한 흩어지지 않는다.[20] 하물며 사람의 정신과 지각知覺과 같이 기氣가 모인 것이 크고 오랜 것이야 말할 나위가 있겠는가.

형체와 혼백이 흩어지는 것을 보면 다함으로 돌아가고 무無에 잠겨버리는 듯하므로, 이 부분을 모두 골똘히 생각하지 못해 비록 세 선생의 제자라 할지라도 또한 그 지극한 이치에 이르지 못했고, 모두 조박만 주워 모아 입론했을 뿐이다. 담일청허한 기氣는 태허가 움직여 양을 낳고 고요히 있으면서 음을 낳는 시초에 근원을 두고 있는데, 그것이 점점 모여 넓고 두터운데 이르러 천지가 되고 우리 인간이 된다. 사람이 흩어지는 것은 형체와 혼백이 흩어지는 것일 뿐이고, 모여서 담일청허한 것은 종내 또한 흩어지지 않으며 담일湛一한 태허 속으로 흩어지나니, 동일한 기氣이기 때문이다. 지각知覺이 모이고 흩어지는 데는 다만 오램과 빠름이 있을 뿐이다. 비록 가

---

[20] 여기서 '흩어진다(散)' 함은 소멸함을 뜻한다. 서경덕은 동일한 글자를 문맥에 따라 다른 의미로 사용하고 있으므로, 논지를 제대로 파악하기 위해서는 글자의 '문맥적 의미'를 읽어내는 것이 긴요하다. 요컨대 서경덕의 사유 체계에서 '흩어짐'은 '사라짐', 즉 무無로 돌아가는 것이 아니다.

장 빨리 흩어지는 것으로는 며칠과 몇 달 만인 것도 있는데, 이것들은 미미한 사물이기는 하지만 그 기는 종내 또한 흩어지지 않는다. 어째서인가? 담일청허한 기는 이미 처음도 없고 또 그 끝도 없기 때문이다.

이 이치야말로 기氣가 극히 묘한 까닭이다. 학자들은 진실로 공부해 이 경지에까지 이르러야 비로소 천성千聖이 다 전하지 못한 미묘한 뜻을 간파해낼 수 있을 것이다. 비록 한 조각 촛불의 기氣가 눈앞에서 흩어지고 있는 것이 보인다 하더라도 그 나머지 기氣는 종내 또한 흩어지지 않으니, 어찌 없어져 무無가 된다고 할 수 있겠는가?

보補

○ 전에 나는 박선생 광우光佑[21]와 토론하다 이 점에 미쳤는데, 박은 듣고 바로 명쾌히 알았다. 그 뒤에 박이 과연 충분히 구경究竟의 경지에까지 힘을 쏟았는지 모르겠다.

○ 나의 독창적 견해를 대략 적어 박공 이정頤正과 허군 태휘太輝[22] 및 문하에 와서 노니는 여러 사람에게 주었다. 이 글들이 비록 문장은 졸렬하지만 천성千聖이 다 전하지 못한 경지에 대한 이해를 담고 있으니, 중간에 잃어버리지 말고 후학에게 전하여 중화와 오랑캐, 먼 곳과 가까운 곳에서 두루 읽혀지게 해 동방에 학자가 나왔음을 알게 했으면 한다.

---

21 '박광우'(1495~1545)는 조선 중종~명종 때의 문신으로, 자는 국이(國耳), 호는 필재(蓽齋)·잠소당(潛昭堂)이다. 본관은 상주이고 서울에서 태어났으며, 사헌부 감찰을 지낸 박유(朴濡)의 손자다. 문과에 급제해 재령 군수, 강릉 군수, 홍문관 교리, 사헌부 사간 등을 역임했다. 조광조(趙光祖) 등 사림파의 학자들을 추종했으며, 뒤에 이언적(李彦迪)·송인수(宋麟壽) 등과 교유하면서 사림파를 이끌었으나, 을사사화 때 문초를 받고 귀양 가던 중 돈의문 밖에서 죽었다.

22 허엽(許曄, 1517~1580)의 자로 명종~선조 때의 문신이다. 호는 초당(草堂)이고, 허균의 부친이다. 서경덕의 문인으로, 문과에 급제해 홍문관 부수찬, 대사성, 대사간 등을 역임했다. 동서 분당 때 동인의 영수였으며, 선조 13년(1580) 상주(尙州)의 객관에서 병사했다.

○ 조화造化와 귀신과 신묘한 역易은 음양의 극치다. 후학들은 「계사전」과 주周·정程·장張·주朱[23]의 학설에서 얻는 게 많다. 요컨대 공부하기를 그치지 않고 대단히 힘을 쏟은 뒤에야 깨닫는 게 있을 것이다.

○ 「계사전」의 미묘한 뜻을 밝혀내고자 정程·주朱가 모두 온 힘을 기울였다. 하지만 대략 설파한 까닭에 후학들은 그 미묘한 뜻을 찾을 길이 없어 모두 거친 곳만을 보고 밑바닥의 심오한 것은 보지 못했다. 나는 천견淺見을 부연해 후학들로 하여금 거슬러 올라가 그 근원을 더듬게 하고 싶었다. 나의 정력이 극진할 때를 기다려 책을 쓰려 했지만 뜻만 있고 아직 성취하지 못했으니 진실로 또한 하나의 한恨이다. 하지만 한스러워 할 게 없다. 주각註脚에 다시 주각註脚을 보탠다면 후학들이 그 번잡함과 복잡함을 괴롭게 여겨 또한 골똘히 생각하지 않을 테니 어찌하겠는가.

을사년(1545) 윤정월閏正月 초닷샛날 밤에 촛불을 밝혀놓고 쓰다.[24]

【이상 네 편은 모두 선생께서 병이 심중할 때 쓰신 것이다.】

'복復[25]에서 천지의 마음을 볼 수 있다'고 한 데 대해 논함

옛날의 성현은 모두 동짓날에 대해 깊은 뜻을 표했다. 요임금은 1년과 윤달의 수에 대해 말했고,[26] 공자는 천지의 마음을 논했으며, 정程과 소邵[27]도 모두 이에 대해 말했다. 후세의 학자들이 모름지기 동짓날에 대하여 대

23　'주'는 주돈이, '정'은 정호·정이, '장'은 장재, '주'는 주희를 말한다.

24　서경덕은 다음 해 7월에 세상을 떴다.

25　'복'은 '복괘(復卦)'를 말한다. 『주역』 복괘의 단전(彖傳)에 "복괘에서 천지의 마음을 볼 수 있다"라는 말이 나오는데 이 말 뜻에 대해 논한다는 의미. 복괘는 초효(初爻)가 양이고 나머지 다섯 효가 음이니 양이 처음 생겨나는 때를 표상하는데, 시절로는 동지(冬至)에 해당한다.

26　『서경』 「요전(堯典)」에, "1년은 366일이니, 윤달로써 사시(四時)를 정하여 해를 이루어"라는 말이 나온다.

27　'정'은 정이를 말하고, '소'는 소옹을 말한다.

단히 힘들여 공부하면 얻는 바가 몹시 넓을 것이니, 한가지 물건의 이치를 궁구하거나 한가지 지식을 얻는 것에 비할 바가 아니다. 만일 한가지 사물에 대해 충분히 궁구한다면 또한 지극한 이치를 볼 수 있는데, 동짓날의 경우 해당되는 바가 넓고 크다. 동짓날은 천지가 회전을 시작하고 음양이 처음으로 변화하는 날이다. 그래서 "복에서 천지의 마음을 볼 수 있다"라고 한 것이다.

선유先儒들은 모두 고요함에서 천지의 마음을 보았으나, 정자程子 혼자 움직임의 발단이 곧 천지의 마음이라 했고,[28] 소자邵子는 움직임과 고요함의 사이라고 말했으니, 정과 소의 주장에 차이가 있다. 하지만 애초 다른 견해가 아니니, 둘 모두 하나의 동정動靜과 음양에 대해 말한 것인데 다만 소邵는 태극의 체體를 가리키고 정程은 태극의 용用을 이른 것이다.

근본으로 돌아가 고요함으로 복귀하는 것은 '곤坤'(곤괘)의 때이고, 양기陽氣가 발동하는 것은 '복'의 기틀이다. '유'와 '무'의 극치도 여기서 헤아릴 수 있고, 선천과 후천의 설도 이로부터 알 수 있다. 『주역』에서 말한 "적연부동寂然不動(고요하여 움직이지 않음)하다가 감응하여 통한다"라고 함이 이를 말하고, 『중용』에서 말한 "성誠은 스스로 이루어지고, 도道는 스스로 이끈다"라고 함이 이를 말한다. 『맹자』의 이른바 "반드시 일삼음이 있으되 기필하지 말고, 마음에 잊지 말 것이요, 조장助長하지 말 것이다"[29]라는 말도 여기에서 그 뜻을 체득하게 된다.

바야흐로 천지가 깨끗하고 추우며, 현주玄酒의 맛이 담박하고 대음大音의 소리가 희이希夷하며,[30] 텅 비고 고요하여 일삼는 바가 아무 것도 없는

---

28   정이의 『이천역전(伊川易傳)』에 이 내용이 나온다.

29   『맹자』 「공손추」 상(上)에 나오며, 호연지기(浩然之氣)를 기르는 방법을 말한 것이다.

30   '현주'는 물을 말한다. 『노자』 제41장에 '대음희성(大音希聲)'이라는 말이 나오는데, 지극히 큰 소리는 소리가 들리지 않는다는 뜻이다. '현주·대음' 운운한 것은 소옹의 「동지음(冬至吟)」이라는 시에서 유래한다. 「동지음」은 다음과 같다. "동지는 자시(子時, 밤 열한시부터 한 시까지의 시간)의 반(半)이니/하늘의 마음은 바뀜이 없네/하나의 양(陽)이 처음 일어날 때

듯하더니, 하나의 양陽이 돌아와 홀연히 약동해 스스로 그만두지 못하는 묘리妙理에서 천지의 마음을 볼 수 있다.

'바뀜이 없다'는 것은 무엇을 말하는가?[31] 천체天體의 궤도는 365.25도 이고, 1년은 365.25일인데, 지일至日(동지와 하지)을 물시계로 측량하고 해시 계로 헤아려보면 도수度數와 일수日數가 꼭 본래의 수數와 딱 맞아 여합부 절如合符節해 털끝만큼도 더하거나 덜하지 않음이 만고萬古에 항상 이러하 니, 그 마음이 바뀌지 않음을 볼 수 있다. 천지의 중용中庸과 지극한 선善과 지극히 미쁜 덕德을 여기서 알게 되며, 신묘한 역易이 공간적 한정이나 형 체[32]가 없음을 여기서 보게 된다. 하지夏至가 되면 해의 궤도가 남쪽을 돌 아 봄볕이 북녘땅에까지 이르고, 동지가 되면 양陽이 깊숙한 땅에까지 불 어오고 기氣는 황종궁黃鍾宮[33]에 대응하게 되니, 어찌 공간적 한정이 없다 고 하지 않겠는가? 낮과 밤이 바뀌고 추위와 더위가 갈마들면서 잠시도 멈추어 있지 않으니, 어찌 형체가 없다고 하지 않겠는가? "한번 음陰하고 한번 양陽하는 것을 도道라고 하며, 이것을 계승하는 것을 선善이라고 한 다"[34]라는 말은 지일至日의 이치를 다했다 할 것이다. 하나의 양과 하나의 음, 하나의 움직임과 하나의 고요함, 이것들은 본래 두가지 일이 아니요, 다만 하늘의 한가지 일이다. 음과 양은 하나의 작용이고 움직임과 고요함 은 하나의 기틀이니, 이 때문에 운행하고 순환하여 스스로 그칠 수 없는 것 이다.

혹자가 묻기를, "지중至中, 지선至善, 지신至信의 덕은 다만 지일至日에만

요/만물이 아직 생겨나기 전이네/현주(玄酒)의 맛이 바야흐로 담박하고/대음(大音)은 소리 가 정녕 안 들리네/이 말이 안 믿긴다면/다시 복희(伏羲)에게 물어보시길."

31 소옹이 「동지음」에서 "하늘의 마음은 바뀜이 없네"라고 말한 것을 가리킨다.

32 '공간적 한정이나 형체'의 원문은 '방체(方體)'인데, 『주역』 「계사전」 상(上)에 "신(神)은 방 (方)이 없고 역(易)은 체(體)가 없다"라는 말이 보인다.

33 원래 음악에서 12율(律)의 근본이 되는 율조(律調)인데, 12율을 24절기에 배정할 경우 동지 에 해당한다.

34 『주역』 「계사전」 상에 나오는 말.

말할 수 있고 다른 데는 말할 수 없는 것입니까?"라고 했다. 나는 이리 답했다.

"그렇지 않은 때가 없고, 그걸 지니고 있지 않은 물건은 없습니다. 360일의 운행과 24절기의 나뉨에 지일至日의 유행流行이 아닌 것이 없으니, 그래서 '시중時中'(때에 딱 맞음)을 말하는 것입니다. 하지만 지일至日에 천지가 다시 시작되고, 음과 양의 만남, 움직임과 고요함의 갈마듦, 성신星辰의 운행, 육야陸野의 분야分野[35]가 모두 그 본래의 자리로 돌아와서 십분十分 정연하게 되는 것에 비할 수는 없겠지요. 모든 변화의 비롯되는 바와 모든 나뉨(다름)의 근본하는 바는 음양의 가장 종요로운 곳으로, 하나로 꿰뚫을 수 있습니다. 내 몸에 돌이켜보면, 인지仁智의 성性과 충서忠恕의 도道[36]는 지일至日의 이치가 아닌 것이 없으니, 일동일정一動一靜에 잠시 나타나며, 일순일식一瞬一息에 감춰져 있습니다."

온천에 대해 분변하다

하늘은 양陽을 위주로 하고 땅은 음陰을 위주로 하니, 불은 뜨겁고 물은 서늘한 것이 그 성질이다. 불에 차가운 게 있다는 말은 아직 듣지 못했는데, 샘물에는 간혹 따뜻한 것이 있으니 어째서인가? 소자邵子가 말하기를, "일기一氣가 나뉘어 음양이 되니, 음과 양이 반반半半이면 형질이 갖추어지고, 음과 양이 한쪽에 치우침으로써 성정性情이 나뉜다"[37]라고 했다. 이

---

35 '분야'는 중국 전국시대의 음양가(陰陽家)들이 중국 전토(全土)를 28수(宿)에 대응하여 나눈 구역을 말한다. 그 구역의 별자리에 이상이 생겼을 때 나라에 재앙이 일어난다고 보았다.

36 '충서'는 인(仁)을 뜻한다. 『논어』 「이인(里仁)」에, "공자의 도는 충서(忠恕)일 뿐이다"라는 말이 나온다. 또 『중용』에, "충서(忠恕)는 도에서 멀지 않다. 자기에게 베풀기를 원치 않는 것을 또한 남에게 베풀지 말라"라는 말이 나온다.

37 『황극경세서』의 『관물외편(觀物外篇)』에 나오는 말.

것을 알면 샘물이 따뜻한 것이 괴이할 게 없다.

하늘에 처음부터 음이 없었던 게 아니고, 땅에 처음부터 양이 없었던 게 아니니, 물과 불이 서로 그곳에 간직되어 있다. 또 하늘의 양은 항상 땅의 빈 곳에 통하니, 땅이 그것을 받지 않을 수 없다. 그러므로 하늘은 '일—'이니 실實하고, 땅은 '이二'이니 허虛하다.[38] 양이 땅속에 온축蘊蓄되면 그 기氣가 한곳에 폭주輻湊해서 쌓여 찌게 된다. 샘 줄기는 그것에 의해 쪄져 뜨거워진다. 감괘坎卦 가운데의 효爻가 실實하니, 또한 양이 물속에 잠겨 있음을 볼 수 있다.[39]

물은 하늘의 '일—'에서 생겨 땅의 '육六'에서 이루어지고, 흙은 하늘의 '오五'에서 생겨 땅의 '십十'에서 이루어지니,[40] 이로 보면 물과 흙도 꼭 양이 없는 것은 아니다. 하물며 해가 땅의 아래위로 드나들어 양이 융합되어 애초 안팎이 없이 혼연히 하나가 되니, 땅이 어찌 쪄서 그 열이 모이지 않을 수 있겠는가. 그러므로 샘물은 새어 나오면서 끓지 않을 수 없다.

샘물만 그런 것이 아니다. 무릇 만물의 기氣는 흩어지면 서늘하고 모이면 뜨겁다. 그러므로 풀이 쌓이면 열이 나고 거름이 쌓이면 저절로 불이 나는 것은, 기가 막히어 발산되지 못해서 그런 것이다. 양이 없는 사물은 없다. 물속에도 불이 있고, 돌 속에도 화염이 간직되어 있다. 유황토는 불을 만나면 폭발하고, 석회는 물을 만나면 끓는다. 이는 음이 양을 따라서다.

샘물은 양의 압박을 받아 뜨겁다. 불은 사물에 다가가 그 위력이 멀리까지 가므로 열을 방출해 물을 말릴 수 있다. 물은 사물에 다가가지 못하므로 불에 가까이 있다 할지라도 조금만 거리가 있으면 불을 끌 수 없다. 불의 기는 허虛하므로 스스로 머물러 있지 못하며 사물에 붙어서 머무는데, 다

---

38 『주역』「계사전」상에, "하늘은 '일(—)'이고 땅은 '이(二)'이다"라는 말에 근거했다.

39 감괘는 물을 표상하는데, 제2효가 양이다. 그래서 "가운데 효가 실하다"라고 했다.

40 『주역』「계사」상의, "하늘이 1이고 땅이 2이며, 하늘이 3이고 땅이 4이며, 하늘이 5이고 땅이 6이며, 하늘이 7이고 땅이 8이며, 하늘이 9이고 땅이 10이니, 하늘의 수가 다섯이고 땅의 수가 다섯이거늘, 다섯의 자리가 서로 맞으며 각기 합함이 있다"에 근거한 말이다.

타면 꺼져 음의 제재制裁를 받지 않는다. 물의 형체는 조금 실實하고 습濕하니, 이미 모이면 오래도록 흩어지지 않으며, 이미 형체가 있으므로 양에 의해 변화되어 뜨거워진다.

양은 음을 겸하나, 음은 양을 겸하지 못한다. 그러므로 양은 온전하나 음은 반쪽이며, 양은 풍성하나 음은 궁핍하며, 양은 높으나 음은 낮다. 그래서 임금이 신하를 통제하고, 남편이 아내를 제어하며, 군자가 소인을 부리고, 중국이 이적夷狄을 복종시키는 것이니, 어찌 양이 '일'에서 시작하고 음이 '십'에서 끝남을 알지 못하는가? 이는 음양의 분한分限이며, 이치상 필연적인 것이다.

3장
상수학

성음聲音을 풀이하다[1]

하늘에는 음양이라는 대소大小의 다른 기氣가 있고, 땅에는 강유剛柔라
는 대소의 다른 질質이 있다.[2] 기氣가 위에서 변하여 상象이 생기고, 질質
이 아래에서 화化하여 형形이 갖추어진다. 일월성신日月星辰은 하늘에서 상
象이 이루어지고, 수화토석水火土石은 땅에서 형形이 이루어진다. 상象이
하늘에서 움직여 만시萬時가 생기고, 형形이 땅과 관계해 만물이 이루어진
다.[3]

시간과 만물에는 수數가 있으며,[4] 만물에는 소리와 색깔과 냄새와 맛이

---

1 『황극경세서』의 〈경세사상체용지수도(經世四象體用之數圖)〉와 〈정성정음도(正聲正音
圖)〉(일명 '성음도')를 풀이한 글이다.
2 『황극경세서』『관물내편』의, "하늘에 존재하는 도를 음양이라 하고, 땅에 존재하는 도를 강
유라고 한다"에 근거하는 말. '강유'는 강함과 부드러움을 말한다.
3 '일월성신은' 이하 '만물이 이루어진다'까지는 『황극경세서』에 나오는 소백온(邵伯溫)의
말(『성리대전』 권8)에 근거한다.
4 『황극경세서』에 나오는 소백온의 말(『성리대전』 권8).

있는데, 소리의 수가 성대하다.[5] 그러므로 소자邵子는 음양과 강유와 대소
의 수를 궁구했고, 본수本數에 근거하여 체수體數를 추측했으며, 체수를 추
측해 용用을 지극히 했다.[6] 용을 지극히 하면 체수는 물러가고 본수는 숨는
다.[7] 하늘의 용수는 112이고, 땅의 용수는 152이다. 여기서 정성正聲과 정
음正音[8]의 자모子母를 추측해내어 이를 배열해 도표를 만든 것이다.[9] 성聲
에는 높낮이가 있으므로 평성, 상성, 거성, 입성으로 나뉘고, 벽성闢聲과 흡
성翕聲이 따른다.[10] 음音에는 굽히고 폄이 있으므로 개음開音, 발음發音, 수
음收音, 폐음閉音으로 나뉘고, 청음淸音과 탁음濁音이 따른다.[11]

　일일성日日聲[12]은 양陽의 양陽이니, 그 성聲은 마땅히 평성平聲이고 벽성
闢聲이다. '다多'와 '양良' 이하 일곱개의 성聲은 모두 평성이고 벽성인 글

5　『황극경세서』에 나오는 채원정(蔡元定)의 말(『성리대전』 권8).

6　이는 『황극경세서』의 〈경세사상체용지수도〉에 근거한 말이다. 이에 의하면, 태양(太陽),
　　소양(少陽), 태강(太剛), 소강(少剛)의 본수(本數)가 도합 40이고, 태음(太陰), 소음(少陰),
　　태유(太柔), 소유(少柔)의 본수가 도합 48이다. 40에 일·월·성·신(日月星辰)의 4를 곱하
　　면 160인데, 이것이 하늘의 체수(體數)이다. 48에 수·화·토·석(水火土石)의 4를 곱하면
　　192인데, 이것이 땅의 체수이다. 하늘의 체수 160에서 태음, 소음, 태유, 소유의 수 48을 빼면
　　112가 되는데, 이것이 하늘의 용수(用數)이다. 땅의 체수 192에서 태양, 소양, 태강, 소강의
　　수 40을 빼면 152가 되는데, 이것이 땅의 용수이다.

7　『황극경세서』(『성리대전』 권8)에 나오는 소백온의 다음 말에 근거한다. "본수(本數)란 수
　　(數)의 처음이요, 체수란 수의 이루어짐이요, 용수란 수의 변화이다. 용(用)을 지극히 하면
　　체수가 물러가니, 체수가 물러가면 본수가 숨고, 체수가 물러가고 본수가 숨으면 변화가 장
　　구(長久)하다. 그러므로 변화의 수라고 이른다."

8　『황극경세서』〈경세사상체용지수도〉에서 일월성신의 사상(四象)이 '성(聲)'이요, 수화토석
　　의 사상이 '음(音)'이라고 했다. 그리고 '정성(正聲)'은 평성·상성·거성·입성으로 나뉘고,
　　'정음(正音)'은 개(開)·발(發)·수(收)·폐(閉)로 나뉜다고 했다.

9　『황극경세서』〈경세사상체용지수도〉를 말한다.

10　'벽성'은 비원순 개구음(非圓脣開口音)을, '흡성'은 원순 합구음(圓脣合口音)을 말한다.

11　'청음'은 무성음(無聲音)을, '탁음'은 유성음(有聲音)을 말한다.

12　〈경세사상체용지수도〉에는 성(聲)을 일일성(日日聲), 일월성(日月聲), 일성성(日星聲), 일
　　신성(日辰聲), 월일성(月日聲), 월월성(月月聲), 월성성(月星聲), 월신성(月辰聲), 성일성
　　(星日聲), 성월성(星月聲), 성성성(星星聲), 성신성(星辰聲), 신일성(辰日聲), 신월성(辰月
　　聲), 신성성(辰星聲), 신신성(辰辰聲)의 열여섯으로 분류했다. 일일성은 평성이자 벽성이라
　　했으며, 다(多)·양(良)·천(天)·도(刀)·처(妻)·궁(宮)·심(心)의 일곱 자를 이에 배속했다.

자이니, 그것이 일일성日日聲이며 양陽이 벽성을 위주로 한다는 것을 알 수 있다.

일월성日月聲은 양과 음이니, 그 성聲은 마땅히 평성平聲이고 흡성翕聲이다. '화禾'와 '광光' 이하 여섯개의 성聲은 모두 평성이고 흡성인 글자이니, 그것이 일월성이며 음陰이 흡성을 위주로 한다는 것을 알 수 있다.

해는 덥고 달은 차다. 찬 것은 더운 것의 나머지이니, 음이 양을 따른다. 그러므로 달의 성聲은 해의 성聲을 따르니, '화성禾聲'은 '다성多聲'이 변화한 것이고, '광성光聲'은 '양성良聲'이 변화한 것이다. 해와 달은 같은 성聲인데 다만 벽闢·흡翕의 다름이 있을 뿐이니, '궁성宮聲'과 '용성龍聲'을 발음해보면 용성은 궁성이 변화된 것이고,[13] 벽성이 변하여 흡성이 되었음을 알 수 있다. 다만 '심성心聲'이 변하여 흡성이 되는 것은 미루어 알 수 없다. 그래서 용龍 자 아래에 흰 동그라미를 했으니, 성聲은 있으나 글자가 없는 경우다.[14] 만약 심성을 변화시켜 흡성이 되게 한다면 '금琴' 자가 될 듯하나 올바른 흡성이 아니다. 흰 동그라미는 해당하는 글자가 없음을 말하는데, 맞춰보면 '금성琴聲'과 비슷하다. 매 성聲의 아래에 배열된 세개의 검은 동그라미는 빼어버린 음의 체수 48에 해당한다.[15] 이것은 해당되는 글자가 없을 뿐만 아니라 성聲도 없다.

일성성日星聲은 태양太陽 중의 소양少陽이니, 그 성은 또한 마땅히 평성이요 벽성이지만, 일일성에 비하면 그리 열린 것(闢)이 못 된다. '개開'와 '정丁' 이하 여섯 글자의 성은 모두 평성과 벽성이 변화한 것이니,[16] 그것이

---

13 '궁(宮)'은 일일성에 속한 글자이고, '용(龍)'은 일월성에 속한 글자다.

14 〈경세사상체용지수도〉에서, 일성성의 '심' 자에 대응하는 일월성의 글자를 찾아보면 글자 대신 흰 동그라미가 쳐져 있다.

15 〈경세사상체용지수도〉에서, 일일성(日日聲), 일월성(日月聲), 일성성(日星聲) 등 16 종류의 성(聲)마다 그 배속된 글자의 맨 끝에 검은 동그라미가 세개씩 있다. 이를 모두 합하면 48개가 된다.

16 〈경세사상체용지수도〉에서, 일성성에는 '개(開)·정(丁)·신(臣)·우(牛)·어(魚)·남(男)' 여섯 글자가 배속되어 있다.

일성성이며 태양의 크게 열림(關)만은 못하다는 것을 알 수 있다.

일신성日辰聲은 태양太陽 가운데의 소음少陰이니, 그 성은 마땅히 평성이며 흡성이다. '회回'와 '형兄' 이하 다섯 글자의 성은 모두 평성이며 흡성인 글자인데,[17] 태음의 닫힘(翕)보다도 심하니, 그것이 일신성임을 알 수 있다.

성星은 낮에 해당하고 신辰은 밤에 해당하는데, 밤은 낮의 나머지이고, 음은 양을 따른다. 그러므로 신辰의 성은 성星의 성을 따르니, '회성回聲'은 '개성開聲'이 변한 것이고, '형성兄聲'은 '정성丁聲'이 변한 것이다. 성과 신은 같은 성인데, 다만 벽·흡의 다름이 있을 뿐이다. '군君'과 '오烏' 두 글자 아래의 흰 동그라미는 '우牛'와 '남男' 두 성에 대응하는 성을 미루어 알 수 없음을 말한다.[18] 규칙을 미루어보면, 벽성이 변하여 흡성이 되니, '우牛' 자는 '구성鉤聲'이 되리라 추정되고, '남男' 자는 '감성堪聲'이 되리라 추정된다. 하지만 벽성과 흡성이 올바로 어울리지 못하니, 글자는 이루지 못하고 성만 있게 된 것이다. '구龜' 자는 '우牛' 자 아래 흰 동그라미가 글자를 이룬 것이다.[19]

성聲의 변화를 미루어보면, 글자는 본디 벽성에서 이루어지지 않고 흡성에서 이루어지는 것이 있는가 하면, 벽성에서 이루어지고 흡성에서 이루어지지 않는 것이 있다. '우牛' 자 아래의 흰 동그라미는 일일성의 '처妻' 자를 따라 변화했으나 글자를 이루지는 못한 경우에 해당한다. 상성, 거성, 입성의 삼성三聲은 모두 평성에서 옮아온 것이다.

월일성月日聲, 성일성星日聲, 신일성辰日聲은 모두 '다성多聲'[20] 등의 글자

---

17   〈경세사상체용지수도〉에서, 일신성에는 '회(回)·형(兄)·군(君)·구(龜)·오(烏)' 다섯 글자
      가 배속되어 있다.

18   〈경세사상체용지수도〉에서, 일신성의 '군' 자 아래와 '오' 자 아래에 흰 동그라미가 쳐져 있
      는데, 이는 일월성의 우성(牛聲)에 대응하는 글자와 남성(男聲)에 대응하는 글자가 일신성
      에 없음을 말한다.

19   〈경세사상체용지수도〉에서, 일월성에 배속된 네번째 글자 '우(牛)' 자 뒤에 동그라미가 쳐
      져 있는데, 일신성에서 이에 대응하는 글자가 '구(龜)'라는 뜻이다. .

20   〈경세사상체용지수도〉에서, 일일성에 속한 글자다.

가 변화한 것이다. 월월성, 성월성, 신월성은 모두 '화禾'자[21] 등의 성聲이 변화한 것이다. 월신성月辰聲, 성신성星辰聲, 신신성辰辰聲은 모두 '회回'자[22] 등의 성이 변화한 것이다. 그중의 흰 동그라미는 모두 변화되기 전의 해당 되는 글자로부터 미루어낸 것이다.

글자의 성聲이 여든셋의 조調(성조)[23]로 무궁한 것은 자연의 이치다. 더 이상 추론하지 말고, 요약하여 그 근본을 궁구하면, '다多' '화禾' '개開' '회回'의 4성四聲과 7조七調[24]를 벗어나지 않는다.

수·화·토·석의 음音[25]은 일·월·성·신의 성聲과 그 변화에 있어 같은 규 칙을 따른다. 개음開音, 발음發音, 수음收音, 폐음閉音의 4조調(음조)는 다시 청음淸音과 탁음濁音으로 나뉘는데, 이는 마치 평성, 상성, 거성, 입성의 네 가지 변화가 벽성과 흡성으로 나뉘는 것과 같다. 다만 성聲에 있어서는 양 이 벽성이 되고 음이 흡성이 되었으나, 음音에 있어서는 유柔가 청음이 되 고 강剛이 탁음이 된다. 이는 어째서인가? 수水는 밝고 화火는 어두우며, 토 土는 성글고 석石은 단단하기 때문이다. 수水는 화火의 바탕이라 화火가 수 水에서 생기니 화의 음은 수의 음을 따른다. 토土는 석石의 바탕이어서 석 石이 토土에서 나오므로 석의 음은 토의 음을 따른다. 그래서 청·탁의 다름 이 있긴 하나, 음은 서로 좇아 가깝다.

---

21   〈경세사상체용지수도〉에서, 일월성에 속한 글자다.
22   〈경세사상체용지수도〉에서, 일신성에 속한 글자다.
23   〈경세사상체용지수도〉에서, 일일성에서 신신성까지의 열여섯 종류의 성(聲)에 배속된 글자 가 모두 83개이다.
24   '다'는 일일성의 첫째 글자이고, '화'는 일월성의 첫째 글자이며, '개'는 일성성의 첫째 글자 이고, '회'는 일신성의 첫째 글자이다. 이들 글자 아래에는 흰 동그라미를 포함하여 모두 6개 의 글자가 있는데, 이것이 '7조'이다.
25   〈경세사상체용지수도〉에서, 일·월·성·신의 성(聲)은 하늘에 속하고, 수·화·토·석의 음(音) 은 땅에 속한다. 음은 열여섯 종류로 분류되어 있는데, 수수음(水水音), 수화음(水火音), 수 토음(水土音), 수석음(水石音), 화수음(火水音), 화화음(火火音), 화토음(火土音), 화석음 (火石音), 토수음(土水音), 토화음(土火音), 토토음(土土音), 토석음(土石音), 석수음(石水 音), 석화음(石火音), 석토음(石土音), 석석음(石石音)이 그것이다.

발음, 수음, 폐음 이 셋은 모두 네가지 개음開音[26]의 변화다. 검은 네모꼴은 빼어버린 양陽의 체수體數 40에 해당하는데, 이는 음이 없음을 말한다.[27] 흰 네모꼴은 앞의 음으로 미루어 알 수 없는 것들로, 음은 있으나 글자가 없는 경우다.

화와 토에 속하는 음은 다른 음들보다 많은데 이는 어째서인가?[28] 사행四行(수·화·토·석을 이름) 가운데 토가 제일 많아 그 생성生成의 수數 역시 많으며, 화는 숨어 있어 늘 나타나는 것은 아니지만 그 작용은 지극히 크기 때문이다.

신辰에 속하는 입성入聲과 석石에 속하는 폐음閉音[29]은 다른 것들보다 적은데 이는 어째서인가?[30] 하늘에는 네가지 천체가 있는데, 일·월·성은 드러나지만 신辰은 드러나지 않는다. 또한 신辰은 밤에 속하는데, 술시戌時부터 인시寅時까지가 밤이다. 하지夏至에는 만물이 일을 하는 밤이 극히 짧으니, 술시와 인시는 여전히 용수用數에 있지만 해시亥時·자시子時·축시丑時는 용수가 아니다. 땅에는 사행四行이 있어, 수·화·토가 많고 석은 그 다음이다. 석이란 것은 바탕은 온전하지만 기가 많지 않으므로 사물을 낳거나 사물을 변화시키지 못한다. 그래서 신과 석의 글자가 적은 게 아닐까?

성聲의 수가 7에 머물고, 음音의 수가 9에 머무는 것은 어째서인가? 하늘의 용수는用數는 항상 6에서 차고 7에서 극極에 이른다. 그러므로 하늘의 별 중 밝아서 볼 수 있는 것은 북두성인데 그 수가 일곱에 그치는 것은, 주야晝夜의 수가 7을 지나면 변하기 때문이다. 땅의 용수는 항상 9에 그친다.

---

26 수수음, 수화음, 수토음, 수석음 넷을 말한다.
27 〈경세사상체용지수도〉에서, 수수음으로부터 석석음까지 열여섯 종류의 음에 배속된 글자들 중에 포함된 검은 네모꼴은 도합 40개다.
28 〈성음도〉를 보면 '화'와 '토'에 속하는 글자가 제일 많다.
29 〈경세사상체용지수도〉에서, 신일성·신월성·신성성·신신성에 속하는 글자는 모두 '입성'이고, 석수음·석화음·석토음·석석음에 속하는 글자는 모두 '폐음'이다.
30 〈성음도〉를 보면 신(辰)에 속하는 입성과 석(石)에 속하는 폐음이 가장 적다.

그러므로 인월寅月에 만물이 열리고, 술월戌月에 만물이 닫힌다. 해월亥月·자월子月·축월丑月 석달은 용수가 되지 않으니,[31] 9에서 다하여 변화가 극하게 된다. 그러므로 성聲은 7조調(성조)로 배열하지 않을 수 없고, 음音은 9조調(음조)로 배열하지 않을 수 없다.[32]

성은 부연하여 83자에 이르고 음은 부연하여 132자에 이르니,[33] 성과 음의 자모의 수를 모두 합하면 215개가 되는데, 변화의 요강要綱을 총괄한 것이어서 비록 2억 8981만 6576자[34]의 변화라 할지라도 모두 이 범위를 벗어나지 못한다. 그 근본을 파악해 요점을 적어놓았기 때문이다.

언서諺書의 16자모子母[35]는 간략하되 극진極盡하다. 하늘과 땅의 수는 16에서 다하고,[36] 일월성신의 성聲과 수화토석의 음音을 서로 곱하면 16이 된다.

성은 청탁淸濁(맑고 탁함)을 주로 하고 음은 벽흡闢翕(열리고 닫힘)을 주로 하건만, 거꾸로 벽흡이 성을 따르게 하고 청탁이 음을 따르게 했는데, 이는 어째서인가? 평성·상성·거성·입성은 곧 성聲의 청탁이고, 개음·발음·수음·폐음은 곧 음의 벽흡이다. 그러므로 청탁이 음을 따르게 하고 벽흡이 성을 따르게 함으로써 서로 갖추게 해, 성자聲字에 음이 없을 수 없고, 음자音字에 성이 없을 수 없음을 보인 것이다. 그러니 평성·상성·거성·입성의

---

31 '인월'은 일년 중 셋째달이고, '술월'은 열한번째 달이다. '해월'은 열두번째 달이고, '자월'은 첫째 달이며, '축월'은 둘째 달이다.

32 〈경세사상체용지수도〉에서, 일일성 이하 각 성(聲)에는 모두 7개의 글자가 배열되어 있고, 개음(開音)인 수수음·수화음·수토음·수석음에는 각각 9개의 글자가 배열되어 있다. 원문에는 "9조로 배열하지 않을 수 없다" 다음에 "9조로 나누지 않을 수 없다"라는 말이 더 있는데 연문(衍文) 같다.

33 〈경세사상체용지수도〉와 〈성음도〉에서, 성(聲)의 글자는 총 83개이고, 음(音)의 글자는 132개다.

34 『황극경세서』에 의하면 이는 동물과 식물의 통수(通數)이다.

35 훈민정음 자음 17개 중 ㆁ을 뺀 나머지인 ㄱ, ㅋ, ㆁ, ㄷ, ㅌ, ㄴ, ㅂ, ㅍ, ㅁ, ㅈ, ㅊ, ㅅ, ㆆ, ㅎ, ㄹ, ㅿ를 말한다.

36 앞에서 하늘의 용수는 7이고 땅의 용수는 9라고 했다.

매 성성聲들 가운데에 개음·발음·수음·폐음의 글자들이 갖추어지고, 개음·발음·수음·폐음의 매 음音들 가운데에 평성·상성·거성·입성의 글자들이 갖추어지게 되었다.

일월성은 반드시 '다多' 자와 '양良' 자 이하의 일곱 자에 상당해야 하니[37] 이는 어째서인가?『자림字林』[38]에서 평성이면서 벽성인 글자를 찾아봐, '다' 자나 '양' 자 등의 글자와 성성聲은 다르더라도 평성이면서 벽성인 점이 같다면 이를 가져와 충당시킬 수 있으니, 반드시 '다'와 '양'만이 평성이면서 벽성이 될 수 있는 것은 아니다. '다'와 '양'과 같은 종류의 성성聲을 미루어보면, 무릇 평성이면서 벽성이 될 수 있는 글자들은 모두 일일성이 된다. 여기서는[39] 다만 그 자모子母로써 찾았을 뿐이다.

'고古'나 '흑黑' 등의 글자도 마찬가지다. 음은 조調(음조)를 주로 하여 나뉘므로, 평성·상성·거성·입성에 구애되지 않고 오직 개음과 청음으로 조調만 같으면 수수음에 충당될 수 있으며, 반드시 '고'와 '흑'만이 개음이며 청음이 되는 것은 아니다.

음의 조調는 후음喉音·악음腭音·설음舌音·치음齒音·순음脣音을 벗어나지 않지만, 후음·악음·설음·치음·순음의 어울림은 변화가 무궁하다. 개음·발음·수음·폐음은 후음·악음·설음·치음·순음의 변화를 파악한 것이다.

성성聲은 평성·상성·거성·입성을 벗어나지 못하고, 음은 개음·발음·수음·폐음을 벗어나지 못하는데, 이는 어째서인가? 따뜻하고 서늘하고 춥고 더운 기운이 네 계절에 분절分節되고, 눈과 달과 바람과 꽃의 경치가 네 계절에 나뉘는 것과 같지 않을까.

성음聲音의 묘처妙處는 수數에 있다. 본수本數에 근원해 체수體數가 이루

37　일월성에 배속된 '화(禾), 광(光), 원(元), 모(毛), 쇠(衰), 용(龍), ○'이 일일성에 배속된 '다(多), 양(良), 천(千), 도(刀), 처(妻), 궁(宮), 심(心)'의 7자에 대응함을 말한 것이다.

38　남조(南朝)의 송(宋)나라 여침(呂忱)이 지은, 글자의 훈고(訓詁)를 다룬 책으로, 총7권이다.

39　〈경세사상체용지수도〉를 말한다.

어지고, 체수가 물러나매 용수用數가 이르니, 만물의 수數를 궁구하는 데 이르러서는 천하의 지극한 변화가 아니면 어찌 이에 참여할 수 있겠는가.

앞의 「성음을 풀이하다」의 미진한 곳에 대한 보충

흰 동그라미는 양陽이 허명虛明한 것을 본떴고, 흰 네모꼴은 음陰이 허명한 것을 본떴으니, 허명한 곳에는 음성이 반드시 통한다. '성음聲音은 있으나 글자를 이루지 못한 것'이란, 벽음이 바뀌어 흡음이 되거나 청음이 변하여 탁음이 되면 반성半聲이나 반음半音이 글자를 이루지 못하는 것이 있을 것은 이치상 필연이어서 의심할 게 없다.

검은 동그라미는 양陽이 꽉 차 막혀 있는 것을 본떴고, 검은 네모꼴은 음陰이 꽉 차 막혀 있는 것을 본떴다. 꽉 차 막혀 있는 곳은 성음이 통할 수 없으니, 글자만 없을 뿐 아니라 성음 역시 없다.

글자는 비록 이루지 못하지만 반성이나 반음은 그 변화를 표시해야 마땅하고, 성聲도 글자도 없는 것은 없애버려야 마땅하지만, 또한 도표에 표시한 것은 수數의 체용體用이 갈마들며 나타나고 물러남을 보이고자 해서다.

다만 우리나라의 한자음은 와전된 게 많으므로 상성과 거성, 개음과 발음을 분변하기 어렵다. 하지만 중국어에 비하면 본 글자의 성조와 음조는 잃지 않은 채 와전되었다. 예컨대 '궁宮' 음은 혀가 입 가운데 있게 된다고 했는데 우리 또한 발음해보면 그러하니, 와전되었으나 본 글자의 성조는 잃지 않았음을 알 수 있다. 게다가 와전이 하나의 규칙을 이루었으니, 와전으로부터 통함을 구하면 또한 이런 이치가 확인된다. 〈성음도聲音圖〉를 보고서 이치를 투득透得하면, 애초 와전된 우리나라 한자음과 관계가 없음을 간파할 수 있다.

『황극경세서』[40]의 수數를 풀이하다

○ 360에 360을 곱하면 12만 9600년이 된다.[41]

○ 12만 9600에 12만 9600을 곱하면 167억 9616만년이 된다.

○ 167억 9616만년을 제곱하면 2만 8211조 990만 7456억이 된다.

○ 2만 8211조 990만 7456억을 열두 기간으로 나누면 한 기간은 13억 9968만의[42] 167억 9616만년이 된다. 167억 9616만년을 하나의 단위로 보고 세면 한 기간이 13억 9968만년이 된다.

○ 167억 9616만을 10으로 나누면 16억 7961만 6000년이 된다.

○ 매년 6일을 더 나아갈 경우,[43] 12만 9600년이면 12만 9600이 6개가 있게 된다. 그래서 12만 9600년 동안 6일을 더 나아간다고 한 것인데, 이는 12만 9600년을 1일로 계산하면 6일이 되기 때문이다.

○ 167억 9616만년에서 매년 6일을 더 나아갈 경우 167억 9616만년이 6개 있게 된다. 이를 10으로 나누면 각각 16억 7961만 6000일이 되는 것이 6개인데, 이런 것을 10개 합치면 60일이 된다.

○ 열두 기간으로 나눌 경우 한 기간이 13억 9968만의 167억 9616만년이라 했는데, 6일씩 더 나아간다고 한다면 그 기간의 수와 같은 일수日數를

---

40 소옹의 아들 소백온은 '황극경세'의 뜻을 이리 풀이하고 있다. "지극히 큰 것을 '황'이라 이르고, 지극한 중(中)을 '극'이라 이르며, 지극한 바름을 '경'이라 이르고, 지극한 변화를 '세'라 이른다."(『황극경세서』, 『성리대전』 권8) 『황극경세서』는 『주역』을 근거로 천시(天時)와 인사(人事)를 모두 수(數)로 풀이하고 있다. 이를 위해 원(元)·회(會)·운(運)·세(世)라는 개념을 도입했는데, 1원은 12회이고, 1회는 30운이며, 1운은 12세다. 1세가 30년이니, 1운은 360년이 되고, 1회는 1만 800년이 되며, 1원은 12만 9600년이 된다. '원'의 수는 1이며, 월(月)로 '회'를 삼으니 '회'의 수는 12이고, 성(星)으로 '운'을 삼으니 '운'의 수는 360이며, 신(辰)으로 '세'를 삼으니 '세'의 수는 4320이다.

41 360을 제곱한 12만 9600은 1원(元)의 수이다. 또한 1회는 12만 9600월이고, 1운은 12만 9600일이며, 1세는 12만 9600신(辰)이다.

42 여기서 '의'는 곱하기라는 뜻이다.

43 1년을 366일로 잡을 경우 기본수 360에 6을 보태야 하므로 한 말이다.

6개 얻게 된다.

○ 기간의 수를 10으로 나누면 1억 3996만 8000년인데, 이 수와 같은 일수를 얻는 것이 6개이니 이런 것 10개를 합쳐 계산하면 60일이 된다.

○ 기수碁數는 366일이고, 세수歲數는 대략 360일이고, 역수曆數는 354일여餘이다.[44]

○ 자월子月에서 사월巳月까지 음과 양이 남아돌아가는 것이 각각 6개이고, 오월午月에서 해월亥月까지 음과 양이 남아돌아가는 것이 각각 6개이다.[45]

○ 360일에다 남아돌아가는 음양의 수(여수餘數) 24를 합치면 384효와 합치된다.[46] 체수體數 384에서 건·곤·이·감乾坤離坎 괘卦[47]의 24효爻를 빼면 360이 되니, 360은 용수用數이다.

360을 10으로 나눈 뒤, 셋으로 쪼갠 것이 교수交數[48]이고 7을 곱한 것이 용수이니, 252일이 용수가 된다. 이를 반으로 나누면 126이 되는데, 6분分이 더 나아간다.

하루에는 낮과 밤이 있어 12분分을 이룬다. 10일마다 1분씩 더 나아가서 넉달이면 12분 더 나아가게 된다. 나머지 6일[49]은 6리釐를 더 나아가는데, 교수交數의 6일[50]과 합치면 모두 12리를 더 나아간다. 1분은 3분의 1일이다.

---

44 '기수'는 해의 운행으로 본 1년이고, '역수'는 달의 운행으로 본 1년이며, '세수'는 해와 달의 운행을 절충한 주천상수(周天常數)를 말한다.

45 음력으로 '자월'은 11월이고 '사월'은 4월이며 '오월'은 5월이고 '해월'은 10월이다. 음과 양은 밤과 낮을 말하니, 반년에 각각 여섯이 남아돈다는 것은 6일이 남는다는 뜻이다. 그러므로 1년이면 12일이 남는다. 역수는 354일이니 12일을 보태야 기수와 맞게 된다.

46 반년에 음과 양이 여섯 개씩 남아돌아가므로 1년이면 총 24가 된다. 한편 『주역』의 괘(卦)는 총 64개이니 그 효의 수는 총 384개가 된다.

47 『주역』에서 존재론적으로 가장 중요한 네 괘이다.

48 음과 양이 상관한 수. 『황극경세서』에 의하면, 양 '일(一)'이 음 '이(二)'를 낳는데, 여기에 6을 곱하면 12가 된다. 이것이 곧 '교수'이다.

49 용수를 반으로 나눈 126일에서 넉달 120일을 빼면 6일이 남는다.

50 교수 12는 음양을 합친 것인바, 일(日)로 치면 6일이 된다.

넉달을 세 곱 하면 1년 360일이 되고, 12분을 세 곱 하면 36분이 되는데, 3분이 1일이니 12일이 된다. 12리를 세 곱 하면 36리가 되는데, 10리가 1분이니 3분 6리가 된다.

○ 대략 1년 360일에 나아가고 물러나고 하기를 6일씩 하니, 모두 12일이 된다. 남아돌아가는 수[51]와 교수를 합하면 모두 36일인데, 나아가고 물러나고 하기를 18리씩 해서 모두 36리가 되니, 1일 6리가 된다. 윤여閏餘[52]가 모두 12일이니, 남아돌아가는 수와 교수의 윤閏을 추산하면 1일 6리가 된다.

○ 용수로 기능하는 252일에 교수 12일을 더하면 264일이 되니, 이것이 실용實用의 수이다. 15년 동안 용수의 날짜가 쌓여야 10년의 일수日數를 채울 수 있다.

○ 10년 동안 나아가고 물러날 때 60일이 윤여가 된다. 10년 동안 남아돌아가는 수와 교수 36일이 쌓이면 360일이 된다. 10년 동안 1일 6리가 쌓이면 10일 60리가 되는데, 10리가 1분이니 모두 6분이며, 3분이 1일이니 2일이 된다. 그러니 모두 12일이 되며, 1년의 윤수閏數에 해당한다.

(하략)

〈64괘卦 방원도方圓圖〉[53]를 풀이하다

○ 내괘內卦[54] 서른두개의 첫 효는 음陰이다.

---

51 앞서 1년에 남아돌아가는 수는 12라고 했다.

52 태음력의 1년과 지구가 태양을 한번 공전하는 시간을 비교하여 남는 시간.

53 〈64괘 방원도〉는 『황극경세서』에 있는 도표로, 바깥에 원형으로 64괘를 배열하고 그 내부에 다시 정사각형 형태로 64괘를 배열해놓았다.

54 『주역』의 괘는 모두 64개인데, 각 괘마다 아래의 3효와 위의 3효로 구성되어 있다. 아래의 3효를 '내괘(內卦)'라고 하고, 위의 3효를 '외괘(外卦)'라고 한다.

○ 내괘의 나머지 두 효는 구괘姤卦로부터 사괘師卦까지가 소양少陽이고, 둔괘遯卦로부터 곤괘坤卦까지가 태음太陰이다.

○ 내괘 서른두개의 첫 효는 양陽이다.

○ 내괘의 나머지 두 효는 복괘復卦로부터 동인괘同人卦까지가 소음少陰이고, 임괘臨卦로부터 건괘乾卦까지가 태양太陽이다.

○ 하늘은 기제괘旣濟卦 이상 건괘乾卦까지이고, 땅은 건괘蹇卦 이상 구괘姤卦까지이다. 152개의 양과 112개의 음[55]은 용수用數의 작용이다. 46개의 괘[56]는 물건을 낳지만, 그 나머지 괘들은 물건을 낳지 못한다. 건·곤·이·감乾坤離坎의 네 괘를 빼고 말한다면, 하늘은 비賁 이상이고 땅은 간艮 이상이어서, 용수의 작용이 252[57]가 된다. 하늘은 명이괘明夷卦 이하부터, 땅은 겸괘謙卦 이하부터가 교수交數이며, 작용하지 않는 수數라서 물건을 낳을 수 없다.

○ 하늘은 기제괘旣濟卦 이상 건괘乾卦까지, 땅은 건괘蹇卦 이상 구괘姤卦까지 152가 양이고 112가 음인데, 모두 합해 264이다.[58] 여기에 비괘賁卦와 간괘艮卦의 반半인 4양과 2음을 합하면 곧 270이 된다. 384[59]의 10분의 7이 270이다. 열두달로 말할 것 같으면, 교수인 해월亥月, 자월子月, 축월丑月 석 달을 빼고 용수인 나머지 아홉달의 수數만을 취할 경우 270이 된다.[60] 음 가운데 20이 양이고 양 가운데 20이 음인데, 합하면 40이 된다.

○ 그것을 6으로 곱한 뒤 10으로 나눈다.

---

55 기제괘 이상 건괘(乾卦)까지, 건괘(蹇卦) 이상 구괘까지 각각 22괘이다. 이 44개의 괘는 양효가 총 152개이고, 음효가 총 112개이다.

56 기제괘 이상 건괘(乾卦)까지, 건괘(蹇卦) 이상 구괘까지 44개의 괘에, 비괘(賁卦)와 간괘(艮卦)를 보태 46괘가 된다.

57 46괘에서 건·곤·비·간 네 괘를 뺀 42괘의 효수가 252이다.

58 효가 그렇다는 말.

59 64괘의 총 효수다.

60 한달의 수 30을 9로 곱해 270이 된다.

○ 그러면 24가 된다.[61]

○ 그 반은 12인데, 이를 합하면 36이 된다.[62]

○ 건괘乾卦, 태괘兌卦, 이괘離卦, 진괘震卦이다.

○ 양은 서합괘噬嗑卦로부터 기제괘旣濟卦까지, 음은 정괘井卦로부터 미제괘未濟卦까지 6양과 6음이 열둘이다.[63] 규괘睽卦로부터 수괘需卦까지, 건괘蹇卦로부터 진괘晉卦까지 8양·4음, 8음·4양이 각각 여섯이다.[64]

○ 대유괘大有卦와 쾌괘夬卦 둘은 10양 2음이요, 비괘比卦와 박괘剝卦 둘은 10음 2양이니, 각각 2개의 대對가 된다.[65] '2개의 대對' 중 '2'는 『성리대전』에 '3'으로 되어 있는데, '2'라 해야 마땅하다.

○ 건괘乾卦, 태괘兌卦, 이괘離卦, 진괘震卦는 양이 자라는 수數이고, 곤괘坤卦, 간괘艮卦, 감괘坎卦, 손괘巽卦는 양이 소멸하는 수이며, 건乾 36[66] 이하의 여러 괘는 중간의 수이다.

---

61 『황극경세서』에 의하면 24는 노음수(老陰數)이다.

62 『황극경세서』에 의하면 36은 노양수(老陽數)이다.

63 '서합괘로부터 기제괘까지'는 서합(噬嗑), 수(隨), 무망(无妄), 명이(明夷), 비(賁), 기제(旣濟)의 여섯 괘를 말하고, '정괘로부터 미제괘까지'는 정(井), 고(蠱), 승(升), 송(訟), 곤(困), 미제(未濟)의 여섯 괘를 말한다. 이들 12괘의 효를 합치면 양효가 36개, 음효가 36개이다.

64 '규괘로부터 수괘까지'는 규(睽), 태(兌), 이(履), 태(泰), 대축(大畜), 수(需)의 여섯 괘를 말하고, '건괘로부터 진괘까지'는 건(蹇), 간(艮), 겸(謙), 비(否), 췌(萃), 진(晉)의 여섯 괘를 말한다. 이들 12괘의 효를 합치면 8양·4음이 셋이고, 8음·4양이 셋이다.

65 대유괘와 쾌괘의 효를 합치면 양효가 10개, 음효가 2개이고, 비괘와 박괘의 효를 합치면 음효가 10개, 양효가 2개이다.

66 '건 36'은 건괘(乾卦)에서 태괘(泰卦)까지의 여덟 괘를 가리킨다. 이 여덟 괘는 그 내괘(內卦)가 모두 건(乾)이며, 양효가 모두 36개다.

4장
학문론과 수양론

박이정朴頤正 자설字說[1]

박씨 민헌民獻은 처음의 자字가 '원부元夫'였는데, 내게 고쳐주기를 청했다. 이에 나는 말한다.

"'원元'이란 천덕天德의 으뜸이요 모든 선善을 총괄하는 말로서 초학자가 자처할 바가 못 되니, '이정頤正'[2]으로 고치는 게 낫겠다. 여기에는 힘써 스스로 노력한다는 뜻이 있다. 더욱이 그 글자의 뜻을 좇아 반드시 정한 목표에 이른 후에야 그만둔다고 한다면 또한 '원부'의 뜻도 잃지 않게 될 것이다. 그래서 나는 자설字說을 지어 보여주며, 아울러 고친 뜻을 말한다."

---

1   원제는 '자사(字詞)'인데 자설(字說)을 말한다. '자설'은 남의 자(字)를 지어주고 그 유래를 밝힌 글.

2   이 명칭은 『주역』의 이괘(頤卦)에서 유래한다. 『역전(易傳)』에서는 이괘(頤卦)를 풀이해, "'이(頤)'의 도는 정(正, 바름)으로 하면 길하다"라고 했다. '이(頤)'는 기른다는 뜻이다.

하늘과 땅의 올바름을 온전히 받은 것이 사람이다. '올바름'이란 무엇을 말하는가? 의義와 인仁이다. 인의仁義의 근원은 지극히 선하고 지극히 참되어 물결이 일지 않는 물과 같고 먼지 묻지 않은 거울과 같다.

하지만 정情이 한번 작용하면 혹 그 올바름을 잃게 된다. 처음에는 차이가 얼마 안 되지만 끝에 가서는 성인聖人과 광인狂人으로 갈리게 된다.[3] 광인은 생각하지 않는지라 어리석어 사물과 경쟁하지만, 오직 성인은 능히 생각해 그 덕이 하늘과 나란하다. 성인과 광인은 게으른가 공경스러운가 하는 한 발자국에서 나뉜다.

그대는 이미 박약博約[4]을 일삼아야 함을 알고 있으니, 어찌 밝은 하늘의 명命을 돌아보지 않겠는가. 때에 알맞게 물러나 스스로를 길러 타고난 본성을 돈독히 회복하고, 사특함을 막아 정성됨을 보존하면, 올바름이 내면에 충실해진다. 이를 극히 확충해 호연지기浩然之氣를 장대하게 하고 천하의 선善을 거두어들여 자기 몸에 간직해야 한다. 도는 사람에게서 멀리 있지 않으며,[5] 성인은 공부해 배울 수 있다.[6]

수사洙泗의 심학心學을 염락濂洛이 계승했다.[7] 이전 분들의 학문을 확충해 뒤의 학자들에게 길을 열어준 공로는 주자朱子보다 성대한 이가 없으니, 뭇 성현을 계승하고 본말을 자세히 탐구했다. 그의 학설은 헛되이 생겨난 게 아니며, 경전에 의거한 것이다. 학문의 목적을 분명히 드러내 후학에

3　『서경』주서(周書)「다방(多方)」에 "능히 생각하면 성인이 되고, 생각하지 않으면 광인이 된다"라는 말이 나온다.

4　박문약례(博文約禮)의 준말. 『논어』「자한(子罕)」에, 안연이 "선생님께서 차근차근 사람을 잘 이끄시어 문(文)으로써 나를 넓혀주시고, 예(禮)로써 나를 방정하게 해주셨다"라는 말이 나온다.

5　『중용』에 "도는 사람에게서 멀리 있지 않다"라는 말이 나온다.

6　『근사록』권4「존양(存養)」에, "혹자가 물었다. '성인(聖人)은 공부해 배울 수 있습니까?'"라는 말이 나온다.

7　'수사'는 노(魯)나라의 강인 수수(洙水)와 사수(泗水)를 말하니, 공자가 만년에 이 두 강 사이에서 제자를 모아 강학을 했다. 여기서는 공자를 가리킨다. '염락'의 '염'은 주렴계를, '락'은 정호·정이 형제를 가리킨다.

게 보여주었으니, 귀의해 해나 별처럼 우러러야 할 것이다.

나는 원대한 국량局量을 지닌 그대가 그를 본받고자 한다는 것을 알고 있다. 그러니 그 학문에 잠심潛心하여 그 뜻을 구하기 바란다. 그리하여 일동일정一動一靜에 있어 오직 주자만을 볼 일이다. 그대의 학업과 덕이 날로 새로워지고 날로 발전하지 않는다면 소인유小人儒[8]를 면하기 어려울 것이다. 그대는 부디 힘을 써서 내게 부끄러움을 주지 않기 바란다.

가정嘉靖 임인년壬寅年 초하初夏[9] 하순.

김사신金士伸 자설

나의 벗 진사進士 김군 한걸漢傑[10]이 자신의 자가 손윗분의 자를 범했다고 해서[11] 내게 고쳐주기를 청했다. 이에 나는 그의 자를 '사신士伸'이라 지었다. 사신이란 선비가 펴는 것을 말한다. '편다'는 것은 무엇인가? 그가 지닌 경륜의 뜻을 펴는 것이다.

선비는 위로 천고千古를 벗하니, 이윤伊尹과 부열傅說이 한 일과 주공周公과 소공召公의 업적을 내가 마땅히 펴야 할 것으로 삼아서 이를 기약한다면 훗날 내가 편 것이 양한兩漢의 선비들을 능가해 공명功名을 이루 다 거두어들일 수 없을 것이다.

---

8 『논어』「옹야(雍也)」에, 공자가 자하(子夏)에게 "너는 군자유(君子儒)가 되고 소인유(小人儒)가 되지 말아라"라고 한 말이 나온다.

9 '가정'은 명나라 세종(世宗)의 연호이고, '임인년'은 중종 37년인 1542년이며, '초하'는 음력 4월이다. 서경덕이 죽기 4년 전, 54세 때 쓴 글이다.

10 '김한걸'은 본관은 개성이며 서경덕의 문인이다. 중종 38년(1543) 진사가 되고, 명종 1년(1546) 문과에 급제했다. 형 김한경(金漢卿)도 문과에 급제했다. 명종 15년(1560)에 고성(高城) 군수, 선조 4년(1571)에 여산(礪山) 군수를 지냈다. 서경덕이 이 글에서 김한걸을 '진사'라고 한 것으로 보아 이 글은 1543년 이후 쓰인 것으로 추정된다.

11 자신의 자가 손윗분의 자와 같음을 말한다.

하물며 지금은 밝은 임금과 훌륭한 신하들이 서로 만난 때이거늘, 그대
는 훌륭한 재능을 지니고서도 오랫동안 움츠려 지낸 것이 오래이니, 곤어
鯤魚처럼 솟구치고 붕새처럼 날 때가 바로 지금일 것이다. 나는 그대가 펼
날이 머지 않았음을 아나니, 움츠린 것이 펴짐은 이치상 자연스런 형세다.
그대에게 옛사람들이 뜻한 일에 뜻을 두라고 권면하는 것이 내가 이 자설
을 짓는 이유다.

부기: 명종 15년(1560) 김한걸이 강원도 고성 군수로 있을 때 올린 「진군폐소陳郡弊疏」[12]

고성군은 땅이 협소하고 통천通川과 간성杆城의 중간에 끼어 있습니다.
큰 내가 들 한복판을 흐르고 있으므로 비를 만나면 침수가 되고, 사면의 들
판은 바다를 향해 열려 있어서 치우치게 바람을 많이 받습니다. 모래흙과
검은 빛 흙이어서 밭벼가 자라지 않고, 질퍽거리고 썩어 문드러져 논벼가
이삭을 맺지 못합니다. 그러므로 풀뿌리를 캐어 먹고 나무껍질을 벗겨서
식량을 대신하며, 남자는 온전한 바지가 없고 여자는 온전한 치마가 없으
니, 이 땅에 살고 있는 백성은 정말 불쌍합니다. 춥고 굶주리어 거의 다 죽
게 된 백성에게 잔학한 정치는 또 극한 지경에 달하니, 하늘을 보고 울부짖
으며 들녘으로 정처 없이 떠돌아다녀서 오늘 한 가정이 없어지고 내일이
면 다섯 가정이 없어져, 길거리에 다니는 사람들이 방랑하고 곤핍한 백성
을 보면 반드시 고성 백성이라고까지 합니다.
또한 고성의 관리는 잔인합니다. 각사各司[13]의 닦달과 감사의 독촉에 못
이겨 목전에 닥친 것을 변제하여 구차스럽게 견책譴責을 모면하려고 급

---

12   『명종실록』에 실려 있는 글이다. 조선왕조실록(http//sillok.history.go.kr) 참조.
13   서울에 있는 관청들을 총칭하는 말.

히 문인文引[14]을 만들어 잡아들이고, 형구刑具를 가해서 두렵게 만들며, 채찍으로 마구 때리고 고혈膏血을 긁어내는 것을 능사로 삼습니다. 방자하게 본심을 버리고 이利를 따르며 공사公事를 빙자하여 사욕을 이루려는 자에 대해서는 참으로 얘기할 것도 못 되지만, 조금은 사군자士君子의 마음을 가지고 학문을 한 사람들까지도 또한 혹리酷吏가 되는 것을 면치 못한다면 어찌 관리의 죄라고만 할 수 있겠습니까? 형편이 그러해서입니다.

신이 지난 7월에 도임하여 민적民籍을 살펴보니 원래의 호수戶數는 371호였습니다만 세 곳의 역리驛吏와 향화인向化人(귀화인), 내수사 노비, 각사各司 노비 및 관노비官奴婢, 그리고 도망하여 없어진 민호民戶를 제외하면 부역할 수 있는 호수는 125호뿐이니, 보통 읍의 1개 면面과 비교해도 오히려 못합니다. 그러나 이것은 대개 수년 전의 문서이고 지금 실정은 이에도 미치지 못합니다. 지난해부터 도망한 자가 이미 29호나 되고, 신이 부임한 지 다섯달도 되지 않았는데 도망한 백성이 또 20여 호에 이르니, 이와 같이 계속된다면 이해가 다 가기도 전에 모두 비게 될 형편입니다. 이것은 참으로 신이 불초하기 때문에 일어난 일이기는 하오나 신의 수개월 폐정弊政이 어찌 백성들로 하여금 갑자기 이 지경으로 유망流亡하게 만들었겠습니까?

이는 다름이 아니라 흉년이 생계를 곤궁하게 만들고 요역徭役이 생업을 빼앗았기 때문입니다. 대체로 공부貢賦(세금)는 예전에 민호가 완전하던 때 정해졌는데, 공부가 결정된 후 민호가 점점 없어지니, 민호 하나가 없어지면 민전民田 하나가 황폐해지고, 민호 열이 없어지면 민전 열이 황폐해집니다. 더구나 금강산에 있는 12개 사찰에서 곡식을 사서 먹는 자는 모두 내수사에 속하는 노비 이름으로 되어 있어 교묘하게 세금을 면하고 있으니, 먹는 자는 중이고 곡식을 대는 자는 백성입니다. 온갖 공물貢物의 독

---

14   통행이나 여행의 허가증.

촉은 모두 간신히 남아 있는 백성에게 집중되어 지난번에 홉(合)으로 내던 것을 이번에는 되(升)로 내야 하고, 지난번에 되로 내던 것을 이번에는 말(斗)로 내야 하니, 백성이 어떻게 곤궁하지 않을 수 있겠으며, 군郡이 어찌 피폐하지 않겠습니까?

백성의 곤궁과 군의 황폐가 이처럼 심각한 지경에 이르렀는데도 육시六寺에 바치는 것과 칠감七監[15]에 올리는 물건은 대개가 생산되지 않는 물건이라 모두 바닷물고기를 가지고 무역하여 공물을 마련하는 밑천으로 삼고 있으니 그 폐단은 말로 다 할 수 없습니다. 100호가 감당하지 못한 부세를 단 10호로 하여금 바치게 하고, 10호가 감당하지 못한 부세를 단 1호에게 바치게 하고 있으니, 형편상 유망流亡하지 아니할 수 없습니다. 지금 만약 소생시킬 계책을 구한다면, 반드시 1년 기한으로 조세를 일절 감면해준 연후에야 가능할 것입니다. 바라옵건대 전하께서는 유념하소서.

그리고 진상물進上物을 실어 나르는 고통과 인정人情[16]을 봉하여 싸는 비용도 한이 없는데 모두 백성에게 나오니, 춥고 굶주리어 죽음을 구제하기에도 어려운 백성으로서 어떻게 감당할 수 있겠습니까? 통천·간성은 이 군에 비하면 부유한데도 1년에 도회都會에 천신薦新[17]하는 것이 간혹 한두 번에 이르나 본 군은 유독 토산물을 다섯번이나 바치니, 백성이 받는 고통이 어찌하여 이처럼 치우칩니까? 더구나 옛날에는 생산되었으나 지금은 생산되지 않는 것도 있는데 봉상奉上하는 액수는 예전 그대로이므로, 백성들은 모두 이웃 고을에서 무역하여 바치고 있으며 끝내는 부역을 감당하

---

15 '육시'는 봉상시(奉常寺), 전중시(殿中寺), 사복시(司僕寺), 사농시(司農寺), 내부시(內府寺), 예빈시(禮賓寺)를, '칠감'은 교서감(校書監), 선공감(繕工監), 사재감(司宰監), 군자감(軍資監), 군기감(軍器監), 사수감(司水監), 전의감(典醫監)을 말한다.

16 벼슬아치에게 주는 선물이나 뇌물.

17 '도회'는 중앙에 바칠 공물이 집결되는 각 도의 중심지가 되는 고을을 말하고, '천신'은 원래 종묘에 햇과일과 햇곡식을 올리는 의식을 말하는데, 여기서는 이를 위해 진상하는 물품을 이른다.

지 못하여 모두 도망할 마음을 품고 있으니, 마침내 마련하기 쉬운 물건도 봉상하지 못하게 될까 걱정입니다. 만약 이를 구제하지 않는다면, 생산되지 않는 물품을 바치지 못할 뿐 아니라 늘 생산되는 물품까지도 폐하게 될까 걱정입니다. 천주天廚[18]에 공납하는 것이 이 몇 가지이니 형편상 제거할 수 없는 것이라면 모르겠거니와, 그렇지 않으면 많고 적은 것을 헤아려 가감하고, 있고 없는 것에 따라 조절하여 백성으로 하여금 조그만 은혜라도 입게 하는 것이 좋겠습니다. 바라옵건대 전하께서는 유념하소서.

그리고 선상공포選上貢布[19]는, 노비들의 빈약하고 곤궁함이 요즈음 더욱 심하여 1년에 2필匹을 봉납하기도 오히려 어려운데 더구나 7, 8년치의 공납을 어떻게 하겠습니까? 본 군은 임자년(명종 7년, 1552)부터 지금까지 8년 동안을 전혀 공납하지 못하여 누적된 것이 200여 필에 이르는데 반드시 현재의 관리에게 8년간 미납한 것을 납부하도록 요구한다면, 그간에 죽거나 거처없이 떠돌아다니는 자가 반이 넘을 것이므로 지금 고을에 있는 자가 반드시 10배를 납부해야 될 것입니다. 자기 몫의 공포貢布도 납부하지 못하여 이 지경에 이르렀는데, 어떻게 죽은 자와 떠돌아다니는 자의 공포까지 함께 납부하도록 독촉할 수 있겠습니까? 각사各司의 공물 중 사섬시司贍寺의 것이 중한 것은 국가의 재용財用이 거기서 나오기 때문입니다. 그러므로 해조該曹에서도 중히 여겨 수령守令이 임기가 다해 떠날 때는 반드시 먼저 공포의 납부 여부를 확인해 진퇴시키고 있는데, 이 때문에 수령들은 못 하는 짓 없이 가혹하게 독촉하고 있습니다. 매년 독촉할 때는 누가 이것을 급히 여기지 않았겠습니까마는 여러 해를 납부하지 못한 것은 독촉하지 않아서가 아니라 어찌할 수 없었기 때문입니다. 바라옵건대 전하께서는 유념하소서. 정안正案에서 죽었거나 도망한 사람을 빼고 현존한 자

18　임금의 수라를 장만하는 주방.

19　공역(供役)을 위해 일정 기간 상경하는 선상노비(選上奴婢)로부터 공역을 면제해주는 댓가로 받는 포(布)를 말한다.

만을 계산하여 몇 년 동안에 나누어 점차적으로 납부하도록 독려하면 가능할 것입니다. 바라옵건대 전하께서는 유념하소서.

그리고 수군水軍의 고통은 다른 역역에 비해 더욱 심합니다. 수군은, 호戶는 모두 군郡에 속해 있고 몸은 포浦에 속해 있어서, 그 소속에 따라 온갖 부역이 모두 한 몸에 모이므로 군에서 도망한 호戶가 많기로는 수군이 으뜸입니다. 한 수군이 도망하면 한 가족이 번갈아서 그 역역을 대신하여 온 가족이 모두 피해를 입습니다. 아비는 자식을 보호할 수 없고 형은 동생을 보호하지 못하여 거처를 잃고 떠돌아다니는 자가 몇 사람인지를 알 수 없으니, 수군 하나가 도망한 것 때문에 죄 없는 가족이 이다지도 괴로움을 당해야 하겠습니까? 군郡에 포浦를 설치한 것이 어느 때 시작되었는지 백성은 전혀 그 연혁을 알지 못하고 있습니다. 그래서 영서嶺西의 수군은 입번立番하려 하지 않으며, 번番에 빠졌다는 통보를 받으면 날마다 관官에 찾아가 반드시 번가番價를 치러 역역에 대신합니다. 만호萬戶도 번가 받는 것을 이롭게 여겨 번을 서지 않는 것을 허락하기 때문에 사역使役할 일이 있으면 반드시 군郡에 거주하는 사람을 부리고, 진상進上할 일이 있어도 반드시 군에 거주하는 사람을 시키며, 심지어 영서의 팔관八官에서 발차發差하고 징궐徵闕[20]하는 데까지도 군에 거주하는 사람을 부리니, 출입하느라 쉴 겨를이 없습니다. 더구나 번다한 공억供億[21]과 공사公私의 판비辦備와 부과된 일의 종류에 정해진 기준도 없습니다. 그래서 여러 역사役事에 바쁘게 다니느라 조금도 휴식할 겨를이 없으니, 어느 틈에 농사를 지어서 곡식을 거둬들이겠습니까? 이로 인해 포흠逋欠[22]하여 곳집이 비게 되고 또 화禍가 뻗치어 도망하는 자가 날로 계속되니, 그 피해를 말로 다 할 수 없습니다.

---

20 '팔관'은 여덟 관아를 말하고, '발차'는 죄지은 사람을 잡아 오려고 사람을 보내는 것을 말하며, '징궐'은 번(番)에 빠진 자를 데려오는 것을 말한다.
21 음식물을 준비하여 관리를 접대하는 것.
22 관아의 물건을 빌린 뒤 갚지 않는 것.

포浦를 설치한 것이 어찌 이리하려는 것이었겠습니까? 평시에는 수군으로 전투를 익히고, 갑작스런 변이 생기면 이 수군으로 적에 대응해야 하니, 이것이 포에 수군을 두게 된 까닭입니다. 지금 영서의 수군은 본래 물에 익숙하지 않아 노(橶)를 사용할 줄 모르고 가포價布만으로 방어를 대신하고 있으니, 함께 포浦를 지킬 자가 몇 사람이나 있겠습니까? 그렇다면 차라리 물에서 생장한 군민郡民을 뒷날 쓰도록 하고 포에 수군을 설치할 필요가 없습니다. 군에는 이미 배를 조종할 줄 아는 백성이 있어 수군으로 쓸 수 있으니, 물에 익숙하지 못한 영서 사람들은 차라리 군郡에 소속시켜 육군을 만들고, 군을 병마진兵馬鎭으로 만들어서 수군과 육군을 아울러 구비하여 뜻밖의 일에 대비해야 할 것입니다. 그렇게 하지 않으면 수군이 도망하여 군을 보호할 수 없고, 군을 보호하지 못하면 방어의 형세가 고립孤立될 것입니다. 뿌리를 제거하고서 나무를 심을 수는 없으니, 삼가 바라옵건대 전하께서는 유념하소서.

아! 곳집이 이와 같이 고갈枯渴되고 백성의 근심과 원망이 또 이와 같은데, 공부貢賦는 예전과 변함이 없고 요역 또한 예전과 같으며 진상도 전과 같고, 선상노選上奴는 도망가고 수군은 정처없이 떠돌아다녀, 인가가 모두 여우와 토끼의 집으로 변하여 반드시 다 텅 비고야 말 형세인데, 그리되는 것을 앉아서 구경만 하고 구원하지 않을 수 있겠습니까? 이것이 신이 눈물을 흘리며 통곡하고 잠을 못 이루며 길게 한숨 쉬는 까닭입니다.

심 교수沈教授에게 주는 송서送序[23]

사람을 송별할 때 좋은 말을 해주는 것은 친후親厚하게 대하는 도리입니다. 저는 곤궁하여 주머니에 돈 한 푼 없으니, 청컨대 '그침(止)'이라는 말 한마디를 드리고자 합니다.

천하의 만물과 모든 일에는 각각 그침이 있습니다. 우리는 하늘이 위에 그친다는 것을 알고, 땅이 아래에 그친다는 것을 알고 있습니다. 우뚝 서 있는 산과 흐르는 물이며, 날아다니는 새와 엎드려 있는 짐승들도 각각 하나같이 그치기 때문에 문란하지 않다는 것을 우리는 알고 있습니다. 우리 사람에게 있어서는 더욱이 그침이 없을 수가 없는데, 그침은 한가지만이 아니니, 마땅히 각각 그쳐야 할 곳에서 그쳐야 합니다. 이를테면 부자父子는 은혜에서 그쳐야 하고, 군신君臣은 의리에서 그쳐야 하니, 이는 모두 타고난 본성이며 사물의 법칙입니다.

심지어 먹거나 마시거나 옷을 입는 일상의 생활과 보고 듣고 말하고 움직이는 데에도 어찌 그쳐야 할 곳이 없겠습니까. 이리 미루어보면, 움직이는 것은 고요한 데로 가고, 수고로운 것은 편안한 데로 가며, 뜨거운 것을 잡으면 서늘한 데로 가게 되고, 고단하면 잠을 자게 마련입니다. 대저 움직임이나 수고로움은 고요함과 편안함에 그치지 않을 수 없고, 뜨거움이나 고단함은 시원함과 잠듦에 그치지 않을 수 없습니다. 이런 것은 지혜로운 사람이 아니더라도 그칠 바를 알게 됩니다.

군자가 배움을 귀히 여기는 것은 그것을 통해 그침을 알 수 있기 때문입니다. 배우고도 그칠 줄 모른다면 배우지 않은 것과 뭐가 다르겠습니까. 문예文藝도 또한 하나의 배움입니다. 마땅히 과정課程을 엄히 세워 역량을 다해 반드시 자기가 바라는 목표에 도달해야 합니다. 그리하여 구경에는 자신이 전공하는 문예의 훌륭함 여부와 성과를 거두었는가의 여부를 살펴, 일체를 놓아버리고 아무 것도 일삼지 않는 데 맡겨둔다면, 어찌 이른바 그

23　'심 교수'는 심의(沈義, 1475~1551?)를 가리킨다. 호는 대관재(大觀齋)로, 문집『대관재난고 (大觀齋亂稿)』가 전한다. 중종 2년(1507) 문과에 급제해 공조좌랑, 겸춘추(兼春秋), 여주부 (驪州府) 교수, 개성부(開城府) 교수, 소격서 령 등을 지냈다. 직언을 잘해 사람들에게 밉보여 현달하지 못했다. 형 심정(沈貞)과 사이가 안 좋았다. 심정은 남곤(南袞)과 함께 기묘사화를 일으켰으며 좌의정까지 지낸 뒤 사사(賜死)되었다. 서경덕은 심의보다 열네살 밑이지만 가까이 지냈다. '송서'는 떠나는 사람에게 주는 글로, 한문학의 한 장르다.

친다는 것을 초연히 아는 게 아니겠습니까. 일에는 다함이 있으니, 시작하고 끝맺는 순서 없이 함부로 이어가서는 안 됩니다.

대관자大觀子[24]는 시를 전공해 젊어서 힘쓰고 늙어서도 그만두지 않으셨으니, 그 지은 시들은 고아高雅하고 웅건하고 착실하여 『시경』의 국풍國風이나 「이소離騷」에 가깝습니다. 지금 이미 시고詩稿의 집필을 끝내셨다니 부지런하다 이를 만합니다. 벼슬을 함에 있어서는 미관말직을 하찮게 보지 않으시고 천명天命에 몸을 맡겨 흰머리에 낭관郎官[25]이 되었으나 끝내 불평스런 기색이 없으셨으니, 공손하다 이를 만합니다. 개성부開城府의 교수[26]가 되셔서는 하루도 생도生徒들을 교육하지 않은 적이 없었고, 수업을 할 때에는 생도들의 성취를 권면하며 젊은 후진後進들이 표범처럼 변하고 자벌레처럼 펴도록[27] 고무鼓舞했으니, 가히 애쓰셨다 할 만합니다.

제가 보기에 나이 일흔에도 건강하시니[28] 수壽를 누리지 않는다고 할 수 없고, 벼슬이 하대부下大夫[29]의 말석을 차지했으니 귀하지 않다고 할 수 없으며, 또 시에 능하다고 알려졌으니 이룬 게 없다고 할 수 없습니다. 수를 누린 데다 귀하기까지 하시고, 게다가 생도들을 가르치는 겨를에 불후不朽의 시들을 남겼으니, 앞에서 말한 자기가 바라는 목표를 채웠다고 말할 수 있을 듯합니다.

앞으로 선생께서 힘을 쓸 수 없으리라는 것을 저는 알고 있습니다. 그렇

---

24 심의를 가리킨다.

25 조선시대 육조(六曹)에 설치된 각 사(司)의 실무 책임을 맡은 정5품직 정랑(正郎)과 정6품직 좌랑(佐郎)을 통칭하는 말.

26 종6품 관직이다.

27 『주역』의 혁괘(革卦)에 "군자표변(君子豹變)"이라는 말이 나오는데, 표범의 털가죽이 아름답게 변해가는 것처럼 군자는 자기 잘못을 고쳐 선(善)으로 향하는 데 신속함을 이른다. 또 『주역』「계사전」하(下)에, "자벌레가 움츠림은 펴고자 해서다"라는 말이 나온다.

28 당시 심의가 70세였다니 1544년에 이 글이 쓰였음을 알 수 있다. 서경덕이 쉰여섯살 때로, 죽기 2년 전이다.

29 옛날 중국에서 대부를 상대부(上大夫), 중대부(中大夫), 하대부(下大夫)로 구분했다.

다면 몸을 소요逍遙의 경지에 두어 담박한 곳에서 노닐 때가 바로 이때 아니겠습니까?『주역』에 이르기를, "때가 그칠 만하면 그치고, 때가 행할 만하면 행한다"[30]라고 했습니다. 대개 '때가 행할 만하면 행한다'는 것은 행함에 그치는 것이고, '때가 그칠 만하면 그친다'는 것은 그침에 그치는 것입니다. 이미 그침에 그치는 상황에 놓여 있다면 시를 꼭 억지로 읊을 필요가 없고, 벼슬하느라 꼭 분주할 필요가 없으며,[31] 몸도 꼭 힘을 내어 번거롭게 움직일 필요가 없거늘, 어찌 자주 왕래하기를[32] 생각하며 그치지 않을 수 있겠습니까?

공자는 노쇠해지자 다시 주공周公의 꿈을 꾸지 않았으니, 그침에 그친 것을 알 수 있습니다. 소자邵子는 시에서 "독서하지 않은 지 12년이도다"라고 했으니, 읽음을 그친 것을 알 수 있습니다. 또 읊기를, "한가로우면서 맑지 못하면 이는 첫번째 미혹이요/늘어서도 쉬지 않으면 이는 두번째 미혹이다"라고 했으니, 이는 한가로움이 맑음에서 그쳐야 하고 늙음이 쉼에서 그쳐야 함을 안 것이라 하겠습니다. 한가로운데 맑지 않고, 늙었는데 쉬지 않는다면, 미혹됨이 아니고 무엇이겠습니까.

우리 선생께서는 이미 늙으신 데다가 한가해지셨으니, 정녕 좌망坐忘[33]하여 생각이 밖으로 치달리지 않게 하시고, 신심身心을 모두 다잡아 생각도 없고 하는 것도 없는 경지에 그치셔야 할 때입니다. 이른바 '생각도 없고 하는 것도 없다'는 것은, 구담瞿曇(부처)의 적멸寂滅이나 노담老聃(노자)의 허무虛無나 열어구列禦寇(열자)의 구관九觀에 은둔함이나 장주莊周(장자)의 육기六氣를 부림이나 위백양魏伯陽의 연홍鉛汞[34]을 마심과는 다릅니다. 이들은

30 『주역』 간괘(艮卦)의 단사(彖辭)에 나오는 말.

31 그럼에도 심의는 벼슬을 그만두지 않아 76세에 소격서 령을 지냈다.

32 '자주 왕래하다(憧憧往來)'라는 말은『주역』함괘 제4효의 효사이다.

33 『장자』에 나오는 말로, 욕망과 사려(思慮), 물아(物我)와 시비(是非)를 벗어나 무위(無爲), 즉 지극한 도의 경지에 이르는 것을 말한다.

34 '적멸'은 산스크리트어 Nibbāna의 음역인 '열반(涅槃)'의 의역으로 일체의 모든 상(相)을

비록 스스로 천하의 학문이 자기네 학술보다 더 나은 게 없다고 여기고 있지만, 그들이 하는 바를 상고해보면 대개 한구석에 막혀 있음을 면치 못하니, 어찌 우리 유학이 대중지정大中至正하여 체體와 용用을 포괄하고 동動과 정靜을 통일해 드러남과 은미함에 간격이 없는 도道인 것과 같겠습니까? 무릇 우리가 마땅히 그쳐야 할 곳은 여기에 있지, 저기에 있지 않습니다.

그렇다면 어떻게 공부를 해야 생각도 없고 허물도 없는 경지에 그칠 수 있겠습니까? '공경함을 지니고 이치를 관觀하는 것〔持敬觀理〕'이 그 방법입니다. '경敬'이란 마음을 한곳에 모아 다른 데로 가지 않게 하는 것〔主一無適〕을 이릅니다. 하나의 사물을 접하면 그 접한 바에 그치고, 하나의 일에 응하면 그 응하는 바에 그쳐 다른 것이 끼어들지 않게 하면 마음이 능히 전일專一하여, 일이 지나가고 사물이 떠나가고 나면 문득 수렴되어 그 맑고 깨끗함이 마치 밝은 거울이 비어 있는 것과 같습니다.

하지만 내가 공경함을 지님이 익숙하지 못하면, 바야흐로 마음을 한곳에 모아도 그치는 데 구애되지 않기가 어렵습니다. 그치는 데 구애되면 또한 병폐가 됩니다. 반드시 공경함을 지니기를 오래 해서, 능히 정靜을 위주로 하여 동動을 제어함으로써 밖으로 그침에 구애되지 않고 안으로 그침에 막히지 않게 된 연후에야, 생각함도 없고 하는 것도 없는 경지에 거의 이를 수 있게 될 것입니다.

선생께서는 서재에 '대관大觀'(크게 봄)이라는 편액을 걸어놓으셨는데, 이른바 '대관'은 그침에 그치는 것보다 더 큰 것이 없을 것입니다. 선생께서는 옛사람의 풍모를 많이 지녀, 처세함에 있어 자신을 굽혀 여러 사람을 따르시며[35] 세속을 벗어난 특이한 행동을 하지 않으시니, 진실로 이른바

떠난 해탈의 경지를 말하고, '허무'는 노자(老子) 사상의 핵심이다. '구관'은 전설에 나오는 아홉 도관(道觀), 즉 도교의 사원을 가리키지 않나 한다. 이곳에 사는 신선을 구관선(九館仙)이라고 한다. '육기'라는 말은 『장자』「소요유」에 나오는데, '지인(至人)은 여섯가지 기운의 변화를 부려 무궁한 데 노닌다'라고 했다. '연홍'은 납과 수은을 말하는데, 연단(鍊丹)을 뜻한다.

'그침에 그치는 곳'과 '그침에 그치는 때'를 알아서 그치신다면 위무공衛武公[36]과 같이 됨도 또한 늦지 않다 할 것입니다. 만일 종종걸음을 치고 활보하면서 이백李白이나 두보杜甫의 소단騷壇에 오르고자 엿보아 시구詩句를 읊조리는 성벽이 아직 남아 있으시다면 이는 소씨昭氏가 거문고를 타는 것과 비슷하지 않겠습니까?[37] 만일 시가 사람의 성정性情을 즐겁게 할 수 있으려면 상지喪志[38]하지 않아야만 할 것입니다. 벼슬하는 것 역시 죽을 때까지 의義와 천명天命에 따르기만 한다면[39] 그 또한 괜찮을 것입니다.

방금『주역』을 읽던 중 간괘艮卦의 괘사卦辭에서 '그치다(止)'라는 글자를 얻어 그 설說을 부연해 선생을 전별하는 말로 삼습니다.

부기: 심 교수를 보내며[40]

1

개성에서 3년을 가르치니
생도들이 학업이 이루어진 걸 기뻐하네.
이별의 정 견디지 못하겠는데
이제 양성陽城[41]을 청할 길이 없네.

---

35 원문은 '훼방와합(毁方瓦合)'으로,『예기(禮記)』「유행(儒行)」에 나오는 말이다.

36 춘추시대 위(衛)나라 임금으로서 훌륭한 정사(政事)를 펼친 군주로 알려져 있다. 96세 때 「억(抑)」이라는 시를 지어 자신을 경계했다. 이 시는『시경』대아(大雅)에 실려 있다.

37 『장자』「제물론」에 나오는 고사이다. '소씨'는 뛰어난 거문고 연주자인 소문(昭文)을 말한다. 소문이 거문고를 타면 '이룸과 이지러짐(成虧)'이 있으나, 거문고를 타지 않으면 이룸과 이지러짐이 없다고 했다. 무위(無爲)에서 온전한 도에 이를 수 있음을 비유한 말이다.

38 '완물상지(玩物喪志)', 즉 '물건을 가지고 놀면 뜻을 상한다'에서 유래하는 말이다.『서경』 주서(周書)「여오(旅獒)」에 이 말이 처음 나온다.

39 불의한 벼슬을 하지 않고 자신의 분수에 따른다는 말.

40 『화담집』에 실린 3수의 시를 여기에 부기한다.

41 당나라 때의 진사(進士)로, 국자사업(國子司業)으로 생도들을 가르쳤는데 그만둘 때 생도

2

화담에서 함께 발 씻고

자하동紫霞洞에서 함께 잔 기울였지.

세상 밖 소요하던 땅으로

훗날 꿈에라도 한번 돌아오시길.

3

청산의 두어 칸 집

책이 책상에 가득하네.

꼴 베고 나무하는 늙은이[42] 안부 묻거든

근래 더욱 게으르고 오활하다 전하길.

줄 없는 거문고에 새긴 명銘

1

거문고에 줄이 없나니, 체體만 보존하고 용用은 없앴네. 실은 용用을 없앤 게 아니네, 정靜이 동動을 포함하고 있으니. 소리를 통해 들음은 소리 없음에서 들음만 못하고, 형체를 보고 즐거워함은 형체가 없음에서 즐거워함만 못하다네. 형체가 없음에서 즐거워하니 돌아감[歸][43]을 체득하게 되고, 소리가 없음에서 들으니 미묘함을 체득하게 되네.[44] 밖으로는 유有에

들이 그 유임을 청했다는 고사가 있다. 여기서는 심의를 가리킨다.

42   서경덕 자신을 말한다.

43   원문은 '요(徼)'. 『도덕경』 제1장에 나오는 이 글자를 왕필(王弼)은 '귀종(歸終)'이라 해석했다. 이에 따른다.

44   이 구절은 『도덕경』 제1장의 "언제나 무(無)로써 묘(妙)를 보고자 하고, 언제나 유(有)로써

서 얻고, 안으로는 무無에서 깨닫게 되네. 도리어 이 속에서 흥취를 얻으니,[45] 줄 위의 공부를 어찌 일삼으리.[46]

2

그 줄을 쓰지 않고 그 줄의 줄을 쓰네. 음률 밖의 궁상宮商에서 나는 천뢰天籟[47]를 듣네. 소리를 즐기지 않고,[48] 소리의 소리를 즐기네. 귀로 듣지 않고, 마음으로 듣노라. 저 종자기鍾子期[49]는 어찌 귀로 내 거문고 소리를 듣나.

거문고에 새긴 명[50]

1

너를 뜯어 소리를 내어, 내 마음을 즐겁게 하네. 다섯 곡조 조화롭고, 밖으로 넘침이 없네. 절도가 알맞으니 천시天時가 때에 맞고, 활달함이 알맞으니 봉황이 날아와 춤을 추네.[51]

요(徼)를 보고자 한다(常無欲以觀其妙, 常有欲以觀其徼)"라는 구절을 환골탈태했다.

45 옛날 도연명이 줄 없는 거문고를 노래하기를, "다만 거문고의 흥취만 알면 그만이지/어찌 수고롭게 줄 위에 소리를 내리(但識琴中趣, 何勞絃上聲)"라고 한 바 있다.

46 줄 없는 거문고에서 흥취를 얻으니 구태여 줄이 있는 거문고가 필요 없다는 말. 끝에 나오는 '공부'라는 말을 통해 이 명(銘)이 일종의 '공부론(工夫論)'임을 알 수 있다.

47 『장자』「제물론」에 나오는 말. 소리 없는 소리로, 도(道)를 이른다.

48 원문은 '樂之以音'이지만, 맥락으로 보아 '樂' 자 앞에 '非' 자가 있어야 하는데 빠진 것으로 보인다. 『해동역사(海東繹史)』 권43 예문지(藝文志) 2의 경적(經籍) 3 가운데 본국서목(本國書目) 2에 인용된 서경덕의 이 글에는 '비(非)' 자가 있다.

49 옛날 중국에 백아(伯牙)가 거문고를 잘 탔는데, 그 연주를 제대로 이해하는 사람은 친구인 종자기 한 사람밖에 없었다고 한다.

50 서경덕은 가난 속에서도 늘 거문고 타기를 즐겼다.

51 순임금이 거문고로 소소(簫韶)라는 곡을 연주하자 봉황이 뜰에 날아와 춤을 추었다는 고사가 있다.

2

타는 게 조화로와 요순시절(堯舜時節) 되돌리네. 삿된 마음 씻어내니 하늘과 하나 되네. 아양곡(峨洋曲)[52]을 연주커늘, 그걸 듣고 누가 알리. 성대하면서도 간략하니, 남은 맛이 있도다.

심 교수가 보내주신 시에 차운하다[53]

2

학문을 하며 자질구레함을 늘 탄식한 것은
나의 몽매함 깨쳐줄 스승을 못 만나서라네.
부지런히 힘써 공부해
오십이 넘어 비로소 통하는 듯싶네.

3

선각자 맹가(孟軻)는 성을 생각함(思誠)에 대해 말했나니[54]
배움이 성(誠)에 도달하면 행함이 구애되지 않고 자유롭네.
반성해보면 마음에 가책이 없지 않으니
총명과 지혜 믿을 게 못 됨을 비로소 알겠네.

---

52 훌륭한 거문고 연주를 뜻한다. 백아가 높은 산을 생각하며 거문고를 타면 종자기가 그걸 알고 '아아(峨峨, 산이 높고 높다는 뜻)'라고 했으며, 백아가 흐르는 물을 생각하며 거문고를 타면 종자기가 그걸 알고 '양양(洋洋, 물이 넘실거린다는 뜻)'이라고 했다는 데서 유래하는 말이다.

53 이 시는 총 여섯 수인데, 본서에는 그 제2수, 제3수, 제4수를 실었다.

54 '가'는 맹자의 이름이다. 『맹자』 「이루(離婁)」 상(上)에 "성(誠)이란 하늘의 도(道)요, 성(誠)을 생각함은 사람의 도(道)다"라는 말이 나온다.

4

군자는 모름지기 도道에 깊게 나아가야 하니
성취를 거둠에 이르러서야 비로소 찾는 걸 쉬네.
연래年來에 참된 진리 보게 됐으니
예전에 공연히 마음을 허비한 것 스스로 웃네.

다시 심 교수의 시에 차운하다[55]

『주역』 한 책에 온갖 이치 다 들어 있어
공자의 위편삼절韋編三絶[56] 본받아 나의 몽매함 깨우치려 했네.
감괘坎卦와 이괘離卦가 서로 의탁함을 사람들은 아는지
사소한 천기天機도 깨닫기 쉽지 않네.

사람들이 『남화경南華經』[57]을 읽기에 시를 지어 보이다

천 리의 차이도 한 발자국에서 비롯되니
제자諸子[58]가 『남화경』 외는 걸 웃노라.
육경六經에 예악禮樂과 제도制度 다 갖춰져 있으니

---

55 두 수인데, 본서에서는 제1수를 실었다.
56 위편이 세번 끊어졌다는 뜻. '위편'은 죽간(竹簡)을 연결하는 가죽끈을 말한다. 종이가 발명
　　되기 전에는 죽간에 글을 썼으니, 공자는 죽간으로 된 『주역』을 보았다. 공자가 만년에 『주
　　역』을 열심히 공부해 죽간의 가죽끈이 세번이나 끊어졌다고 한다.
57 『장자(莊子)』의 다른 이름.
58 생도徒의 사람들을 가리킨다.

제자백가諸子百家까지 공부할 건 없네.

박슬한朴瑟僩 이정頤正과 이별하며

학문이란 본래 정밀해야 진전되니
그대는 바탕이 훌륭하니 학문을 이루리.
부지런히 노력하되 조급히 이루려 하지 말고[59]
천기天機가 발동하여 스스로 움직이기를 기다려야 하네.[60]

김언순金彦順[61]을 보내며

성문聖門[62]의 높은 학문은 뜻이 제일 중요하니
바른 뜻을 가져야 호연浩然함을 깨달으리.
진실한 공부에 마땅히 힘을 쏟고
나머지 만사萬事는 하늘의 뜻을 따르게나.

---

59 이 말은 본서 358면의 「웃으며 장난삼아 짓다」라는 시에도 나온다.

60 본서 288면, 「이기(理氣)의 본원(本原)을 밝힘」이라는 글 중의 "움직임과 고요함이 없을 수 없고, 닫힘과 열림이 없을 수 없는 것은 어째서인가? 천기(天機)가 스스로 그러하기 때문이다"라는 말과 연결해서 보면 좋다.

61 김혜손(金惠孫, ?~1585)을 말한다. 서경덕의 문인 가운데 한 사람이다. '언순'은 그 자이며, 본관은 경주이다. 학행으로 천거되어 벼슬이 군수에 이르렀으며, 만년에 특히 『주역』 읽기를 즐겨했다고 한다. 『선조실록』 선조 12년(1578) 1월 22일 기사 중에 "풍저수(豐儲守) 김혜손은 노쇠하고 비루하니 파직을 명하소서"라는 간관(諫官)의 말이 보인다. '풍저수'는 궁중에 곡식을 조달하는 풍저창(豐儲倉)의 수(守)로서, 정4품 벼슬이다.

62 유학을 말한다.

5장
경세론

인종대왕仁宗大王**에게 올리려던, 대행대왕**大行大王**의 상제**喪制**가 옛날의 예**禮**에 부합하지 않음을 논한 소**[1]

　초야의 비천한 생원生員[2]인 신臣 서경덕이 삼가 목욕재계하고 상중喪中에 계신 주상전하께 절하며 상소를 올리나이다.

　신이 듣건대 전하께서는 동궁에 계실 때 학문이 날로 고명한 데 이르러 도의道義로 처신하시고, 행동은 예법을 따르시며, 간소하고 진중하며 단정하고 위엄이 있으시어 옛 성인聖人의 법도를 지니셨다 했습니다. 효성스러움과 인자함과 공경함과 의로움이 안으로 진실되어, 바깥에까지 알려졌습

1　이 상소문은 올리려고 작성했으나 올리지 않았다. '대행대왕'은 중종(中宗)을 말한다. 1544년 11월 중종이 승하해, 인종이 이달 새 임금으로 즉위했다. 하지만 인종은 단명하여 이듬해 7월에 승하했다. 인종은 동궁으로 있을 때 학문에 힘쓰고 어진 모습을 보여 선비들의 기대가 컸다. 서경덕 역시 인조에게 기대를 걸고 있었던 듯하다. 이 상소문이 불발로 그친 것은 인조의 갑작스런 죽음과 관련이 있지 않나 한다.
2　서경덕은 중종 26년(1531) 생원시에 합격한 이래 벼슬을 하지 않았다.

니다. 일명지사一命之士3라 할지라도 진실로 지견知見이 있는 자라면 누군들 충성을 다하여 임금에게 말을 올리려고 하지 않겠습니까? 신은 밭이랑 가운데 있으니 나랏일을 말씀드림은 진실로 분수에 넘치는 일이오나, 들자옵건대 신과 같은 이도 또한 백의白衣를 3년간 입어야 하는 사람들 속에 든다 하니4 부득불 말씀드리지 않을 수 없사옵니다. 그래서 오늘날의 상제喪制가 옛날과 부합하지 않는 잘못이 있음을 논하오니, 한마디 말이라도 채용되어 시행된다면 비단 어리석은 신하로서 다행한 일일 뿐만 아니라 우리나라 사림士林으로서 다행한 일이라 할 것이옵니다.

신이 생각건대 군부君父의 상제喪制는 하늘의 법도요 땅의 의리로서, 만고에 바꿀 수 없는 것입니다. 신이 삼가 참최斬衰5에 대한 글을 상고컨대 '치상삼년致喪三年'이라고 했으니, 자식이 아버지를 위해 입는 상복을 말합니다. 또 '방상삼년方喪三年'이라고 했으니, 신하가 임금을 위해 입는 상복을 말합니다.6 성인께서 하늘의 형상을 본받고 땅의 법도를 관찰하여 위아래 옷의 제도를 만드시어, 최衰와 적適과 부판負版7의 수數를 정해 애통함을 표현하게 했으니, 모두 깊은 뜻이 있습니다. 정情에 따라 겉모양을 꾸미고 겉모양을 통해 정을 검속檢束함으로써, 어진 사람은 지나치지 않고 못난 사람은 발돋움해 미치게 했으니, 이것이 성현이 예禮를 사용하기를 부지런히 한 까닭입니다.

3　처음 벼슬에 임명된 선비.
4　당시 국상(國喪)에 벼슬아치는 상복(喪服)을 입게 하고, 일반 선비나 백성은 백의(흰옷)를 3년간 입게 했기에 한 말이다. 서경덕은 이것이 잘못임을 뒤에서 자세히 논하고 있다.
5　옛날 상례(喪禮)에는 상복이 다섯 종류 있었는데, 그중 가장 중하게 여긴 상복으로 3년상에 입는다.
6　『예기』「단궁(檀弓)」상(上)에 나오는 말이다. '치상삼년'은 상을 극진히 치른다는 뜻으로 부친상을, '방상삼년'은 부친상에 준해 3년상을 치른다는 뜻으로 임금의 상을 이른다.
7　'최'는 상복의 가슴 부분에 늘어뜨리는 베 조각을 말하고, '적'은 벽령(辟領), 즉 상복의 목에 닿는, 옷깃 양쪽에 붙이는 베 조각을 말한다. '부판'은 상복의 등 뒤에 늘어뜨리는 거친 베 조각을 말한다. '최'와 '부판'은 모두 '적'에 매달게 되어 있다.

하지만 지금은 이것이 싹 사라져 단지 장의長衣만 사용하고 있으며, 최와 적과 부판의 제도가 온데간데 없어져 서민들이 입는 상복과 같아졌습니다. 다른 게 있다면 그 깃이 둥근 것과 베로 모자를 싼 것밖에 없습니다. 그런데 베로 싼 모자 안에 전일前日의 검은 건巾을 착용하니, 임금의 상복을 입으면서 오건烏巾[8]을 벗지 않음이 있어서야 어떡하겠습니까? 퇴근하여 집에 있을 때는 장의를 벗고 백의를 걸치는데, 오건은 그대로이니 평상의 모습으로 돌아간 것이요 상喪을 당한 사람의 모습이 아닙니다. 백립白笠[9]을 쓰고서야 겨우 상 당한 사람 표가 나니, 관棺의 칠도 마르기 전에 슬퍼하지 않는 모습을 드러냄이 있어서야 어떡하겠습니까?

옛날의 제도에는 최복衰服의 삼베에 올이 성근가 촘촘한가의 구별이 있었고, 생피륙인가 마전한 것인가의 구별이 있었습니다. 옷에도 등급이 있었고, 관冠에도 차별이 있었습니다. 우제虞祭가 끝나고 졸곡卒哭[10]을 마치면 여섯 새[升]의 성포成布[11]와 일곱 새의 관冠을 받으니, 전날 석 새의 최복과 여섯 새의 관이 변한 것입니다.[12] 상복에는 칡베로 만든 띠를 두르는데, 이 역시 변합니다. 한 돌이 되면 마전한 베로 만든 관과 얇은 적색 천으로 가를 댄 베옷을 입고 칡베 띠는 떼어버립니다. 두 돌이 되면 대상大祥이 되고, 대상을 치른 뒤 담제禫祭[13]를 지내는데, 담제 때부터는 섬纖을 입습니다.[14]

---

8 선비가 쓰는 검은색의 두건.

9 흰 베로 만든 갓. 보통 말하는 '갓'은 흑립(黑笠)이다.

10 '우제'는 부모를 장사 지낸 직후 지내는 제사인데, 『예기』 「잡기(雜記)」 하(下)에 의하면 제후는 일곱번, 대부는 다섯번, 사(士)는 세번 지낸다. '졸곡'은 『예기』 「잡기」 하에 의하면 사(士)는 석달 만에, 대부는 다섯달 만에, 제후는 일곱달 만에 한다. 졸곡 이후에는 아무 때나 곡(哭)을 하지 않는다.

11 '성포'는 여섯 새 이상의 포로 지은 상복을 말한다. 다섯 새 이하는 거칠어 포(布)를 이루지 못하고, 여섯 새부터 비로소 포를 이루기에 '성포'라고 한다.

12 '새'는 베 한 폭의 실오라기 수를 나타내는 단위이다. 80올을 1새라고 한다. 석 새이면 한 폭이 240올인 거친 베를 말하고, 여섯 새이면 480올인 좀 덜 거친 베를 말한다.

이처럼 상례의 의식儀式은 점차 정도를 감減하게 되어 있습니다. 또 죽은 사람으로 인해 산 사람이 상하게 될까 염려하여, 쉰살이면 상례를 다 갖추지 않고, 예순이면 몸이 상하지 않을 정도로 하며, 일흔이면 오직 상복만을 몸에 걸치고, 몸에 질병이 있는 사람은 술을 마시거나 고기를 먹을 수 있게 되어 있습니다.[15] 이는 모두 인정상 그리할 수밖에 없어서이니, 상례에 변화를 둔 것은 인간의 상도常道를 모두 하늘이 내리기 때문입니다. 성인이 상례喪禮를 제정한 뜻은 후세에 교훈을 보이려는 데 있습니다.

신이 듣건대, 졸곡을 마친 뒤 전하께옵서는 검은 면류관에 검은 띠를 띠시고 뭇 신하들은 검은 관에 검은 띠를 둘러, 이렇게 해서 3년을 지낼 것이라 하는데, 신은 검은 면류관의 제도가 어디에 근거하는지 모르겠습니다. 검은 면류관은 제후가 제사를 지낼 때 쓰는 것입니다.[16] 졸곡이 막 지나자 뭇 신하들이 모두 검은 관을 쓰고 일을 봄은 상례로 자처함이 아닙니다. 『예기』에 이르기를, "흉년이 들면 천자는 소복素服을 입고 흰 수레를 타며, 밥 먹을 때 풍악을 잡히지 않는다"[17]고 했으니, 이는 백성의 우환을 근심하여 상례로 자처함으로써 자책하는 모습을 보이고자 해서입니다. 지금 검은 면류관과 검은 띠는 임금의 아버지를 근심하기를 백성을 근심하기보다 도리어 덜하는 것이라고 해야 하지 않겠습니까?

신은 전하께서 검은 면류관 제도를 편히 여기시는지 알지 못하겠습니다. 천리天理가 있는바 인심은 속일 수 없습니다. 어찌 마음을 거스르고 천리에 어긋나면서까지 예禮에 맞지 않는 관을 써야 하겠습니까? 신은, 의주

---

13 초상(初喪)으로부터 27개월 만에, 즉 대상(大祥)을 치른 다음다음 달 하순의 정일(丁日)이나 해일(亥日)에 지내는 제사.

14 '섬'은 가로로 넣은 올이 검고 세로로 넣은 올이 흰 옷을 말한다. 『예기』「간전(間傳)」에 이런 내용이 보인다.

15 『예기』「곡례(曲禮)」상(上)과 「상대기(喪大記)」에 나오는 말.

16 『예기』「교특생(郊特牲)」에 이 말이 나온다.

17 『예기』「옥조(玉藻)」에 나오는 말.

서의주서(書儀註書)[18]는 예를 알지 못하면서 지은 것이 아닌가 합니다. 스스로 성현이 아니면서 지모智謀를 써서 억지로 예를 가감하면 후세에 비웃음을 당하지 않는 일이 드뭅니다. 대저 무엇을 근심하고 무엇을 염려하겠습니까? 성인의 가르침을 따르고 성왕聖王의 법을 좇기만 하면 되는 것이옵니다.

초상을 당하면 흰 관(素弁)에 삼베 띠를 두르고, 상복이 만들어지면 석 새의 최복에 여섯 새의 관을 쓰며, 졸곡을 하고 나면 여섯 새의 성포에 일곱 새의 관을 쓰고 칡베 띠를 두르며,[19] 일을 볼 때에는 임금과 신하가 흰 관에 환질環絰[20]을 하는 것이니, 이와 같이 한다면 어찌 이치에 맞지 않겠습니까? 하필 흰 관을 검은 면류관으로 바꾸겠습니까?

조정에서 중국의 사신을 교외로 마중 나갈 때 오모烏帽에 오대烏帶[21]를 해야 하는 것인지 잘 모르겠사옵니다. 『주례周禮』에 의하면, 천자는 대부와 사士를 위하여 의최疑衰[22]를 입고, 장사 지낸 뒤에 벗게 됩니다. 우리나라는 비록 해외에 있기는 하나[23] 대부의 반열에 있으니, 만일 중국 황제가 친히 오신다면 반드시 의최를 하시거나 그렇지 않으면 흰 관을 쓰고 조상弔喪하실 것입니다. 『주례』에, "무릇 조상弔喪할 때에는 흰 관에 삼베 띠를 두른다"라고 했으니, 중국 사신이 흰 관을 쓰고 입국하지 않을 줄 어찌 알겠습니까? 저들은 흰 관이고 우리는 오모烏帽이면 또한 예모禮貌에 어긋나지 않겠습니까?

---

18 나라의 전례(典禮)를 기록한 책.

19 이전의 마(麻)로 만든 띠를 칡으로 만든 띠로 바꾼다는 말.

20 '환질'은 삼실을 꼬아 둥글게 만들어 굴건(屈巾) 위에 두르는 것을 말한다. 이를 '수질(首絰)'이라고 한다. 환질은 소렴(小殮) 이후 소상(小祥) 때까지 한다. 『예기』 「잡기」 상에, "소렴의 환질은 공·대부·사(士)가 한가지이다"라는 말이 나온다.

21 '오모'는 검은 모자, '오대'는 검은 띠.

22 천자가 대부나 사(士)를 위해 입는 상복. 『주례』 춘관(春官) '사복(司服)' 조에, "임금은 대부나 사(士)를 위해 의최를 입는다"라는 말이 나온다. 의최는 열넉 새의 베로 만든다. 조복(朝服)이 열닷 새의 베이니, 아주 경(輕)한 상복임을 알 수 있다.

23 중국에서 볼 때 그렇다는 말.

무릇 중국 사신이 부의賻儀를 갖고 오면 이를 담당 관리에게 맡겨 외탕外帑[24]에 보관했다가 상사喪事에 필요할 때 쓰셔야 할 것입니다. 『예기』에 이르기를, "군자는 상사 때 생긴 재물을 집 재산으로 삼지 않는다"라고 했으며, 또 "맹헌자孟獻子[25]는 상사 때 사도司徒의 하급 관리로 하여금 사방에서 들어온 부의를 돌려주게 했다"라고 했습니다.[26] 공자는 맹헌자의 일을 전해 듣고 훌륭하게 생각했습니다. 하물며 우리 전하가 대부大夫보다 못하겠습니까?[27] 내탕內帑으로 돌려 안에 쓰는 데 충당해서는 안 되거니와, 내탕 또한 사사로운 곳간이 되어서는 안 됩니다. 『주례』에 보면 천관天官의 총재冢宰[28]는 천부泉府[29]의 재용財用을 아울러 관장했는데, 궁백宮伯[30]의 관리 입회하에 출입했으며, 비록 임금이라 할지라도 사사로이 할 수 없었습니다. 전하께서 새로 다스림을 펴는 처음에 사람들에게 사사로움을 보여서는 안 됩니다. 재물을 절약하고 염치를 엄히 하는 것은 이 한가지 일에 달려 있습니다.

신이 듣건대 최복을 짓던 날 바로 곤룡포를 입고 면류관을 쓰셨다고 하니, 이것들은 길흉吉凶의 거리가 아주 먼데 같은 날 입으시는 게 옳겠습니까? 임금이 바뀌는 것은 큰일이고, 임금의 자리는 큰 보배이옵니다. 지금 큰 보배를 받고 큰일을 처리하심이 이처럼 급박해서야 되겠습니까? 전하께서 본디 왕위를 거절해 받지 않으시려 한 것은 효성스러움과 어짊과 공경함과 의로움이 그 타고난 천성에서 우러나와 가릴 수 없음이 있어서였

---

24   '탕(帑)'은 왕실의 사유재산을 관리하는 내수사(內需司)의 창고로, 내탕은 궁중에 두었고 외탕은 궁궐 밖에 두었다.

25   노(魯)나라의 대부 중손멸(仲孫蔑)을 말한다.

26   『예기』「단궁」상(上)에 나오는 말들이다.

27   맹헌자가 노나라 대부이기에 이리 말했다.

28   주(周)나라 때 육관(六官)의 우두머리. 천자를 보좌하고 백관(百官)을 거느리던 벼슬이다.

29   『주례』 '지관(地官)'에 속한 관서로, 국가의 세수(稅收)와 시장에 적체된 물건의 수매(收買)를 맡았다.

30   『주례』 '천관(天官)'에 속한 관서로, 왕궁(王宮)을 숙위(宿衛)하는 군사를 관장했다.

습니다. 그럼에도 조정의 신하들이 기필코 고집하므로 전하께옵서는 또한 여론이 성대하다고 하시어 부득이 좇으셨습니다. 이는 군신君臣의 체통과 존비尊卑의 예禮를 크게 잃으신 것으로, 후세의 웃음거리가 될 것입니다. 지금 『춘추』의 의리를 누가 알겠습니까? 신하들이 오늘 요청드려 안 되면 다시 내일 요청드려, 전하께서 성심聖心으로 결단해 명령을 내리시기를 기다린 연후에 행하여, 전하의 아름다운 덕을 따르고 또 전하의 효성스런 마음을 위로하더라도 또한 늦지 않을 것입니다. 전하의 행동거지는 만사萬事를 통어하고 기강紀綱을 부치는 데 두셔야 할 것입니다. 지금은 사정을 신중히 살펴 결단을 내리셔야 할 때이지 간언諫言을 받아들여 쉽게 얼른 결정하실 때가 아니건만, 여론에 핍박되어 따르시니 이는 임금의 의리에 맞지 않습니다. 혹자는 주周나라 강왕康王의 일을 평계 대기도 하나, 이에 대해서는 일찍이 송宋나라의 신하 주희朱熹가 강왕 때의 형세상 어쩔 수 없었던 일이라고 논한 바 있습니다. 주나라가 은殷나라를 대신한 지 얼마 되지 않았고, 대국大國과 강한 번국藩國들이 다 모여 조상弔喪하러 왔으므로 성대한 예로써 그들을 대하지 않을 수 없었던 것입니다.[31]

지금 우리나라는 멀리 해외에 있어 바깥에 인접한 대국도 없고, 사방 안이 한집입니다. 신민臣民의 촉망과 사방의 기대가 예전에 모두 세자에게 있어 동궁에 계시던 날부터 내외가 우러러 사모했으니, 진실로 강왕 때와 견줄 수 없습니다. 그러니 졸곡 후 흰 관을 쓰시고 일을 보심이 옳습니다. 만일 부득이해 강왕의 일을 따라야 했다면 전하께서는 어찌해 한마디로 신하들의 말을 물리쳐 말하기를, "길복吉服과 흉복凶服[32]을 같은 날 입을

---

31   '강왕'은 주(周)나라의 세번째 임금으로, 무왕(武王)의 손자이며 성왕(成王)의 아들이다. 아버지 성왕이 승하하자 마면(麻冕)에 보상(黼裳)을 입고 즉위식을 거행한 후 제후들의 알현을 받았으며, 이후 상복을 입었다. 『서경』 주서(周書) 「고명(顧命)」과 「강왕지고(康王之誥)」에 이 일이 보인다. '마면'은 삼베로 만든 면류관으로, 서른 새의 베로 만든다. '보상'은 흑백이 섞인 도끼 문양을 수놓은 치마다. 마면과 보상은 모두 왕의 제복(祭服)이다.
32   '길복'은 곤룡포를 말하고, '흉복'은 최복을 말한다.

수 없으니 경卿들은 물러가라. 내일 마땅히 정사政事를 보겠노라"라고 하지 않으셨나이까? 그리하셨으면 분명히 여러 신하들을 감동시키지 않았겠습니까?

신은 가만히 생각건대 전하께옵서 동궁에 계시던 날 성현의 사업과 제왕의 학문에 뜻을 두시지 않은 게 아닌가 하옵니다. 무릇 학문에서 귀한 것은, 스스로 이치를 밝게 보고 일을 바르게 처리하는 데 있으니, 일에 임해 미혹되어서는 안 됩니다. 전하는 춘추가 젊으시고 자질이 고명하시니 마땅히 성현의 사업과 제왕의 학문에 뜻을 둔 연후에야 대업大業(왕업)을 일으킬 수 있고 지치至治(훌륭한 다스림)를 이룩할 수 있을 것이옵니다.

신은 백립白笠 한가지 일에 대해 말씀드리고자 합니다. 생원이나 진사나 유생儒生이 백립을 삼년 동안 쓰는 제도는, 무거운 데서 가벼운 데로 차츰 옮겨 가게 되어 있는 상례喪禮와 어긋납니다. 성인께서는 다섯가지 상복[33]을 제정하셨으니, 사士 이상 뭇 신하[34]는 응당 참최를 삼년 동안 입어야 하고, 사士 이하 서인庶人 및 관청에서 일하는 서인庶人[35]은 응당 자최를 석달 입은 다음에 벗어야 할 것입니다.[36] 서인이 상복 입는 기간은 시마緦麻의 달 수를 따르면서[37] 상복만 중한 자최를 입는 것은, 은혜는 비록 후박厚薄의 차이가 있으나 의리는 그 등급을 낮출 수 없기 때문입니다.

은혜에 이미 후박의 차이가 있는데 정情에 어찌 경중輕重의 차등이 없겠습니까? 지금 삼월상三月喪을 졸곡 다섯달의 수數로 늘려놓은 것만 해도 이미 법도를 잃었다 하겠는데, 또다시 삼년상으로 늘려 군신群臣의 상기喪期와 같이 한 것은 아무 의의가 없는 일입니다. 자최라는 중한 상복에서 등

---

33   상복은 망자(亡子)와의 혈통관계의 원근(遠近)에 따라 참최(斬衰), 자최(齊衰), 대공(大功), 소공(小功), 시마(緦麻), 이 다섯으로 구분된다.

34   벼슬한 사대부, 즉 공경대부(公卿大夫)를 말한다.

35   벼슬하지 아니한 선비, 즉 생원, 진사, 유생이 포함된다.

36   『의례(儀禮)』「상복(喪服)」에 나오는 말이다.

37   시마는 석달 입는 복이다.

급을 낮춰 조문할 때 입는 옷인 백의白衣를 입게 하고, 석달이라는 가벼운 상기喪期를 늘려 삼년이라는 긴 상기로 했으니, 이는 모두 인정人情과 예법禮法의 경중輕重을 헤아리지 못한 처사입니다.[38] 망령되이 가감加減을 한 것은 성인보다 낫다고 생각해서입니까? 예禮는 지나쳐서는 안 되고, 정情은 늘려서는 안 됩니다.

서인의 반열에 있는 이는 석달이 지나면 술 마시고 고기를 먹는데, 그것이 인정이요 예禮입니다. 지금 그것을 삼년으로 늘려놓았는데, 어진 사람이나 군자라 하더라도 술 마시고 고기를 먹는 것을 제 스스로 금할 수 없음이 예禮이고 인정입니다. 장사를 지낸 뒤에 고기를 먹는 것은 권도權道[39]요, 후대厚待하는 것입니다. 더욱이 서울에 사는 유사儒士는 얼마 되지 않으며, 먼 시골에 사는 사람은 이루 헤아릴 수 없이 많습니다. 생전 대궐문 가까이 온 적이 없으니 임금님 얼굴을 알지도 못합니다. 이런데도 복服을 입는 것은 단지 의리가 존재하기 때문입니다. 그러니 상기喪期를 삼년이라는 긴 시간으로 늘린다면, 강호에 사는 사람은 손에 낚싯대를 들고 등에 통발을 메지 않을 수 없으며 산림에 사는 사람은 손에 활이나 그물을 쥐지 않을 수 없는 처지인데, 이들이 스스로 고기잡이와 사냥을 하지 못하게 되므로 먹고살 방도가 없게 됩니다. 흰옷을 입고 백립을 쓴 채 이런 일을 한다면 하는 일과 대의가 어긋나고 인정과 예禮가 어그러지니, 이런 일이 있어서야 되겠습니까?

생원과 진사와 유생을 사士의 반열에 두고 서인庶人의 반열에 두지 않은

38　서경덕은 『의례』에 근거해, 서민이 자최를 석달간 입는 것이 옳다고 보고 있다. 당시 국상 때 서민은 백의를 입었는데, 서경덕은 『의례』에 근거해 자최를 입는 것이 옳다고 주장했다. 또 국상 때 애초 서민으로 하여금 석달간 상복을 입게 하다가 뒤에 와 이를 다섯달로 늘렸으며 이를 다시 삼년으로 늘렸는데, 서경덕은 서민은 석달간 상복을 입는 것으로 족하니 삼년상은 잘못이라고 보았다. 상례란 인정(人情)의 경중(輕重)에 따라 제정되어야 하는바, 임금으로부터 은혜를 많이 입은 공경대부와 그렇지 못한 일반 백성의 상기(喪期)가 같을 수는 없다는 것이다.

39　방편상 하는 일.

것은 예경禮經⁴⁰을 상고하지 않은 탓입니다.⁴¹『의례儀禮』에 이르기를, "남의 나라에 부쳐 살고 있는 제후는 그 나라 임금을 위하여 자최를 석달 입으니, 백성과 같기 때문이다"라고 했고, 또 이르기를, "옛 임금을 위하여 석달간 자최를 입는 것은 벼슬하다가 물러난 사람이 그리한다"⁴²라고 했으니, 이들은 서인의 반열에 있지 않음이 분명합니다. 옛 임금을 위해서도 오히려 석달 동안 복을 입는 데 그치거늘, 유생이 삼년간 복을 입는 것이 어찌 인정에 맞는 일이겠습니까? 인정이 진실되지 않으면 악이요, 예가 맞지 않으면 허물입니다. 이를 건례愆禮(그릇된 예)라고 하니, 건례와 올바르지 않은 음악은 군자가 따르지 않는 법입니다. 어찌하여 인정에 맞지 않는 상복을 정하고 예禮에 어긋난 상제喪制를 만들어, 옛것을 배우고 예의를 논하는 선비로 하여금 따르게 하십니까?

신하들의 뜻은 틀림없이 선왕이 40년간 백성에게 베푼 은혜를 두터이 보답하지 않으면 안 된다는 것일 테지만, 신은 그것이 옳지 못하다고 봅니다. 신자臣子에 대한 군부君父의 은혜가 가벼운가 무거운가 따라 그 상기喪期를 늘리거나 줄일 수는 없습니다. 증자曾子가 말하기를, "살아계실 때 예로써 섬기고, 돌아가신 뒤 예로써 장사 지내고 예로써 제사 지낸다면, 가히 효라고 할 수 있다"⁴³라고 했습니다. 전하께서 바야흐로 효도로써 나라를 다스리고자 하실진댄 예에 안 맞는 상제喪制를 제정해 유사儒士들로 하여금 거행하게 해서야 되겠습니까? 이는 전하께서 스스로 결단하여 얼른 책망을 내리시어, 생원·진사·유생 들 및 관에서 일하는 서인들이 백립을 쓰

---

40 예(禮)에 관한 경전인『주례』『예기』『의례』를 가리킨다.

41 서경덕은 벼슬하지 아니한 선비인 생원, 진사, 유생은 대부(大夫)가 아니라 서인(庶人)의 반열에 있다고 보고 있다. 즉 이들의 생활상 처지가 서인과 크게 다르지 않다고 보아 사서인(士庶人)을 묶어서 보고 있는 것이다. 이에는 생원으로서 평생 가난하게 산 서경덕 자신의 실존이 반영되어 있다고 여겨진다.

42 『의례』「상복」에 나오는 말인데, 꼭『의례』의 말대로 인용한 것은 아니다.

43 『맹자』「등문공(滕文公)」상(上)에 나오는 말.

고 삼년 복을 입는 제도를 일제히 혁파하셔야 예에 맞을 것입니다. 전하께옵서 만일 신하들에게 물으시면, 신하들은 오직 선왕에게 보답하는 일과 추도追悼하는 일을 두터이 해야 한다는 것만 알기에 분부를 따르기 어려울 것입니다. 그러나 이는 구차한 일이니, 어찌 비례非禮로 우리 선왕을 섬긴단 말입니까?

이제 산릉山陵[44]의 일에 대해 좀 말씀드리겠습니다. 옛날에 묘墓만 있고 분墳은 없었는데,[45] 주周나라에 와서 봉분封墳을 만들고 그 주위에 나무를 심는 제도가 생겼습니다. 총인冢人[46]이란 벼슬을 두어 임금의 무덤이 있는 땅을 관리하고, 묘역墓域을 분변하여 도록圖錄을 만들었는데, 선왕의 무덤이 한가운데 있고 소목昭穆이 그 좌우에 묻혔습니다.[47] 그리고 동성同姓의 제후나 대부·사士가 앞뒤로 묻혔는데, 공功이 있는 사람이 앞자리를 차지하게 되어 있었습니다. 다만 전쟁에서 죽은 사람은 묘역 안에 들이지 않았습니다.[48] 이처럼 총인이 미리 한곳에 임금의 무덤을 쓸 땅을 택한 뒤, 그 묘역을 분변해 도록을 작성해 장사 지냄으로써 후일의 장사에 대비했습니다. 선왕 이하 모두가 여기에 묻혔습니다.

지금은 총인이라는 벼슬을 두지 않고 한결같이 풍수설風水說에 따라 세대世代마다 각각 땅을 정해 저마다 한곳에 산릉을 조성합니다. 또 일에 닥쳐 땅을 택하므로 비록 종실宗室의 분묘墳墓라 할지라도 다 다른 곳으로 옮기게 했으며, 묘역 밖 백성의 밭도 모두 묵히게 했습니다. 하나의 산릉이 들어가는 땅 또한 넓어, 백성들은 소 먹일 꼴을 벨 땅이 없습니다. 국운이

44 　왕릉을 말한다.

45 　평평한 무덤을 '묘'라 하고, 봉토(封土)한 무덤을 '분'이라고 한다.

46 　『주례』 '춘관'에 속한 벼슬이다.

47 　'소목'은 종묘(宗廟)나 묘역(墓域)에서 자리의 순서를 말한다. 시조(始祖)가 가운데에 자리하고, 소는 그 왼편, 목은 그 오른편에 자리한다. 시조 밑으로 제1대가 소, 제2대가 목, 제3대가 소, 제4대가 목, 이런 식이다. '선왕'이란 문장을 가리킨다.

48 　이상의 내용은 『주례』 춘관 '총인(冢人)' 조에 나온다.

융성해 천년까지 지속된다면 산릉들이 경기도 교외에 서로 바라뵈고, 전야田野는 모두 황폐해져 남은 땅이 없어 백성들이 살 수 없게 되며, 백 리의 땅 안에 인적이 끊이게 될 것입니다. 폐해가 여기에까지 이를 터인데, 신은 어찌해야 할지 알지 못하겠습니다.

돌을 채취하는 역사役事도 경기 땅의 백성들에게 해독을 끼치고 있습니다. 돌 한개의 무게는 천명의 사람으로도 옮길 수 없습니다. 돌 한 조각의 길이는 모두 관棺 길이에 맞춰 채취되고 있습니다. 그럼에도 네 조각으로 봉함은 면할 수 없는 일인데, 왜 꼭 긴 돌을 채취해야 하는 것이옵니까?

옛날 묘역에 나무를 심는 제도는 있었으나, 석마石馬나 석양石羊 등을 세웠다는 말은 들어본 적이 없습니다. 석용石俑은 사람의 모습을 본떠 쓰는 것이니 사람과 비슷한 것을 귀하게 여기는데, 공연히 크게 만드는 것을 능사로 여겨 높이가 두어 길〔丈〕이나 되어 덩그러니 귀신과 같습니다. 지금 사대부의 집에서도 이것을 흠모해 다투어 본뜨고 있으니, 천백년이 못 가서 돌이 다 뽑혀 산이 무너지고 말 것입니다.

돌을 채취하는 역사役事는 기한期限에 대한 독촉이 심해 백성들의 살이 채찍에 문드러지고 있습니다. 베적삼에 눈을 맞아 모두 수족이 얼어 터지고, 밤이 되어도 돌아오지 못해 들판에서 껴안은 채 얼어 죽은 자들이 얼마나 되는지 알 수 없습니다. 서두르지 말라는 분부를 내리신다 하더라도 일을 맡은 관리가 일을 급히 이루고자 해 백성을 가여이 여길 겨를이 없으니, 단지 일을 맡은 관리의 잘못만이 아니고 형세가 그리 만드는 것입니다.

시속時俗의 폐단은 군부君父에 대해 정성과 공경은 부족하면서 부질없이 허례虛禮의 말단만 일삼아 옛 법도를 벗어나는 데 있으니, 어찌 현명하다고 하겠습니까? "얼른 썩게 하는 것이 더 낫겠다"[49]라고 하신 게 비록 한

때의 말씀이라 할지라도, 성인께서 어찌 즐겨 꼭 한때만을 위해 쓸데없는 교훈을 세우려 하셨겠습니까? 이 말씀은 진실로 까닭이 있어서 하셨을 것입니다. 신의 생각에는, 총인 벼슬을 마땅히 옛 제도에 따라 세워 멀리 도모하는 법규로 삼아야 하고, 돌을 채취하는 제도 또한 마땅히 삭감해야 백성들에게 해가 가지 않으리라 봅니다.

신은 산야山野의 사람이라 개미 같은 작은 정성을 스스로 상달上達할 길이 없었습니다. 머리 허연 늙은이가 다시 무엇을 바라겠사옵니까? 한마디 말로써 전하께 충성을 바치고자 할 뿐입니다. 신이 품고 있는 생각이 어찌 이에 그치겠습니까마는, 전하께서 상중에 계시오니 다 말씀드릴 겨를이 없습니다.

신이 근래 보니, 재야在野의 포의布衣로서 상소를 올리는 이가 있어도 대개 가난하고 비천한 자의 말이라 쓸 만한 것이 없다고 여겨져 버려지고 있습니다. 신이 생각건대, 꼴 베고 나무하는 사람의 말일지라도 성인께서는 이를 채택했습니다. 엎드려 바라옵건대 전하께서 가난하고 비천한 자의 말이라고 여겨 버리지 않으신다면 이는 어리석은 신의 다행일 뿐 아니라 사림士林의 다행일 것입니다. 신은 병들어 산야에 엎드려 있어 대궐 아래 나아가 친히 절을 드리지 못하오니 정성스런 마음과 몹시 떨리는 마음을 견디지 못하겠사옵니다. 삼가 절하고 상소를 올리나이다.

겠다'라고 하셨다"라는 말이 나온다. '죽어서 얼른 썩게 하는 것이 더 낫겠다' 함은 사치스런 석곽보다 검소한 목곽(木槨)을 쓰는 것이 더 좋겠다는 의미이다. 공자는 환퇴 때문에 이 말을 했다.

6장
철리시

천기天機

벽에다 하도河圖[1]를 붙여놓고
삼년간 두문불출 공부를 했네.
혼돈混沌[2]의 그때를 거슬러 올라가 보나니
음양과 오행을 누가 작용하게 했나?
이들이 서로 관계하는 곳에
천기天機[3]가 소연히 드러나네.
태일太一이 동정動靜을 주관하고
만물의 변화는 하늘의 회전을 따르네.
음과 양의 풀무가 바람을 내불고

---

[1]   전설에 중국의 태곳적 복희씨(伏羲氏)가 천하를 다스릴 때 황하에서 용마(龍馬)가 등에 지
      고 나왔다는 쉰다섯 점으로 된 그림을 말한다. 하도는 『주역』을 수리적(數理的)으로 풀이할
      때 자주 거론된다.
[2]   태초에 천지가 생기기 전의 상태를 이른다.
[3]   하늘의 작용, 즉 하늘의 조화(造化).

건곤乾坤의 문이 열렸다 닫혔다 하네.⁴

해와 달이 서로 오가고

풍우가 번갈아 흐렸다 맑았다 하네.

강剛과 유柔가 성대하게 서로 부딪히고⁵

유기游氣⁶가 분분히 움직이네.

만물이 저마다 형태를 갖추어

널리 흩어져 천지에 가득하네.

꽃과 풀은 절로 붉고 푸르며

새와 짐승은 절로 날고 달리네.

누가 그리 만든지 알지 못하니

조물주의 기밀은 알기 어렵네.⁷

인仁에 드러나며 용用을 간직하니⁸

누가 비費 위의 은미함을 알리.⁹

보려 해도 볼 수 없고

찾으려 해도 찾을 수 없네.

하지만 사물을 미루어보면

어렴풋이 실마리를 볼 수 있으리.

화살은 시위로부터 발사되고

군대는 깃발로 지휘하네.

---

4   『주역』「계사전」상(上)에, "문이 닫힌 것을 곤(坤)이라 하고, 문이 열린 것을 건(乾)이라 한
     다. 한번 닫히고 열리는 것을 변화라 한다"라는 말이 보인다.
5   『주역』「계사전」상에, "강(剛)과 유(柔)가 서로 밀어 변화를 낳는다"라는 말이 보인다.
6   장재(張載)의 개념이다. 『정몽(正蒙)』에, "유기가 분분히 움직여서 합하여 질(質)을 이루어
     갖가지 인·물(人物)을 낳는다"라는 말이 보인다.
7   기(氣)의 작용으로 만물이 생성되어 절로 유동하고 변화한다는 말.
8   『주역』「계사전」상에 나오는 말.
9   『중용』에 "군자의 도는 비(費)하고 은(隱)하다"라는 말이 나오는데, 주희는 이에 대해 "'비'
     는 용(用)이 광대한 것이고, '은'은 체(體)가 은미한 것이다"라는 주를 붙였다.

소는 코뚜레로 복종시키고

말은 재갈로 길을 들이네.[10]

법칙은 멀리 있지 않거늘

천기天機가 어찌 나를 어기리.

사람마다 모두 늘 그에 따르니

목 마르면 물 마시고 추우면 옷을 입네.

어디로 가든 근원을 만나니[11]

근원 되는 곳에서 희이希夷[12]를 알게 되네.

백가지 생각이 종내 하나로 귀결되고

길이 달라도 결국 같은 데로 돌아가네.[13]

앉아서도 천하 일을 알 수 있거늘

어찌 문밖을 나가리.[14]

봄이 돌아오면 인仁이 베풀어짐을 보고

가을이 되면 위엄이 펴지는 것을 알겠네.[15]

바람 분 뒤에 달이 밝게 뜨고

비 온 뒤에 풀이 아리땁네.

하나에 둘이 타[16]

---

10 이런 일상의 일들을 미루어보면 은미한 도에 대해 알 수 있다는 말.

11 『맹자』「이루(離婁)」하(下)에, "가까이에서 취하여 씀에 그 근원을 만나게 된다"라는 말이
보인다. 주희는 이 말을 "가는 곳마다 그 의지하는 바의 근본을 만나지 않음이 없다"로 해석
하였다.

12 『노자』에서 유래하는 말로, 지극한 이치나 도를 뜻한다.

13 『주역』「계사전」하(下)에, "천하는 같은 데로 돌아가나 길이 다를 뿐이고, 이치는 하나이나
생각이 백가지일 뿐이니, 천하가 무엇을 걱정하고 무엇을 근심하겠는가"라는 말이 나온다.

14 『노자』에 "문을 나서지 않아도 천하 일을 안다"라는 말이 나온다.

15 봄은 '인(仁)'에 해당하고 가을은 '의(義)'에 해당한다.

16 '일(一)'에서 '이(二)'가 나오는 것을 말한다. 『주역』「계사전」상에, "역(易)에 태극(太極)
이 있으니, 태극이 양의(兩儀)를 낳고"라는 말이 보인다. 또 소강절이 말한 선천역(先天易)
의 가일배법(加一倍法)에 따르면 '일(一)'이 '이(二)'를 낳고, '이(二)'가 '사(四)'를 낳으며,

물물物物이 서로 의지하네.
현기玄機[17]를 투득透得하고
빈방에 앉으니 빛이 나네.[18]

역易을 보다가 읊다[19]

감괘坎卦와 이괘離卦에는 용用이 감춰져 있어[20] 만물의 형상에 앞서는데
그 작용이 두루 나타난 뒤에야 도道가 비로소 전해졌네.
복희伏羲가 그은 팔괘八卦는 참된 상象을 대략 본떴고[21]
문왕文王이 지은 경문經文은 그림자 속의 하늘을 보였네.[22]
사물을 연구하면 능히 조화造化를 알 수 있고
근원으로부터 찾아야 오묘한 도를 깨칠 수 있네.
글은 언외言外의 뜻을 다하지 못하니
중니仲尼만 홀로 위편韋編이 끊어진 건 아니라네.[23]

'사(四)'가 '팔(八)'을 낳는다.

17   천기(天機), 혹은 현묘한 이치.

18   『장자』「인간세(人間世)」에 "빈방에 빛이 난다"는 말이 있는데, 마음을 비우면 밝음이 생긴
     다는 뜻이다.

19   이 시는 모두 두 수인데, 제1수는 칠언율시이고, 제2수는 오언절구이다. 시의(詩意)로 볼 때
     제2수는 서경덕이 지은 것 같지 않다. 그래서 본서에는 제1수만 실었다.

20   『주역』「계사전」상에, "인(仁)에 드러나고 용(用)을 감추어서 만물을 고취하므로 성인(聖人)
     과 더불어 함께 근심하지 않으니, 성덕(盛德)과 대업(大業)이 지극하다"라는 말이 나온다.

21   『주역』「계사전」하에, 옛날 복희가 우러러 하늘의 상(象)을 관찰하고 굽어 땅의 법(法)을 관
     찰해 팔괘를 만들었다는 말이 나온다.

22   『주역』의 경문(經文)인 괘사(卦辭)와 효사(爻辭)는 주나라 문왕이 지었다는 설이 있었기에
     한 말이다. '그림자 속의 하늘'은 사상(事象)에 나타난 사람과 하늘의 이치를 말한다.

23   '중니'는 공자를 말한다. '위편'은 죽간(竹簡)을 연결하는 가죽끈을 말한다. 종이가 발명되
     기 전에는 죽간에 글을 썼으니, 공자는 죽간으로 된 『주역』을 보았다. 공자가 만년에 『주역』
     을 열심히 공부해 죽간의 가죽끈이 세번이나 끊어졌다(韋編三絶)는 고사가 있다. '글은 언

부기:『하서전집河西全集』에 실린「하서연보河西年譜」의 '삼십오년 병진 丙辰[24] 선생 사십칠세' 조[25]

○ 서화담 경덕의「역을 읽고」[26]라는 시에 차운하다.

당시 화담이 심학心學[27]으로 한 시대의 으뜸이 되었다. 일찍이「역을 읽고」라는 시를 지었는데, 그 시는 다음과 같다. "감괘坎卦와 이괘離卦에는 용用이 감춰져 있어 만물의 형상에 앞서는데/그 작용이 두루 나타난 뒤에야 도道가 비로소 전해졌네/복희伏羲가 그은 팔괘八卦는 참된 상상象을 대략 본떴고/문왕文王이 지은 경문經文은 그림자 속의 하늘을 보았네/사물을 연구하면 능히 조화造化를 알 수 있고/근원으로부터 찾아야 오묘한 도를 깨칠 수 있네/글은 언외言外의 뜻을 다하지 못하니/중니仲尼만 홀로 위편韋編이 끊어진 건 아니라네."

선생(김인후)이 이 시를 보고 말하기를, "성인의 말씀은 곧 천지의 도道이다. 그러니 '그림자'라고 해서는 안 된다." 마침내 그 시에 차운해 다음과 같은 시를 지었다. "혼연渾然한 전체全體가 생생生生이 있기 전에 있어/대화大化가 유행流行해 물物과 함께 전하네/복희씨가 그은 팔괘의 추이推移에서 변화가 밝게 드러나고/문왕이 지은 경문經文은 사람과 하늘의 도리를 해명했네/공부가 다한 곳에서 바야흐로 오묘함을 알게 되니/체인體認이 깊을

외의 뜻을 다하지 못하니'에서 '글'은 공자가 지었다고 전하는「단전(象傳)」「상전(象傳)」「문언전(文言傳)」「계사전」등 열 편의 글을 말한다.

24 명나라 가정(嘉靖) 35년(1556)을 말하니, 명종 11년에 해당한다.

25 이 연보는 순조 2년(1802)에 간행된 김인후의 삼간본(三刊本) 문집인『하서전집』의 말미에 첨부된 것으로, 김일주(金日柱)가 개찬(改撰)한 것이다.

26 「역을 보다가 읊다」를 말한다.

27 '심학'은 보통 양명학을 일컫는 말인데, 여기서 이 말을 쓴 것은 이상하다. 서경덕의 학문은 양명학이 아니기 때문이다. 하지만 이 말을 씀으로써 서경덕의 학문이 정통 학문이 아님을 드러내고자 한 게 아닌가 한다. 서경덕의 문생 중 남언경(南彦經, 1528~1594) 같은 이는 양명학을 수용하기도 했다.

때에 깨달음 또한 현묘하네/「상전象傳」과 「계사전」에서 뜻을 다 드러내셨으니/성인의 위편삼절韋編三絶을 생각하노라."

시를 한 편 더 지었는데, 다음과 같다. "차례로 공부해 선후先後가 있어야 하니/공문孔門에서 일찍이 '무엇을 꼭 먼저라 하여 전수傳授할 것인가'라고 했네[28]/참된 앎은 일상의 행실 밖에 있지 않으니/하학下學이 상달上達 아님이 없네[29]/성인의 분명한 말씀 믿지 않으니/배우는 자가 현현玄玄[30]에 미혹될까 되려 근심하네/본원本源에서 곧장 정미精微한 곳에 이른다면/그 말폐末弊가 책을 폐廢하는 것과 같으리.[31]" 대개 화담이 학인을 계도함이 하학下學을 마뜩찮게 여기고 지름길로 돈오頓悟할 우려가 있는 까닭에 선생께서 깊이 걱정하시어 이에 화담의 시에 차운하여 바로잡은 것이다.

동지冬至를 읊다

양기陽氣가 땅에 불어와 한 소리 우레가 울리니[32]
기氣가 황종궁黃鐘宮에 응하여 회관灰管의 재가 움직이네.[33]

---

28 『논어』「자장(子張)」에, "군자의 도에 어느 것을 먼저라 하여 전수하고, 어느 것을 뒤라 하여 게을리하겠는가?"라는 말이 나온다. 주희는 이 구절에 이런 주를 붙였다. "군자의 도는 지엽적인 것을 먼저라 하여 전수하는 것도 아니고, 근본적인 것을 뒤라 하여 가르치기를 게을리하는 것도 아니다. 다만 배우는 자의 경지에 스스로 심천(深淺)이 있으니 (…) 만약 경지의 심천을 헤아리지 않거나 공부의 성숙 정도를 묻지 않고 높고 원대한 것을 억지로 말해준다면 이는 속이는 것일 뿐이다."

29 정이(程頤)는 하학인사(下學人事)가 곧 상달천리(上達天理)라고 했다. 즉 작은 것과 비근한 것을 배운 뒤에 크고 먼 것을 배워야 함을 강조한 것이다.

30 노자(老子)의 도를 말한다.

31 불립문자(不立文字)를 주장하는 선가(禪家)와 같게 된다는 뜻.

32 『주역』에 의하면 동지는 하나의 양 기운이 돌아오는 때이다. 복괘(復卦)는 시간적으로 동지에 해당하는데, 복괘의 「상전(象傳)」에 "우레가 땅 가운데 있음이 복괘다"라고 했다.

33 '황종궁'은 중국 음악의 십이율(十二律) 가운데 기본이 되는 소리로, 24절기(節氣) 중 동지에 해당한다. '회관'은 갈대를 태운 재를 넣은 관(管)을 말한다. 회관에는 12율의 자리가 정

우물의 물맛이 담박하고

흙 속에서 나무뿌리가 비로소 배태되네.

사람이 '복復'34을 알면 도가 먼 데 있지 않으니

세상이 혹 꾀함을 바꾸면 다스림을 돌릴 수 있네.35

광대한 공부는 하기에 달렸으니

그대는 점차 붕우朋友가 옴을 보게 되리라.36

2

천도天道는 늘 행해지고 바뀌어

이 몸을 점점 늙게 만드네.

곱던 얼굴 나이와 함께 쇠해가고

흰머리는 날로 또 새롭네.

석달 극기복례克己復禮함이 어렵고37

그릇됨을 알고 또 하나의 봄을 맞네.38

어린 양기陽氣가 점점 자람을 보리니

선을 행함에 머뭇거리지 말아야지.

해져 있는데, 동지가 되면 황종궁에 해당하는 곳의 재가 움직였다고 한다.

34 동지에 하나의 양 기운이 돌아오는데[復], 『주역』의 복괘는 이를 표상한다.

35 계책이나 계획을 바꾸면 올바른 정치를 회복할 수 있다는 말.

36 『주역』 복괘의 괘사에 "붕우가 옴에 허물이 없다"라는 말이 있다.

37 『논어』「옹야」에 공자가 "안회는 그 마음이 석달 동안 인(仁)을 떠나지 않았고, 그 나머지 사람들은 하루에 한번이나 한달에 한번 인에 이를 따름이다"라고 한 말이 나온다. 또 『논어』「안회」에 공자가 "극기복례(克己復禮)가 인(仁)이다"라고 한 말이 나온다.

38 춘추시대 위(衛)나라의 대부(大夫) 거백옥(蘧伯玉)이 쉰살이 되어 49세까지의 자신의 그른 것을 알았다고 한다. 공자도 그의 덕을 칭찬한 바 있다. 이 시는 '그릇됨을 알고 또 하나의 봄을 맞는다'고 한 것으로 보아 서경덕이 51세가 될 무렵 지은 것으로 보인다.

역易을 보다가 우연히 수미음首尾吟[39]을 지어 역易을 배우는 제현諸賢에게 보이다

화암花巖은 소邵[40]처럼 시 읊조리길 좋아하지 않지만
시 읊조려 요부堯夫가 한껏 이치를 논할 때에 이르네.
'일一'이 열리기 전에는 무無와 유有의 구분이 없고
'이二'가 교섭하자 감坎과 이離가 생겨났네.[41]
신神은 '수면水面'과 '천심天心'이라는 시구에서 얻고
역易은 '유풍柳風'과 '오월梧月'이라는 시구에서 깨닫네.[42]
가을의 낙양[43]과 봄의 화담은 경치가 얼마나 심원深遠한가
화암은 소邵처럼 시 읊조리길 좋아하지 않네.

또 절구絶句 한 수를 읊다

관물觀物 공부[44]가 십분十分에 이르니
해와 별이 높이 뜨고 안개가 걷히네.

---

39 시의 첫 구절과 끝 구절이 똑같은 시를 말한다. 소강절(邵康節)이 지은 「수미음」135수가 유명하니, 칠언율시의 첫 구와 끝 구가 "요부(堯夫)는 시 읊조리길 좋아하지 않는다네(堯夫非是愛吟詩)"로 되어 있다. '요부'는 소강절의 자다.

40 '화암'은 화담에 있는 바위 이름으로 서경덕의 또 다른 호이고, '소'는 소옹을 말한다.

41 '이'는 음양이고, '감'은 수(水)이고, '이'는 화(火)이다. '감과 이가 생겨났다' 함은 만물이 생겨났다는 뜻.

42 소강절의 「청야음(淸夜吟)」이라는 시에 "달은 하늘 가운데 이르고/바람은 물 위에 불어오네(月到天心處, 風來水面時)"라는 구절이 있고, 「수미음」135수 중에 "오동나무에 걸린 달이 가슴에 비치고/버드나무를 스치는 바람이 얼굴에 부네(梧桐月向懷中照, 楊柳風來面上吹)"라는 구절이 있다.

43 소강절은 낙양에 살았다.

44 물(物)을 관찰함으로써 그에 내재되어 있는 자연의 이치를 깨닫는 것을 이른다.

호연지기浩然之氣를 흉중胸中에 기르고서부터

임천林泉에서 자유롭게 살아 세상의 분분함에서 벗어났네.

웃으며 장난삼아 짓다

화암이 소邵처럼 시 읊조리길 좋아하지 않지만

요부堯夫처럼 한가하고 고요할 때를 읊조리네.

도道는 사람에게서 멀리 있지 않으니 모름지기 얼른 회복해야 하고

일은 모두 물物에서 분변되니 서로 어긋나지 말아야 하네.

이미 성性을 알았으니 마땅히 잘 길러야 하고

부지런히 노력하되 조급히 이루려 해서는 안 되네.[45]

속박에서 벗어나 일찍부터 공부에 힘을 다했으니

화암은 소邵처럼 시 읊조리길 좋아하지 않네.

소요부의 「수미음」을 본받아 읊어 천고千古의 옛사람을 벗하고자 하는 생각을 드러내다

화암은 소邵처럼 시 읊조리길 좋아하지 않지만

요부가 알려고 하지 않았던 걸 장난삼아 읊조리네.

곤鯤이 삼천 리를 뛰어오르니 비록 뜻을 얻었으나

붕鵬이 구만 리 나는 게 어찌 기약이 없으리.[46]

---

45 『맹자』「공손추」상(上)에, "반드시 노력은 하되 조장해서는 안 된다"는 말이 나온다.

46 '곤'은 『장자』「소요유」에 나오는 크기가 몇천 리나 되는지 알 수 없는 물고기이다. '붕'은 곤
    이 변하여 된 새인데, 3천 리나 되는 수면을 치고 날아올라 회오리 바람을 타고 9만 리 높은

물物이 모두 쓰임을 감추고 있으니 성인聖人이 어찌 버리랴
시대마다 인재가 없지 않으나 천시天時가 있네.
젊었을 당시 지녔던 경세經世의 뜻 부질없이 버리니
화암은 소邵처럼 시 읊조리길 좋아하지 않네.

창을 열다

추위를 물리치고 창을 문득 남南으로 여니
얼굴에 불어오는 맑은 바람에 봄 기운이 돌아오네.
맑디맑은 하늘빛 의구依舊하게 머니
나의 성性[47]이 어디서 왔는지 비로소 알겠네.

물物

1

물物이 오고 또 와 다하지 않으니
다 왔나 싶으면 또다시 오네.
오고 옴은 본래 무시無始[48]로부터 오니
묻노라, 그대는 애초 어디서 왔나.

하늘까지 간다고 한다.

47 하늘로부터 받은 본성을 말한다. 『중용』에 "하늘이 명(命)하신 것을 성(性)이라 이른다"라는 말이 있다.

48 '처음이 없다'는 뜻인데, 태허(太虛) 즉 일기(一氣)를 말한다. 서경덕은 「태허를 논함」이라는 글에서 '기(氣)는 처음도 없고 끝도 없다'고 했다.

2

물은 돌아가고 돌아가 다하지 않으니

다 돌아갔나 싶으면 아직 돌아가지 않았네.

돌아가고 돌아가도 돌아감이 안 끝나니

묻노라, 그대는 어디로 돌아갈 건가.

우연히 읊다

새벽달이 서쪽으로 진 뒤

거문고 타기를 막 그치네.

밝고 시끄러움이 어둡고 고요함과 교대하니

그 속의 묘한 이치가 어떠한가?

『참동계參同契』를 읽고 장난삼아 보진암葆眞庵 조경양趙景陽[49]에게 주다

내 몸은 선약仙藥의 재료인 수은과 납이니

---

49 『참동계』란 『주역참동계(周易參同契)』를 말한다. 후한(後漢) 때 인물인 위백양(魏伯陽)의 저술로, 『주역』의 효상(爻象)을 빌어 연단(鍊丹)과 양생(養生)을 논했다. 수은과 납으로 선약(仙藥)을 만드는 원리가 기술되어 있는바, 후대 도사들의 연단술(鍊丹術)은 모두 이 책에 근거를 두고 있다. '조경양'은 조욱(趙昱, 1498~1557)을 말한다. '경양'은 자이고, '보진암'은 호이다. '보진재(保眞齋)'라고도 한다. 중종 11년(1516) 생원·진사 양시(兩試)에 합격했으며, 조광조·김식(金湜)을 사사해 학문에 힘썼다. 기묘사화 때 스승에 연루되었으나 연소하다고 하여 화를 면한 뒤, 삭녕에서 형 조성(趙晟)과 함께 학문에 정진했다. 뒤에 용문산에 들어가 은거해 '용문선생(龍門先生)'으로 일컬어졌다. 명종 때 천거되어 내섬시 주부에 제수되었고, 장수 현감을 지냈다. 문집 『용문집(龍門集)』이 전한다. 김안국, 서경덕, 이황 등과 친교가 있었다.

수기水氣와 화기火氣를 조절하면 성태聖胎[50]를 맺으리.

혼돈混沌의 앞에서 현모玄母[51]를 접하고

희이希夷의 이면에서 갓난아이[52]를 얻으리.

단사丹沙를 솥에서 아홉번 정성스레 구우니[53]

서른여섯 동천洞天[54]이 차례로 열리네.

나는 선도仙都의 진일자眞一子거늘[55]

내가 바로 회회回回[56]인 줄 아무도 모르네.

무제|無題[57]

눈에 발〔簾〕을 드리우고 귀에 문을 닫았으나

솔바람 소리 시냇물 소리 또한 시끄럽네.

나를 잊고 물物을 물物 자체로 보는 데 이르니

어디 가든 마음이 절로 맑고 온화하네.

---

50 금단(金丹)을 말한다.

51 도교에서 죽은 사람의 몸을 주관하는 신.

52 단(丹)이 이루어지는 것을 말한다.

53 단약(丹藥)을 만들 때 아홉번 정련(精鍊)하는데 이를 '구전(九轉)'이라 한다.

54 도교에서 신선이 산다고 하는 서른여섯 곳.

55 '선도'는 신선이 산다는 곳. '진일'은 도교의 양생과 관련된 용어로, 진일을 지키면 죽지 않는다고 한다.

56 당나라의 선인 여동빈(呂洞賓)의 은명(隱名).

57 모두 두 수인데, 본서에 실은 것은 제1수다.

이끼를 노래하다

절벽 아래의 집 그늘져 습기가 축축하니
천년 묵은 이끼가 빛이 푸르네.
나 역시 그와 같아
생의生意에 구속이 없네.[58]

어떤 사람을 애도하다

1

물物은 어디서 와 어디로 가는가
음양이 합하고 흩어지는 이치 오묘하구나.
유무有無를 깨닫고 나니 구름의 생멸生滅과 같고
생사生死를 알고 보니 달이 차고 이지러짐과 같네.
처음을 궁구해 끝을 아니 항아리 두드리며 노래한 뜻 알겠고[59]
형체를 벗고 혼백이 떠남은 통발을 잊음과 같네.[60]
슬프다, 약상弱喪[61]한 사람 얼마나 많은가

58 　주렴계가 창 앞의 풀을 베지 않고 말하기를, "나와 뜻이 똑같다"라고 했다는 고사가 있다. 만물의 생의(生意, 생명 현상)가 다 똑같음을 말한 것이다. 서경덕의 이 시는 주렴계의 이런 생각과 통한다.

59 　'처음을 궁구해 끝을 아니〔原始反終〕'는『주역』「계사전」상(上)의 "처음을 궁구해 끝을 아는 까닭에 생사의 설(說)을 안다"는 데서 유래하는 말이고, '항아리 두드리며 노래한'은『장자』「지락(至樂)」에 나오는, 장자(莊子)가 그 아내가 죽자 다리를 뻗고 앉아 항아리를 두드리며 노래했다는 고사를 말한다. 장자는 생과 사가 하나라고 보아 보아 이런 행동을 했다.

60 　'통발을 잊음'은『장자』「외물(外物)」의 "통발이란 물고기를 잡기 위한 것이니, 물고기를 잡고 나면 통발을 잊는다"에서 유래하는 말이다. 여기서는『장자』의 이 말을 끌어와, 삶이 일시적 현상이라면 죽음은 근원으로의 회귀임을 말하고 있다.

61 　'약상'은『장자』「제물론」에 나오는 말로, 동진(東晉)의 학자 곽상(郭象)의 해석에 의하면,

집으로 돌아감이 곧 선천先天이라네.⁶²

2

만물은 모두 잠시 머무는 존재니
일기一氣 중에 생겼다 사라졌다 하네.
구름이 생길 때는 자취가 있지만
얼음이 녹으면 흔적이 없네.
낮과 밤은 밝다가 도로 어둡고
원元과 정貞은 시작이요 또한 끝이네.⁶³
진실로 이 이치를 환히 아노니
항아리 두드리며 공公을 보내네.

젊어서 고향을 떠난 자가 객지를 편안히 여겨 고향으로 돌아갈 줄 모름을 일컫는 말이다.

62 '선천'은 만물이 생기기 전의 '혼돈'을 말한다. 이 구절은 죽음이란 고향인 선천으로 돌아가는 것임을 말하고 있다.

63 '원'과 '정'은 『주역』 건괘(乾卦)의 괘사에 나오는 원·형·이·정에서 유래하는 말이다. '원'은 만물이 소생하는 봄을 표상하고, '정'은 만물이 돌아가는 겨울을 표상한다.

김시습 연보

연도	김시습	국내외 주요 사건
1435년 (세종 17년)	• 본관은 강릉, 자는 열경(悅卿), 호는 청한자(淸寒子)·동봉(東峰)·벽산청은(碧山淸隱)·췌세옹(贅世翁)·매월당(梅月堂), 법명은 설잠(雪岑). • 서울 반궁(泮宮) 북쪽의 초가집에서 부친 김일성(金日省)과 모친 울진 장씨 사이에서 출생. • 조부는 김겸간(金謙侃)으로 오위부장(五衛部將)을 지냈고, 부친은 음보(蔭補)로 충순위(忠順衛)에 보임되었으나 병으로 출사하지 않음. • 이웃에 살던 족조(族祖) 최치운(崔致雲)이 '시습'이라는 이름을 지어주고 명설(名說)을 지어 외조부에게 줌. • 외조부가 우리말을 먼저 가르치지 않고 『천자문』을 가르쳐 태어난 지 여덟달 만에 한자를 알게 됨.	
1436년 (세종 18년)	• 봄에 외조부가 아직 말을 못하던 김시습에게 초구(抄句, 유명한 문인의 시구를 뽑은 것)를 가르침.	• 공법(貢法) 시행을 논의하고 공법상정소 설치.
1437년 (세종 19년)	• 봄에 비로소 말을 하기 시작했으며, 한시의 구절을 짓기 시작. • 『정속(正俗)』『유학자설(幼學字說)』『소학(小學)』 등을 읽음.	• 북변(北邊)을 개척하여 6진(六鎭)을 설치함.
1439년 (세종 21년)	• 인근에 살던 수찬(修撰) 이계전(李季甸)의 문하에서 이계전의 자제와 함께 『중용』『대학』을 배움. • 인근에 살던 사예(司藝) 조수(趙須)가 '열경'이라는 자를 짓고 자설(字說)을 지어줌. 인근에 살던 이분들로 인해 서울에 신동이라는 소문이 나게 됨. '오세신동(五歲神童)'이라는 호칭이 이때 생김. • 정승 허조(許稠)가 집으로 찾아와 시재(詩才)를 확인함. 이후 조정의 고관들이 김시습을 보기 위해 자주 집으로 찾아옴. (5세)	• 12월, 허조(許稠) 죽음.
1443년 (세종 25년)	• 세종이 승정원 승지 박이창(朴以昌)으로 하여금 대궐로 불러 그 재능을 확인케 함. 박이창 면전에서 시구를 짓고 글씨를 썼으며, 세종은 김시습에게 금포(錦袍)를 하사하고 '훗날 이 아이를 크게 쓰겠다'는 말을 전함.	• 2월, 대마도에 대해 삼포 개항. • 11월, 전제상정소 설치. • 12월, 훈민정음 28자를 만듦.

1443년 (세종 25년)	* 이후 13세까지 인근에 살던 대사성(大司成) 김반 (金泮)에게서 『논어』 『맹자』 『시경』 『서경』 『춘추』 를 배우고, 역시 인근에 살던 겸사성(兼司成) 윤 상(尹祥)에게서 『주역』, 『예기』, 사서(史書)를 배 움. 제자백가는 스승 없이 혼자 공부함.	
1449년 (세종 31년)	* 모친 울진 장씨 사망. 시골로 가 모친의 산소를 3 년(만 2년) 동안 지킴. 이때 외조모에게 크게 의지 했는데, 삼년상 중에 외조모마저 사망함. (15세)	* 『월인천강지곡』 간포.
1452년 (문종 2년, 단종 즉위년)	* 상기(喪期)를 마친 후 여름, 전라도 송광사에 머물 며 준상인(峻上人)에게 매일 선(禪)에 대해 물음. * 서울로 올라온 뒤 안신(安信), 지달하(池達河), 장 유의(張有義), 장강(張綱), 정사주(鄭師周) 등과 과 거 공부를 하며 형제처럼 지냄. * 훈련원 도정(都正, 정3품) 남효례(南孝禮)의 딸과 혼인. 일찍 사별한 것으로 추정됨. * 병을 앓던 부친이 재혼함.	* 수양대군이 사은사(謝恩使)로 명나라에 감.
1453년 (단종 1년)	* 봄에 소과(小科)에 응시해 낙방함.	* 10월, 계유정난. * 오스만투르크술탄국이 콘스 탄티노폴리스 점령. * 백년전쟁 끝남.
1455년 (단종 3년, 세조 1년)	* 삼각산 중흥사(重興寺)에서 과거 공부를 하던 중 수양대군이 왕위를 빼앗았다는 소식을 듣자 문 을 닫고 사흘을 나오지 않다가 홀연 통곡하고 책 을 다 불태워버린 후 미친 시늉을 하며 측간에 빠 졌다가 달아남. 이후 삭발한 후 중이 되어 법명을 '설잠(雪岑)'이라 함. (21세)	* 윤6월, 단종 양위, 세조 즉위. * 구텐베르크가 금속활자로 인 쇄한 성서 제작. * 1456년, 성삼문, 박팽년 등이 단종 복위를 꾀하다 발각되 어 처형됨(병자사화).
1459년 (세조 5년)	* 관동(關東)으로 떠나 금강산 구경. (25세)	
1460년 (세조 6년)	* 오대산 유람. * 9월, 관동 유람 때 지은 시를 수습해 『유관동록(遊 關東錄)』을 엮고 후지를 붙임. * 10월, 호서(湖西)행.	* 터키가 그리스를 병합.
1461년 (세조 7년)	* 전라북도 전주·변산, 전라남도의 진원(珍原) 등지 를 유람.	* 4월, 정창손(鄭昌孫)이 영의정 이 됨.
1462년 (세조 8년)	* 전라남도 영광·나주·광주 등지를 유람하고 송광 사에서 준상인(峻上人)을 만났으며, 남원과 함양 을 거쳐 해인사를 방문함.	* 5월, 신숙주(申叔舟)가 영의정 이 됨. * 10월, 흥천사(興天寺) 종이 이 룩됨.

1463년 (세조 9년)	• 경주 금오산(金鰲山, 남산) 용장사에 우거. • 가을, 호서·호남 유람 때 지은 시를 수습해『유호 남록(遊湖南錄)』을 엮고 후지를 붙임. • 가을, 효령대군의 추천으로 내불당(內佛堂)에서 열흘 동안『묘법연화경(妙法蓮華經)』의 언해 사업 을 도움.	• 9월, 간경도감(刊經都監)에서 『법화경』을 새로 간행함.
1465년 (세조 11년)	• 봄, 터를 정해 금오산실(金鰲山室)을 지음. • 4월, 효령대군의 요청으로 원각사(圓覺社) 낙성회 에 참여함. 이때 세조에게 도첩(度牒)을 받음. 효 령대군이 도성에 더 머물기를 청했으나 병을 칭 탁해 고사함. 도성 밖으로 나갈 때 세조로부터 걸 음을 되돌리라는 명령을 받았으나 숙질(宿疾)을 칭탁해 고사함. • 곧장 경주로 내려가지 않고 서울 근교의 동쪽 산 에서 지내다가 가을에 금오산으로 귀환함. • 수락산에 있던 서거정(徐居正)과 왕래하며 시를 교류. (31세)	• 1월, 원각사(圓覺寺) 대종이 이룩됨. • 3월,『원각경(圓覺經)』이룩 됨. • 4월, 원각사 이룩됨.
1466년(세조 12)~1470년 (성종 1년)	• 이 무렵『금오신화(金鰲新話)』를 지은 것으로 추 정됨. •『청한잡저(淸寒雜著) 1』과『청한잡저 2』역시 이 무렵 저술되었다고 여겨짐. •「태극설(太極說)」「신귀설(神鬼說)」「애민의(愛 民義)」「애물의(愛物義)」「방본잠(邦本箴)」등도 이 무렵 지은 것으로 추정됨.	• 1466년 1월, 신숙주가 영의정 이 됨. • 4월,『동국통감』수찬(修撰) 완료. • 7월, 원각사 백옥불상(白玉佛 像) 이룩됨. • 1467년 4월, 원각사탑 이룩됨 • 1467년 5월, 이시애의 난. • 1468년 10월, 남이 처형.
1471년 (성종 2년)	• 봄, 누군가가 청하여 상경. 세조가 죽고 성종의 치 세가 시작되어 벼슬할 뜻이 있었던 것으로 추정 됨. (37세)	• 신숙주의『해동제국기(海東諸 國記)』이루어짐. • 10월, 신숙주가 영의정이 됨.
1472년 (성종 3년)	• 가을, 수락산의 폭천정사(瀑泉精舍)에 우거.	
1473년 (성종 4년)	• 봄, 금오산에 머물 때 지은 시들을 수습해『유금 오록(遊金鰲錄)』을 엮고 후지를 붙임.	• 8월, 사족부녀가 비구니가 됨 을 금함.
1475년 (성종 6년)	•『십현담요해(十玄談要解)』집필. (41세)	• 6월, 신숙주 죽음. • 7월, 정창손이 영의정이 됨.
1476년 (성종 7년)	• 여름, 금오산에 있을 때인 1468년(세조 14, 예조 즉위년) 겨울에 지은「산거집구(山居集句)」에 후 지를 붙임.	• 3월, 좌의정 한명회(韓明澮) 사직. • 8월, 숙의(淑儀) 윤씨를 왕비

1476년 (성종 7년)	* 12월, 『대화엄일승법계도주(大華嚴一乘法界圖註)』저술. * 『화엄경』에 대해 풀이한 『화엄석제(華嚴釋題)』를 저술한 것도 이해 전후로 추정됨. * 『임천가화(林泉佳話)』도 이 무렵 저술한 것으로 추정됨.	로 봉함. * 12월, 노사신(盧思愼) 『삼국사절요(三國史節要)』찬진(撰進).
1481년 (성종 12년)	* 머리를 기르고 환속. 제문을 지어 조부를 제사지냄. 「이단변(異端辨)」은 이 무렵 쓴 글로 여겨짐. * 안씨의 딸과 혼인. * 이 무렵 남효온(南孝溫)과 편지와 시를 주고받으며 가깝게 지냄.	* 4월, 서거정(徐居正) 등 『동국여지승람(東國輿地勝覽)』편찬. * 6월, 김수온(金守溫) 죽음.
1482년 (성종 13년)	* 8월, 성종의 계비인 윤씨가 부덕하다는 이유로 폐비된 후 사사(賜死)된 일에 충격을 받음. 이후 '세상이 쇠한 것을 목도해 사람의 도리를 따르지 않고 여염간(閭閻間)에 버린 사람'이 됨(남효온, 『사우명행록師友名行錄』).	* 6월, 양성지(梁誠之) 죽음. * 8월, 폐비 윤씨를 사사(賜死)시킴. * 포르뚜갈 세력이 콩고 왕국과 접촉.
1483년 (성종 14년)	* 3월, 다시 승려의 복장을 하고 관동으로 향함. 남효온이 떠나는 김시습을 전별함. * 이해 전에 아내 안씨와 사별한 것으로 추정됨.	
1485년 (성종 16년)	* 봄, 「독산원기(禿山院記)」를 지음. 이 글에서 처음 '췌세옹'(세상에 쓸모 없는 노인)이라는 자호를 쓴 뒤 주로 이 호를 씀. * 강릉, 양양, 설악산 등지에 머물며 「동봉의 여섯 노래(東峰六歌)」와 「답답한 마음을 서술하다(敍悶)」를 지음. * 시집 『관동일록(關東日錄)』저술. * 이 무렵 『잡설(雜說)』을 쓴 것으로 추정됨. (51세)	* 1월, 『경국대전』최종 확정 후 시행. * 7월, 서거정 등 신편 『동국통감』편찬. * 잉글랜드에서 장미전쟁이 끝나고 튜더왕조 수립.
1486년 (성종 17년)	* 양양의 산골에서 농사를 지으며 살아가면서 시집 『명주일록(溟州日錄)』저술.	
1487년 (성종 18년)	* 양양부사 유자한(柳自漢)의 환대를 받아 관아로 찾아가거나 편지를 주고받음. 「유양양에게 진심을 토로해 올린 편지」작성.	* 1월, 정찬손 죽음. * 2월, 신찬 『동국여지승람』간행. * 9월, 노사신이 우의정이 됨. * 11월, 한명회 죽음.
1490년 (성종 21년)	* 9월, 삼각산 중흥사에 잠시 머물 때 남효온·김일손(金馹孫)이 찾아와 함께 백운대와 도봉산을 유람함. (56세)	* 1월, 도첩(度牒)이 없는 중을 잡아 충군(充軍)시킴.

1491년 (성종 22년)	* 3월, 남효온·김일손의 전별을 받으며 설악으로 귀환.	* 김일손, 소릉(昭陵) 복위 상소문을 올림.
1492년 (성종 23년)	* 가을, 서해의 명산을 유람하다가 옛 벗인 화엄 승려 지희(智熙)가 있는 홍산현 무량사에 머묾. '매월당'은 이 무렵 사용한 자호임.	* 남효온 죽음. * 2월, 도첩의 법 정지. * 5월, 노사신이 좌의정이 됨. * 8월, 김종직(金宗直) 죽음. * 끄리스또포로 꼴롬보가 아메리카에 도착. * 그라나다왕국 멸망.
1493년 (성종 24년)	* 2월, 지희의 청으로 『법화경』 및 『능엄경』에 발문을 씀. * 이 무렵 「자화상에 붙인 찬〔自寫眞贊〕」을 지음. * 2월, 숨을 거두며 화장하지 말라는 유언을 남김. * 홍유손(洪裕孫)이 제문을 지음. * 절 근처에 묻힘. 제자 조희(祖熙)가 묘표를 세워 '오세김시습지묘(五歲金時習之墓)' 일곱자와 「자화상에 붙인 찬」 4언 8구 32자를 새김. (59세)	* 『악학궤범』 편찬.
1495년 (연산군 1년)	* 시신을 화장해 그 사리 1과(顆)를 안치한 부도가 세워짐.	
1521년 (중종 16년)	* 이자(李耔)가 김시습의 친필 시문을 모아 『매월당집(梅月堂集)』 3권을 엮고 그 서문을 씀.	
1559년 (명종 14년)	* 윤춘년(尹春年)이 『매월당집』과 『금오신화』를 간행한 것은 이 무렵으로 추정됨.	
1582년 (선조 15년)	* 선조가 『매월당집』 편찬을 명하고, 이이(李珥)에게 「김시습전」을 지어 바치게 함.	
1583년 (선조 16년)	* 교서감에서 『매월당집』 시집 15권과 문집 6권을 활자본으로 간행함. (사후 90년)	
1624년 (인조 2년)	* 기자헌(奇自獻)이 엮은 『매월당시 사유록(梅月堂詩四遊錄)』이 목판으로 간행됨.	
1653년 (효종 4년)	* 일본에서 『금오신화』가 처음 간행됨.	
1926년	* 한용운(韓龍雲)이 설악산 오세암(五歲庵)에서 『십현담요해』를 읽고 『십현담주해(十玄談註解)』를 씀.	

| 1927년 | • 후손 김봉기(金鳳起)가 『매월당집』을 신활자로 간행.
• 최남선(崔南善)이 일본에서 1884년 네번째 간행된 『금오신화』를 국내에 소개함. |

서경덕 연보

연도	서경덕	국내외 주요 사건
1489년 (성종 20년)	* 본관은 당성(唐城), 자는 가구(可久), 호는 복재(復齋)·화담(花潭). * 개성 화정리에서 부친 서호번(徐好蕃)과 모친 보안 한씨(韓氏) 사이에서 장남으로 출생. * 조부는 서순경(徐順卿)으로 부사용(副司勇)을 지냈고, 부친은 수의부위(修義副尉)를 지냄. '부사용'은 종9품 무직이고, '수의부위'는 종8품 무직이다. 이로 보아 서경덕은 무관 집안 출신으로서 신분이 한미했다고 여겨짐.	
1502년 (연산군 8년)	* 개성에 있는 서당에서 『서경』을 배움. 서당의 선생이 『서경』의 「기삼백(朞三百)」 대목을 가르쳐 주지 않자 물러나와 보름을 골똘히 생각한 끝에 스스로 그 뜻을 깨달음. (14세)	* 『대명회전(大明會典)』 완성
1506년 (중종 원년)	* 『대학』을 읽으며 '앎을 이루는 것은 사물을 궁구함에 있다(致知在格物)'라는 구절에 이르러 '학문을 함에 먼저 사물을 궁구하지 않는다면 책을 읽어 어디에 쓰겠는가' 하고 탄식하고는 천지만물의 이름을 벽에 써 붙인 뒤 날마다 사물을 궁구함.	* 9월, 중종반정.
1507년 (중종 2년)	* 선교랑(宣敎郎, 종6품) 이계종(李繼從)의 딸 태안 이씨를 아내로 맞음.	* 신대륙을 처음으로 아메리카라 부름.
1509년 (중종 4년)	* 방에 단정히 앉아 골똘히 사색에 잠겨 밥을 먹어도 그 맛을 모르고 혹 여러 날 잠을 자지 않기를 3년, 마침내 병이 났지만 계속 사색을 하였고, 병을 고치고자 영·호남의 여러 명산을 유람함. (21세)	* 『연산군일기(燕山君日記)』 완성.
1519년 (중종 14년)	* 조광조(趙光祖)가 새로 설치한 현량과에 피천됨. 피천자 120명 중 으뜸이었으나 사양하고 나가지 않음. (31세)	* 11월, 기묘사화. * 레오나르도 다빈치 죽음. * 마르틴 루터의 『신약성서』 제1판 간행. * 츠빙글러, 취리히에서 종교 비판 시작.
1522년 (중종 17년)	* 여름, 문생 토정(土亭) 이지함(李之菡)과 속리산·지리산 등을 유람.	* 마젤란 탐험대가 최초로 세계 일주.

1531년 (중종 26년)	• 본디 과거 공부를 좋아하지 않았으나 모친의 분부에 따라 과거를 보고 생원시에 합격함. (43세)	• 8월, 김안로(金安老)가 예조판서가 되고 12월에 대제학이 됨. • 종교재판소가 포르투갈에 설립됨.
1540년 (중종 35년)	• 대제학 김안국(金安國)에 의해 유일지사(遺逸之士)로 조정에 천거됨.(52세)	• 9월, 김안로가 대제학이 되고 11월에 좌찬성이 됨.
1542년 (중종 37년)	• 4월, 문생 박민헌(朴民獻)의 자를 풀이한 「박이정 자설(字說)」을 지음.	• 2월, 최세진 죽음. • 8월, 주세붕(周世鵬)이 백운동(白雲洞)에 안향(安珦)의 사묘(祠廟)를 세움.
1543년 (중종 38년)	• 문생 김한걸(金漢傑)의 고친 자(字)를 풀이한 「김 사신 자설」을 지음.	• 주세붕이 백운동서원(白雲洞書院)을 세움. • 1월, 김안국 죽음. • 코페르니쿠스 『천체의 회전에 관하여』 출간.
1544년 (중종 39년)	• 5월, 후릉참봉(厚陵參奉)에 제수되었으나 나아가지 않음. • 개성부 교수로 있다가 임기가 다해 떠나는 대관재(大觀齋) 심의(沈義)에게 준 「심교수에게 주는 송서(送序)」를 이 무렵에 쓴 것으로 추정됨. • 11월, 중종이 승하하자 나라의 상제에 따르지 않고 자최(齊衰) 세 달의 복을 입음. • 겨울, 오래 병을 앓게 되자 말하기를, "성현의 말 가운데 이미 선유(先儒)가 주석을 단 것은 다시 되풀이해 말할 필요가 없고, 아직 설파하지 못한 부분에 대해 책을 쓸까 했는데, 지금 병이 이리 심하니 글을 써서 후세에 전하지 않을 수 없다" 라고 함. 이에 「이기(理氣)의 본원(本原)을 밝힘」 「이기(理氣)를 논함」 「태허(太虛)를 논함」 「귀신과 사생(死生)을 논함」 등 4편을 베개에 의지해 초(草)하기 시작해 다음해 윤정월 초닷샛날 마침. (56세)	• 11월, 중종 사망, 인종 즉위.
1545년 (인종 원년, 명종 즉위년)	• 「인조대왕에게 올리려던, 대행대왕(大行大王)의 상제가 옛날의 예(禮)에 부합하지 않음을 논하는 소(疏)」를 씀. • 7월, 인종이 승하하자 나라의 상제에 따르지 않고 자최 세 달의 복을 입음.	• 7월, 인종 사망, 명종 즉위 후 을사사화 발생.

1546년 (명종 원년)	* 7월 7일, 화담의 서재에서 사망. 자식으로 1남 1녀, 측실에 2남을 남김. (58세) * 1544년 겨울부터 병상에 있었는데 이 날 위중해져 시봉하는 자로 하여금 화담의 물가에 업고 나가 몸을 씻게 한 후 돌아왔으며 얼마 안 있다 숨을 거둠. 임종시 한 문생이 "선생님, 지금 심경이 어떻습니까"라고 묻자 "삶과 죽음의 이치를 안 지 내 이미 오래니 마음이 편안하다"라고 함. 그의 학문은 독서를 일삼지 않고 오로지 탐구와 사색만을 힘썼고, 터득한 뒤에는 독서하여 자신이 터득한 것을 증험함. 그는 항상 말하기를 '나는 스승에게 배우지 않았기 때문에 공력(功力)을 들인 것이 특별히 깊었거니와, 후인(後人)들이 내 말을 따른다면 공력을 들임이 나처럼 수고롭지 않을 것이다'라고 함. 세간의 득실(得失)과 영욕(榮辱)을 관심 밖에 두었으며 치산(治産)을 하지 않아 자주 양식이 떨어졌음. 굶주림을 참아야 하는 괴로움을 사람들이 견디기 어려운 데도 그는 태연자약했음. * 8월, 그의 뜻에 따라 화담 뒷산 선묘(先墓)의 곁에 묻힘.
1573년 (선조 6년)	* 개성의 숭양서원(崧陽書院)에 배향됨.
1574년 (선조 7년)	* 5월, 조신(朝臣)이 서경덕의 직함을 더 올려 주자고 청하자 임금이 말하기를, "경덕이 쓴 글들은 대부분 기수(氣數)를 논한 것이고 수신(修身)의 일은 언급하지 않았으니 이는 수학(數學)이 아닌가? 또 그 공부는 의심스러운 곳이 많다"라고 함. 부제학 이이(李珥)가 아뢰기를, "경덕의 공부는 진실로 초학자(初學者)가 본받을 바가 아닙니다. 그의 학문은 횡거(橫渠, 장재)에게서 나왔는데, 그가 쓴 글들이 성현의 뜻에 부합한다고 말할 수 있을지 신(臣)은 알지 못하겠습니다. 다만 세상의 이른바 학자는 단지 선유(先儒)의 설을 모방해 자신의 말로 삼고 있을 뿐이어서 심중(心中)에 얻은 바가 없는데, 경덕은 생각이 깊고 조예(造詣)가 원대하여 스스로 깨달은 오묘함[自得之妙]이 많으니, 실로 문자나 일삼고 말로만 한 학문이 아닙니다"라고 아룀.
1605년 (선조 38년)	* 문생인 박민헌·허엽이 명종·선조 연간에 목판으로 낸 문집 『화담집(花潭集)』이 임진왜란을 겪으

1605년 (선조 38년)	면서 흩어져 구하기 어렵게 되자 평안도 은산(殷山) 현감 홍방(洪霶)이 목판본 『화담집』을 다시 간행함. (사후 59년)
1770년 (영조 46년)	*개성 선비 한명상(韓命相) 등이 주관해 목판본 문집을 다시 간행함.
1786년 (정조 10년)	*조유선(趙有善) 등이 주관해 개성 화곡서원(花谷書院)에서 목활자본 문집을 간행함. (사후 240년)

찾아보기

창비 한국사상선 간행위원회

백낙청(위원장, 서울대 명예교수)

임형택(성균관대 명예교수)

최원식(인하대 명예교수)

백영서(연세대 명예교수)

박맹수(원광대 명예교수)

이봉규(인하대 교수)

황정아(한림대 교수)

백민정(가톨릭대 교수)

강경석(『창작과비평』 편집위원)

강영규(창비 편집부장)

창비 한국사상선 3

김시습·서경덕
조선사상의 새 지평

초판 1쇄 발행 / 2024년 7월 15일

지은이 / 김시습 서경덕

편저자 / 박희병

펴낸이 / 염종선

책임편집 / 박주용 박대우

조판 / 황숙화 박지현

펴낸곳 / (주)창비

등록 / 1986년 8월 5일 제85호

주소 / 10881 경기도 파주시 회동길 184

전화 / 031-955-3333

팩시밀리 / 영업 031-955-3399 편집 031-955-3400

홈페이지 / www.changbi.com

전자우편 / human@changbi.com

ⓒ 박희병 2024

ISBN 978-89-364-8032-5 94150

* 이 책 내용의 전부 또는 일부를 재사용하려면
  반드시 저작권자와 창비 양측의 동의를 받아야 합니다.
* 책값은 뒤표지에 표시되어 있습니다.